管理心理学（第三版）

段锦云/主编

图书在版编目(CIP)数据

管理心理学 / 段锦云主编. -- 3版. -- 北京：北京大学出版社，2025.1. -- ISBN 978-7-301-35629-6

Ⅰ．C93-05

中国国家版本馆CIP数据核字第2024GF0749号

书　　　　名	管理心理学（第三版）
	GUANLI XINLIXUE（DI-SAN BAN）
著作责任者	段锦云　主编
责 任 编 辑	尹　璐
标 准 书 号	ISBN 978-7-301-35629-6
出 版 发 行	北京大学出版社
地　　　　址	北京市海淀区成府路205号　100871
网　　　　址	http://www.pup.cn　新浪微博：@北京大学出版社
电 子 邮 箱	zpup@pup.cn
电　　　　话	邮购部 010-62752015　发行部 010-62750672　编辑部 021-62071998
印 刷 者	北京溢漾印刷有限公司
经 销 者	新华书店
	787毫米×1092毫米　16开本　28印张　552千字
	2010年2月第1版　2017年1月第2版
	2025年1月第3版　2025年1月第1次印刷
定　　　　价	79.00元

未经许可，不得以任何方式复制或抄袭本书之部分或全部内容。
版权所有，侵权必究
举报电话：010-62752024　电子邮箱：fd@pup.cn
图书如有印装质量问题，请与出版部联系，电话：010-62756370

作者简介

段锦云,浙江大学工业心理学博士,华东师范大学心理与认知科学学院教授、博士生导师,紫江青年学者;中国心理学会工业心理学分会和管理心理学分会委员,《应用心理学》等期刊编委。曾获江苏省社科青年英才、苏州大学东吴学者等荣誉称号。主要研究领域:管理心理学、人力资源管理、行为决策。主持(完成)三项国家自然科学基金项目、一项教育部人文社科青年基金项目。在国内外核心期刊共发表论文200余篇。

韦雪艳,浙江大学工业心理学博士,现为江南大学田家炳教育科学学院教授、硕士生导师,商学院MBA硕士生导师。主持完成国家自然科学基金、省部级人文社科基金等项目,获多项社会科学成果奖。出版著作两部,在SSCI来源期刊发表论文8篇,在CSSCI来源期刊发表论文50余篇。

杨建锋,浙江大学企业管理专业博士,现为江西财经大学教授、博士生导师,江西省青年井冈学者。《心理学报告》(Psychological Reports)副主编。主持国家自然科学基金三项,主持省级精品课程及省级"金课"两项。在SSCI、CSSCI来源期刊发表论文30余篇,其中以第一或通讯作者发表国内外权威论文10余篇,获三次江西财经大学教学十佳称号等。

凌斌,浙江大学工业心理学博士,现为河海大学商学院副教授、硕士生导师,管理行为实验室学术主任,研究方向为组织行为、社会心理、算法管理和消费行为等。主持完成国家自然科学基金项目一项和南京市软科学研究计划项目一项,发表中英文论文30余篇。

薛宪方,浙江大学工业心理学博士,现为浙江理工大学经济管理学院副教授、硕士生导师、党委委员、院长助理,研究方向为数字背景下的组织行为等。主持国家自然科学基金项目一项,参与国家级、省部级项目八项,出版学术专著一部,发表中英文论文40余篇。

梁凤华,华东师范大学应用心理学博士,现为上饶师范学院心理学系教授,南昌大学硕士生导师。主持并完成多项省部级课题。教学科研成果多次获省级成果奖,发表高水平学术论文20余篇,出版专著3部。

徐烨,北京师范大学教育博士,现为浙江金融职业学院银领学院副教授。曾赴美国得克萨斯大学奥斯汀分校(UT-Austin)教育心理学系访学。主持10项省厅级课题,在核心期刊发表论文多篇。

陈苗苗,西南大学管理心理学博士,现为重庆第二师范学院教师教育学院讲师、硕士生导师,研究方向为管理心理学、高等教育教学改革与管理。主持省部级课题3项,在国内外核心期刊发表论文多篇。

任小云,苏州大学应用心理学博士,现为浙江理工大学经济管理学院讲师,研究方向为人职匹配、心智模式与领导力等。承担国家自然科学基金和省部级基金多项,在国内外核心期刊上发表论文10余篇。

朱迪,苏州大学企业管理博士,现为浙江衢州学院讲师,研究方向为员工心理与行为、创新管理等。在核心期刊发表论文多篇。

孟卓群,华东师范大学应用心理学硕士,现为苏州科技大学讲师。主持完成江苏教育厅省哲学社科项目两项。

丁秀秀,安徽开放大学文法与教育学院讲师,研究方向为团队管理心理、老年教育心理、远程学习心理。主持或参与省级人文社科项目多项。

郭晗,浙江理工大学科技与艺术学院经济管理学院(创业学院)讲师,主要研究方向为创业认知、战略管理、组织变革。在国内外期刊发表论文10余篇。

宗肇飙、马梦佳为华东师范大学应用心理学专业在读博士,朱悦、李思贤、彭亭彰为华东师范大学在读硕士。郁林瀚为浙江大学在职博士后,郭玉冬为上海财经大学在读博士。

王雪鹏、简丹丹、姚鹤、周冉、张倩、孙飞、傅强和王先辉均为苏州大学工业与组织管理心理学专业硕士毕业生。

前　言

随着人工智能和数字时代的扑面而来，数字素养、AI决策、人—机协作、零工经济等概念和现象日益普及，企业和公共部门等各类组织的管理日益数字化、智能化及以人为中心，组织间的竞合越来越依赖于人力资源、智力资本和以AI为代表的新科技。在此背景下，管理心理学和组织行为学等学科的研究也发生着深刻变革。

党的二十大报告指出，我们必须"着眼解决新时代改革开放和社会主义现代化建设的实际问题，不断回答中国之问、世界之问、人民之问、时代之问，作出符合中国实际和时代要求的正确回答，得出符合客观规律的科学认识，形成与时俱进的理论成果"，"坚守中华文化立场，提炼展示中华文明的精神标识和文化精髓……讲好中国故事"。

作为长期从事管理心理学研究和教学的高校教师，我们一直有将课堂上的教学内容和日常学习心得整编成书的愿望。于是，在几位志同道合的晚辈学人的商议之下，在北京大学出版社的大力支持下，本书继2010年第一版和2017年第二版之后，第三版终于面世了。

在本书编写过程中，我们努力确保内容源于学术文献，特别是广泛参考了很多国内外文献和最新的研究进展，新版本特别关注关于数智化组织管理研究领域的新进展。在力求覆盖经典内容和理论的同时，也尽量包含可能成为经典的新近成果。另外，每章的开篇都有案例，旨在激发读者兴趣，并带着问题进行阅读。每章结尾附有小结、思考题和推荐阅读，以供那些想继续深入了解和研究本章内容的读者参考。我们深知自身能力和本书内容存在的局限，所以建议读者广泛阅读相关文献，尤其是源头文献（seminal literature），这样对全面深入掌握该章内容是大有裨益的。因为，任何一个理论都足够写成一本书。另外，本书列出的网络资源也为读者提供了额外的学习途径。让读者从本书中获得最大的收益是我们自始至终的目的。

本书主要面向本科生,尤其是那些初入管理心理学或组织行为学领域的读者。本书适合作为心理学、管理学、人力资源管理、劳动经济学、行政管理、工商管理硕士(MBA)等专业的教材。同时,也适用于那些在职场上希望了解和学习管理心理学、组织行为学和人力资源管理的专业人士阅读。我们期望能为读者提供一个全面而深入的管理心理学知识框架,帮助他们构建扎实的理论基础,并将其应用于实际工作中。

本书的完成是集体智慧的结晶。段锦云负责结构设计、内容选编及检校修改,以及篇首介绍和网络资源等。其他部分的内容分工如下:

第一章:韦雪艳;

第二章:韦雪艳;

第三章:薛宪方、郭晗;

第四章:梁凤华;

第五章:孟卓群、马梦佳;

第六章:郭玉冬、简丹丹;

第七章:凌斌;

第八章:马梦佳、孙飞;

第九章:丁秀秀、傅强;

第十章:徐烨、任小云;

第十一章:朱悦、周冉;

第十二章:郁林瀚、王雪鹏;

第十三章:陈苗苗、姚鹤;

第十四章:宗肇飙、张倩;

第十五章:朱迪、王先辉;

第十六章:杨建锋;

第十七章:彭亭彰、李思贤。

此外,刘伟博士、郝垒垒博士、王啸天博士、徐冉、姚星宇、刁丹梅、李晗顼、孙彩茹、胡子怡、许航、施煜丰、孙智军、刘苏瑾、李涵筱等对书稿的修订也做出了重要贡献。

北京大学出版社的尹璐和朱梅全编辑为本书做了大量的修改、校对工作。

借此机会特向以上为本书的出版做了诸多工作的各位致以衷心的感谢!

本书的多位作者师出同门,或都曾在同一学校求学或工作。因此,我们的很多思想和知识都源于我们的老师或前辈,尤其是读研期间的导师。在此,特对传授我们知识的老师尤其是我们的导师致以最崇高的敬意!

  囿于我们的能力,本书一定会有很多不足和缺陷,敬请读者、同行和社会各界同仁批评指正并不吝赐教!

段锦云
2024 年 8 月 16 日于独墅湖畔

目录 Contents

第一篇 绪　论

第一章　管理心理学概述　　003
第一节　管理与管理心理学　　004
第二节　中国古代管理心理思想发展概况　　013
第三节　西方管理学的理论与实践　　020

第二章　管理心理学的理论基础和人性假设　　030
第一节　管理心理学的理论基础　　031
第二节　人性的假设与管理　　035

第二篇 个　体　篇

第三章　工作态度与个体行为基础　　051
第一节　能力　　052
第二节　工作满意感　　060
第三节　组织公平　　063
第四节　组织承诺　　067
第五节　心理契约　　069
第六节　学习　　074

第四章 人格、态度与价值观 　　081
第一节 人格 　　083
第二节 态度 　　094
第三节 价值观 　　099

第五章 知觉与个体决策 　　107
第一节 知觉 　　108
第二节 社会知觉 　　113
第三节 个体决策 　　116
第四节 人工智能与人类决策 　　128

第六章 工作场所中的激励 　　138
第一节 激励的概念 　　139
第二节 内容性激励理论 　　140
第三节 过程性激励理论 　　144
第四节 有效的激励技术与方案 　　152
第五节 如何激励零工工作者 　　159

第七章 工作中的情绪和压力 　　166
第一节 什么是情绪 　　168
第二节 情绪的理论 　　177
第三节 情绪智力 　　186
第四节 情绪劳动 　　190
第五节 工作中的压力 　　192
第六节 工作倦怠 　　200

第三篇　群　体　篇

第八章 群体动力 　　211
第一节 群体概述 　　212
第二节 群体行为基本规律 　　215
第三节 群体中的人际关系 　　222

第九章 团队行为与团队决策 228
第一节 团队的定义及分类 229
第二节 团队信任 236
第三节 团队互动 237
第四节 团队决策 240
第五节 团队效能 245

第十章 沟通 250
第一节 沟通概述 253
第二节 沟通的策略 259

第十一章 领导 269
第一节 领导概述 271
第二节 领导特质理论 273
第三节 领导行为理论 278
第四节 领导权变理论 280
第五节 本土化领导理论 285
第六节 新兴领导理论和进展 288

第十二章 权力与政治 295
第一节 权力 296
第二节 组织政治行为 305

第十三章 冲突与谈判 316
第一节 冲突概述 317
第二节 冲突的原因及过程 321
第三节 冲突的处理和应对 325
第四节 谈判 327

第四篇 组 织 篇

第十四章 组织结构 337
第一节 组织概述 338

　　　　第二节　组织结构　　　　　　　　　　　343
　　　　第三节　组织设计　　　　　　　　　　　360

第十五章　组织文化　　　　　　　　　　　　　368
　　　　第一节　组织文化概述　　　　　　　　　370
　　　　第二节　组织文化测量　　　　　　　　　377
　　　　第三节　组织文化的塑造、维系、传承和变革　384

第十六章　组织变革与发展　　　　　　　　　　396
　　　　第一节　组织变革的概念　　　　　　　　397
　　　　第二节　组织变革能力　　　　　　　　　398
　　　　第三节　组织变革的动力与阻力　　　　　399
　　　　第四节　组织变革的步骤　　　　　　　　404
　　　　第五节　组织发展　　　　　　　　　　　408
　　　　第六节　组织数智化变革　　　　　　　　413

第十七章　数智化时代的组织管理　　　　　　　421
　　　　第一节　远程办公　　　　　　　　　　　422
　　　　第二节　零工工作　　　　　　　　　　　425
　　　　第三节　人机交互　　　　　　　　　　　429

参考文献

第一篇

绪 论

本篇将系统论述管理心理学及管理的概念、研究对象、内容、历史、现状，以及管理心理学在心理科学体系中的地位等。本篇的论述有两个重点：其一是详细介绍管理心理学研究对象与内容，为进一步理解和研究本书后面的个体心理、群体心理和组织心理的有关知识和理论奠定基础；其二是介绍中国古代管理心理及现代管理心理学思想和发展脉络。本篇将设专章介绍中国古代对人性的理解、西方有关人性的假设，以及相应的关于人的管理的问题。

第一章 管理心理学概述

开篇案例 "巨人"史玉柱和"世界的"联想

三年成为亿万富翁,五年跻身《福布斯》中国内地富豪榜第八。在某些人眼里,他是营销大师,是创业偶像。但是,他也因盲目扩张、资金链断裂,曾一夜负债 2.5 亿元成为中国"首负",此后借助网络游戏业重新崛起。史玉柱用自己半生的创业史演绎了一部几经浮沉的人生大戏。

相比于同年开始创业,也是借由汉卡这一初级软件起家的联想,后者的发展更为稳健,更国际化,当然名气也更大。从这两家公司的发展历程中,我们可以看出它们的差异是什么?管理和人的因素在其中发挥了什么样的作用?

案例一:"巨人"和史玉柱的发展

1984 年,史玉柱本科毕业于浙江大学数学系,在深圳大学攻读硕士后,被分配到安徽省统计局工作。借了 4000 元随即下海创业。

1989 年,推出中文电脑软件,4 个月营业收入超百万元,随后又推出汉卡。

1991 年,成立巨人公司,推出新版中文电脑软件。

1992 年,巨人总部迁往珠海,汉卡销量居全国之首。被评为广东十大优秀科技企业家,中央领导视察巨人公司。

1992 年,巨人大厦设计方案出台后,又从 38 层改至 54、64、70 层。

1993 年,巨人成为位居四通之后的全国第二大民营高科技企业。

1994 年,巨人大厦一期工程动土。史玉柱剖析巨人集团隐患,提出二次创业。同年当选为中国十大改革风云人物。

1995 年,一次性推出电脑、保健品、药品三大系列 30 个新产品,投放广告 1 亿元。子公司从 38 家发展到 228 家,团队从 200 人发展到 2000 人,位居《福布斯》中国内地榜第八名。

1996年,巨人大厦资金告急,因填补保健品公司资金而衰竭。
1997年,大滑坡,二次创业失败。
1998年,率旧部试销脑白金,成为全国著名品牌,2000年销售10亿元。
2005年,卖掉脑白金,创"征途"公司,涉足网络游戏业,后改名巨人网络。
2007年,巨人网络在美国纽约证券交易所上市。
…………

案例二:联想的发展历程

1984年,柳传志从中国科学院计算所下海创业,20万元11人创办"联想"。
1986年,推出第一代产品——联想汉卡,到1987年底营业额达8700万元。
1988年,海外发展三部曲:香港联想电脑公司,推出"贸工技"策略。
1994年,香港联想上市,全球21个分公司,在硅谷、深圳创办研究中心。
1994年,"办公司就是办人",连续4期干部培训和每月1期员工培训。
1994年,联想三要素:搭班子、定战略、带队伍,杨元庆和郭为起身成为领军人物。
1998年,联想电脑转换成"矩阵结构",设计战略、文化、人力资源。
2000年,联想核心价值观:服务客户 精准求实 诚信共享 创业创新。
2004年,战略调整,减法重组,回归主业,购买IBM的全球个人电脑业务。
2005年,联想董事局主席杨元庆:"联想就像是乌龟,能在泥泞中、不同环境中进行最有效的竞争,超过那些兔子,学习如何生存,在全球获胜。"
2014,收购摩托罗拉手机业务。
…………

资料来源:沈思涵,石丹.(2022)"黄昏巨人"史玉柱.商学院.(Z1),78-84. 鱼侃侃科技.(2020).联想的十年兴衰史,顺应时代的发展永远是不倒的秘籍. https://baijiahao.baidu.com/s?id=1670168219298653820&wfr=spider&for=pc.

第一节 管理与管理心理学

任何一家公司,通常都是管理者更为忙碌,特别是最高级的管理者CEO。可能是处于高职位的缘故,大到一个公司的整个经营决策,小到一个员工的生产工序规范,都需要管理者用行动去解决。

在现代社会,"管理"是一个使用频率非常高的词汇。随着市场经济的不断深化,人们对管理的兴趣不断提高,有关管理的书籍、期刊越来越多。人们为什么如此注重对管理的学习?管理到底是什么?管理心理学又是什么?它对我们的工作、学习、生活有什么影响?这是我们在开始学习管理以及管理心理学前需要了解的。

为什么要学习管理类(包括管理心理学)的知识?

与过去相比,今天越来越多的学生竞相选择商业课程,希望获得工商管理硕士(MBA)学位,学习的人数也比以往任何时候都要多。

为什么现在这么盛行管理学呢?

(1) 在任何一个社会,资源是宝贵且稀缺的,组织越有效率地利用这些资源,就越能为人们带来福利和繁荣。由于管理者决定了如何使用大量宝贵的社会资源——包括有技能的雇员、原材料、计算机和数据、以及金融资产,因此他们直接影响了社会及其成员的福祉。理解管理者做什么以及他们是怎么做的,对于理解社会如何运行以及如何创造财富是非常有帮助的。

(2) 尽管大多数人并不是管理者,很多人可能也并没有打算成为管理者,但由于绝大多数人都有工作和老板,所以我们实际上都与"管理"有密切联系。而且,现在很多人都是在团队中工作,与合作者打交道,学习管理有助于处理与同事和老板的关系。管理学揭示了如何决策、激励、计划,以及安排组织的工作,还指导那些不在权力岗位上的人如何去支持合作者,解决与他们之间的争端,提高团队的绩效。

(3) 在任何一个社会,人们都在为一些重要的资源竞争,比如高报酬的工作、诱人和令人满意的职业等,学习管理学是获得这类职位的重要路径。一般而言,工作越复杂或承担的责任越多,越吸引人。因此,富有激励性的工作是不断变化的,期待这样的工作的人可能会很好地发展管理技能并容易获得升迁。那些工作几年后又回到学校读MBA的人,通常能够找到更具吸引力的、更令人满意的工作,并获取更加丰厚的报酬。而且无论是在学校、营利性组织,还是非营利性的慈善机构,薪水都会随着职位的上升而上升。

一、管理与管理心理学的概念

管理是什么,乍一看似乎是一个简单的问题。我们每天都在讲管理,对于管理是什么难道还不清楚吗?但静下心来仔细想想,我们发现,尽管"管理"已深入到我们的日常生活中,但对于管理是什么,绝大多数人却并没有进行过认真的思考,以至于面对这一问题,一时间很难清楚地回答。

1. 管理是什么

对于"管理是什么"这一问题,有人会回答,管理就是管人管事,或管理就是指挥他人开展工作,等等。每个人对管理的认识是不同的,每一个人的回答似乎都有一定的道理,都反映了管理的某一方面。即使在管理理论界,学者们对于什么是管理,也有各自不同的见解。

彼得·德鲁克(Peter F. Drucker)说,管理就是选择正确的事,然后把事情做正确。管理是让别人同自己一起工作,并通过协作来达成组织目标的过程。

(1)管理必然是群体活动。至少有两个人才谈得上管理,它包含管理者与被管理者两方,双方是对立统一地存在于管理活动中的。

(2)管理是有目标的,管理的目标就是组织目标。没有目标的管理是盲目的、没有意义的,也是不会有效果的。

(3)管理是让别人和管理者"一起"从事活动。这说明管理者与被管理者是一种协作关系,而不是权威与服从关系,这也是现代管理思想的体现。

此外,管理活动也离不开组织,任何管理活动都是在组织中进行的;而组织也需要管理,没有管理,组织就难以生存和发展。组织是管理的对象,管理是组织生存的手段。

总之,管理是一个复杂的过程,它包括计划、组织、指挥、协调与控制等,管理的对象也包含多种,如人、机器、原材料、产品、数据、资本等,人是最重要的管理对象。

表 1-1 管理的概念界定

焦点	代表人物	定义内容
管理作用	彼得·德鲁克	管理就是选择正确的事,然后正确地做事。任何管理活动都是为了一个目的,就是要使产出大于投入
决策作用	赫伯特·西蒙(Herbert A. Simon)	管理就是决策。人具有理性,但理性是有限的。决策过程遵循满意原则,而不存在最优解
管理工作	亨利·法约尔(Henri Fayol)	为了达成管理的目的,要进行计划、组织、人事、指挥、控制、监督,管理就是由这几项工作所组成的,也即管理的职能
管理者个人作用	詹姆斯·穆尼(James Mooney)	管理就是领导。该定义的出发点是:任何组织中的一切有目的的活动都是在不同层次的领导者的领导下进行的,组织活动的有效性,取决于领导的有效性,所以管理就是领导
其他		还有人把管理看作管理者组织他人工作的一项活动;也有人认为管理就是用数字方法来表示计划、组织、控制、决策等合乎逻辑的程序,并求出最优答案的一项工作等

资料来源:邢以群.(2019).管理学(第五版).杭州:浙江大学出版社.卢盛忠.(2006).管理心理学(第四版).杭州:浙江教育出版社.

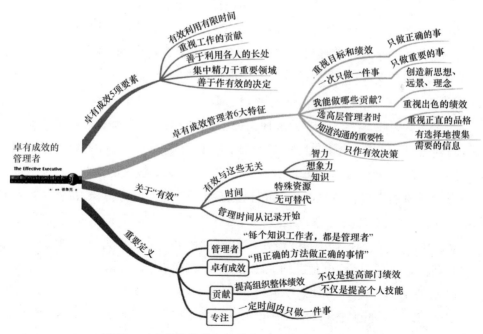

图 1-1 现代管理学之父彼得·德鲁克对管理的界定

2. 管理的形式与内容

首先,管理是一种专门的社会实践活动,它既是一种劳动,又对其他劳动具有指挥和协调职能。例如,乐队指挥对几千人的大合唱进行指挥和协调,将军对驰骋疆场的千军万马指挥和协调,三峡工程总指挥对三峡建设指挥和协调。其次,管理活动是管理主体和管理客体的共同活动。管理主体既包括作为管理者的企业和组织,也包括个体的自我管理,如个体为了提高自己的学习、生活和工作效率所从事的任何活动都是管理活动。

想一想学校中的管理层——校长、系主任、班主任主要做些什么事情?

各个组织中的管理工作的表现形式是多种多样的。例如,校长忙于召开各种会议,协调解决组织内的各种问题,并对教员提出的问题作出相应的决策;系主任则忙于听取并参与上层会议的决策,向教职员工传递并执行决策;班主任有的在找同学谈话,有的在检查考核,有的在开会等。他们的这些工作之间有没有共同之处呢?

从表面上看,不同层次、不同组织中的管理者所从事的管理工作似乎很难给出一个统一的说法,但如果透过各种管理工作的表现形式,对各项管理工作的内容作进一步的分析,就可以看到:无论在哪种组织中的哪一层面上从事何种管理工作,管理工作的基本内容或核心都是相同的,那就是协调。

例如,组织中的高层管理者之所以要出席各种社交场合,实际上是为了给本组织创造一个良好的外部环境,协调本组织与社会其他组织之间的关系。因为任何一个组织作为一个社会存在体,与社会上其他组织之间都有着千丝万缕的联系,没有其他组织的理解与支持,任何一个组织都很难在社会上有所作为。出席各种社交场合,是进行这种沟通协调活动的一种表现形式或手段。

同样,管理者进行决策、计划、分配、监督、检查等各种活动,实际上是在对目标、资源、任务、行为、活动等进行协调。管理工作表现形式的多样化,是由管理工作协调对象的多样性所导致的:对目标的协调主要表现为抉择,对资源的协调主要表现为计划,对任务的协调主要表现为分工,对思想的协调主要表现为沟通,对行为的协调主要表现为沟通和奖惩,对活动的协调主要表现为检查和监督。

管理既是一门科学,也是一门艺术,还是一门手艺。

3. 管理心理学是什么

了解、分析管理的概念,对本书而言,只是为了确定一个研究基础和研究方向。我们的根本目标还是要了解管理心理学的概念,认识管理心理学的研究对象。

在介绍了管理的概念的基础上,我们对管理心理学的定位是这样的:管理心理学是运用心理学的原理和方法,研究管理活动中人的心理现象、心理过程及其规律,使个人或组织提高效率的一门科学。由此可以概括得出,管理心理学的研究对象就是管理活动中人的心理现象、心理过程及规律,以及与此有关的人的行为。

二、管理心理学的组成部分

管理心理学研究的具体内容又是什么呢？我们知道管理活动有目标、人力、环境、时间和信息五大要素，在个人和组织为了提高自身的效率所进行的各种活动中，它们都具有重要的意义。因此，从这个角度可以把管理心理学的研究内容分为五个方面：目标管理、人力管理、环境管理、时间管理和信息管理。

管理心理学是工业心理学的一个重要分支。在很长的历史发展过程中，管理心理学一直是应用心理学的关键领域。早在1920年代至1930年代，工业心理学就比较注重有关员工心理调节和工作效率影响因素的行为研究，尤其是有关人员选拔、配备、评价和培训等人事心理学的研究。

之后，研究的重心转移到群体社会心理因素和组织背景中的工作行为。到1960年代至1980年代，管理心理学在激励、群体、领导行为方面的理论与应用日趋活跃。1990年代以来，管理心理学日益关注组织层面的问题，越来越与组织行为学融合在一起。

本书管理心理学的体系主要包括三大部分：个体管理心理、群体管理心理和组织管理心理，这三个部分相互影响和制约，决定着管理心理过程的形成和发展。

1. 个体篇

个体管理着重于管理情景中员工和管理人员个体心理特征的形成及作用，主要包括以下方面的内容：

（1）个体行为基础。包括能力、工作满意感、组织公平、组织承诺、心理契约和学习等。

（2）人格、态度与价值观。

（3）知觉与个体决策。包括知觉、社会知觉、个体决策、人工智能与人类决策等。

（4）工作场所中的激励。包括内容性激励理论与过程性激励理论、有效的激励技术与方案、对零工工作者的激励等。

（5）情绪与压力。包括情绪、心境的概念和相关理论，以及情绪智力、工作压力、工作倦怠及其管理策略等。

2. 群体篇

组织管理的基本单元是群体（包括团队），它是管理心理学关注的中间层。群体管理心理包含以下方面的内容：

（1）群体动力。包括群体的界定，群体发展阶段与群体互动、规范和群体凝聚力等。

（2）团队行为与团队决策。包括团队构成特征、团队类型（自我管理团队、虚拟团队、创业团队等）、团队互动和团队效能等。

（3）沟通。包括沟通的类型、沟通的策略、沟通的有效性、说服和积极聆听等。

（4）领导。包括领导特质理论、领导行为理论、领导权变理论以及本土化领导理论和领导理论的新进展等。

（5）权力与政治。包括权力的来源、类型，以及组织政治行为。

（6）冲突与谈判。包括冲突的原因和应对，以及谈判管理等。

3. 组织篇

组织管理心理是管理心理学关注的最高层，主要由四个方面组成：

（1）组织结构。包括组织结构类型及其演进过程和决定因素、组织设计等。

（2）组织文化。包括组织文化的定义、类型、作用、测量，如何塑造和维持组织文化等。

（3）组织变革与发展。包括组织变革的动力与阻力、变革模型，组织发展途径，组织数智化变革等。

（4）数字化时代的组织管理。包括远程办公、零工工作、人机交互等。

三、管理心理学与相邻学科的关系

1. 管理心理学与心理学

管理心理学是心理科学的一个分支，属于心理学应用学科，是心理学在管理工作中的应用。因此，它主要以普通心理学、认知心理学、社会心理学等作为其理论基础。

普通心理学是研究人的心理现象及其规律的基础学科。它具体包括两方面的内容：一方面是人的心理活动过程：感觉、知觉、记忆、思维、想象、情感情绪、意志等（概括地说，即知、情、意）；另一方面是人的个性心理。个性心理是个人身上带有一定倾向的心理特点的总和，它包括了个性心理特征和个性倾向性。个性心理特征包括：能力、气质、性格；个性倾向性包括：需要、动机、兴趣、信念、理想、世界观等。认知心理学则关注人的认知加工或信息加工的过程和内在机制，比如借鉴计算机的信息加工思路，它也可以成为研究人工智能学科的基础。社会心理学关注群体的形成和发展、群体动力，以及个人、群体和社会的关系等，这包括了组织，所以，它与管理心理学有很大的重叠。

管理心理学是研究在组织管理中的人的心理及人的行为规律的科学。因为,管理的核心和动力是对人的管理。对人的管理中关键的问题,就是管理者如何采用科学的管理方法,最大限度地调动人的工作积极性、主动性和创造性。而人的行为积极性的调动主要受到两个因素的制约:一是心理因素,二是社会因素。管理心理学试图借鉴普通心理学、社会心理学等学科知识来分析人的工作行为:什么心理因素决定人的工作效率?如何正确处理组织群体中人与人之间的关系?群体对个人心理的影响等,这些问题都是心理学中关于心理过程和个性心理的理论在管理实践中的具体反映。所以说,心理学与管理心理学是主干与分支的关系。

管理心理学这个叫法颇具有中国特色,国际上一般称其为工业与组织心理学,在欧洲有时它也被称为工作心理学。

2. 管理心理学与管理学

管理心理学是管理科学领域中一门重要的独立学科。管理科学从1950年代的现代管理理论发展到1970年代以后的系统管理理论,它一变过去近代管理理论只是着重生产过程的分析和组织控制的研究,重视技术因素忽视社会因素和心理因素的做法,而是主要研究人群关系和分析系统工程。开始突出人的因素在管理中的作用和地位,而且强调任何一个劳动者都不是孤立的,应该重视社会和心理因素对他们的影响,激发他们的积极性和创造性,并用运筹学和其他科学的方法,对与管理对象有关的所有方面进行系统的、整体的分析。随着现代管理到系统管理对人的因素的重视,管理心理学应运而生。它最早以管理理论中的美国心理学家雨果·闵斯特伯格(Hugo Münsterberg)的心理技术学理论、乔治·梅奥(George E. Mayo)的人际关系理论、库尔特·勒温(Kurt Lewin)的群体动力理论、亚伯拉罕·马斯洛(Abraham H. Maslow)的需要层次理论作为其理论基础,于1950年代开始在管理学中逐渐发展成为一门重要的基础学科。

由此可见,管理心理学是大管理学科的一部分,是管理学科中侧重研究"如何将劳动者作为管理的核心与动力"来进行有效管理的那一部分。

3. 管理心理学与行为科学

行为科学是一个更广泛的概念,是一个综合的学科群。它把心理学、社会心理学、社会学、政治学、人类学、教育学、管理学等一切与人的行为有关的学科都糅合到一起。行为科学可以被运用到政治领域、教育领域、医疗卫生领域等许多方面,当把它运用到组织管理领域,便叫作组织行为学。

这也就是说,组织行为学和管理心理学都是管理科学中的行为科学学派专门用于企业管理的分支学科。它们都是研究组织管理中的个人和团体的心理和行为,其特点都是既注意个人因素,又注意组织因素,强调完成组织目标与实现个人目标的一致性;其理论基础都是心理学与管理学的综合,因此,这二者之间的联系是再密切不过的了。所以,从早在1960年代初期美国出现的系统的工业社会心理学、组织行为学、组织心理学和管理心理学的专著来看,名称虽然不同,但其内容基本相同,事实上,两者的研究在这时已经趋向一致。从这个角度说,管理心理学是构成行为科学的一个核心组成部分。

管理心理学既是心理学的一个分支,也是管理学领域中一门重要的独立学科。它以心理学为基础,综合了社会心理学、社会学、管理学、人类学以及其他学科的理论知识,研究组织管理中的人的心理行为规律。因此,这门学科既带有自然科学性质,又有社会科学的内容,属于交叉边缘学科。

四、人工智能与管理

人工智能(artificial intelligence,AI)是一种模拟人类智能的技术,旨在使机器具备像人类一样的推理、学习、决策、问题解决,以及具身感知和身体运动等能力。AI对包括管理心理在内的多个领域产生了巨大影响。从招聘到员工培训、从人力资本分析到员工体验,AI技术的广泛应用正改变着这一领域的运作方式。在构建"AI+HR(人力资源)"的新模式时,AI将使组织部门的人力资源专业人员更加高效和有效,比如"智能招聘、智能VR培训、智能算薪、智能绩效以及智能服务"等赋能业务。

不过,虽然诸如使用AI等数字化手段可以帮助组织解决问题,但是当下的AI技术还无法完全拥有人类的直觉、同理心和经验,无法在数据与其背后的人之间建立有意义的联系。因此,无论技术的发展多么具有压倒性,人类的情绪情感、创造力和洞察力将永远是人力资源管理成功的独特支柱。

AI的商业化应用为企业实践和管理学研究带来了机遇与挑战(李晓华、李纪珍,2023)。AI的发展正在不断深入地影响企业管理变革,扩展企业业务的边界,改变企业管理模式。企业必须具备管理AI的能力才能有效应对大数据、云计算、5G/6G、AI等数字技术的不断革新,以及技术带来的组织内部结构和外部环境的变化和风险。企业应用AI与管理AI的能力的有效结合,有利于企业控制成本和抵御风险,增强企业在人力、协调、沟通和数据搜寻方面的效率,同时降低AI应用带来的数字基建、道德、情感、数据安全、组织结构变革方面的成本,进而促进企业的组织学习、对内外部数字技术资源及能力的获取和管理以及互补资产的形成,对企业创新发挥正向作用。

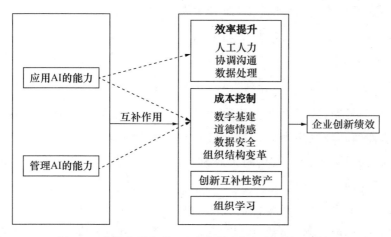

图 1-2　企业应用和管理 AI 的能力如何影响企业创新
资料来源:杨祎,刘嫣然,李垣.(2021).替代或互补:人工智能应用管理对创新的影响.科研管理,42(4),46-54.

由此可见,AI 可以影响也可应用于组织管理。AI 降低了企业搜寻成本,提高了组织沟通和运营效率,拓展企业创新模式;与此同时,在数字时代,企业在数字基建、数据存储、数据安全、员工培训、技术协调等方面也需投入更多成本。组织只有具备应用 AI 的能力和管理 AI 的能力,才能让 AI 赋能,提升企业核心竞争力并赢得竞争优势。

第二节　中国古代管理心理思想发展概况

一、中国古代管理心理思想发展历程

(一)滥觞阶段

这个阶段大体相当于东周以前的夏、商、西周三代。在《尚书》《周易》《诗经》等经书中,包含许多基本管理理念和原则,其中不少思想对后世产生深远的影响。

《周易》是中国文化宝库中最为古老的典籍,它由两部分组成:一是《易经》,即华夏文明始祖伏羲所创八卦、殷末周初文王所演六十四卦及所作卦爻辞;二是《易传》,即战国中晚期孔门后学解说《易经》所撰十篇文章。古今中外的哲学家、

思想家和科学家之所以重视周易系列典籍,是因其中蕴涵着人类独特的思维方式。其中,最为突出的是辩证思维,即认为事物运行的过程总是"一阴一阳",二者相反相成、相互补充、相互转化,而且永无止境。《易经》是中国的"圣经",是中华文化的元典,也是中国管理哲学的宝典。

(二) 形成阶段

先秦是中国古代社会的开端,也是中国古代管理心理学思想产生和奠基的时期。在这个时期,诸子百家在政治、经济、军事、文化等方面提出了不同的管理主张,传统管理心理思想由此发轫。经过诸子百家对经世治国的主张进行充分论辩,分别从人性与需要思想、用人心理、激励心理、领导心理、组织心理等不同方面阐述了管理心理问题。

在诸子百家中,具有系统性而又对后代产生较大影响的主要有儒、法、道三家。儒家所倡导的人本、明德、中庸、自我修为等思想影响深远;法家主张依法治国,讲究法、术、势相结合;道家管理心理思想的主要精神是以"道"为中心,讲"无为而治",偏重于对管理的规律、方式和艺术的探求。

黄金台招贤

《战国策·燕策一》记载:燕国国君燕昭王(前311—前279)一心想招揽人才,而更多的人认为燕昭王仅仅是叶公好龙,不是真的求贤若渴。于是,燕昭王始终寻觅不到治国安邦的英才,整天闷闷不乐。

后来有个智者郭隗给燕昭王讲述了一个故事,大意是:有一国君愿意出一千两黄金去购买千里马,然而时间过去了三年,始终没有买到,又过去了三个月,好不容易发现了一匹千里马,当国君派手下带着大量黄金去购买千里马的时候,马已经死了。被派出去买马的人却用五百两黄金将一匹死了的千里马买回来。国君生气地说:"我要的是活马,你怎么花这么多钱弄一匹死马来呢?"

国君的手下说:"您舍得花五百两黄金买死马,更何况活马呢?我们这一举动必然会引来天下人为您提供活的千里马。"果然,没过几天,就有人送来了三匹千里马。

郭隗又说:"您要招揽人才,首先要从招纳我郭隗开始,像我郭隗这种才疏学浅的人都能被国君采用,那些比我本事更强的人,必然会闻风千里迢迢赶来。"

郭隗说自己"才疏学浅"当然是自谦,他显然也是人才。燕昭王采纳了郭隗的建议，拜郭隗为师，为他建造了宫殿，后来没多久就引发了"士争凑燕"的局面。投奔而来的有魏国的军事家乐毅，有齐国的阴阳家邹衍，还有赵国的游说家剧辛等。落后的燕国一下子便人才济济。从此以后一个内乱外祸、满目疮痍的弱国，逐渐成为一个富裕兴旺的强国。接着，燕昭王又兴兵报仇，将齐国打得只剩下两个小城。

管理之道，唯在用人，人才是事业的根本。杰出的领导者善于识别和运用人才。只有做到唯贤是举，唯才是用，才能在激烈的社会竞争中战无不胜。要治理好企业，必须网罗人才，古代燕昭王黄金台招贤，便是著名的例子。我们也许也可以借用诸如图书馆、直播平台等，筑起"招贤台"，延揽贤才。

（三）过渡阶段

这个阶段大体上从汉、魏至唐朝前这段时间，是中国古代管理心理思想的过渡阶段。这一时期的统治者为国家管理制度化和定型化做出了自己的贡献，比如科举考试，在管理心理方面已形成独具特色的内容，尤其对人才的选拔和任用越来越重视，使人员甄选理论被提出并逐渐成熟化。

（四）完善阶段

唐宋作为中国封建社会鼎盛时期，不但封建制度和文化教育得到发展，而且，中国古代管理心理思想也在这一时期得到进一步完善。这段时期内具有较大影响的管理心理思想和论著都是对前代文化思想的继承和总结，主要有儒家的程朱理学和兵家的《太白阴经》和《武经总要》等。

王珪鉴才——人才鉴别和任用

在一次宴会上，唐太宗对王珪说："你善于鉴别人才，尤其善于评论。你不妨从房玄龄等人开始，都一一作些评论，评一下他们的优缺点，同时和他们互相比较一下，你在哪些方面比他们优秀？"

王珪回答说："孜孜不倦地办公，一心为国操劳，凡所知道的事没有不尽心尽力去做，在这方面我比不上房玄龄。常常留心于向皇上直言建议，认为皇上能力德行比不上尧舜很丢面子，这方面我比不上魏征。文武全才，既可以在外带兵打仗做将军，又可以进入朝廷搞管理担任宰相，在这方面，我比不上李靖。向皇上报告国家公务，详细明了，宣布皇上的命令或者转达下属官员的汇报，能坚持做到公平公正，在这方面我不如温彦博。处理繁重的事务，解决难题，办事井井有条，在这方面我也比不上戴胄。至于批评贪官污吏,表扬清正廉署,疾恶如仇,好善喜乐,这方面比起其他几位能人来说,我也有一日之长。"唐太宗非常赞同他的话,而大臣们也认为王珪完全道出了他们的心声,都说这些评论是正确的。

从王珪的评论可以看出在唐太宗的团队中,每个人各有所长;但更重要的是唐太宗能将这些人依其专长用于适当职位,使其能够发挥自己所长,进而让整个国家繁荣强盛。

领导者必须学会如何管理团队,以每个成员的专长为思考点,安排适当的位置,并依照成员的优缺点,作机动性调整,让团队发挥最大的效能。经理人员的任务在于知人善任,为企业提供一个综合平衡、密切合作的工作组织。

(五)衰落阶段

元明清时期,是古代管理心理思想的衰落时期。这一时期管理心理思想除了一些微观技术上的变化,整体上"衰落"是其主要特色。

二、中国古代管理心理思想的主要特征

中国古代管理心理思想集各家学派,展现出卓越智慧,从不同侧面揭示管理的规律,如儒家孔孟道德修为学说,道家老庄的无为而治等自然主义学说,法家韩非的法、术、势论,兵家孙武的取势、令之以文、齐之以武和五事七计、知己知彼等。

我们可以把中国古代管理心理思想的特征概括为以下几点:

(一)以德为先

中国古代管理心理思想的一个重要特征就是以德为先。提倡贤人政治,倡导君子品格,强调管理者的道德素质,崇尚以德治国,这是以儒家为代表的中国古代管理心理的核心特征。古代管理心理思想中还特别强调领导者的表率作用,尤其在德的方面。

儒家提倡的自我修为(self-cultivation)"功夫论"包含"正心、诚意、格物、致知"四个层次。所谓"心正而后修身",而想要达到心正,最直接的方法便是内省。在自我反省过程中,个人经由文化学得的某些信念、道德或法律,会成为其规范性的规范图式(normative schemata),从而成为规约系统(regulatory system),并引导其反思的方向,构成其自我修为的认知标准和道德精华(杨国枢、黄光国、杨中芳,2008)。进一步说,自我修为更胜于自我修养,"修为"承袭了儒家入世的

政治哲学,强调"修、齐、治、平",在自我修养、自我完善的基础上,要"治国平天下",要有所作为。

(二)人伦秩序和差别关系主义

中国式亲情重伦理道德,儒家倡导的"五伦十义"以亲情为基础扩展至各种人际关系,对各种关系的人际互动作出了明确而非"宽泛"的规定:"父子有亲、君臣有义、夫妇有别、长幼有序、朋友有信"(《孟子·滕文公上》),"父慈、子孝、兄良、弟悌、夫义、妇听、长惠、幼顺、君仁、臣忠"(《礼记·礼运》)。

"礼尚往来""投之以桃,报之以李",或根据关系网中的相关权力地位,权衡预期得失来决定是否"做人情"给对方,是华人社会混合性关系遵循的人情法则。对于亲缘关系则遵从需求法则,对于陌生人关系才遵从法理或契约法则,对于一般熟悉的人采用居中的混合法则。这些伦理道德的影响源远流长,几千年来每一种关系中的角色义务在中国社会慢慢固化为一种思维或行为习惯,渗透到从家庭到社会的各个领域,西方学者提出的社会交换关系对此是不能做出充分解释的。

(三)权力距离和家长制

权力距离(power distance)是指对特权的接受,它通常意味着对权威的遵从。中国属于高权力距离和高集体主义国家。受儒家思想主导,儒家文化是中国传统文化的核心,它成形于周朝封建社会。中国古代统治者位高权重、长幼尊卑、独断专行。儒家文化倡导尊卑有别、长幼有序,宣扬"仁爱",但这种"仁爱"是以血缘为基础的。《论语》中将权力关系划分成不同类别:君为臣纲,父为子纲,夫为妻纲,这种带有控制和不公的"封建思想",至今仍然影响着现今社会的权力关系。

在中国历史上的"尧舜禅让"时期,家长制是这一管理的初级阶段。家长制作为封建国家政权的组织形式被确立下来,家长制的理论基础,是以孔孟之道为代表的儒家思想。其中一个重要内容是"忠君"思想。封建家长制在政治上显著的特点,就是等级森严,统治者个人具有绝对权威,同时强调基于道德修为基础上的仁慈和关爱。

(四)以和为贵

"以和为贵"在中国古代无论是儒家,还是兵家、法家等,都主张追求管理中的"和"。这种"和"既是"和谐""协调"的意思,也有合作的含义,因而它实际是中国"和合文化"的精髓。和谐是管理成功的标志,是管理追求的理想境界。《中庸》说"致中和，天地位焉，万物育焉"。儒家和道家所说的"和"，并不仅仅是指人们相处和睦、和谐，更不是指没有斗争和冲突；"和"的状态表现为一种秩序，就是多元统一，多种成分、各个局部共生在一起。儒家管理思想以和为贵，正是儒家根本宇宙观的反映。

"以和为贵"的管理思想具有极其辩证的思想内涵，这种管理思想在今天仍然具有价值。因此，在现代管理中应该充分发挥"以和为贵"的管理特色，争取管理上的最佳"和谐"和最好的"合作"。

（五）中庸之道

中庸是中国人的典型思维特征，《尚书》以"中"表示合宜合适，"庸"乃"常规实用"。首先将"中庸"二字并用的是孔子，他认为，中庸是指不偏不倚、恰到好处。

"中庸之道"是中国儒家所提倡的一种道德实践的原则和处世待人的方法。"中庸"一词承载着世人对处世原则的恪守。孔子"中庸"思想的本意是："去其两端，取其中而用之。"也就是去除偏激，选择正确的道路。它体现的是端庄沉稳、守善持中的博大气魄，宽广胸襟和"一以贯之"的坚定信念。

中庸之道是一种精深的生存智慧和生命境界。林语堂说："我像所有中国人一样，相信中庸之道。"在1937年出版的《生活的艺术》中，林语堂还把"中庸生活"作为一种"生活的最高典型"而大加称赞。他说："这种学说，就是指一种介于两个极端之间的那一种有条不紊的生活——酌乎其中学说，这种中庸精神，在动作和静止之间找到了一种完全的均衡。"

杨中芳(2009)提出，中庸思维是一套元认知的实践思维体系，是在处理日常生活的具体事件时，指引人们如何去理解问题，要达到什么目的，注意些什么要点，思考哪些因素，以及要用什么准则来选择最佳行动方案等的思考模式。它要求在问题解决的过程中做到全局考虑、换位思考、内外兼顾、以退为进，追求多方和谐平衡。作为实践准则，中庸思维对人们选择做什么影响甚微，而主要影响怎样去做(杨中芳，2009)，怎样去做的最终目的是达到和谐。这一观点同样颠覆了我们平常对"中庸就是和稀泥"的认识。

中庸之道堪称中华管理智慧中的精粹。在管理中，我们不能简单地用折中主义的观点来解释它，而应正确理解这一概念所包含的内在哲理。中庸之道于管理中的运用大致包括凡事要适度、统一把握好矛盾的双方、掌握灵活多变的原则，以及保持矛盾双方的协调等观念。

（六）以人为本

中国的管理文化高度重视人在管理中的作用，自从《尚书》提出"惟天地，万物父母；惟人，万物之灵"之后，绵延数千年，绝大多数思想家都认同"天地之间人为贵"的思想。一般来说，可以把古代"以人为本"的思想分为得气说、智慧说、道德说等类型。

孟子的政治思想继承并发扬了孔子以"仁"为核心的道德哲学，更具体明确地提出"仁政""养民""教民"以及"民为贵"的政治理念。核心价值"仁者爱人"是儒家区别于其他流派的显著特征。儒家认为人性求善的可能原因在于内在的人性本善。所谓"君子所性，仁义礼智根于心"（《孟子·尽心上》），而非外在的压迫。

孙子的"文治"中"施以仁爱，尊重人，关心人"是其思想的本源，他在《地形篇》中说"视卒如婴儿，故可与之赴深溪；视卒为爱子，故可与之俱死。"这种仁爱士卒的思想是古今名将治军成功的共同原因。

（七）道家自然主义

"无为而治"是由道家提倡并产生广泛影响的管理原则。"无为"是道或天道的一种重要属性，并非无所作为。"人道效法天道"，就管理者来说，"无为"是指人人适应自然，自觉服从客观规律的管理行为过程。道家的管理宗旨就是通过"无为"，最后达到"无不治"的管理效果。具体来说，"无为而治"在管理实践中具有以下作用：

(1)"无为"可以减少管理的心理阻力，避免引起反感。

(2)"无为"可以减少冲突。

(3)"无为"可以充分发挥组织机构的作用。

(4)"无为"可以发挥自然规律和天道的作用。

老子"无为而治"的管理智慧能给予现代管理很多启示。比如，在领导行为的边界上，老子认为，领导行为，即使是正确的领导行为也并非越多越好，领导行为应有一个合理的界限，尊重自然以及人的可延展属性，过度的干预有时会破坏事物的内生性。

第三节　西方管理学的理论与实践

管理活动源远流长,自古即有,但真正成为一门科学、具有自己一套比较完整的理论体系,则是始自20世纪初以泰勒制为代表的科学管理。科学管理是管理科学的起点和基础,而管理科学是科学管理发展的必然结果。近代中国与西方发达国家的差距,在于中国既缺乏科学管理的熏陶,又缺乏包括管理科学在内的科学体系。在那个学科远不如当今分化的时代,管理学的积累和发展成为管理心理学的活水源头,奠定了管理心理学的早期理论基础。随着学术和实践的积累发展,管理心理学不光成为管理学的一个分支,也成为心理学的一个分支,成为一门管理学和心理学的交叉学科。

一、管理学的形成

作为一门行为科学,管理科学的产生是现代化大生产的产物,是管理科学发展的必然趋势。自从有人类以来,就存在着管理问题。人类的劳动活动与动物的活动有着根本的区别,人类劳动活动最显著的两个根本特点：一是劳动工具的制造与使用；二是劳动的集体协作性。

从事集体劳动就需要对其进行有计划的组织与系统的管理。

我国是具有五千多年悠久历史的文明古国,在长期的生产活动中积累了丰富的管理经验。很多人认为,世界上第一部系统地论述管理问题的著作,是我国春秋末期的《孙子兵法》。早在秦始皇时代,我国就修建了秦长城,统一了度量衡制度,修造了通向全国各地的"驰道"。当时,若没有卓越的组织管理才能和丰富的管理经验,是根本无法完成这些伟大工程的。

不过,无论在中国古代还是欧洲中世纪,管理还没有真正形成一门科学。真正的管理科学只有一百多年的历史。随着工业生产的发展,从手工业的生产方式转变为机器的生产方式,从手工业的作坊转变为现代化的工厂,只有在用机器进行生产的工厂出现之后,管理才逐渐形成为一门科学。

二、管理学的发展阶段

管理学的发展大体上经历了四个阶段。

(一) 早期管理阶段(经验管理阶段)

大致从18世纪后期到19世纪末,也就是从手工业生产向机器生产转变的初期(这个时期实际还说不上有真正的管理科学)。这一时期的管理主要是指工厂老板和工头对工人严加管束。管理仅靠老板的个人经验。工人的技术培训只是采用师傅带徒弟的办法,师傅怎么干、徒弟就怎么干。劳动定额(生产多少量)均由老板凭经验随意决定。既没有固定的劳动时间,也没有科学的累计工时定额方法,所以老板为了追求最大利润可以随意地体罚、侮辱不服从管理的工人,为了追求最大的利润,可以无限制地延长工作时间。

(二) 科学管理阶段

从19世纪末到20世纪初,管理才真正形成一门科学(大致经历了50年时间)。这一时期,随着生产力的进一步发展和自由竞争向垄断阶段过渡,企业规模不断扩大,生产技术越来越复杂,竞争日趋激烈,企业为了求得生存和发展,迫切要求提高管理水平,把以往企业主管理企业的个人经验加以总结提高,使之科学化、系统化和标准化。于是企业管理史从早期经验管理阶段过渡到科学管理阶段。

1. 弗雷德里克·泰勒

弗雷德里克·泰勒(Frederick W. Taylor)是科学管理阶段的代表人物,被后世称为"科学管理之父"。泰勒从1874年开始在一家小型公司里当学徒,1878年以后,先后在米德瓦尔钢铁公司做工,他晋升得很快,六年之内从普通工人被提升为领班、车间工长、车间主任、总机械师直至总工程师。1900年左右,他在伯利恒钢铁公司进行著名的"搬铁块"试验(即著名的"时间—动作分析"试验),他为伯利恒钢铁公司的搬铁块工人设计了一套标准的动作方式,按照该套标准动作干活,每个工人工作效率迅速提高。这之后,泰勒还实行了一系列管理改革试验,主要内容为:

(1) 对工人的操作进行科学的分析,实行劳动方法标准化;

(2) 对工人的劳动时间进行科学的分析,创造了劳动定额和工时定额制度;

(3) 规定不同工资单价,实行有差别的、有激励性的计件工资制度;

(4) 按照操作标准对工人进行科学的训练;

(5) 在管理人员与工人之间实行适当的分工,把管理从劳动中分离出来,但又强调两者间密切的、经久的合作。

这些管理思想和实践,开创了科学管理的新阶段。这一管理方法,既严格规定了工人的劳动定额、工时定额,并实行劳动方法标准化,又实行了计件工资,并对工人进行科学的训练等,使工人得到比过去更多的好处。因此,有人比喻此方法为"胡萝卜加大棒"的管理方法。

泰勒第一次系统地把科学方法引入管理实践,使管理成为一门可供研究和传授的科学,开创了科学管理的崭新时代。泰勒制强调每个细节的规范,强调从起源到结果每个环节的过程控制,其精髓就是精细化、标准化和数量化。泰勒认为:最佳的管理是一门实在的科学,基础建立在明确规定的纪律、条例和原则上。

现代管理学之父彼得·德鲁克高度评价,"科学管理极具解放性、开创性和洞察力"。把生产过程进行细微的动作分解,实行标准化的操作和定量化的管理,使机器大工业时代以装配线为特点的大规模生产成为可能。

泰勒还提出了工厂提高效率的四条原则:

(1) 研究工人的工作方式,收集他们掌握的所有非正式工作知识,然后对提高工作效率的各种方法进行试验。为了找到完成特定工作最有效的方法,泰勒进行了极其细致的研究,对不同工人完成其工作的方法也进行了认真测度。他使用的一个主要工具是"时间—动作"研究,即对为完成特定工作所采取的行动进行详细的计时和记录。在泰勒了解了完成工作的现有方式之后,他便开始就如何提高专业化水平进行试验,他尝试用不同的方法来划分和协调生产成品所必需的各种各样的任务。通常,这意味着简化工作,让每一位工人承担更少的工作种类和从事更多惯常的工作,泰勒还致力于寻找各种方法以提高每一位工人完成某一项特定工作的能力,例如,减少工人完成一项工作所需要的动作数量。

(2) 将完成工作的新方法编撰成书面的规则和标准操作程序。泰勒指出,一旦确定了完成工作的最好方式,就要将其记录下来,以便向从事相同工作的工人传授这些工作程序。这些新的方法可以进一步对工作进行标准化和简单化。实际上就是使工作变得更为常规化。通过这种方式,整个组织的效率都可得到提高。

(3) 仔细挑选工人,使其拥有的技术和能力与工作需要相匹配;同时按照已建立的规则和程序来训练他们使其完成工作。泰勒认为,要提高专业化水平,工人必须理解自己被要求做的工作,并且,为了按要求的水平完成工作,工人还要接受全面的培训。对于那些经过培训仍不能符合要求的工人,将被调任到他们能够达到的对熟练程度要求更低的工作岗位上。

(4) 设立一个公平的或者可以接受的工作绩效水平,建立薪酬管理系统,对超出既定水平的工作绩效给予奖励。为鼓励工人高效率地从事工作,激励他们主动去发现完成工作的最有效的技术,泰勒主张应当让员工从任何绩效的提高中获益。如果通过更高效率的工作程序实现了绩效的提高,工人们就应当得到奖金和一定比例的绩效收益。

到1910年,泰勒的科学管理系统已经享誉全国,并在许多方面得以广泛推广使用。但是,还有不少组织的管理者对这一全新的科学管理原则进行了有选择性的实施。这种决定最终引发了诸多问题。例如,一些管理者运用科学管理方法实现了绩效的提高,却没有像泰勒所倡导的那样,与工人共享绩效收益,反而仅仅是增加了每个工人承担的工作量。许多参加了工作系统重组实践的工人发现,随着他们绩效的提高,管理者要求他们做的工作也更多了,而薪水却一点也没有增加。工人们还意识到,工作绩效的提高意味着更少的就业机会和更大的失业威胁,因为需要的工人数量减少了。此外,专业化、简单化的工作往往是重复性的,很是单调乏味,许多工人对此日益厌烦,正如卓别林在电影《摩登时代》所演的那样。

科学管理使工人的工作更加辛苦,而收入却没有相应的增加。因此,他们越来越不信任那些看起来对他们的福利漠不关心的管理者。这些不满的工人拒绝使用这种新的科学管理技术,有时甚至向管理者隐瞒他们的工作知识,以保护自己的工作和收入。对于工人们来说,为保护自身利益,隐瞒工作系统的真实潜在效率并不是什么难事。例如,经验丰富的机器操作员能够通过调整传送带的松紧或者故意不把齿轮对准,以管理者觉察不到的方式放慢机器运转的速度。当工作小组试图设定一个可接受的、公平的绩效水平时,工人有时甚至会建立起非正式群体来阻碍高绩效以及鼓励偷懒的工作规则。

科学管理时代的泰勒制带给我们什么启示?

提到泰勒制,很多人就会想起掐着秒表,强迫工人按照最高的劳动强度干活的凶恶工头,或者想起《摩登时代》中,在高速运转的传送带前手忙脚乱、窘态毕现的螺丝工。科学管理似乎与控制、压榨、没有自由联系在一起,与第二次工业革命的高炉、机械、流水线联系在一起,而在今天这个数字浪潮席卷全球的时代,在白领人数超过了蓝领的国家,很多人不禁感到,科学管理过时了。

对企业员工而言,纪律、敬业、服从、协作等精神永远都很重要,但是,这些优秀的品质不是与生俱来的,需要进行长期、艰苦的训练。

重新认识泰勒制的价值,它是构筑现代工商文明的基石。管理学在中国似乎已经成为显学,每年出版的管理书籍汗牛充栋,新的管理概念层出不穷,很多人觉得眼花缭乱,无所适从。在这种情况下,我们需要正本清源,寻找更为基础的、更具有普遍性、更适合当前中国绝大多数企业实情的管理原理。于是,在现代管理的源头,我们看到了泰勒的身影。

科学管理没有过时。恰恰相反，非但没有过时，对于当今的中国，正当其时。科学管理是从生产线和体力劳动上发端的，它首先改变制造业的面貌。而对于制造业来说，操作规范、秒表、动作分解是永恒的主题。中国现在做得比较好的制造业，都是从泰勒制上吸取了营养。

2. 亨利·福特

美国汽车大王亨利·福特（Henry Ford）首先在自己的工厂内实行了一种加强管理工人的制度。这种制度的主要特点是：在采用机械化或自动化生产线和产品标准化的基础上，利用加快传送装置的运转速度，最大限度地提高劳动强度。凡是工人赶不上机器运转速度的，将被克扣工资，甚至被解雇。实行这种办法，不仅可以大大提高劳动生产率，迅速增加产品的数量，而且由于简化了操作方法，降低了对劳动者的技术要求，企业主就可以广泛地雇用工资低廉的非熟练工人。制度实施的结果直接降低了商品的成本，增强了企业竞争力并获取到更多的利润。

从 1908 年到 1914 年，经过多次试验和改造，亨利·福特和他的助手们率先发明了流水装配线，由此历史性地变革了生产实践方式。

随着工作过程的简化，工人们日益痛恨流水线工作的枯燥乏味。1914 年以前，福特公司汽车工厂一直经历着巨大的雇员流失。由于无法承受巨大的工作压力，每年有大量工人辞职。亨利·福特认识到这些问题之后，发表了一项声明：为了激励员工，从即刻起，缩减工作日长度，由 9 个小时减少为 8 个小时；基本工资提高一倍，由原来的每天 2.5 美元增加到每天 5 美元。当天宣布，第二天就把最低工资加倍。福特因此成为一个享誉世界的人物，他的新方法也被命名为"福特制"。

然而，福特表面上的慷慨是与对公司赖以生存的人力和物力资源的控制相配合的。他雇用了几百名监工来监督工人，不仅在工厂内，还在工厂外。在工厂里，管理高度严密。工人们不允许离开他们所在生产线的位置，也不允许互相谈话，他们的工作就是全神贯注于手上的任务。然而，很少有人能适应这种工作系统，于是，工人们就像口技表演者那样只用"嘴角"说话，最终形成了一种著名的讲话方式——福特唇语。福特对控制的偏执使他与管理者之间的冲突越来越严重，许多管理者仅仅因为与他的意见不合就被解雇。结果，很多有才能的人离开了福特，越来越多的人加入到竞争对手的公司。

福特总是力图对员工进行控制，这种方式在今天看来是绝对不可以接受的，也是不道德的。并且，从长远来看，这种做法也必然会损害组织的繁荣。

(三) 现代管理阶段

现代管理理论是在第二次世界大战后形成的,从 1940 年代到 1970 年代,大致经历了 30 年时间,主要分为两大学派:管理科学学派与行为科学学派。

1. 管理科学学派

管理科学有不同名称,如运筹学、数量分析、系统分析或决策科学等,一般用"管理科学"这一名称。这一学派实际上是泰勒制的继续和发展,但它与泰勒制的不同之处在于运用现代自然科学和技术科学的成就,并且研究的问题比泰勒制更为广泛。

这一学派注重数学和统计方法,注重运用电子计算机,研究的重点在于用科学方法达到组织的最佳决策。这一学派的特点主要为:

(1) 强调科学方法;
(2) 用系统分析法解决问题;
(3) 设计解决问题的数学模型;
(4) 强调数量化与利用数字和统计程序;
(5) 注重技术因素,而不重视心理社会因素;
(6) 依赖(大)数据和电子计算机;
(7) 在具有不同程度不确定性的情况下探索合理的决策;
(8) 倾向于设计标准化的模式,而不是描述性的模型。

这一学派的方法,最早在英国使用,1940 年英国首次运用运筹学方法研究新研制成的雷达系统的设计问题。随后美国国防部门也将运筹学方法使用于军事技术之中,之后,在 1950 年代后这一学派才被企业部门广泛运用。

1950 年代后,管理科学的方法有了很大的发展,线性规划、博弈论、统计决策论、系统分析、模拟、蒙特卡罗技术等,都在管理方面得到广泛运用。

2. 行为科学学派

与管理科学学派并行发展的另一个学派则是行为科学学派。行为科学学派强调从心理学、社会学的角度研究管理问题。它重视社会环境、人们之间的相互关系对于提高工作效率的重要影响。

行为科学学派认为:生产不仅受物理、生理因素的影响,而且受社会因素、心理因素的影响。不能只重视物质、技术因素,而忽视社会因素、心理因素对生产的影响。简而言之,行为科学学派重视人的因素,重视企业中人与人之间的关系,主张用各种方法调动人的生产积极性。

行为科学学派研究的问题范围很广,它包括领导人的培训、群体动力、动机与满意感、参与管理、个人和群体的决策、行为矫正、敏感性训练、工作的扩大和丰富化、社会技术系统、组织变革、目标管理以及提高工作生活质量等。

行为科学开拓了管理学理论的新领域,这个领域从1920年代的霍桑实验开始(比如梅奥的"人群关系学说"),在1940年代至1950年代名称被确定后,得到了较大发展。主要表现在四个方面:首先是对人的需要、动机和激励问题的研究;其次是有关"人性"问题的研究;再次是对企业中非正式群体及人与人关系的研究;最后是对企业中领导方式问题的研究。这些方面的研究成果,使行为科学成为当今管理学研究的重要组成部分。

由此可见,管理科学学派与行为科学学派在管理问题上各自强调不同的方面,前者侧重经济技术因素,后者强调人的因素、社会因素和心理因素。这两个学派的科学家在学术背景上也各不相同。管理科学学派的科学家擅长数学、统计、工程和经济学,强调管"物",而行为科学学派的科学家主要是社会学家和心理学家,强调"人"的作用。

如果把泰勒称作科学管理之父的话,玛丽·帕克·芙丽特(Mary Parker Follett)则可以被称为管理理论之母,她的著作反映了被泰勒所忽视的对组织中人性方面的关注。她指出,管理者常常忽视了一点:如果管理者允许员工在日常工作中积极参与并发挥主动性,员工就能够以多种方式对组织做出贡献。例如,泰勒从未建议管理者应该让工人参与分析自己的工作,以确定完成任务的最优方法,甚至从未考虑过询问工人对自己工作的感受。相反,他只是请时间—动作专家为他们分析工作的动作。而芙丽特认为,工人们是最了解自己的工作的,理所当然,他们应当参与工作分析,管理者也应该允许他们加入到工作开发过程中来。

芙丽特指出,职权应当与知识相结合——无论是在这根链条的顶层还是底端。换句话说,如果工人具有相关知识,那么,应该由工人而不是管理者来控制工作过程。管理者应该发挥教练和助手的作用,而不是成为监控者和监督者。芙丽特的这一观点是对当前自我管理团队和授权理论的早期预见。她还认识到,让不同部门的管理者进行直接交流,对提高决策速度具有重要作用。她提倡运用一种称之为"跨部门职能"的方法,不同部门成员在跨部门团队中共同工作,完成任务。如今,这种方法正被日益广泛的应用。

法约尔也曾提出专长和知识是管理者职权的重要来源的观点,但是芙丽特的研究更加深入。她建议,应当根据知识和专长来决定在特定时刻由谁来领导,而不能依靠源于管理者等级地位的正式职权。像今天的许多管理理论家一样，芙丽特认为，权力是流动的，它应该流向能够给予组织最大帮助以实现组织目标的人。法约尔把正式的指挥链和垂直的命令链看作有效管理的本质；而芙丽特正好与之相反，以一种横向的观点来看待权力和职权。芙丽特的行为管理方法在她所处的那个时代是相当激进的。

（四）新近管理阶段（系统管理理论阶段）

最新管理理论又称系统管理理论，它是1970年代提出的一种管理理论。系统管理理论，是从整体出发而不是从局部出发去研究事物的一种理论。"系统"这一概念含义很广，大至整个宇宙天体，小至一个有机体，都可视为一个系统。

系统理论应用于管理实践，主要是把企业看作一个开放的社会技术系统。所谓社会技术系统是指一个企业是由各种子系统构成的完整系统，其中包括目标价值系统、组织结构系统、心理社会系统和管理系统等。在一个企业中，各子系统之间是相互联系、相互影响的，从而构成一个整合的系统。

企业目标的改变（即目标价值系统的改变）就会引起组织结构、工程技术的相应改变，同时在人的心理上和人与人之间的关系方面引起一系列的变化。不仅在企业内部各子系统会发生相互作用，相互影响，而且企业本身并不是一个闭合系统，而是要不断地与其他企业和事业单位发生联系，企业本身也会受到社会各种因素的影响，与社会发生相互作用。也就是说，企业本身作为一个系统要与环境系统发生相互作用和相互影响。正因为如此，企业本身也是一个开放的社会技术系统。

任何一个组织、一个企业，都是一个开放的社会技术系统，在此系统中不仅各子系统发生相互作用，而且该系统也与环境发生相互作用。这也表明，系统理论在一定程度上克服了以往的管理理论的片面性。

系统理论主要倡导把各种因素（各子系统）结合起来，从总体上进行考察，所以，系统理论是把"现代管理"中的两大学派统一起来的较新的理论。

关于外部环境如何影响组织的最有影响力的观点之一，是由丹尼尔·卡茨（Daniel Katz）、罗伯特·卡恩（Robert Kahn）和詹姆斯·汤普森（James Thompson）在1960年代提出的。他们把组织看作一个开放的系统，即从外部环境中输入各种资源，将其转化为产品或服务，然后重新将这些产品和服务输回到外部环境中由消费者购买的系统。

这一系统之所以是开放的,是因为组织为了生存,要从外部环境中获取资源并与之产生互动。换句话说,组织对其外部环境是开放的。反之,封闭系统是一个不受外部环境影响的自给自足的系统。在封闭系统内运行的组织会忽视外部环境,得不到外部输入,将很可能遭受一个嬗变的过程,即系统倾向于丧失自我控制能力,逐渐走向解体和分裂。

系统各个组成部分如何协调一致共同工作以提高效率和效果,也是系统观的研究者所关心的问题。系统理论家热衷于讨论"整体大于部分之和",也就是说,当组织各个部门共同协调而非分散独立工作时,组织的绩效水平将会更高。可能只有在一个组织良好的系统中才会产生协同效应。近年来,管理实践对跨部门团队表现出的关注,反映了系统理论专家的兴趣所在:设计出能够产生协同效应的组织系统,从而提高效率和效果。

本章小结

管理是对人力和其他资源进行计划、组织、领导、协调和控制,以快速有效地实现组织目标的过程。管理者是组织中负责监管组织中的人和其他资源的使用,以达到组织目标的人员。组织是指在一起工作,并协调各自的行动,以实现各种目标的人的集合。有效率的(efficient)组织使用所拥有的资源快速实现产出,有效果的(effective)组织追求恰当的目标,并利用资源为消费者创造出其所需要的产品和服务,最终实现这些目标。

管理心理学是运用心理学的原理和方法,研究管理活动中人的心理现象、心理过程及其规律,使个人或组织提高效率的一门科学。由此可以概括得出,管理心理学的研究对象就是管理活动中人的心理现象、心理过程,以及与此相关的人的行为。

中国古代管理心理思想的主要特征包括以德为先、关系主义、权力距离和家长制、中庸之道、以和为贵、以人为本,以及道家的无为而治等。这些经典的思想为促进现代管理心理学的发展奠定了基础,在现代管理心理领域中依旧灿烂夺目。

近代管理学历史经历了经验管理阶段、科学管理阶段、现代管理阶段和开放系统管理阶段。泰勒制、福特制、芙丽特制以及以人为本和系统管理思想,都成为近代管理学史的精华,在现代企业管理过程中,管理者对历史长河中留下的宝贵财富建设性地吸取精妙之处,有着巨大的理论意义和现实意义。

> **本章思考题**

1. 管理心理学理论体系包括哪些方面？举例说明个体、群体和组织心理之间的关系。
2. 试述中国古代管理心理思想的主要内容。
3. 如何评价泰勒的科学管理思想？
4. 简述现代管理理论的两大学派及其相互关系。

> **推荐阅读**

1. 彼得·德鲁克.(2023).卓有成效的管理者.刘澜,译.北京:机械工业出版社.
2. 赫伯特·西蒙.(2021).管理行为.詹正茂,译.北京:机械工业出版社.

第二章　管理心理学的理论基础和人性假设

> **开篇案例**　宗庆后和娃哈哈

娃哈哈董事长兼总经理宗庆后因其卓越的领导才能和经营能力，荣获全国劳动模范、五一劳动奖章、全国优秀企业家、2002年CCTV中国经济年度人物、优秀中国特色社会主义事业建设者、袁宝华企业管理金奖、2005年度中国最具影响力的企业领导等荣誉，并光荣当选第十届全国人大代表，以及连任第十一届全国人大代表。作为改革开放后我国第一批民营企业家、改革开放40年百名杰出民营企业家、浙商群体的标杆性人物，数次登榜中国首富的娃哈哈创始人宗庆后，在2024年初春时节走完了自己传奇的一生。

娃哈哈的管理哲学建立在以人为本的指导原则之上。78岁的娃哈哈退休职工黄渭强发自内心的表达，"我的命运因宗庆后改变……3次享受福利分房"。追忆宗庆后的日子里，不少娃哈哈老员工都会主动谈起这位"布鞋首富"对员工的包容和慷慨，除了不辞退45岁以上员工和年底可观的年终奖，宗庆后多年来利用各种形式给员工解决住房问题也被人们反复提及。

直到2006年退休，黄渭强在娃哈哈效力了十多年，也从一名新员工成为娃哈哈市场部设计室的主任。随着娃哈哈推出的单品越来越多，黄渭强在设计岗位上也感受到企业的壮大，每当看到一些消息——经他设计的产品在市场上获得认可，他也感到非常骄傲。娃哈哈当年一次性在紧邻杭州火车东站的小区买下了100多套房产分给职工。而算上这套房子，黄渭强已经在娃哈哈享受过三次福利分房。2020年宗庆后在上城区的重大项目集中开工现场说："年轻人住房是件大事，建设娃哈哈人才公寓，是为了让他们能安心在杭州工作，促进企业发展。今后企业的发展，全都要靠有知识有文化的年轻人。"

在人性化管理上，娃哈哈的标杆性制度在细微处体现出对人性的关怀。宗庆后平时生活节俭，吃住都在公司，每年生活开销一般不超过5万元，但他对员工舍得，也懂得回报社会。考虑到员工低龄子女"六一"儿童节没人陪伴，娃哈哈集团研究决定,对至少有一个孩子年龄在14周岁以下(含14周岁)的在职员工,公司予以放假1天,让其陪伴孩子。

娃哈哈的管理是Y理论的实践。它以人为本,强调以宽容和尊重的态度对待每一个人,对任何成绩都给予肯定和承认。宗庆后"不辞退45岁以上员工",他解释说,每个人的水平有高有低,企业可以安排合适的岗位以及能上能下的用人机制,但只要员工不是违法违纪,就不应该直接开除人:"我从来不会辞退人员的,他好好在这里干,你辞退他干什么?尽管能力有差异,那能力差的就永远找不到工作了吗?老板要关心员工的利益,关心员工的小家,让他没有后顾之忧。"这一政策加强了员工对公司的忠诚度。

中国饮料行业的一代"宗师"走了,但他留下的商业故事和管理思想,仍是中国民营经济发展历程中的宝贵财富,历久弥新,回味悠长。如今,宗庆后的女儿宗馥莉带着父亲的期许和我们的期待,为未来新的娃哈哈继续赋能远航。

资料来源:澎湃新闻.(2024).78岁娃哈哈退休职工:命运因宗庆后改变,三次享受福利分房. https://baijiahao.baidu.com/s?id=1792150671365268834&wfr=spider&for=pc. 谢芸子. (2024). 前首富与另类的娃哈哈:坚持企业不负债,不发行债券,从未有过贷款. https://finance. ifeng.com/c/8XSmQuql2GL. 徐汉雄.(2024). 宗庆后说"不辞退员工",读懂背后的以人为本与人尽其才. https://baijiahao.baidu.com/s?id=1791933270266558203&wfr=spider&for=pc. 澎湃新闻.(2024). "放假一天陪伴孩子":杭州一公司给"有娃"员工放六一假. https://baijiahao. baidu.com/s?id=1601420374116768707&wfr=spider&for=pc.

第一节 管理心理学的理论基础

一、管理心理学产生的历史背景

管理心理学的早期理论产生于1920年代,并在40年代末50年代初进一步发展为一门独立的学科,管理心理学的产生是现代化大生产的必然产物。

20世纪初,现代工业生产进入了一个新的历史阶段。这一时期,由于社会固有矛盾的存在和激化,虽然科学技术进步了,并不必然导致工作效率的迅速提高,企业主为了获得更多的利润,于是聘请越来越多的心理学家从事对工作效率与经营决策的研究,因而促发了管理心理学的产生。同时,把人看作劳动机器的传统管理方式引起了一线工人的强烈反抗,使劳资矛盾尖锐化。管理心理学重视人的因素和人与人之间的关系,主张用各种办法来调动员工的积极性,因此受到当时企业界的重视与支持。他们集中了大批心理学家进行人际关系、团体行为和领导行为的研究,这些研究成果构成了管理心理学的基本内容。

第二次世界大战以来,科学技术的发展日新月异,给现代化大生产中的劳动性质与劳动力结构带来了深刻的变化。一方面,科学技术在生产中的广泛应用,使工业自动化程度达到了前所未有的水平,高水平的生产力状况对劳动者工作的主动性和自觉性提出了更高的要求,现代化大生产要求工人在工作中具有高度的自觉性、创造性与责任感,把人看作经济人、机械人,已不适应现代化大生产的客观要求。另一方面,随着生产与科学技术的进步,生产机械化、自动化水平不断提高,专业分工越来越细,使各个生产工序的操作更加乏味,这样会严重影响工人的作业情绪,管理层为了进一步提高生产率,需要寻求新的对人进行管理的理论和方法。现代化大生产的发展还使劳动力的素质与结构发生了变化。生产中操作人员的脑力劳动比重越来越大,工人受教育程度与文化素养越来越高,工人不仅有物质方面的需求,而且在社会的和心理的需求方面也提出了更多更高的要求。在企业管理中若不重视这些要求,就不可能充分调动工人的积极性,因此,仅仅采取强制与监督的方法进行管理是远远不够的。企业家中的一些有识之士认识到在管理中更要重视人的心理因素,他们说,"过去企业管理过分依靠高效率的工程师,今后要更多注意心理学"。由此可见,劳动性质与劳动力结构的变化,使"胡萝卜加大棒"的传统管理方式难以再奏效,"经济人"假设不足以有效调动工人的积极性了,在现代化智能化大生产中,仅靠纪律、监督与金钱刺激是不够的,人的因素与作用日益凸显。

所以,管理心理学的产生与发展是和科学技术的进步、生产力的发展水平相联系的,并和社会化大生产的需要是分不开的。

二、管理心理学形成的理论准备

20世纪初,心理学发展初具规模,形成了一套心理学的研究方法与手段,社会心理学也已发展成为独立的学科。这些学科理论的形成与发展,为管理心理学奠定了较充分的理论基础与有效的研究手段,从而使管理心理学的产生从客观需要上成为可能。

心理学知识在企业管理中的应用是从心理技术学开始的。最早进行心理技术学研究的是号称"工业心理学之父"的闵斯特伯格,他在1912年出版的《心理学与工业效率》一书中提出,心理学应着重研究三方面的问题:一是如何选择工人以适应工作的要求;二是如何安排条件使工人得到最大的满意和达到最大的效率;三是如何发挥一切有益于经济发展的影响。他这三方面的内容囊括了后来的管理心理学的一些主要问题。

1924年至1932年间进行的霍桑实验及相应的人群关系理论,是管理心理学史上的一座里程碑。所谓的霍桑实验,是在美国芝加哥郊外的西部电气公司的霍桑工厂进行的。霍桑工厂具有完善的娱乐设施、医疗制度和养老金制度等,但是员工仍有不满情绪,生产效率不理想。为探求其原因,一个由多方面专家组成的小组进行了以下几个阶段的研究:

(一) 照明实验

这一实验是研究照明条件的变化对生产效率的影响。实验前,他们设想增加照明会使产量提高。实验时,他们将实验的工人分为两组,一组为"实验组",先后改变他们在工厂工作的照明度;另一组为"控制组",照明始终不变。实验结果是,无论增加或降低照明度,两组的产量几乎等量上升。这一结果使研究者感到茫然,实验难以继续下去。这时,梅奥等哈佛大学的专家来到工厂,组织了新的研究实验小组,继续进行实验。梅奥等通过分析总结前段实验,认为工厂照明不是影响生产效率的主要因素,生产效率很大程度上取决于工人的良好心理状态。在照明实验中尽管照明度发生各种变化,甚至降得很低,但由于工人们感到自己被挑选参加实验,有着特殊的身份,感到有人注意自己,一种被上级关注和重视的情感就会产生,从而激发出工作积极性,生产率自然会上升。

(二) 福利实验

这一实验是为了确定改善福利条件和工作时间等对生产效率的影响。梅奥选定六名女工在单独的房间里从事装配继电器的工作。实验时,先是逐步增加一些福利措施,如缩短工作日、延长休息时间、免费提供茶点、实行计件工资制等,结果使产量得以提高。两个月后,取消了一些福利措施,产量仍然继续上升。梅奥等认为,导致产量增加的原因不是福利,而是士气与人群关系,在调动员工积极性、提高产量方面,人际关系因素比福利措施更为重要。实验中工人之间以及工人与监工之间融洽的人际关系是使产量持续上升的原因。

(三) 访谈实验

这一实验的目的是了解工人对厂方的态度。这项遍及全厂员工的访谈历时两年多,找员工个别谈话两万余人次。实验中规定访谈者少说多听,让工人任意发表意见。访谈计划收到了意想不到的结果,工厂的产量大幅度上升。这是由于工人将长期以来对工厂的不满都发泄了出来,因而心情舒畅,从而使产量上升。

（四）群体实验

在这项实验中梅奥选择14名男工在单独的房间内从事绕线、焊接和检验工作。工作中实行计件工资。实验发现，产量只维持在中等水平以上。原来这个集体为维护其群体的利益，自发形成了一套自己的规范，如他们约定，谁也不能多干、突出自己；谁也不能少干、影响大家；违反规定者要受到惩罚。工人之所以使产量维持在中等水平，是为了避免当局提高标准或裁减人员。这一实验表明，工人为了维护班组内部团结，可以放弃物质利益的诱惑。梅奥由此提出"非正式群体"概念，他认为正式组织中存在着自发形成的非正式群体，这种群体有着自己的特殊规范，对其成员的行为有调节和控制作用。

梅奥在总结霍桑实验的基础上，提出了人群关系理论。他认为人是"社会人"，影响人生产积极性的因素除物质条件外，还有社会、心理因素；生产效率的高低取决于"士气"，而士气又取决于是否具有良好的人际关系；非正式群体是影响生产效率的重要因素；新型领导的能力在于增加工人的满意度，提高生产率，并且能够使正式组织的经济需要与非正式群体的社会需要取得平衡。

霍桑实验及人群关系理论为管理心理学奠定了实验和理论的基础，并成为管理心理学的核心内容。梅奥被公认为是管理心理学的先驱。

勒温对管理心理学的形成也做过重大贡献。他借用物理学中"磁场"的概念，把人的心理与行为看作内部力场（人的内在需要）与情境力场（外在环境）相互作用的结果。据此，他提出了著名的行为公式：$B=f(P,E)$。其中，B是人的行为，P是个人，E是环境，其含义是人的行为等于个人与环境相互作用的函数。勒温的"场"理论最初仅用于个体行为的研究，后来他又把"场"理论扩大到群体行为的研究，提出了"群体动力"的概念。群体动力取决于内部力场与情境力场的相互作用，研究群体动力就是要研究影响群体活动动向的各种因素。群体动力理论对管理心理学的形成与发展有很大影响，其研究成果大多构成了管理心理学有关群体心理与群体行为的基本内容。此外，勒温在其领导的行为理论，以及组织变革研究中也有卓越贡献。

马斯洛也是管理心理学的先驱。他于1940年代提出了作为人的动机基础的需要层次理论。他认为人有生理、安全、社交、尊重和自我实现五类需要，这些需要由低级向高级依次发展，形成金字塔的层次。马斯洛的需要层次理论对管理心理学的发展有很大影响，当前西方各国管理心理学和整个经济管理学科几乎都以这一理论作为重要的基础理论。

可见,管理心理学的产生是时代发展的产物,也是心理学、社会学、管理学和经济学等学科理论发展的必然表现。

第二节 人性的假设与管理

管人还是管事?《吕氏春秋》有云:"贤主劳于求贤,而逸于治事。"意思是说,贤明的管理者把精力放在求贤用人上,而在管理具体事务上则采取超然的态度。美国著名企业家、钢铁大王卡耐基也是一位善于用人的专家,他的墓碑上就刻着:一个知道选用比自己更强的人来为他工作的人安息于此。管理应该侧重于管人而不是管事。管人的过程中最复杂的莫过于对人性的认识和理解。

一、中国古代"人性"问题争论

人性问题是管理理论的哲学基础。我国古代的思想家对"人性"问题有不同的论述:春秋时期,孔子提出"性相近也,习相远也"(《论语·阳货》)。他对人性善恶问题还说得不具体。

战国时期,孟子主张"人之初,性本善",他认为人人有善的萌芽,统治者能保持并发展它,庶民则不能。孟子的"性善说"是他"仁政说"的理论基础,Y理论的观点与其类似。

荀子主张"人之初,性本恶",他指出:"人之性恶,其善者伪也。""今人之性,饥而欲饱,寒而欲暖,劳而欲休,此人之情性也。"(《荀子·性恶》)现代管理的X理论认为"人天生懒惰、缺乏雄心、不愿负责任"的观点与其有相似之处。

韩非子认为:"凡治天下,必因人情。人情者,有好恶,故赏罚可用。"《韩非子·八经》这是自然人性论。

汉代扬雄认为人性有善的一面,也有恶的一面,现代权变理论观点与其有点近似。

二、中国古代管理思想

(一)"人能合群"的组织管理学说

《荀子·王制》有云:"人,力不若牛,走不若马,而牛马为用,何也?曰:人能群,彼不能群也。"荀子认为人能合群(即构成社会组织),这是与动物根本不同之处。人为什么能合群呢？因为人能"分"（即指不同的社会地位、职务）；"分"的标准是"义"（即伦理道德）。他指出："义以分则和，和则一，一则多力，多力则强，强则胜物。"这就是说，人有了社会组织，能利用群体的力量，胜过自然界其他动物。这是集体行为管理思想的萌芽。

（二）治国安邦的领导艺术与策略

《管子·心术下》中有云："心安，是国安也。心治，是国治也。治也者心也。安也者心也。治心在于中，治言出于口，治事加于民；故功作而民从，则百姓治矣。"这段话的大意是，要治理国家，使国家安定，必须先治民心，安定民心；要想治好民心、安定民心，则必须把国家的事、人民的事办好。这是一条很重要的管理思想。

韩非子是先秦法家思想的集大成者，他提出了以法治为中心，"法、术、势"相结合的法治思想。《韩非子·定法》有云："法者，宪令著于官府，刑罚必于民心，赏存乎慎法，而罚加乎奸令者也"。这是全社会必须遵循的标准。如何用法，则有著名的"刑名之术"。又云："术者，因任而授官，循名而责实，操杀生之柄，课群臣之能者也，此人主之所执也。""术"是国君根据"法"控制官僚的手段。韩非子认为"法"和"术"必须以掌握政权为前提，而且必须为政权服务。他接受"重势"的学说，所谓"势"就是政权，"乘势"就是掌握政权。他认为"上不及尧舜，而下亦不为桀纣"的那些君主，"抱法处势则治，背法去势则乱"。这是为中央集权政治的理论论证。

汉代董仲舒的"德主刑辅、礼法并用"的思想，以及后来有人提出的"赏罚分明""恩威并施"的观点，对今天的国家行政和企业管理仍有借鉴意义。

（三）关于领袖或将帅心理

有关领袖必须具备的心理品质在我国古代四部兵书及其他典籍中有充分的反映。

荀子认为，领袖人物应该具有全面、深刻和精确的知识。《荀子·劝学》有云："全之尽之，然后学者也……君子知夫不全不粹之不足为美也。"荀子的所谓"全"指人的知识，才智和品质要完全、全面；"尽"指人的知识，才智和品质要彻底、极度发展；"粹"指人的知识、才智和品质纯而不杂，精而不乱。

孙武指出："将者，智、信、仁、勇、严也"（《孙子兵法·始计》），提出统帅三军的将帅必须具备才智、诚信、仁慈、勇敢、严威等五个条件。

孙膑认为："恒胜有五：得主专制，胜。知道，胜。得众，胜。左右和，胜。量敌计险,胜。"(《孙膑兵法》)强调有职权、懂规律、得民心、讲团结、晓情报的重要性。战争如此,商战也如此。

（四）关于"士气激励"问题

尉缭子指出:"夫将之所以战者,民也;民之所以战者,气也。气实则斗,气夺则走。"(《尉缭子·战威第四》)说明人心、士气是决定战争胜负的决定因素。

孙膑很重视激励问题。他指出:"不信于赏,百姓弗德。不敢去不善,百姓弗畏。"(《孙膑兵法》)也就是说,对好人好事要奖,对坏人坏事要罚。他把"激气"（激发士气）、"利气"（使士兵有锐气）、"断气"（使士兵果断、有决心）、"延气"（有持续作战精神）、"厉气"（鼓励斗志）等列为"合军聚众"、克敌制胜的要务。

韩非子的激励观是赏罚分明,重赏重罚。他认为:"是以赏莫如厚而信,使民利之;罚莫如重而必,使民畏之;法莫如一而固,使民知之。故主施赏不迁,行诛无赦。誉辅其赏,毁随其罚,则贤不肖俱尽其力矣!"(《韩非子·五蠹》)

（五）关于人事、管理及"将与士"的关系问题

孟子有"天时不如地利,地利不如人和"(《孟子·公孙丑下》)的观点。这里表明人的作用、人心归向、调动人的积极性在管理过程中的重要作用。

《吴子兵法》中强调兵不在多,"以治为胜"。关于治军的原则,就是文武兼施,恩威并重。搞好将与士的关系是治军的重要条件。吴起主张身先士卒,以身作则。

关于能力和使用人才问题,战国时赵国人慎到认为人的能力有个别差异,"各有所能,所能者不同";要根据人的能力特点去使用,尽量兼收并蓄,而不要有所取;要不拘一格地使用人才,才会人才济济,即"不设一方以求于人,故所求者无不足也"(《慎子·民杂》)。《老子》中提出善于用人,对人态度谦虚的"善用人者,为之下"的用人哲理。这些都是丰富的人事心理的思想。

三、西方近代管理心理学人性假设

（一）"经济人"假设与 X 管理理论

1. "经济人"假设

"经济人"又称"唯利人"(economic human),该理论的代表人物为道格拉斯·麦格雷戈(Douglas McGregor)和埃德加·沙因(Edgar Schein)。"经济人"假设的哲学基础是享乐主义哲学,例如,亚当·斯密关于劳动交换的经济理论,认为人的行为动机源于经济诱因,在于追求自身的最大利益。

1965年沙因于《组织心理学》一书中概括"经济人"的特征如下：

（1）人是由经济诱因引发工作动机的，并谋求最大的经济利益。

（2）经济诱因在组织控制之下，人是被动地受组织操纵、激发和控制而工作的。

（3）人的感情是非理性的，必须善于干涉他/她所追求的私利。

（4）组织必须设法控制个人的情感。

2. X管理理论

麦格雷戈在《企业的人性面》一书中将这种人性假设的要点归纳如下：

（1）人们多数趋于天生懒惰，不愿多做工作。

（2）人们多数缺乏雄心，希望依赖他人，而不喜欢担负责任。

（3）人们多数喜欢以自我为中心而忽视组织目标。

（4）多数人安于现状，习惯于抵抗变革。

（5）人们易受欺骗，常有盲从举动。

基于这种人性假设，麦格雷戈和沙因等提出X管理理论：

（1）管理者从经济利益出发来使用生产中的人力、物力、财力。

（2）管理者的任务在于指导与激发员工的工作表现，并时常控制与修正员工的行为，以符合组织之需要。

（3）管理者必须管制其下属，并需要利用说明、奖赏、处罚与控制等方法。

（4）管理工作是少数人的事，而广大员工只需听从指挥、服从命令。

（5）在调动员工生产积极性方面，强调用奖金作为重要的奖励手段进行正强化，用惩罚手段进行负强化。

泰勒的科学管理方法就是"经济人"假设和X管理理论的具体体现。他把广大工人看作只知追求经济利益的"经济人"，把经济动机视为工作积极性高低的唯一动力。泰勒制的中心思想，只是考虑如何提高生产效率，把工人等同于机器人，忽视了人的社会和心理因素，提出了建立在"时间—动作"机械程序化分析基础上的计时和计件工资制。

X管理理论的特点，主要是把人视为物，把人当作金钱的附庸，而忽略人性中其他高级需要，故此，有其很大的局限性。事实证明，工资奖酬是促使人们努力工作的一个激励因素，但不是唯一因素，人的工作积极性在一定程度上还要受到社会需求的制约。

3. 对"经济人"假设的评价

（1）"经济人"假设与X管理理论含有科学管理的成分：这种理论改变了当

时放任自流的管理状态；加强了社会上对消除浪费和提高效率的关心；促进了科学管理体制的建立。

（2）"经济人"假设是以享乐哲学为基础，把人看作天生懒惰而不喜欢工作的"自然人"，这与马克思关于"人是社会人"，"人的本质是社会关系的总和"的观点不一致。

（3）"经济人"假设的管理是以金钱为主的机械的管理模式，忽视或否认了人的自觉性、主动性、创造性与责任心。

（4）"经济人"假设认为大多数人缺少雄心壮志，只有少数人起统治作用，因而把管理者与被管理者绝对对立起来。

（二）"社会人"假设与参与管理

1. "社会人"假设

"社会人"（social human）也称社交人，该理论代表人物是乔治·梅奥。该假设认为，人们在工作中得到的物质利益对于调动生产积极性只有次要意义，人们最重视的是工作中与周围人的友好关系。良好的人际关系是调动员工生产积极性的决定因素。"社会人"假设的理论基础是人际关系学说。这种学说是社会心理学家梅奥在霍桑实验中的经验总结。梅奥把"重视社会需要和自我尊重的需要，轻视物质需要与经济利益的人"称为"社会人"。

（1）传统管理理论把人性假设为"经济人"这是不完全的，人应该是"社会人"。除了物质条件外，社会和心理的因素对调动人的生产积极性有很大的影响。

（2）传统管理理论认为生产效率主要取决于工作方法和工作条件。霍桑实验结果表明：生产效率的高低主要取决于员工的士气，而士气取决于员工在家庭、企业及社会生活中的人际关系是否协调一致。

（3）传统管理理论只重视人的正式组织团体，注意团体结构、职权划分、规章制度等对人的行为的影响；而梅奥则注意非正式团体、无形组织的作用，其有着特殊的规范，影响团体成员的行为。

（4）新型领导需要倾听员工的意见，使正式群体的经济需要和非正式群体的社会需要取得平衡。

沙因认为"社会人"的特征包括：

（1）人类的工作要以社会需要为主要动机。

（2）工业革命与工业合理化的结果，分工太细，使工作本身变得单调而无意义,因此必须从工作的社会关系中寻求其意义。

(3) 人对其所在团体的社会因素的反应,远比对物质诱因管理的反应要强烈。

(4) 人们最希望管理人员能满足自己的社会需要。

2. 参与管理

梅奥主持的霍桑实验提出的人际关系学说是构成"社会人"假设的理论基础。根据"社会人"假设的观点,近代管理界提出了"参与管理"的新型管理方式。所谓参与管理,是指让员工不同程度地参加组织决策的研究和讨论。梅奥强调以人为中心的管理,管理的重点不应只注意生产任务,而应注意关心人,满足人的需要。在奖励时提倡集体奖励,不主张个人奖励制度。

参与管理的方式把员工作为"社会人"看待,比"经济人"的观点显然是进了一步。这种管理方式中含有的合理成分,即民主管理思想,对我们有着很大的借鉴作用。但是,人群关系理论把良好的人际关系作为激发工作的动机,在调动人的积极性过程中作为最重要的因素来强调,无疑有它的偏颇性。事实上,在构成人的工作积极性的动力源的问题上,是多种内外因的合力共同起作用的。

3. 对"社会人"假设的评价

(1) 从"经济人"到"社会人"假设只是管理思想与管理方法的一个进步。

(2) 许多企业采取了群众路线的民主管理方法,这同社会人假设"参与管理"相比较,有不可比拟的优越性。

(3) "社会人"假设过于否定了"经济人"假设的管理作用,完全忽视员工的经济需要,无疑也会挫伤员工的积极性。

(4) "社会人"假设过于偏重非正式群体的作用,对正式组织有放松研究的趋向。

(5) "社会人"假设的管理措施,对我们今天企业的管理和制定奖金制度有参考意义。

(三) "自我实现的人"假设与Y理论

1. "自我实现的人"假设

"自我实现的人"(self-actualizing human)也叫"自动人",该人性假设是1950年代末,由马斯洛、克里斯·阿吉里斯(Chris Argyris)、麦格雷戈提出来的。

"自我实现的人"假设认为,人并无好逸恶劳的天性,人的潜力要充分表现出来,才能充分发挥出来,人才能感受到最大的满足。工作是满足人的需要的最基本的社会活动和手段。而自我实现，个人潜能充分发挥，才能让人感到最大的满足。

麦格雷戈将"自我实现的人"的人性假设基本观点概括为：

（1）厌恶工作并不是普通人的本性（天性）。工作可能是一种满足，人们有自愿去做的愿望；也可能是一种惩罚。

（2）外来的控制和处罚的威胁不是促使人们努力达到组织目标的唯一手段。

（3）致力于与实现目标联系在一起的奖赏和报酬影响目标的实现。

（4）逃避责任，缺乏抱负以及强调安全感通常是经验的结果，而不是人的本性。

（5）在人群中广泛存在着高度的想象力、智谋和解决组织中问题的创造性。

（6）在现代工业化社会条件下，普通人的智力潜力只得到了部分发挥。

2. 基于"自我实现的人"假设的Y理论

（1）管理重点的变化。"社会人"假设的管理重点是重视人的因素；而"自我实现的人"假设把管理重点又从重视人的因素转移到重视工作环境上来，它主张创造一个适宜的工作环境、工作条件能充分发挥人的潜力和才能、充分发挥个人的特长和创造力。

（2）管理者的职能作用的变化。管理者既不是生产的指挥者和控制者，又不是人际关系的调节者；而是生产环境与条件的设计者与采访者。他们的主要任务是创造适宜的环境条件，以发展人的聪明才智和创造力。

（3）奖励制度的变化。该假设重视内部激励，即重视职工获得知识，施展才能，形成自尊、自重、自主、利他、创造等自我实现的需要等，进而调动职工的积极性。管理的任务只是在于创造一个适当的环境。

（4）管理制度的变化。该人性假设主张下放管理权限，建立较为充分的决策参与制度、提案制度等满足自我实现的需要。

马斯洛的需要层次理论中，主要强调了人类需要的最高层次就是自我实现的需要。阿吉里斯的理论强调在人从不成熟到成熟的自然发展过程中，只有少数人才能达到完全成熟。麦格雷格总结了他们的观点，结合管理问题，提出了上述的Y理论。

Y理论中提出的工作丰富化、工作扩大化以及管理措施的相应改变等内容，旨在强调管理者要注意影响人的积极性的内因与客观因素，认为动机诱导与目标实现的管理是有效的措施，这些观点对我们的管理工作是有一定的启发和借鉴作用的。但是,该理论也有其局限性。它认为人的发展和自我实现是一个自然过程,人之所以不能达到充分成熟和自我实现,是由于受到自然条件和环境的约束和限制。事实上,人的发展主要是受社会影响,特别是受社会关系的影响。

3. 对"自我实现的人"假设的评价

(1)"自我实现的人"是社会高度发展的产物。

(2)"自我实现的人"假设的基础并不完整。因为人既不是天生懒惰,又不是天生勤奋的。人格与人性的发展是先天素质与后天环境和教育的结果;"自我实现"既不是自然成熟的过程,又不是仅仅依靠自我设计、个人奋斗就能达到的,而是人们在社会实践中能动地改造变革现实的结果,把不能达到"自我实现"的原因,归结为缺乏必要的条件,也是一种机械主义的观点。

(3)"自我实现的人"假设相应的管理措施中,仍有许多值得我们借鉴的方法。

(四)"复杂人"假设与超 Y 理论

1. "复杂人"假设

上述三种人性假设,有其合理性的一面,但并不能适用于一切人,因为人性是很复杂的。1960 年至 1970 年代组织心理学家埃德加·沙因提出"复杂人"(complex human)假设。不仅人的个性因人而异;而且同一个人,在不同年龄、不同时间、不同地点也会有不同的表现。人的需要和潜力会随着年龄的增长、知识的增加、地位的改变,以及人与人之间关系的变化而各不相同,不能用单一模式去硬套。"复杂人"假设,就是以这样的事实为基础,以求合理说明人的需要与工作动机的理论。根据"复杂人"假设,对人没有万能不变的管理模式。不应把人看成同一类型,要根据不同类型采用不同的管理。基于复杂人假设,约翰·莫尔斯(John J. Morse)和杰伊·洛尔施(Jay W. Lorsch)提出了"全面管理"的理论,也叫"权变管理理论"(contingency theory)。所谓"权变"是根据具体情况而采取相应的管理措施,也叫"超 Y 理论"。该理论的实质是要求工作、组织、个人三者有最佳配合。

(1)人在同一时间内有各种需要和动机,它们会发生相互作用并结合为一个统一的整体,形成错综复杂的动机模式。

(2)参加同一组织的人员是各不相同的,不同的人有不同的需要。人的需要是多种多样的,随发展条件而变化,每个人的需要不同,需要层次也因人而异。

(3)动机模式的形成是内部需要和外界环境相互作用的结果。

(4) 一个人在不同单位工作或同一单位的不同部门工作，会产生不同的需要。

(5) 由于人们的需要不同，能力各异，对同一管理方式会有不同的反应，因此没有万能不变的管理模式，实践中应根据具体情况采取灵活多变的管理方法。

2. 超Y理论

(1) 采用不同的组织形式提高管理效率。

(2) 善于发现员工在需要、动机、能力、个性方面的个别差异，因人、因时、因事、因地制宜地采取灵活多变的管理方式与奖酬方式。

(3) 根据企业的不同状况，采用弹性的、应变的领导方式。在企业或组织群体任务落实不下去，管理混乱的情况下，采取较严格的领导方式，进行铁腕手段管理，使生产和管理有章可循，尽快走上正轨。反之，企业状况好，员工素质高，则应更多地采取民主领导方式，使下属可以充分发挥自己的能动作用。

莫尔斯和洛尔施发表的《超Y理论》和他们于1974年出版的《组织及其成员：权变方式》，即是此方面理论的代表。

3. 对"复杂人"假设的评价

(1) "复杂人"假设及其相应的超Y理论强调因人而异灵活多变的管理，包含着辩证法思想，这对改善企业的管理是有启示作用的。

(2) 这种人性假设及其相应的超Y理论同其他人性假设和管理理论一样，也有其局限性，同样不能机械地照搬。一方面，这种人性假设过分强调个性差异，在某种程度上忽视了员工的共性。另一方面，超Y理论往往过分强调管理措施的应变性、灵活性，忽视了人的共性和社会性，这不利于组织管理和制度的相对稳定。

总之，近代管理心理学中人性假设的变化，从20世纪初的"经济人"假设，到1970年代的"复杂人"假设，反映了对人性认识深化发展的特点，不同管理理论与管理措施，不仅反映了人性认识上的差异，也是与生产发展水平、与人们的生活水平相联系的；这种变迁也体现了对人的价值、人的尊严和人在生产过程中的地位与作用的肯定与承认，从而为科学管理思想的产生提供了客观性与规律性的哲学依据。

四、中西方人性假设对比

作为当代西方社会科学的主流理论框架，社会交换理论（social exchange

theory,SET)将人类的社会活动类比为经济交易,视人际交往为一种包括有形(经济的)和无形(情感的)资源的交换过程,并认为人与人之间的互动更多地呈现出一种契约的状态。乔治·霍曼斯(Homans,1958)指出,交换行为是人类最基本的社会行为,这源于人类自私且"趋乐避苦"的特征,总是理性地、最大限度地追求以最小的代价获得最大的物质利益,因此对待人的行为规整需要强调法律、契约、秩序和制度。

儒家教育的目的是培养一批有道德修养的"君子",希望他们成为"士"后能够承担起"道济天下"的使命。传统儒家对此的经典总结是:"使于四方,不辱君命"(《论语·子路》),现代学者对此亦有阐述(黄光国,2014)。在儒家"修己安人"思想的熏陶下,中国传统社会倾向于"君子求诸己",通过自我修为来实现利他行为的主动性与自发性(梁漱溟,2011)。孟子曰:"君子所以异于人者,以其存心也",而"存心"的过程则需要漫长的修身修行。自我修为将"内省""慎独"作为自我修身的起点,也就是将"道德他律"向"道德自律"转变,进一步地"克己复仁""志于仁"并"力行近乎仁"则是将道德内化并付诸实际行为,从而达到自我修为的顶端。此即自我修为思想(self-cultivation theory,SCT)。

表 2-1　中国自我修为思想与西方社会交换理论对比

	中国自我修为思想(SCT)	西方社会交换理论(SET)
思想起源	儒道释思想(以儒学为代表) "仁义礼智信"的庶人伦理体系 "正心、修身"的士族精神 重义轻利、关系本位的文化传承	古希腊哲学 霍曼斯:亚当·斯密的交换学说 　　　人类学的互惠原则 　　　行为主义心理学(操作性条件反射) 彼得·布劳(Peter M. Blau):象征互动论、功能理论、冲突理论、社会交换理论等
文化背景	集体主义(互依型)	个体主义(独立型)
人性假设	性善论	"理性人"假设 "经济人"假设 "享乐主义"假设
对个体行为的规整方式	内控:道德自律,反求诸己	外控:法制、契约
价值关怀	义优先,兼顾利	利益优先,兼顾公共福利
社会观	绵延模糊的个体分界	清晰明确的我—他界限

(续表)

	中国自我修为思想(SCT)	西方社会交换理论(SET)
主要观点	"自我修为"是指个人将对理想人格的追求付诸平时的自我修养,能够自觉、主动地修正和完善个人的道德品质,努力将自身观念和行为与社会中高层次的道德标准达成一致,不计一时之得失与回报,追求"自我反省、自我约束、自我学习、自我提升和自我奉献"的境界,并且进一步将此扩展到为他人与社会的福祉而努力的过程	霍曼斯的行为主义:提出人类交换行为的五个命题(成功命题、刺激命题、价值命题、剥夺满足命题、攻击赞同命题),将人类的社会互动类比为经济交易,视人际交往为一种包括有形和无形资源的交换过程 布劳的结构主义:丰富了霍曼斯的理论,区分社会交换和经济交换,认为社会交换更加人格化且只是人类行为的一部分,将社会交换归于社会结构的制约和社会规范的引导,强调追求报酬的动机

注:本文以霍曼斯和布劳两位代表人物的社会交换理论观点为主。
资料来源:段锦云,徐悦,郁林瀚.(2018).中国儒家传统中的自我修为思想:对交换范式的审视与补充.心理科学进展,26(10),1890-1900.

孙新波(2018)基于对64个比较典型的人性假设的分析,从中国太极文化的反S线角度思考,提出所谓的"人性素"假设,虽然结论可能不精确,但视角具有一定的新意。

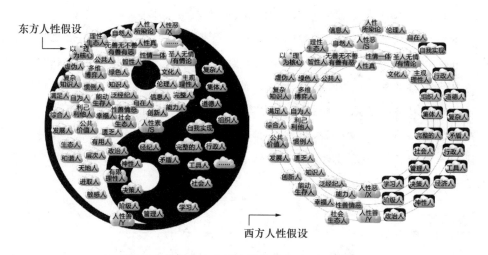

图 2-1 基于已有主要人性假设构建的人性云图
资料来源:孙新波.(2018).基于东西方协同共在视角的人性素假设的建构及解析(下).清华管理评论,(11),38-46.

本章小结

霍桑实验及相应的人群关系理论,是管理心理学史的一个重要里程碑。在此基础上,梅奥团队又做了照明实验、福利实验、访谈实验与群体实验。勒温和马斯洛也提出了重要理论。这些实验与理论成为管理心理学形成的重要基础。管理心理学的产生是时代的产物,也是心理学、管理学、社会学、经济学等学科理论发展的必然表现。

近代管理心理学关于人性观主要有"经济人"假设、"社会人"假设、"自我实现的人"假设及"复杂人"假设。"经济人"假设认为人的行为动机源于经济诱因,即追求最大利益;"社会人"假设指人的动机是受社会关系和社会需求制约的;"自我实现的人"假设强调发挥人的潜能,在工作中发挥才能才会有满足感;"复杂人"假设认为人的需求、欲望是变化的,影响变化的因素有社会角色、环境、人际关系等。这些关于人性观的思想对人性的剖析虽各有所偏颇,但它们对现代管理仍然具有启发和借鉴意义。

X理论认为"人天生懒惰、缺乏雄心、不愿负责任"与荀子主张"人之初,性本恶"相似。孟子主张"人之初,性本善",其"性善说"是他"仁政说"的理论基础,Y理论观点与孟子理论类似。韩非在《八经》篇提出"凡治天下,必因人情。人情者,有好恶,故赏罚可用"。这是自然人性论。"复杂人"假设和权变理论的观点和扬雄认为的人性中有善的一面也有恶的一面观点近似。

不同于西方的社会交换思想,自我修为思想是中国儒家的代表性思想,它可用于解释:人们如何对组织产生认同或忠诚,提升自觉性、责任感和奉献精神,在完善自我人格的同时,做出有利于组织的自愿性工作行为。与西方"契约文化"一脉相承的社会交换思想和根植于中国"关系文化"的自我修为思想,可以互为补充与借鉴,从而不断加深人们对于社会和组织行为规律的理解。"人性素"假说认为人性如云一样是多元的、动态的、非线性的,明白人性的复杂性是理解人性的出发点。

> **本章思考题**

1. 试述我国古代管理心理历史演变的几个特点及主要观点。
2. 试述西方管理心理学历史演变各阶段相应的理论。
3. 试述"经济人"假设和X理论,如何评价并联系实际应用?
4. 试述"自我实现的人"假设和Y理论,如何评价并联系实际应用?
5. 结合前人的观点,请谈谈你对人性的理解。

> **推荐阅读**

1. 道格拉斯·麦格雷戈.(2017).企业的人性面.韩卉,译.杭州:浙江人民出版社.
2. 黄光国等.(2010).人情与面子:中国人的权力游戏.北京:中国人民大学出版社.
3. 杨国枢,黄光国,杨中芳.(2008).华人本土心理学.重庆:重庆大学出版社.
4. 梁漱溟.(2011).梁漱溟读书与做人.北京:国际文化出版公司.

第二篇

个体篇

个体(individual)是组织中的行为主体和基本单元。本篇将关注组织中个体的心理和行为，包括：工作态度与个体行为基础；个性、态度与价值观；知觉与个体决策；工作场所中的激励；情绪与压力。本篇将依次阐述对了解组织行为最关键、与个体和组织绩效关系最紧密的个体心理和行为。除了传统的能力、工作满意度、个性、态度、激励等因素之外，本篇还将介绍主流及新近领域的进展，如组织公平、组织承诺、心理契约、学习、个体决策（尤其是行为决策）以及情绪（包括情绪智力）和压力等。在保证经典内容的同时，也尽量融入学术前沿，比如数字素养、对零工工作者的激励、人工智能与人类决策等。个体的这些心理和行为现象构筑了部门（群体或团队）和组织的绩效基础，并成为推动组织发展的原动力。

第三章　工作态度与个体行为基础

开篇案例　职场打工人李明

虽然已经是晚上九点半了,地铁里还是十分拥挤,李明抬头看了一下身边面无表情的人们,庆幸自己早早抢到了一个座位,然后又继续看着手里的一本英文书,但是却并不能集中精力,不由得想起到上海这一年来的经历。

一年前,李明刚从一所名牌大学拿到硕士学位,当时他自信满满地要到上海来闯一闯,经过了多轮的考验,李明进入了一家韩资企业,在手机评价部工作,主要负责新款手机的可用性评价。李明初入公司很兴奋,高档的写字楼、宽敞的办公室让人感觉很惬意,休息时间还有各种茶点,即便没时间吃早餐,也可以到公司里吃些茶点。然而,这种兴奋并没有持续多久。公司的薪水在行业中属于中等水平,在上海市区租房子对李明来说成本太高,只能住在离公司很远的郊区,于是他便过上了每天花费两三个小时通勤的日子,这样的奔波让他感到十分疲惫。今天又要加班,虽然公司里提供免费的晚餐,还有一定的津贴,但是李明觉得公司的薪水越来越没有竞争力了,特别是最近他有个同学跳槽到了一家美资企业,薪水陡然变成他的两倍,这让李明觉得十分有落差。而且公司领导基本是韩国人,中国人很少能做到领导层。上周李明设计的程序得到了公司领导的认可,但是大部分奖金却被部门领导拿走,这让他十分委屈,但也只能默默接受。李明来自一个小城市,家里的负担也比较重,在没有找到下一个工作之前,他是不敢轻易辞掉工作的。虽然还没有坚定跳槽的决心,但他已经在积极准备了,每个周末他都要参加夜校和训练班,并且平时也在留意网上的各种招聘信息。"以后该怎么办?"望着眼前这些为生活而奔波的人们,他似乎还想不出什么答案,思绪也变得更加杂乱。

终点站到了,李明合上书本,飞快地跳了出去,就像他要挣脱某种无形的枷锁。"不管怎样,我还年轻,只要努力,就有机会",李明在心里再一次鼓励自己,然后加快脚步朝着出口走去。

资料来源:本案例结合以下内容进行改编创作:搜狐网.(2024).打工人,你经历过地铁早晚高峰吗? http://news.sohu.com/a/750692759_121846184.佳宁聊职场.(2024).65%的职场人想转行跳槽,2022年,转行的打工人都去了哪里? https://baijiahao.baidu.com/s? id=1744133665259028473&wfr=spider&for=pc.

第一节 能 力

一、能力概述

能力是指人们成功完成某件事情所体现出来的心理特征。在开篇案例中,从李明所拥有的较高学历和较好工作中可以看出,他是一位具备多种能力的年轻人。能力可以分为一般能力和特殊能力,一般能力是指在各种活动中所体现出来的基本能力,比如理解能力、观察能力、表达能力、写作能力等,特殊能力是指从事某些专门活动所要求的能力,比如精算能力、绘图能力、驾驶能力等。在工作场所中,不同的职位也需要不同类型的胜任力,比如按照对概念能力、人际能力和业务能力需求程度的不同,可以把管理者分为高层管理者、中层管理者和基层管理者。随着企业竞争日益转向科学技术和管理水平的竞争,企业对人才的胜任能力提出了更高的要求,也越来越重视对人才的能力进行测评,从而为企业的招聘选拔、配置、培训、后备干部储备等工作服务。

二、能力相关理论

1. 传统的一元智力理论

阿尔弗雷德·比奈等(Binet et al.,1904)为了鉴别智力上有缺陷的儿童,编制了世界上第一个正规的智力测验量表,从此智力测验便逐渐传遍全球。但是这种智力测验的局限性很大,主要因为该测验认为智力是一种单一的整合能力,所以受到了很多的批评。即便如此,该理论在人类对能力的探索中具有重要的里程碑意义。

2. 智力的二因素论

斯皮尔曼(Spearman,1904)在分析一批包含多个科目的学生试卷时发现,只要某学生在一个科目上分数高,那么他就倾向于在所有科目上得分都高。通过因素分析,他指出所有的测验都是测量两个因素,一个是公共因素,被称为一般智力(general intelligence)因素或 G 因素,另一个是特殊因素或 S 因素。卡特尔(Cattell,1963)把智力分为流体智力(fluid intelligence)和晶体智力(crystallized intelligence),流体智力涉及脑神经机制,是个体天生的最基本的认知加工能力;晶体智力是和后天的积累有关的,更多地涉及个体的阅历和经验。一般来说,个人的流体智力随着年龄的增长会有先升后降的趋势,但是晶体智力却有提高的趋势,这也就是为什么工作中要注重相关的从业经验的原因。

3. 智力的多因素论

加德纳(Gardner,1983)认为智力是衡量一个人解决问题能力的指标,过去的智力定义过于狭窄,不能够完整地反映一个人的真实能力,他提出了最典型的七种智力:(1) 语言智能,主要是指有效运用口头及书面语言的能力;(2) 逻辑数学智能,主要是指进行逻辑思考、加工数字信息的能力;(3) 空间智能,主要是指对线条、形状、空间及它们之间关系的敏感性,是识别、记忆、组合这些元素的能力;(4) 运动智能,主要是指能够灵活地调节身体运动的能力;(5) 音乐智能,主要是指能够敏锐地感知音调、旋律、节奏和音色的能力;(6) 人际智能,主要是指对人际关系的敏感度,并能根据他人的反应表现出恰当行为的能力;(7) 内省智能,主要是指认知自己的能力,能够正确地把握自己的优点和缺点。多元智能理论认为每一个个体的智能各具特点,个体智能的发展方向和程度受到环境和教育的影响和制约,智能强调的是个体解决实际问题和创造出社会需要的产品的能力,并且认为各种智能是多维度的、相对独立地表现出来的,而不是以整合的方式表现出来的。该理论对人才评价的标准产生了很大的影响,并对企业管理实践也有着重要的意义。

4. 三元智力理论

罗伯特·斯滕伯格(Robert J. Sternberg)的三元智力理论强调了智力的多元性和可塑性,包括三个主要方面:分析性智力、创造性智力和实践性智力。分析性智力(analytical intelligence)是指个体在解决问题、逻辑推理方面的能力,涉及解决问题和判定思维成果的质量,强调比较、判断、评估等分析性思维能力,运用分析性智力可以分析出对手的策略战术。分析性智力通常是传统智力测试所测量的主要内容。创造性智力(creative intelligence)是指个体在创新、想象和问题解决方面的能力,涉及个体对问题的独特见解、新颖思维和创造性解决方案的能力。创造性智力体现在创新和发明领域、艺术和文学创作等方面。实践性智力(practical intelligence)是指个体在现实生活中应对问题、适应环境和解决日常挑战的能力,这种智力包括社会智能、实际应用能力、适应性和解决问题的技能等方面,强调个体在日常生活和工作中的实用能力和社会交往能力。

斯滕伯格(Sternberg,1999)认为这三种智力相互交织、相辅相成,共同构成了个体的智力结构。与传统的智力观点相比,三元智力理论更加强调了智力的实践性、多元性、可塑性,认为智力不仅仅是分析能力的体现,还包括了创造性和实践性方面的能力,成功很大程度取决于后两者。

三、能力在管理中的应用

1. 能力和工作绩效的关系

能力和工作绩效之间的关系在管理工作中受到了高度的重视,国内外都有很多研究从不同的视角对能力和绩效之间的关系进行了研究。

卡茨(Katz,1955)提出了管理者应该具备的三项技能:专业(技术)技能、人际(人员)技能和概念(思维)技能,高层管理者需要具备很强的概念技能,而基层管理者则对专业技能的要求更高。

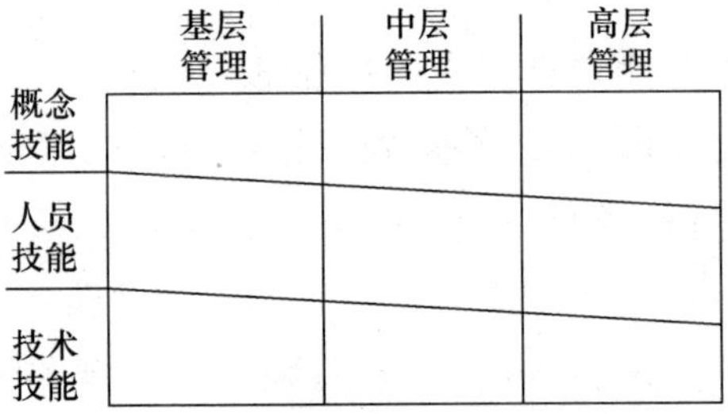

图 3-1 卡茨的管理技能模型

资料来源:根据卡茨的研究内容创作。

有学者指出部门主管在规划、分配上的技能将会影响部门员工的专业技能、管理预算,进而对部门的获利及对顾客满意度产生影响。罗泽尔等(Rozell et al.,2006)对103名销售人员进行了调查,发现这些员工的情绪智力与他们的销售业绩表现出正相关的关系。卡梅利等(Carmeli et al.,2006)也发现了员工的情绪智力和他们的任务绩效及组织公民行为之间存在正相关的关系。

金杨华等(2004)以情景评价为基础,对管理胜任特征与工作绩效之间的关系进行了研究。结果发现,管理胜任特征对工作绩效的不同方面有不同的预测力,关系胜任特征是人际促进和工作奉献的有效预测指标,问题解决特征主要对任务绩效和人际促进有预测力,诚信责任特征更多地影响管理者的工作奉献。

冯明等(2007)对517名制造型企业的管理者进行了问卷调查,探索并检验了制造业管理胜任力的结构维度,包含六个方面:行业核心理念、外部关系建设、制造过程控制、产品系统管理、产品研发创新、市场营销策划。进一步研究发现,产品系统管理与市场营销策划能力对制造业管理者绩效有着良好的预测力,但是也发现制造业管理胜任力并不能较好地预测管理者的周边(人际)绩效。

余琼等(2008)研究了员工及其管理者的情绪智力对工作绩效的影响,发现员工及其管理者的情绪智力对员工的工作绩效都有着显著的正向影响,领导—下属交换(leader-member exchange)在管理者情绪智力对员工周边绩效和任务绩效的影响中都起到了部分中介作用。

从上面国内外的诸多研究中可以看出,能力和绩效之间存在正向的关系,且不同的能力对不同类型的绩效有着不同的影响。

2. 能力的测评

能力表现的类型是多样的,为了有效地捕捉到各种类型的能力,国内外学者和实务界人士也进行了诸多探索。认知能力测验是使用最广泛的基本测验,起源于比奈—西蒙智力测验。另有学者指出认知能力测验一般包括数量、言语和知觉速度测量,其中数量能力测量是测试有关数字问题的熟练能力,言语能力测量是测试对语言的加工、理解能力,知觉速度测试是考察被试在大量材料中快速、准确知觉细微差别的能力。亨特等(Hunter et al., 1984)研究发现,认知能力对工作培训绩效的预测效度可达0.56。施密特等(Schmidt et al., 1998)研究发现,认知能力对于管理工作绩效的预测效度达到了0.58,对于高难度技术工作的预测效度达到了0.56。

卢纪华等(2002)指出,对领导能力素质测评的方法主要有考绩法、考评法、考试法、模拟法和心理测验法。考绩法主要是考查考生的现实表现和工作绩效,并通过工作效果对其能力进行评价与确认。考评法由被考评者在工作中长期接触并相互了解的上级、同事和下属来共同对其思想和工作表现进行评价,并将评价结果加以数量化,尽可能地追求结果的客观性和科学性,常见的有360度评估。考试法是以口试、笔试、实际操作为手段,来测定一个人的知识、能力和专业技术水平。模拟法是通过设计模拟一定的情境,让被试在这种情境中进行实际操作,观察被试在这种情境下所表现出来的行为特征,以评定其各种能力。心理测验法是使用标准化的测量工具对被试施测,然后通过统计处理把结果量化,描绘出被试的行为轨迹，并对结果进行分析和解释，常用的心理测验包含人格测验、能力测验、职业方向性测验等。

王小华等(2003)指出无领导小组讨论是一种有效的能力测评方法，该方法最突出的特点就是具有生动的人际交互性，考生需要在与他人的沟通和互动中来表现自己。无领导小组讨论可以考察的能力包括语言表达能力、人际影响能力、思维分析能力、组织协调能力、团队合作能力等，该方法适用于经常与人打交道的岗位人员的选拔，比如中层管理者、人力资源部员工和销售人员等。对于较少和人打交道的岗位(如编程等)则并不合适。

马欣川(2001)对企业管理人员能力素质测评方法进行了探讨，尝试找到适合我国企业特色的测评方法的组合，他提出，评价和选拔企业管理者比较有效的方法包含四个方面：资历考核、职业倾向测验、面试和评价中心技术，进而指出选拔和评价企业管理者最有效的方法是实践，就是要考察其资历和阅历。其中，评价中心(assessment center)是以情景模拟测评为主的一系列有内在联系的测评过程的组合，旨在对应试者在模拟实际工作的情景中的表现进行全面评价，从而了解其综合性的能力和素质，对人才作出诊断，并帮助他们在职业上进一步得到发展。

肖翔等(2004)指出，除了传统测评技术外，还可借鉴电子化测评手段。电子化测评主要包括基于电话、计算机和网络的测评。基于电话的测评在服务与零售行业应用比较多，效果也比较好，应聘者通过电话上的按键来回答问题，由电脑记录答案，雇主通过传真或者自动应答电话获得应聘者的测试结果。计算机适应测试是在项目反应理论的基础上建立起来的，计算机模拟测验可以测量被试的绩效、行为和知识，而且现在也已经有了电子公文筐测验技术，用来了解被试如何确定事情的轻重缓急，如何组织信息，并且可以判断其授权和决策等能力。基于网络的测评主要是指虚拟视频面试系统，就是通过视频会议或虚拟现实技术而进行的面试。

在我国，企业快速发展的今天，大量的企业在管理实践中深感人才问题是企业发展的瓶颈，主要表现为招聘不到关键优秀人才、没有人才梯队建设、留不住一些关键人才等，因此，企业也越来越关注人才标准、人才选拔和人才发展问题。人才能力测评可以作为企业管理的一种战略和一种技术，用来为企业人才队伍的开发、评价和发展服务。

3. 胜任力与胜任力模型
(1) 胜任力

胜任力(competency)由心理学家麦克莱兰(McClelland, 1973)提出，是指与工作或工作绩效或生活中其他重要成果相联系的技能、能力、特质或动机，是将某一职位中表现优异者和表现平平者区别开来的重要特征。麦克莱兰用胜任力指标来克服传统的人才测量与甄选机制存在的缺陷，尤其是传统上对智力的依赖，相比一般智力，胜任力对工作绩效能作出更佳的预测。

目前，胜任力的研究大致可分为三类：特征观、行为观和综合观。特征观的持有者倾向于把胜任力定义为潜在的、持久的个体特征；行为观的持有者倾向于把胜任力看作个体履行工作职责时的行为表现；综合观的持有者则认为胜任力的行为观和特征观应该是互为补充的，任何一种观点都不全面，应该结合行为观和特征观两个方面来界定胜任力的内涵。

关于胜任力的内涵包括以下几个方面的共识：一是胜任力的概念以工作绩效为导向，胜任力是导致个体之间工作绩效差异的深层次原因，只有区分出绩效优异者与绩效平平者的个体特征才可称为胜任力。二是胜任力的概念包含对于任务、岗位要求的匹配性。胜任力会因为岗位的不同，而有不同程度的差别。三是胜任力的概念更加注重组合的思路，强调综合性和情景依赖性，即胜任力是与工作情境相联系的综合才能。四是个体的胜任力水平可以通过行为表现反映出来。这些行为表现必须是可观察、可测量的，是特定工作情境下对知识、技能、态度、动机等的运用。五是胜任力具有动态性，是会改变的。胜任力的变化程度，将随着人们在不同的年龄、职业生涯层级，以及环境等的变化而转变。

(2) 胜任力模型

胜任力模型(competency model)是指为了完成某项工作或达成某一绩效目标，所要求个体具备的一系列不同胜任力的组合。经典的胜任力模型有两种：第一种是由麦克莱兰提出的冰山模型，它由六大维度构成。该模型把人的胜任力比喻为冰山，在水面之上的部分是可以被看到的，是最容易被观测出来的知识和技能，可以通过后天的学习和努力获得，是显性的；在水面之下的部分，需要探索才能察觉，是个体的社会角色、自我形象、特质和动机，对行为与表现起着关键作用。人们可以根据知识和技能选择自己的职业发展方向，它也是组织选拔人才的基本参照点，是胜任力的基础组成部分。针对无法直接衡量的内在的深层属性，它是个体内心的基本信念，影响个体的判断、选择和驱动力，它们可造成行为和绩效的差异性结果。

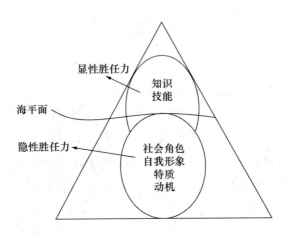

图 3-2　冰山模型

资料来源:根据百度百科图片改编创作。https://baike.baidu.com/item/%E5%86%B0%E5%B1%B1%E6%A8%A1%E5%9E%8B/11023924?fr=ge_ala.

第二种是洋葱模型。洋葱模型是理查德·博亚特兹(Richard Boyatzis)在冰山的基础上,将胜任力分为三层。洋葱模型的最外层是比较容易习得的部分,如个人的技能和知识;中间一层是可以根据时间、经验和阅历发生变化的自我形象和社会角色;最核心层是个性和动机,强调个体的核心素质。洋葱核心层的个性和动机,相当于冰山水面下隐藏的特质和动机部分,从内而外依次从自我形象、社会角色到知识、技能显露。对比而言,洋葱模型强调每层特质间的层次关系,从洋葱表皮到洋葱核心是越来越难以判断和评估的,却也是在胜任能力中从量变到质变的指标。

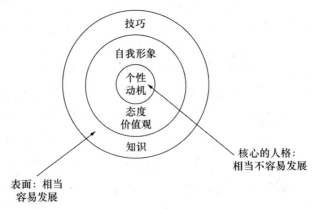

图 3-3　洋葱模型

资料来源:根据百度百科图片改编创作。https://baike.baidu.com/item/%E6%B4%8B%E8%91%B1%E6%A8%A1%E5%9E%8B/7675375?fr=ge_ala.

4. 数字素养与数字能力

"素养"一词被定义为掌握简单实用的技能，人们借助该技能可以丰富和转变思维能力。伴随着 IT 和 AI 技术不断发展的过程，延伸出了技术素养、计算机素养、信息与通信技术（ICT）素养、信息素养、媒介素养、科学素养，再到如今的数字素养（digital literacy）。保罗·吉尔斯特（Gilster, 1997）在其著作《数字素养》中首次提出数字素养的概念，将其定义为理解和使用通过计算机呈现的各种来源的多种格式信息的能力。随着技术的进步，数字素养的概念扩展到信息搜寻、评估、内容创作、数据安全和隐私保护等方面。约拉姆·埃舍特-阿尔卡莱（Eshet-Alkalai, 2004）较为全面地界定了数字素养，认为它是人们在数字时代的一项生存技能，不仅包括使用软件和操作数字设备的能力，还包括复杂认知、行动、社会和情感等一系列技能，需掌握这些技能才能有效地应对数字环境。欧洲议会和欧盟理事会将数字素养和能力定义为，在工作、休闲、学习和通信中自信和关键地使用信息和通信技术的能力。这一定义意味着，数字素养和能力不仅包括数字设备的操作应用，还包括认知技能、能力和态度。数字素养还是一种底层能力，它有助于人们获得其他能力。

数字素养分为内在素养和外显素养。内在素养表现为数字意识，包括数字态度和数字伦理道德，是指认知层面的"态度"和"伦理道德"，从思想意识上适应和融入数字社会，遵守各种数字伦理道德与具备数字信息管理和技术使用的各种知识。外显素养表现为数字技能和数字能力，包括策略化运用知识从而形成的各种技能，熟练利用数字技术对多样化信息资源进行各种操作，以满足自身需求并解决实际问题，具备创新能力并重视终身数字学习和素养提升，以快速适应数字社会的变化。

数字能力是指一个人在数字化环境中运用数字技术解决问题、创新和创造的能力，分为数字能力基础、数字能力应用和数字能力创新。数字能力基础是数字素养的基础，包括了相关的技能、概念、方法和态度等；数字能力应用体现为在专业或学科中的更高级的技术应用能力；数字能力创新体现为利用数字技术产生的创新、创造和变革。数字能力不仅仅是使用数字工具和技术，还包括了分析、整合、创新和应用数字技术解决实际问题的能力。

总的来说，数字素养强调的是个体对数字信息的理解、应用和交流能力，而数字能力则更加强调的是个体运用数字技术解决问题、创新和创造的能力。数字素养是数字能力的基础，而数字能力则是数字素养的延伸和拓展。

第二节 工作满意感

一、工作满意感概述

工作满意感(job satisfaction),是指组织成员对其工作本身或者工作经历进行评估时所产生的一种情绪状态,是员工对工作的一种情感反应;保罗·斯佩克特(Spector,1972)认为工作满意感是人们对他们的工作以及相关方面的感觉。在工作满意感的测量上,有研究者主张采用总体评价法,即让员工评价对工作的总体感受;有研究者主张对工作的环境、薪酬、晋升等多方面进行分别评价,然后再对各方面的评价进行加总,从而得到总的工作满意感的评价。

工作满意感研究中经常采用的数据收集方法包括问卷法、访谈法、排序研究、句子补充测验和关键事件调查等。其中,应用最为广泛的还是问卷法,因为该方法容易实施、保密性高、经济节约。工作满意感问卷一般可以分为两种类型,一类是测量整体的工作满意感,如罗伯特·霍波克(Robert Hoppock)的工作满意感量表、盖洛普民意调查等,另一类则是从工作的各个方面来测量工作满意感,如职业描述指数测验、明尼苏达满意感问卷等。访谈研究过程中可以获取更多的信息,因为参与者可以通过面对面的交流更充分地表达相关的问题,而且可以激发出访谈者事先意料不到的回答。排序研究中,个体被要求对其工作的各项特征按照重要性进行排序,排序的依据是各种特征对整体工作满意感的重要性。句子完成测验是投射测验的一种,个体要使用一个与工作有关的短语来补充完成句子。关键事件法要求员工描述什么时候在工作中觉得特别开心,什么时候觉得特别不开心,然后回答这些感觉产生的原因,并描述这些感觉是如何影响他们的工作表现和生活满意感的,最后研究者对各种回答进行归类,由此得出影响工作满意感的主要因素。

二、工作满意感的相关理论

1. 人群关系理论

在管理心理学的历史上,霍桑实验是一个里程碑式的事件。乔治·梅奥(Mayo,1945)总结了霍桑实验主要的研究成果,论述了人群关系理论的主要思想。他认为工人是"社会人"而不是"经济人",生产效率主要取决于工人的工作态度和人际关系,因此提高劳动生产率的主要途径是提高工人的满足度,就是努力使员工在尊重感、安全感、归属感、友谊等方面的需求得到满足。管理人员不仅要考虑员工的物质需求,还要考虑他们的精神需求。

2. 需要层次理论

亚伯拉罕·马斯洛(Maslow,1954)的需要层次理论认为,人类的需要包含了多个方面,通常低层次的需要得到满足之后,才会出现更高层次的需要。在每个阶段都会有一种需要占主导地位。这些层次的需要从低到高分别是:生理需要、安全需要、爱与归属的需要、尊重的需要和自我实现的需要。需要层次理论对管理心理学的影响很大,该理论也经常被用来解释工作满意感,当员工的需要得到了满足的时候,可能会产生工作满意感。员工在不同的阶段会有不同的需求组合,管理者如果能够根据员工的需求状况进行对应的激励,那么就会相应地提高员工的工作满意感。

3. 双因素理论

莫斯纳·赫茨伯格等(Herzberg et al.,1959)通过大规模的问卷调查提出了动机的双因素理论,该理论认为工作中满意的对立面并不是不满意,而是没有满意,不满意的对立面不是满意,而是没有不满意。该部分内容可参见本书第六章"工作场所中的激励"。此外,新近的研究表明,如果过于强化对员工的外在激励,可能会降低员工的内在激励水平,从而很难使员工对工作本身带来的价值感和成就感有足够的重视。因此在管理实践中,管理者应注意两种因素的平衡使用,从而才能有效地提高员工的工作满意感。

4. 公平理论

亚当斯等(Adams et al.,1965)公平理论强调了工资报酬分配的合理性、公平性及其对员工产生的影响。该理论提出,当员工完成了工作获得报酬之后,他不仅关心自己所得报酬的绝对量,而且关心自己所得报酬的相对量,所以他要进行多种比较来确定自己所获得的报酬是否合理,比较的结果将会直接影响其今后工作的积极性。一种称为横向比较,就是把自己的所得和投入的比值和组织内的其他人做比较;另一种叫作纵向比较,就是把自己目前投入和所获报酬的比值,和自己过去投入和所获报酬的比值进行比较,只有比值相等时,自己才会认为是公平的。

5. 工作特征模型

工作特征模型是哈克曼等(Hackman et al.,1975)提出的,核心问题是探讨什么样的工作是有激励性的。作者发现一个具有激励性的工作应该具备五大特征:任务完整性、技能多样性、工作有意义、工作自主性和及时得到反馈。如果一项工作可以具备这些特征,那么员工会比较容易知觉到工作的价值和意义,并且对他们的工作也是更加的满意,而且这种来自工作本身的内部满意感会提升员工的工作表现。

三、工作满意感在管理中的应用

1. 影响工作满意感的因素

影响工作满意感的因素可以分为三类:组织情境、工作特征和个人特质。

(1) 组织情境方面的因素主要包括人际关系、组织与领导等工作情境因素。在工作情境中,组织氛围、劳动关系氛围、领导与下属之间的关系均会显著影响员工的工作满意感。开放包容、积极向上的组织文化能够营造出良好的工作氛围,增强员工的归属感和满意度。工作满意感还会受到不同的领导风格的影响,参与型领导风格、授权型领导风格和真实型领导风格更有可能带来更高的工作满意感。

(2) 工作特征是工作或职务本身所固有的属性,内在工作特征包括技能多样性、任务一致性、任务重要性、自主性以及反馈性,外在工作特征包括工资、福利、晋升、职业环境等。从内在工作特征来看,具有挑战性和意义的工作能够激发员工的动力和热情,增强其对工作的投入感和满足感,适度的任务复杂性和足够的自主性能够激发员工的创造力和主动性,增强其对工作的兴趣,这些均能够提升工作满意感。但是,过重的工作负荷和高强度的工作压力可能会导致员工的疲劳和不满,降低工作满意感。从外在工作特征来看,影响工作满意感的因素主要包括薪酬水平、工作时长。薪酬水平能够直接影响员工的工作满意感,薪酬水平的增长能够有效提升工作满意感,但是,这种影响也会随着薪酬水平的提升逐渐递减,甚至开始降低工作满意感,这是因为过高的薪酬常常建立在牺牲家庭生活平衡、身体健康的基础上,此时薪酬水平的增长对工作满意感的正向作用并不能抵消这些因素下降带给工作满意感的负向影响(王红芳等,2019)。薪酬的公平性也是影响工作满意感的重要因素。此外,长时间的工作会导致压力的产生,降低员工的工作热情,以致在态度、行为等方面出现衰竭,从而降低工作满意感。

(3) 个人特质因素在影响工作满意感中起着至关重要的作用。首先,个人的价值观和目标会塑造他们对工作的态度,当工作与个人的价值观和目标相符时,员工往往更倾向于对工作感到满意。此外,个人的自我效能感也会对工作满意感产生影响,因为具有较高自我效能感的员工更有信心克服挑战,从而更可能体验到工作的满足感。人格特质也是关键因素之一,乐观、积极向上和适应性强的人格特质与较高的工作满意感相关联(孟慧,2005)。

在管理情景中,员工的工作满意感不是单一因素带来的,而有可能是多种因素综合作用的结果,对不同类型的员工而言,使他们获得工作满意感的组合因素并不一定相同,所以还需要在管理实践中仔细区分。

2. 工作满意感带来的影响

工作满意感会对个体、组织以及社会产生各种不同的后果。从个体层面来看,高工作满意感的员工可能更少受到焦虑、抑郁等负面情绪的影响,降低职业倦怠。此外,高工作满意感的员工往往展现出更高的工作投入度、更高的工作效率和更好的工作质量,也有利于培养员工的组织忠诚度,减少人员的流失。从组织层面看,工作满意感和工作绩效存在互相影响的关系。一般而言,工作满意感越高,员工倾向于更高效地工作,工作绩效也会越高,对组织绩效也会产生积极影响。

第三节 组 织 公 平

一、组织公平概述

组织公平(organizational fairness or justice)的研究开始于1965年约翰·亚当斯(John S. Adams)的公平理论。该理论强调了个体投入和所得结果的等价性,认为人们在知觉某结果是否公平时,首先会计算他们自己的贡献或投入与他们的产出之间的比率,然后把自己的这个比率同他人的比率进行比较,从而得出分配是否公平的结论。

贾森·A. 科尔奎特(Colquitt,2001)指出,在对公平进行感知时,个体会考虑到决策结果的公平性、决策过程的公平性和在决策实施过程中受到的人际对待的公平性,这些也就是通常所说的分配公平、程序公平和互动公平。

二、与组织公平相关的理论

员工感知到的组织公平被称为组织公平感(Colquitt,2001)。在对员工组织公平感的形成机制的研究中,相关的理论大致可以被划分为两类:过程理论和内容理论。过程理论主要包含公平理论、参照对象认知理论和启发式理论等;内容理论则主要包含工具模式、关系模式、道德价值模式和多重需要模式。下面分别作简要介绍。

1. 过程理论

(1) 经典公平理论

经典的公平理论是指亚当斯的公平理论(equity theory),认为个体不仅关心自己所得报酬的绝对量,更关心所得报酬的相对量。

亚当斯的公平理论在组织公平研究领域作出了重大贡献,但是也受到了一些批判,主要表现在该理论对公平判断形成的解释过于狭隘,因为它只考虑到物质或经济上的分配公平,而没有考虑到非经济报酬对公平感的影响。俞文钊(1991)在对上海职工的"公平差异阈"进行研究时发现,人们对报酬偏低的敏感性远远高于报酬偏高的敏感性。最核心的问题就是公平的标准应该如何确定,公平标准可以因为个人的价值观、群体特点和文化传统等因素而不同,所以后来的理论也更加注重个体认知在公平感形成中的作用。

(2) 四因素理论

四因素理论将公平分为四个维度:分配公平、程序公平、人际公平和信息公平。分配公平指员工对组织资源(比如薪酬)分配公正程度的感知,当员工认为分配是公正时,他们会感到满意,进而产生积极的工作态度和行为。程序公平指员工对组织决策过程是否公平的主观感受,包括决策制定的过程、所遵循的规则和程序,以及员工在决策过程中的参与和影响力。人际公平指组织在执行程序和决定结果时,管理者对待个体的尊重和热情程度,以及管理者与员工之间的互动、沟通方式以及对待员工的态度。信息公平指管理者向员工解释分配程序及分配结果产生原因的程度和适当性。这涉及管理者是否提供足够的信息、解释和反馈,以便员工理解决策的原因和过程,当员工获得充分的信息和解释时,他们会更加理解并接受组织的决策,减少误解和不满(Colquitt,2001)。

(3) 参照对象认知理论

参照对象认知理论(referent cognition model)的主要观点是,不公正的程序使人们想象是否使用其他程序会更加公正。后来,这一理论得到了修正,认为在确定某个情境是否公平之前必须作出三个判断。第一,是否出现不利的情况。比如,我与同事付出同样劳动,但我所获得的报酬却明显更少。第二,谁应该对不公平负责。假如负责的个人或组织本可以采取不同的行为,但由于客观情况没办法执行,那么个体可能也不会产生不公平感知。第三,该不利结果是否损害了某些伦理原则。如果不利结果严重违反了人们的伦理标准则被认为是不公平的(Cropanzano & Folger,1989)。

(4) 公平启发理论

公平启发理论(fairness heuristic theory)认为,为了生存或者发展的需要,大多数人都不得不加入一个社会实体或者组织中,接受领导者或者权威人物的管理。人们时常会产生这样的问题:领导值得信赖吗?领导会滥用权力吗?当个体不能准确判断所在组织的公平程度时,会根据一些易于识别和判断的线索来借以评判组织是否公平。公平启发理论可以解释这个问题。在人们收集权威的可信性信息时,与程序公正有关的信息被作为启发物来帮助人们判断权威是否可信。如果个体被群体接纳、尊重、有发言权,那么个体会感到公平,从而形成权威可信的判断。反之,则认为权威是不可信的。总之,人们在进行权威可信性或其他判断过程中,程序公正的信息可以为个体节省认知资源,即程序公正可以作为一种启发物来帮助个体形成相应的判断(Lind & Tylor,1988)。

2. 内容理论

(1) 工具模式

工具模式(instrumental model)被认为是一种将组织公正视为一种工具或手段,而不是以维护公平和正义为目的的理论。换句话说,它强调了人们在组织中的行为和决策是基于个人利益最大化的理性选择,而不是出于对公平和正义的真正关注。个人可能会倾向于以他们认为最有利于实现个人目标的方式来处理组织公正问题,而往往忽视这种做法对他人或组织整体可能产生的影响。他们可能会根据自身的利益和需求来判断是否公平,而不太考虑团队或组织整体的长远利益或氛围(Lind & Tylor,1988)。

(2) 关系模式

关系模式(relational model)强调归属于一个团体可以使人获得自尊和统一性。公平之所以重要,是因为它代表了个人与团体中的权威和团体成员之间的关系及地位。关系模式强调个体的行为受到他们与组织和其他成员之间的关系质量的影响。关系模式认为公正与人际关系的建立和维护密切相关,公正是建立和维护良好人际关系的一种手段,因此个体倾向于维护公平和正义以维护组织内部的和谐关系(Dunford et al.,2015)。

(3) 义务伦理模式

义务伦理模式(deontological model)认为人们关心公平不仅是为了保护自身利益,而且还持有一种集体关切,即关心是否所有人都受到公平对待。在这个意义上,公平可能是一种内在的美德,而不是一种自私的动机。该理论认为,人们之所以关心公平,是因为多数人对人的尊严和价值有基本尊敬,因此即使当公平不能给个人带来明显的经济利益,或者公平涉及的对象完全是陌生人时,人们仍然会关心公平问题。在这种情况下,公平是要求人们应如何对待他人、如何与他人互动的精神美德(Cropanzano et al.,2002)。

(4) 多重需要模式

多重需要模式(multi-needs model)认为人们对公平的关注出于一种或多种心理需要。人类至少有四种相互关联的心理需要:控制、归属、自尊和有意义的生活。由于工具模式强调了经济利益,关系模式强调了从他人那里获得的地位和尊敬,义务伦理模式强调了道德的重要性。因此,人们的心理需要分别与上述三种公平模式相对应:工具模式(控制)、关系模式(归属、自尊)、义务伦理模式(有意义的生活)(林帼儿等,2006)。

三、组织公平在管理中的应用

1. 组织公平的影响因素

影响组织公平的因素可以从组织层面和个体层面进行分类和讨论。在组织层面,领导者的行为是至关重要的。包括领导者是否具有公平的价值观和态度,以及组织中是否存在公平的决策机制和奖励制度。领导者追求公正、力求公平,在企业内部倡导公开公正的管理氛围,从客观上保证了组织公平感的形成。制度与政策方面,绩效管理制度对组织公平感具有显著的影响作用,其中绩效考评的影响作用最为显著,绩效考评结果会对员工感知到的组织公平产生直接影响。此外,组织文化也对公平产生影响,包括强调公平和正义的价值观,信息公开和开放透明的沟通文化,以及组织是否承诺公平对待所有成员(刘或或等,2010)。

在个体层面,个体感知到的组织公平,以及个体对组织公平的期望和标准都会影响其对组织公平性的看法。这种感知来自人际互动、个体特质和个体经验。人际互动包括与团队成员、领导者的互动,特别是领导者与下属之间的互动,会对组织公平感的形成有很大的影响。当下属和领导的工作交换质量越高时,会促进员工的分配公平感和程序公平感,而与领导的情感交换会增进员工的互动公平感。在个人特质方面,个体的公平偏好和正义感会影响其对组织公平性的态度。最后,个体的经验和环境也会塑造其对组织公平性的感知,包括在组织中的历史经验以及外部社会文化环境的影响(孟秀兰等,2020;俞彬彬、钟建安,2008)。

2. 组织公平的影响结果

组织公平主要体现在对员工的工作态度、工作行为和工作绩效的影响上。

分配、程序、信息和人际四个维度的公平均会对离职倾向产生显著的负向影响。在组织公平较低的环境中,员工可能因感受到不公而选择离职。相反,当组织公平较高时,员工的归属感和满意度会相应提升,从而离职倾向也较低。在行为方面,组织公平有利于组织成员间的知识共享行为(Hameed et al.,2019),并提升组织公民行为。此外,组织公平能够促进员工的真实表达,对于建言行为同样具有显著的促进作用(段锦云等,2007)。阿克拉姆等(Akram et al.,2020)研究提出,员工对分配性、程序性、互动性公平的积极认知对创新行为有积极影响。此外,组织公平能够有效提升员工工作绩效,这是因为,组织公平能够缓和劳动关系氛围,通过减少员工倦怠感,间接提升工作绩效。

第四节 组 织 承 诺

一、组织承诺概述

组织承诺(organizational commitment)最早由美国社会学家贝克尔(Becker,1960)提出,是指随着员工对组织时间、精力、感情等投入的增加,而希望继续留在组织中的一种心理现象,是促使员工持续其职业行为的心理状态。随着对组织承诺研究的深入,组织承诺的概念也在不断发展。莫迪等(Mowday et al.,1979)认为组织承诺是个人对组织的一种态度或者肯定性的心理倾向。维纳(Wiener,1982)将组织承诺视为一种内化的行为规范,是指为了满足组织的利益,个体不断地被灌输和强调组织奉行的观念或规范的结果,是个体对组织目标和价值观的接受和内化。奥莱利和查特曼(O'Reilly & Chatmen,1986)认为组织承诺反映了员工与企业的心理契约。

艾伦和迈耶(Allen et al.,1993)在二维结构的基础上,提出组织承诺的三因素结构:情感承诺(affective commitment)、持续承诺(continuance commitment)以及规范承诺(normative commitment)。情感承诺表示个人认同和参与某一特定组织的强度,对组织目标及价值的信念与接受,为组织努力的意愿及留在公司的意愿;持续承诺是指个人认识到一旦离开组织将失去现有的价值和利益,因而愿意继续留在组织中的倾向;规范承诺是指个人与组织价值观的一致,或者是对组织的责任态度。

也有学者将组织承诺综合为四个维度,例如,布劳(Blau,2001)将组织承诺分为情感承诺、规范承诺、成本承诺和选择承诺,成本承诺指考虑到投入的时间、精力以及经过长期经营所建立的人际关系网等沉没成本,由于成本太大而对组织作出承诺。选择承诺是指没有更好的选择机会,因此暂时没有离开组织,并非没有离开的意愿。

凌文辁等(2001)在对中国职工进行多次实证研究的基础上提出了一个五维模型,包含情感承诺、规范承诺、理想承诺、经济承诺和机会承诺。该模型把艾伦等的三维模型进行了深化,并把持续承诺细化为理想承诺、经济承诺和机会承诺。

二、组织承诺在管理中的应用

1. 组织承诺的形成过程

斯蒂尔斯(Steers,1977)分析了组织承诺的形成过程,并对组织承诺与另外一些变量间的关系进行了研究。他提出了一个预测模型,预测变量主要包括三种因素:个人特征、工作特征和工作经验。其中,个人特征包括年龄、成就动机和教育程度;工作特性包括挑战性、反馈和任务完整性;工作经验包含群体态度、对组织信赖程度与个人重要性等方面。莫迪(Mowday,1998)认为组织承诺的预测变量包括四类:(1) 个人特征,主要是指年龄、资历、教育程度、性别、种族以及人格特质等;(2) 有关的角色特征,包括工作范围以及挑战性、角色冲突以及角色混淆等;(3) 结构的特征,包括组织规模、工会、控制幅度、正式化、分权程度、决策参与程度等;(4) 工作经验,包括组织可依赖性、个人重要性、期望水平、团体规范等。约翰·E. 马蒂厄等(Mathieu et al.,1990)把影响组织承诺的相关因素分为八类,包括个人特征、激励、工作满意感、工作绩效、工作压力、工作特征、与领导关系和组织特征等。

刘小平等(2011)提出了一个基于社会交换理论的组织承诺形成机制模型,并且考虑了社会文化因素对组织承诺的影响,他们的模型主要包括两个系统:组织支持的判断比较系统和组织承诺的归因生成系统。前一个系统主要是对组织支持的大小进行判断,后一个系统是进行比较解释和权衡。员工首先把在企业里得到的支持与期望标准进行比较,再对比较结果进行归因后,才能确定组织承诺的高低,期望标准里面就包含价值匹配、组织公平和社会比较等内容。此外,他们还提出了组织承诺的三阶段模型:第一阶段是初步判断阶段,通过比较企业现状与员工期望确定最初的情感方向;第二阶段是进行比较结果的归因,即对第一阶段的比较结果进行分析和解释;第三阶段是根据第二阶段的归因来确定是否维持现有关系。三阶段模型也为理解员工在组织中的社会化过程提供了一个思路。

2. 组织承诺的影响

组织承诺的影响主要可以概括为两类:员工退缩行为和工作绩效。员工退缩行为主要表现在离职意向、缺勤率和工作变动等方面。由于组织承诺是探讨员工与组织之间的一种心理契约,因此,常用来预测员工的离职倾向或者员工对组织的忠诚度。例如,斯蒂尔斯(Steers,1977)在他的组织承诺研究模型中把留职意愿、出勤率和工作绩效作为组织承诺的结果变量,发现组织承诺与留职意愿之间有高度的相关,与出勤率及人员变动率之间有中度的相关。除此以外,组织承诺还会影响到员工的任职时间、怠工情况等。组织承诺越高,员工希望工作的年限越长,离职意愿就越低。员工在事业初级阶段,由于资历尚浅,其组织承诺受到心理因素或者个人因素的影响,随着资历的增加,个人因素的重要性减少,随着个人在组织中投入的增加,使得成员离开组织所要付出的代价提高,组织也因此获得成员某种程度的承诺。成员虽然会留在组织内,但是却把心力用于获取组织以外的其他利益上,此时成员对组织的承诺,就由初入组织时的心理性承诺,转变为基于现实考虑的交换性承诺。

关于组织承诺对员工的工作绩效的研究,存在较多的争议。有研究发现,组织承诺越高,工作绩效越高。这说明组织承诺与工作绩效之间存在相关。但是,也有研究发现,组织承诺与工作绩效之间只存在着微弱的关联。之所以会有这么多差异,有研究者认为,组织承诺与工作绩效之间可能存在干扰变量,比如工资报酬的调节作用,如果企业的薪酬直接与工作绩效挂钩,那么持续承诺和绩效之间可能会有高相关(Mathieu et al.,1990)。

根据不同职业生涯阶段的员工比较研究指出,人力资源管理部应该洞察出不同职业生涯阶段的问题,关注员工的情感承诺变化趋势,从而制定有针对性的人力资源制度,提高员工对企业价值观的认同感,强化员工的向心力(Allen et al.,1993)。

第五节 心理契约

一、心理契约概述

心理契约(psychological contract)是指组织与员工之间非正式的互惠性的期待(Rousseau,1989),这种期待是组织和员工之间一种无形的默契,涉及双方在工作中的角色、责任和期望。心理契约不是法律意义上的合同,而是一种心理认同和相互理解,涉及员工和组织对彼此的主观期望,其内容根据员工和组织的性质而有所不同。员工对组织的期望可能包括灵活而有意义的工作、公平的薪酬、培训机会、绩效奖励、高额奖金、丰厚的福利等。组织对员工的期望可能包括忠诚、自愿做额外的工作、维护组织的良好形象等。

虽然心理契约中的互惠义务涵盖一系列的互惠条件(如工作保障、职业发展、工作—生活平衡等),但实证研究主要集中在两个潜在的方面:交易型心理契约和关系型心理契约(Macneil,1985)。交易型心理契约主要关注短期的、交易性的关系,强调组织和员工之间的明确利益交换。员工需要提供一定的工作成果,而组织则需要提供相应的薪酬和福利。这种契约通常在劳动力市场上较为普遍,适用于临时性或低技能的工作。关系型心理契约主要关系到员工与组织之间的长期情感交流和无形回报,包括获得尊重、工作保障、良好的人际关系、上级的支持等,这种心理契约强调长期的、关系性的互动,注重员工和组织之间的互惠互利。

心理契约研究主要集中在心理契约破裂(psychological contract breach)和心理契约违背(psychological contract violation)两个领域。心理契约破裂是指员工认为组织没有履行和提供与自己贡献相匹配的义务(Morrison & Robinson,1997)。而心理契约违背则是指员工因组织未能履行心理契约而产生的短期的强烈情绪(包括愤怒、震惊、怨恨等)(Rousseau,1989)。心理契约破裂反映了个体的认知判断和评价,而心理契约违背则反映了个体的情感反应。

二、心理契约相关的理论

1. 社会交换理论和互惠规范

社会交际理论(social exchange theory)和互惠规范(reciprocity norm)解释了契约中双方期望的形成过程,并强调了交换和互动中的公平和公正的重要性(Blau,1964)。社会交换理论认为,人们在社交互动中会进行成本和收益的权衡,以实现自我利益的最大化。在工作场所中,员工和雇主之间的心理契约可以被视为一种交换关系,双方都希望从中获得最大的收益。例如,员工提供他们的劳动力和专业知识,而雇主提供报酬和职业发展机会。互惠规范是指在社交互动中相互帮助和回报的期望。在心理契约的背景下,员工和雇主之间存在着一种默契,即双方都会履行自己的承诺,并对彼此的付出表示感激。例如,如果雇主为员工提供良好的工作条件和福利待遇,员工就会感到有义务回报雇主,通过提高工作效率和质量来贡献公司。在大多数心理契约的实证研究中,研究者主要探究了心理契约破坏的"以牙还牙"(tit for tat)或者消极互惠效应。例如,西蒙·雷斯图博格等(Restubog et al.,2012)研究发现,心理契约破裂会使员工产生复仇心理,从而导致员工的工作场所偏差行为。

2. 情感事件理论

情感事件理论(affective events theory)认为工作中的情绪事件会对员工产生影响(Weiss & Cropanzano,1996)。情感事件是指在工作中发生的、能够引起员工情绪反应的事件,如表扬、批评、晋升、降职等。这些事件会对员工的心理契约产生影响,进而影响他们的工作态度和行为。根据情感事件理论,员工在工作中经历的积极情绪事件会增强他们对组织的信任感和组织承诺,从而维护他们与组织之间的心理契约。相反,经历消极情绪事件会削弱员工对组织的信任感和归属感,从而破坏他们与组织之间的心理契约。

此外,情感事件理论还指出,员工的情绪反应会影响他们的认知过程,进而影响他们对心理契约的理解。例如,经历积极情绪事件的员工可能会更加乐观和宽容地看待组织,而经历消极情绪事件的员工则可能会更加挑剔和苛求。总之,情感事件理论强调了工作中情绪事件对员工心理契约的影响,并认为员工的情绪反应会影响他们对心理契约的认知和理解。情感事件理论多用于解释心理契约违背的作用机制,例如,克拉克等(Kraak et al.,2017)发现,心理契约破裂会导致员工感到心理契约违背,从而激起员工的离职倾向。

3. 组织认同理论

组织认同理论(organizational identity theory)强调了员工对于组织身份认同的影响(Zagenczyk et al.,2011)。根据该理论,员工对于组织的身份认同会影响他们对于自己与组织之间关系的认知,从而影响心理契约的形成和维护。当员工对于组织的身份认同较高时,他们会更倾向于认为自己与组织之间存在着一种长期的、互惠的关系(关系型心理契约),从而更愿意为组织做出贡献,并遵守与组织之间的心理契约。反之,当员工对于组织的身份认同较低时,他们会更倾向于认为自己与组织之间只是一种短期的、功利的关系(交易型心理契约),从而更容易违反心理契约,甚至离开组织。

此外,组织认同理论还强调了组织对于员工身份认同的影响。当组织能够为员工提供一个清晰的、具有吸引力的身份认同时,员工会更倾向于认同组织,并与组织建立一种更为紧密的关系,从而加强他们与组织之间的心理契约。总之,组织认同理论强调了员工对于组织身份认同的影响,并认为这种认同会影响他们对于心理契约的认知和行为。同时,该理论也强调了组织对于员工身份认同的重要性,以及通过塑造组织身份来加强员工与组织之间的心理契约的可能性。

4. 工作要求—资源模型

工作要求—资源模型(job demands-resources model)强调了工作中的需求和资源对于员工心理契约的影响(Demerouti et al.,2001)。根据工作要求—资源模型,工作中的需求是指那些需要员工付出努力和精力的任务或环境因素,如工作量、工作压力、工作时间等。而工作中的资源是指那些能够帮助员工更好地完成任务或应对工作压力的因素,如工作支持、工作自主权、工作反馈、薪酬福利等。

该模型认为,工作中的需求和资源会对员工的工作态度和行为产生影响,进而影响他们与组织之间的心理契约。当工作中的需求较高时,员工会感到更大的压力和负担,从而更有可能违反心理契约。而当工作中的资源充足时,员工会感到更有能力和信心应对工作中的挑战,从而更愿意遵守与组织之间的心理契约。此外,工作要求—资源模型还强调了员工个人特质和工作环境因素对于心理契约的影响。例如,员工的自我调节能力、工作满意度和组织承诺等个人因素,以及组织文化、领导风格和工作氛围等环境因素,都会影响员工对于心理契约的认知。

5. 付出—回报不平衡模型

付出—回报不平衡模型(effort-reward imbalance model)强调员工的努力和所获得的回报之间的平衡对于心理契约的影响(Siegrist,1996)。根据付出—回报不平衡模型,员工会将自己的努力与所获得的回报进行比较,如果感觉到自己的努力与所获得的回报不平衡,那么他们就有可能违反心理契约。具体来说,如果员工感觉到自己付出的努力超过了所获得的回报,那么他们就可能会感到不公平,从而违反心理契约。反之,如果员工感觉到自己所获得的回报超过了付出的努力,那么他们就可能会感到幸运,从而更加遵守心理契约。

该模型还强调了心理契约的双向性质,即员工和组织之间的相互承诺和义务。员工的努力是他们履行自己义务的表现,而组织所提供的报酬则是履行其义务的表现。如果双方都能够履行义务,那么心理契约就能够得到维持和加强。

三、心理契约在管理中的应用

1. 心理契约的影响因素

心理契约的影响因素主要包括工作特征、组织特征和员工特征等多个方面。

一方面,员工特征,包括员工的个人特质(如外倾性、责任心和神经质)会影响员工对于工作和组织的认知和感受,进而影响心理契约的形成。拉贾等(Raja et al.,2004)发现神经质与心理契约破裂正相关,责任心与心理契约破裂负相关。高神经质的个体往往缺乏信任感,更有可能察觉到心理契约破裂。而如果一个人的责任心很高,则说明这些人往往努力工作,且表现较好,不太可能体验到心理契约破裂(Raja et al.,2004)。个体的经历也被认为和心理契约相关。具有丰富经验的员工可能对组织有更高的期望,从而对心理契约破裂更敏感。而有过心理契约破裂体验的员工则会对组织更加警惕和敏感,从而更容易感知到心理契约破裂(Robinson & Morrison,2000)。其他变量,如性别、种族和认知风格的相似性,也被视为心理契约破裂的前因变量(Suazo et al.,2008)。苏阿索等(Suazo et al.,2008)发现主管和下属认知风格的相似性与心理契约破裂之间存在负相关关系,主管和下属的相似性会减少潜在的误解,从而降低感知到的心理契约破裂。此外,员工的自我调节能力、工作动机和价值观等也是影响心理契约破裂的重要因素。

另一方面,工作特征和组织特征会影响心理契约的履行和破裂。工作中所包含的任务、职责、工作环境等因素,例如,工作内容的清晰度、工作自主权、工作挑战性等因素都会影响员工对于工作的认知和感受,进而影响心理契约的形成。同时,组织的性质、文化和管理方式等因素,例如,组织的公平性、领导风格等因素都会影响员工对于组织的认知和感受,进而影响心理契约的形成。研究表明,员工—组织不匹配、组织变革、感知组织支持、组织政治、公平以及工作资源和要求都会影响员工的心理契约感知(Coyle-Shapiro et al.,2019)。其中,组织支持是研究最为广泛的变量之一,如阿加瓦尔和巴尔加瓦(Agarwal & Bhargava,2014)研究发现,如果员工认为他们得到了组织的支持,他们会觉得组织对他们关心,这减少了对组织不遵守其心理契约的潜在怀疑,从而较少感到心理契约破裂。此外,众所周知,组织HRM实践在塑造员工心理契约方面扮演着关键作用,HRM实践一直被认为是探索心理契约评估中的中心解释变量,例如,阮晋峰等(Uen et al.,2009)研究发现,当一个组织增加培训和奖励等福利时,员工就会增加关系型心理契约承诺。相反,低承诺的人力资源系统(有限的福利、缺乏培训机会)则可能导致员工更关心工资和自我利益,从而增加心理契约破裂的风险。

2. 心理契约的影响结果

心理契约的影响结果广泛而深远,涉及个人层面的工作态度和行为,以及组织层面的绩效和氛围。

心理契约对个人的影响主要包括工作满意度、组织承诺、工作绩效等(Kutaula et al.，2020)。首先，心理契约的满足能显著提高员工的工作满意度。心理契约对个体的工作满意度和承诺感有重要影响。当个体感觉到自己在工作中得到了公平对待，自己的付出得到了应有的回报时，就会产生积极的心理契约，从而提高工作满意度和承诺感(Woodrow & Guest，2020)。反之，如果个体感觉到自己的付出没有得到应有的回报，就会产生消极的心理契约，降低工作满意度和承诺感。其次，心理契约还会影响个体的道德行为(Coyle-Shapiro et al.，2019)。当个体感觉到自己在互动过程中受到了对方的尊重和信任时，会更加愿意遵守道德规范，表现出利他的行为。相反，如果个体感觉到自己在互动过程中受到了对方的欺骗和利用，就可能产生报复心理，做出违反道德的行为(Gong & Wang，2022)。此外，心理契约还会对员工的心理健康和幸福感产生影响(Zacher & Rudolph，2021)。心理契约违背与工作压力、职业倦怠和心理健康问题有关。相反，心理契约的满足对提升员工的幸福感具有积极作用(Garcia et al.，2021)。

心理契约对组织的影响体现在组织绩效、组织氛围和文化等方面。心理契约对团队合作和组织氛围也有重要影响(Chaudhary & Islam，2022)。在一个团队中，成员之间存在着相互依赖的关系，当每个成员都能履行自己的责任和义务，彼此之间建立起信任和理解时，团队的合作效率和效果就会大大提高。相反，如果团队成员之间存在心理契约的破裂，如互相推诿、不信任等，就会导致团队氛围紧张，影响团队的整体表现。此外，员工对心理契约的满意度直接影响他们的工作效率和创新能力，进而影响组织的整体绩效(Schuster et al.，2022)。心理契约的违背也是员工离职的主要原因之一，通过维护心理契约，组织可以减少员工流失，留住关键人才(Dixon-Fowler et al.，2020)。

第六节 学 习

一、学习概述

孔子认为学习过程是学、思、行的过程，如果要博学的话，就需要多闻、多见。"学而不思则罔，思而不学则殆"是孔子有名的关于学习和思考关系的论述，他还认为学习不应该终止于学与思，只有达到行并不断完善行，才是学习的完成。近代有研究者把学习分为外显学习和内隐学习(梁宁建,2011)。外显学习是指有意识的、做出努力的和清晰的认知行为,类似于有意识的问题解决;内隐学习是指有机体在与环境的接触过程中不知不觉地获得了一些经验,并因此而改变其后面某些行为的学习。内隐学习研究受到了广泛的重视,是当今心理学研究的一大热点和前沿,因为理论上它涉及了意识和无意识的重大问题,应用上涉及了人类潜能开发的根本问题。

在管理实践中,除了个体学习之外,团队学习和组织学习也越来越受到了重视,做一个学习型个体、建设一个学习型团队、打造一个学习型组织成为当今组织的重要目标。

团队学习有不同的视角,行为取向的团队学习强调团队学习过程中团队成员进行互动的具体行为,并认为这些行为对团队绩效具有重要影响。艾米·埃德蒙森(Edmondson,1999)提出,团队学习是一种基于反思与行动之间相互交织的过程,并总结概括出该过程中团队成员应有的学习行为,即提出问题、寻求反馈、进行试验、反思结果和讨论错误。

信息加工取向的团队学习强调团队学习是发生在团队水平上的信息加工过程。维林·辛兹等(Hinsz et al.,1997)从信息加工角度提出了团队学习过程中存在以下几个信息加工的阶段:即明确加工目标、加工处理(注意、编码、保存、提取)、反应、反馈,并认为团队学习贯穿于信息加工的各个阶段之中。

结果取向的团队学习强调团队学习是一种团队成员之间发生的知识转移。埃利斯(Ellis,2004)指出,团队学习是一种经由团队成员通过分享各自的经验从而带来的在集体水平上的知识和技能相对持久的变化,并且认为团队学习应该包括两个方面,既包括个体从直接经验中的学习,又包括个体从其他成员的经验中学习。

杨智等(2004)对国外组织学习研究进行了回顾,指出组织学习的类型大致可以分为三类:第一类是最基本的学习,也就是在组织既定的领域进行的学习,通过这类学习,组织可以发现组织策略和行为错误,并且予以纠正,使组织运作的效果能够符合组织的既定规范及各项要求。第二类学习是指对组织既有的规范、目标等产生了质疑,进而对其进行修正,以达到应对环境变化的目的。通过这类学习,组织不仅要发现组织策略和行为错误,而且还要发现指导策略和行为规范方面的错误,通过成功地转换组织运作模式来增强组织的学习和创新能力,强化组织的竞争优势。第三类学习被称为"再学习",是指在进行组织学习时,组织成员探究过去组织学习的过程和方式,找出有碍于和有助于组织学习的因素,再提出有效的新策略来帮助组织学习,以提高组织学习的效率。这三类组织学习都是以取得成果为目标,但它们为达到这一目标采用的方法各不相同,第一类组织学习是通过调整组织行为的方式来达到目的;第二类组织学习是对既有的规范和目标产生了质疑,通过修正心智模式来实现组织目标;第三类组织学习则是通过建立新的心智模式来影响组织成果。

二、与学习相关的理论

1. 内隐学习

内隐学习至今已有半个多世纪的研究历史,在此期间,内隐学习的研究对象、研究方法和本质特征都得到了深入和扩展(朱磊等,2006)。主要表现在:内隐学习的研究材料从同时性刺激转向了序时性刺激,内隐学习的研究方法从主观阈限测量逐渐扩展到客观阈限测量,又再回到主观阈限测量之上,内隐学习的本质特征也从抽象到具体,再落脚于熟悉性。张英萍等(2005)认为,内隐学习理论为专家专长习得的内在机制提供了新的解释,专家与新手的差异,其根源很可能在于内隐学习表征上的差异,在实践中经过内隐过程学习系统知识是专家学习的首要途径。内隐学习理论也对组织中员工的社会化学习产生了有意义的指导。

2. 建构主义学习观

王希华(2005)对建构主义对学习理论的促进作用进行了系统的分析,指出建构主义学习理论在发展和演变中,促进了学习理论的三次根本性变革,第一次变革使学习理论走出了动物行为研究的模式,第二次变革揭示了个体依靠其自身经验去建构知识的过程,第三次变革强调了学习是一个社会协作的过程,通过创设优化的学习环境,才能更好地支撑个体对知识的建构。三次变革不仅使得学习理论研究对象发生了本质改变,研究内容的实质也在不断深化和拓展。建构主义理论对组织中的个体、团队和组织学习都有指导意义,组织中各个层面的学习是经由各主体的交互作用而发生的,所以整体环境的打造就显得十分重要。

3. 行为主义学习观

行为主义学习观基本观点是,人类在活动的过程中,可以对各种联想和技能进行有组织的积累,并应用于个人学习(梁宁建,2011)。组织学习的概念被提出以后,行为主义思想就被应用到对组织学习的分析中,这种学习理论认为,组织是目标导向、基于规则的系统。组织系统可以在各种行为经历中不断提升和完善自己,重复以往取得成功业绩的行为,避免以往失败的行为。不少组织的发展得益于行为学习过程,在这些组织中,领导者制定大致的发展方向和目标,组织成员在行动中检验方法的正确性,逐步找到能够帮助实现战略目标的路径。行动后发现差错,然后再进行调整行为,这种循环在学习中起着重要的作用。

4. 认知学习观

认知学习观最初也是用来分析个体的学习活动,它关注人们在学习过程中推理、问题解决、计划以及语言理解等方面的问题(梁宁建,2011)。它强调具有不同知识结构的个体对概念和事物理解上的差异,并认为在人类的学习活动中,有计划地建构认知模式有着重要的意义。在组织管理研究中,越来越多的学者采用了认知理论来解释各种组织现象和管理问题。组织学习研究中也越来越采取认知研究的思路,分析个体认知地图如何整合和转化为组织认知图式,个体认识上的改变如何引发组织认知图式的变化。认知学习研究关注的焦点在于学习的内容,而不是行为的结果,关心促进组织知识创造的过程。研究者认为,如果采用了正确的认知学习过程,一个组织就可以把数据转化为信息,把信息转化为知识,最终产生组织知识。总的来说,认知学习包括利用外界产生的知识,以及把内部存储的知识进行转换,通过这些活动创造出新的知识,形成组织的核心竞争力。

三、学习在管理中的应用

在管理实践中,除了个体学习之外,团队学习和组织学习受到了越来越多的关注和研究。

1. 团队学习的影响因素及与团队绩效的关系

毛良斌等(2007)认为,团队学习的影响因素包括三类,即组织水平变量、团队水平变量和个体水平变量。

组织水平变量主要包括组织中的人员轮岗及培训、组织的绩效管理、组织的知识管理。比如,团队培训比个体培训对团队学习更有用,这主要是因为团队培训有助于发展团队成员的交互式记忆系统以及增进团队成员间的人际信任。

团队水平变量主要包括团队信念、团队凝聚力、团队领导风格、团队授权以及团队构成。艾米·埃德蒙森(Edmondson,1999)研究了团队心理安全感和团队效能感对团队学习的影响,结果表明,团队心理安全感与团队学习间存在显著正相关,但该研究未能发现团队效能感与团队学习间存在显著相关。

个体水平的变量主要是指团队成员的认知能力、个性特征以及团队成员间的个体差异。埃利斯等(Ellis et al.,2003)等研究表明,团队成员的认知能力与团队学习存在显著正相关,而团队成员的个性特征里的宜人性和开放性与团队学习也存在正相关。

大量的团队学习研究结果表明,团队学习不但对提高团队绩效有直接的正效应,并且在一些团队变量对团队绩效的影响中具有重要的中介或者调节作用。王(Wong,2004)研究表明,团队学习存在团队内部学习和团队外部学习两种类型,两种类型的团队学习都和团队绩效存在正相关,然而如果两种类型在团队学习中分配不当形成冲突的话,就会损害团队绩效。

2. 组织学习的过程

阿吉里斯等(Argyris et al.,1978)把组织学习过程划分为发现、发明、执行和推广四个阶段。这些是组织学习必须经历的四个阶段,各个阶段承担了不同的任务:发现阶段的任务是发现预期与实际结果间存在的差异,发明阶段的任务是寻找解决问题的方案,执行阶段的任务是执行所制定的解决方案,推广阶段的任务是把成功的经验推广到组织的各个部门,使之成为组织的规范、惯例和政策。

达夫特等(Daft et al.,1986)把组织学习看作一个解释系统,认为组织学习包括三个阶段:扫描阶段、解释阶段和学习阶段,扫描阶段是进行资料的收集,解释阶段是赋予资料意义,学习阶段是采取行动。

沃尔特·R. J. 贝茨(Baets,1998)认为知识是学习的基础,一个组织如果缺乏知识创造能力,它将无法在激烈的竞争中获胜。因此,组织学习表征了全部知识产生过程的组合,包括了知识的产生、提炼、促进和扩散四个阶段,而这些过程又分为知识获得与知识管理两个部分,当知识由组织内部或者外部产生时,学习便会发生。同时,他还提出了组织学习发生的三种具体情境:(1)组织成员的心智模式对组织及环境的变化作出反应;(2)组织成员分享他们的知识,并且在组织中形成共同的知识;(3)组织成员在变化的环境中更新知识。

马奇(March,1991)提出探索式学习(explorative learning)与利用式学习(exploitive learning)的观点。探索式学习以发现、试验、冒险和创新为特点,而利用式学习则以精炼、执行、效率和选择为特点。探索式学习倾向于脱离组织当前已有的知识,旨在开创全新的知识领域;而利用式学习则是在组织当前已有知识的基础上进行学习,旨在全面充分利用组织已有的知识。长期以来,学界都把这两个学习过程作为对立的过程研究的原因有三点:(1)它们争夺有限的资源,探索式学习会限制利用式学习,而利用式学习也会限制探索式学习。(2)它们需要不同的组织结构和文化。例如,何和王(He & Wong,2004)指出探索式学习需要有机的组织机构、宽松的控制体系、鼓励路径突破的文化氛围,常常与新兴市场和技术相联系,而利用式学习则需要严格的层级结构、紧密的控制体系、路径依赖的文化氛围,常常与成熟市场和技术相关。而且,探索式学习的回报是不确定的,常常有很大的风险,时间周期也比较长;相反,利用式学习的回报常常是确定的、风险比较小,时间周期相对也比较短。于是,同时进行两种学习的企业面临着整合两种不同文化和组织结构的重大挑战。(3)它们适应外部环境的方式不同。在成熟市场或稳定环境中运行的企业应该主要依靠利用式学习,获得规模经济和稳定可靠的现金流;相反,在新兴市场或动荡环境中运行的企业则应该尝试探索式学习,发现和创造新的知识和技术,获得先入者优势,避免"陷入中间"(stuck-in-the-middle)的尴尬境地。

杨智等(2004)认为,组织学习的流程基本上可以分为知识获取、知识分享、知识运用和组织记忆四个阶段。在这四个阶段中,知识分享对于组织学习极为重要,这是与个体学习的主要区别。组织只有把所获得的知识传播到组织的各个部门,让所有的组织成员理解这些知识,组织学习才能取得效果,并最终反映到组织绩效当中。另外,组织记忆也是组织学习的一个重要阶段,组织通过组织机制(政策、策略、组织流程等)把组织学习的成果保存下来,形成组织记忆,以供组织未来使用。

在管理实践中,只有把个体学习、团队学习和组织学习结合起来,才能形成互动和协作的学习环境,从而提升个体、团队和组织的综合竞争能力。

本章小结

本章致力于对个体在组织中的多个关键方面进行系统地回顾和探讨。在管理心理学中,个体作为最基本的构成单位,其心理和行为的规律对于整个组织的管理而言,具有举足轻重的地位。把握这些规律,不仅有助于我们更深入地理解个体的内在动机、态度和行为模式,还能为组织的优化管理提供有力的理论支撑。

第一,本章探讨了个体的能力,包括智力、胜任力、数字素养在内的各项能力素质。这些能力不仅关系到个体能否胜任某项工作,更在一定程度上决定了其在组织中的贡献度和发展潜力。通过对能力的深入剖析和测评知识的解读,可以更准确地评估个体的职业适配度,从而为现代组织的选拔和任用提供科学依据。

第二,工作满意感作为个体心理状态的重要体现,往往能够预测个体的工作投入、绩效等。因此,了解影响工作满意感的因素以及工作满意感带来的影响,有的放矢地提升员工的工作满意感,对于组织而言具有至关重要的意义。

第三，组织公平不仅能够激发员工的工作积极性，消除工作投入上的"噪声"的干扰，还能增强他们对组织的认同感和归属感。通过探讨组织公平的内涵和相关理论，我们可以借此为组织营造更加公正、透明的氛围。

第四，组织承诺作为个体对组织的依存性感知，对于维护组织的稳定性和凝聚力具有重要作用。一个组织承诺高的员工，往往更加忠诚于组织，更愿意为组织的发展贡献自己的力量。

第五，心理契约是组织与员工之间非正式的互惠性的期待，这种期待是组织和员工之间一种无形的默契，涉及双方在工作中的角色、责任和期望等。心理契约可分为交易型心理契约和关系型心理契约。员工心理契约破裂会降低员工对组织的信任以及员工的工作满意感，引发越轨和离职等负面行为。

第六，本章还关注了个体和组织中的学习问题。在快速变化的"乌卡"(VUCA)时代，持续学习已经成为个体和组织不可或缺的能力。通过探讨学习的主要内涵和相关理论，我们可以为组织构建更加有效的学习机制、为打造学习型组织提供指导，从而提升整个组织的适应能力、创新能力和竞争力。

本章内容从多个角度对个体在组织中的心理和行为进行了探讨和分析。这些研究不仅丰富了管理心理学的理论体系，更为实践中的管理者提供了一种系统和全面的视角来看待个体的行为。通过理解和应用这些理论和研究成果，管理者可以更加有效地开展人力资源管理实践，为组织的长远发展打下坚实基础。

本章思考题

1. 在人事选拔中，能力测验表现最好的应聘者一定会在日后的工作中获得最高的工作绩效吗？
2. 请举例说明，对于刚进入公司的年轻人和已经做到中层管理职位的管理者来说，采取哪些激励措施的组合才能使他们拥有较高的工作满意感？
3. 组织公平包括哪些维度或类型？论述并举例说明。
4. 请举例说明组织承诺对于降低员工跳槽行为的影响。
5. 什么是心理契约？它包括哪些类型？
6. 在企业管理实践中，为什么说学习是一种涵盖了个体、团队和组织三个层面的活动？

推荐阅读

1. 史蒂芬·柯维. (2018). 高效能人士的七个习惯. 高新勇，王亦兵，葛雪蕾，译. 北京：中国青年出版社.

第四章 人格、态度与价值观

> 每个人都有他隐藏的精华,和任何别人的精华不同,它使人具有自己的气味。
>
> ——罗曼·罗兰

开篇案例 "口无遮拦"的特朗普

唐纳德·约翰·特朗普(Donald John Trump),1946年6月14日出生于美国纽约,2017年至2021年担任美国第45任总统。特朗普于1968年获得宾夕法尼亚大学经济学学士学位,1971年,被其父亲任命为家族房地产公司总裁。担任总裁后,特朗普将企业更名为特朗普集团,并将其业务扩展到建造和翻修摩天大楼、酒店、赌场和高尔夫球场。除经营与房地产有关的产业外,从20世纪末开始,特朗普逐步将投资范围延伸到其他多个行业。比如,2004年至2015年,特朗普主持并联合制作了电视真人秀节目《飞黄腾达》(The Apprentice)。与此同时,特朗普和他的企业集团在众多商业活动中也主动发起或被动卷入总计约4000起涉及州级和联邦层面的法律诉讼案件,其中包括六起企业破产案。

特朗普具有典型的外向型和自恋型人格,善于社交或谈判沟通,并且十分享受沟通的过程,在谈判中常表现强硬、不愿妥协,却常任性随意承诺。特朗普不仅是谈判桌上的高手,也是棘手问题的解决专家,例如,特朗普在国际政治外交和谈判中常"出尔反尔",从意想不到的角度给对手施加压力,从而获得更大主动权和更多利益。例如,2017年6月他宣布美国将停止落实不具有约束力的《巴黎协定》,2019年11月4日启动退出程序;2019年4月26日宣布美国将撤销在《武器贸易条约》上的签字。在国际政治活动中,特朗普还常常放其他国家领导人的"鸽子"。例如,2019年8月20日,丹麦首相被特朗普"放鸽子";2018年11月29日特朗普在飞机上取消与普京G20峰会的会晤;2019年9月也曾取消与时任塔利班领导人和阿富汗总统加尼的会晤……特朗普善于接纳新事物,尽管当上总统时已年满70岁,但却非常喜爱并善于使用新媒体技术。例如,特朗普善用社交媒体平台X(原Twitter),自上任总统以来,经常在X平台上发表自己的政治主张,选择用商人而非政府领导模式,拉近与民众的距离。特朗普喜欢实时、看似自发的沟通,口无遮拦地在X平台上表达自己关注的事情,与媒体互怼,为自己"打call",这使他能够对外部事件或媒体报道作出快速反应,并赢得了大量忠实的粉丝。据盖洛普的民意调查:大约有130万美国人是特朗普的忠实粉丝——他们每天都阅读特朗普发送的消息,并且经常转发。这种扩散效果是极惊人的——约76%的成年美国人经常看到特朗普的推特消息,这远远超过了选举投票率。

特朗普关注当下,常口无遮拦,或许不只是一种政治上的策略,更是他个人的一种性格特质,"他不会压抑那些对自己和他人有害的心理能量",丹·麦克亚当斯(Dan P. McAdams)于2020年写了一部有关特朗普的传记《唐纳德·特朗普的怪事:心理反思》(*The Strange Case of Donald J. Trump: A Psychological Reckoning*),认为特朗普具有非常复杂的人格特征,是一个情境性的人——永远以时刻准备战斗的方式生活,试图赢得每一个时刻。麦克亚当斯评价道:"特朗普的生活方式使他摆脱了限制其他人的道德和规范惯例。对特朗普来说,如果他今天所说的话与他昨天所说的话或明天所说的话公然矛盾,那并不重要。批评者可能会声称特朗普经常撒谎(这是事实),但特朗普的'真相'纯粹是交易性的,就像他与其他人的关系一样。对特朗普来说,真正重要(或有益)的是能够赢得当前局势的因素。如果说'A'有助于他在周一获胜,那么'A'就是正确的。如果说'非A'帮助他在周二获胜,那么'非A'就是正确的。你说,两者都不可能是真的。但特朗普并不认为这个矛盾很重要;事实上,他甚至可能看不到其中的矛盾,因为对特朗普来说,真相是偶发的、更普遍的,生活也是如此。"

资料来源:McAdams, D. P. (2016). The Mind of Donald Trump. The Atlantic. McAdams, D. P. (2021). The episodic man: How a psychological biography of Donald J. Trump casts new light on empirical research into narrative identity. Europe's Journal of Psychology, 17(3), 176-185.

第一节 人　　格

一、什么是人格

人格也叫个性（personality）。关于人格的定义有很多。人格心理学家奥尔波特认为，人格是个体适应环境的独特的身心体系，是一种相对稳定的行为倾向。艾森克（Hans J. Eysenck）认为，人格是决定个体适应环境的性格、气质、能力和生理特征。卡特尔（Raymond B. Cattell）则认为，人格是可以用来预测个体在一定情况下行为反应的特质。

人格具有三个基本特征，即社会性、独特性与总和性。任何人都是有人格的，均以一种人格化的方式存在。社会性是人格的根本属性，人格固然具有鲜明的生物属性，与人的先天生理素质密切相关，但人格的最终发展和形成受到社会环境的重要影响和制约。独特性指每个人在需要、兴趣、爱好、价值观、气质、能力、性格等方面均不同于其他的人，世界上没有两片一模一样的树叶，同样，世界上也不存在两个人格绝对相同的人。总和性指人格是由在个体身上经常地、稳定地表现出来的心理特点的总和。

人格是一个多学科概念，社会学研究人格，关注的是人格如何受社会政治经济的影响；心理学研究人格，关注的是人格的实质及其规律性；而管理心理学研究人格，则是把心理学中关于人格的理论用于管理实践当中，以便更有效地管理和使用人力资源。

二、人格的影响因素

人格的形成取决于哪些因素？这涉及一个古老而又争论不休的问题：先天遗传和后天环境的关系与作用，即人格是在个体出生时就已经被事先决定的，还是在个体与周围环境的相互作用过程中生成的。目前，人们普遍认为，一个成年人的人格是由遗传和环境共同影响决定的，遗传因素决定了人格特征发展的可能性或潜能，而环境因素决定了人格在这一可能范围内最终能达到的水平。对所有人格特质而言，遗传与环境因素的影响可能各占50％的比重（Brody，1988），具体到每个人可能就各有侧重了。

与此相关的，人格中有相对稳定的部分，通常称为特质（trait），与遗传或基因有关；也有随情景改变而变化的部分，通常称为状态（state），通常易被情景激活，与后天环境影响的关系更大。

（一）遗传

遗传指的是那些受基因影响的因素。遗传研究表明，几乎所有的人格特质均受到遗传基因的影响。这一发现得到了普遍验证，以至于特克海默将其奉为行为遗传学的"第一定律"(Turkheimer, 2000)。我们无法选择父母、祖父母或出生的家庭，可他们的基因却会极大地影响我们，具有不同生理特征的人在人格的许多方面都有所不同。针对双生子的一些研究发现，遗传可以解释40%—46%的人格差异(Bouchard, 1994)，并且遗传上的差异可以解释工作满意度和工作压力，还会影响成年期的健康问题(Judge et al., 2012)。

（二）环境

许多行为学家相信，环境在人格形成的过程中产生的作用比遗传更大，影响个体的环境因素包括自然环境、文化环境、家庭环境、学校环境、生活经验、自我调节，以及出生前的母体胎内环境等。

生态环境、气候条件、空间拥挤程度等因素都会影响人格的形成和发展。贝瑞(Berry, 1966)选择阿拉斯加的因纽特人和非洲的特姆尼人进行了比较研究，他们与主流地球人的差异证实了生态环境对人格的重要影响(彭聃龄，2001)。

气候条件因素，如气温等也会提高人的某些人格特征出现的频率。研究发现了热效应的存在(Anderson et al., 2000)，即天气炎热易使人烦躁不安，从而增加对他人的负面行为，世界上炎热的地方也是攻击行为较多的地方。

文化、家庭、学校对人格的形成和发展有非常明显的影响。由文化所构建的规范、态度、价值观和行为准则是一代代传承下来的，保持着相对的稳定性。这些文化对人格具有塑造作用，不同的社会文化形态塑造了不同的人格特点。家庭、学校教育对人格的形成和发展也起着非常重要的影响作用。

不过，作为具有主观能动性的人，人格的发展是在人和环境相互作用中形成和发展的，任何环境本身都不能直接决定人的人格特征，只有通过人的心理活动才能最终发挥作用。从特殊事件和个体的经验角度而言，每个人的微观环境都是独特的，相比于遗传和家庭，非共享的环境解释了约50%的人格差异(Roberts & Yoon, 2022)。所以，人的自我调节和个体独特的生活经验在人格形成和发展的过程中实际上是最关键的，缺少了个人经验和自我调节，任何外界影响都不会真正产生作用。所以，每个人都在塑造着自己的人格。

由于人格发展同时受遗传和环境的影响，因此人格特征具有相对稳定性和可变性。对已有人格发展研究的回顾发现,人格特征在相当长的时间内(4—10年)表现出中度到高度的一致性(相关系数为 0.40—0.60)(Roberts & Yoon, 2022)。我们可以说,遗传决定了人格特征发展的可能性或潜能,而环境因素决定了人格在这一可能范围内最终能达到的水平。根据特质激活理论(trait activation theory),环境会激活潜藏在个体内部的"沉睡"特质,从而表现出与该特质相对应的"显性"行为意图或行为。

三、人格类型

(一) 大五人格模型

近年来,一个被广泛使用并不断得到证实的人格模型就是人格的"五因素模型",简称为"大五"(Big Five)。大五人格模型提出,人格包含五个维度,这五个维度在全世界的人群中都得到了验证。大五可预测人们在不同情境下的实际行为表现。这五个人格维度分别是:

(1) 神经质(neuroticism)。表现为情绪稳定性和调节情况(平和、热情、安全,即神经质低、情绪稳定性高;紧张、焦虑、失望和不安全,即神经质高、情绪稳定性低)的人格维度。

(2) 外向性(extroversion)。表现为善于社交、善于言谈、自信方面的人格维度。

(3) 经验开放性(openness to experience)。表现为好奇、幻想、聪慧、开放、探求方面的人格维度。

(4) 宜人性(agreeableness)。表现为随和、可信、合作方面的人格维度。

(5) 尽责性(conscientiousness)。表现为可靠性、责任感、坚持性、成就性方面的人格维度。

五个人格维度的第一个字母组成"OCEAN"(海洋),恰如人类人格的宽广性,但大五对这种宽广性进行了标准化,研究证实这五个人格维度是所有人格因素的最稳定划分。对大五人格研究的回顾发现,大五对工作行为、职场心理健康、工作绩效、团队绩效及职业满意度均具有重要的预测作用。尹奎等(2021)对已有研究进行元分析发现,大五人格的五个维度均与职业满意度之间存在显著相关,除神经质与职业满意度相关为负外,其余四个维度与职业满意度的相关均为正。

在需要社交技能的工作中,外向性更能预测工作绩效;在竞争性工作中,宜人性与工作绩效的关系较弱；在对创新或创造力要求较高的工作中，经验开放性与绩效的相关性更强；在服务类工作中，宜人性与工作绩效的相关较强；神经质常与工作绩效负相关。经验开放性得分高的人对学习充满兴趣，并表现出更高的训练效能。尽责性得分高的个体对学习也充满兴趣，尽责性不仅有助于完成工作，它尤其擅长在面对消极反馈时依然保持良好表现。不过，有时责任感太强也可能会适得其反，极度尽责性个体的表现有时并不会比中等偏上尽责性个体的表现更优良。另外，随着AI的快速发展和广泛应用，研究发现，具有尽责性人格的员工可能更少从AI的应用中获益，因为尽责的员工可能会更自主。

另外，大五人格对于处于不同岗位的员工影响也不同。例如，相比于管理者，专业人员的宜人性与职业满意度的相关更高。而相对于专业人员，外向性更有利于管理者出色地完成工作任务，并达成较高的职业满意度。对于工作结构不明确且员工具有工作决策自主权的弱情境，大五人格对工作绩效的预测更准确。

钟建安和段锦云(2004)总结了关于大五的应用研究，得出以下结论：(1)在人事选拔或配置中，大五可以作为一个预测因子。责任感对绩效具有较好的预测效度。(2)对服务性工作，宜人性也是一个良好的预测因子。对创造性工作，如策划、艺术、文学等，开放性具有较好的预测效度。对管理工作，外向性具有较好的预测。对团体绩效而言，团体中外向性比例恰当最好。(3)神经质在许多方面对个体都具有负面影响，对个体而言应尽量培养自己的情绪稳定性。

在面临重大社会变迁时，人们的大五人格会在社会整体层面发生变化。例如，一项对美国504名个体的21个月的追踪研究发现，在COVID-19流行时期，尽责性平均得分有了微弱提高，而开放性维度则表现为微弱下降，而尽责性、外向性和宜人性的提高以及神经质的降低与更高的幸福感和更少的身心健康症状相关(Kyle et al., 2024)。

(二)迈尔斯-布里格斯类型(MBTI)

瑞士心理学家卡尔·荣格根据人们在解决问题时信息收集和评估方式上的差异，把人们搜集或感知信息的心理功能描述为"感觉"(sensing)和"直觉"(intuition)的连续体、把人们评价信息的心理功能描述为"理性"(thinking)和"情感"(feeling)的连续体。两个维度相结合，产生了四种基本的问题—解决类型：感觉—情感(SF)、直觉—情感(IF)、感觉—理性(ST)和直觉—理性(IT)(见表4-1)。

表 4-1　四类问题—解决类型

感觉—情感(SF)	感觉—理性(ST)
好交往 注重细节 友善、富有同情心 乐于沟通 即时反应 善于产生同感和共鸣、善于合作 目标:有助于他人	注重技术细节 对数理的逻辑分析 精准、有序 注重规则与程序 可以依赖、负责任 善于观察、排序、文档、追忆 目标:正确做事情
直觉—情感(IF)	直觉—理性(IT)
洞察力强、神秘 理想主义、个人主义 创造力强、原创力丰富 对人的博大思想 善于想象、新组合 目标:使事物尽善尽美	推测力强 注重理解、综合、解释 富有逻辑的想法 观察、注重人际交往、思想化 善于发现、探求、解决问题 目标:透彻分析问题

资料来源:Schermerhorn, J. R., Hunt, J., & Osborn, R. (2005). Organizational Behavior (9th ed.). The United States of America: John Wiley and Sons, Inc.

伊莎贝尔·布里格斯·迈尔斯(Isabel Briggs Myers)和她的母亲凯瑟琳·库克·布里格斯(Katharine Cook Briggs)基于荣格的心理类型理论,提出了一种人格类型指标,即迈尔斯-布里格斯类型指标(Myers-Briggs Type Indicator, MBTI),用于衡量人们的人格特质。MBTI测验包括100道问题,用迫选、自我报告的方式来进行人格的评估,评估结果用以衡量和描述人们在获取信息、作出决策、对待生活等方面的心理活动规律和人格类型倾向。MBTI将个体区分为外向型(extraverted)或内向型(introverted)(E或I)、感觉型(sensing)或直觉型(intuition)(S或N)、思维型(thinking)或情感型(feeling)(T或F)、判断型(judging)或感知型(perceiving)(J或P),四个维度可组合出16种人格类型。不过已有一些研究证明MBTI的信效度可能不高,也尚无证据证明MBTI能够有效预测组织中员工的工作态度和行为。

(三)其他人格类型及应用

还有很多人格特质对员工的工作行为具有预测性,包括控制点、自尊、马基雅维利主义、A型人格、自我监控、目标定向、自我概念清晰性等。

1. 控制点

控制点(locus of control)用来表征个体感觉在何种程度上可以主宰自己的命运,认为事情基本由自己控制的人具有内控型人格特质;而那些认为事情由环境因素(或上帝等)来控制的人则属于外控型人格特质。高内控型的人相信自己能掌握自己的命运,高外控型的人相信自己的生活取决于其他人和外部力量。

大量研究发现:外控型员工对工作更容易感到不满意、对工作的投入程度低、对工作环境疏远、缺勤率更高;而内控型员工有更良好的工作结果,如积极的任务和社会体验,更高水平的工作动机、工作满意度与工作绩效等。

为什么外控型员工对工作更不满意、更缺乏工作积极性及更低工作绩效?一个可能的原因是,外控型员工感到组织中很多重要的事情或有重要意义的结果均是自己无法控制的,于是容易产生消极、逃避的情绪,工作主动性和工作投入不高。内控型员工有较强的控制欲望和成就动机,面对同样的情境,更多地将组织结果归为自己的行为,因此对工作更满意,工作更积极主动,也有更高的工作绩效。

2. 自尊

个体对自己所持有的一种肯定或否定的态度称为自尊(self-esteem),它是对一个人的价值判断,即多大程度上相信自己是重要的、有能力的、成功的和有价值的。

自尊是工作行为的一个重要人格预测变量。研究表明:高自尊的个体对成功的预期较高,自尊心强的人相信自己拥有获得工作成就的大多数能力,且不太喜欢选择那些传统性的工作。自尊心低的人对不利的工作条件更敏感,比如紧张、工作条件差、不确定性高、管理混乱等,他们更需要从他人那里得到积极的评价。自尊心低的人更乐于赞同别人的观点,更倾向于顺从他人。另外,研究证实,自尊心强的人比自尊心低的人有更高的工作满意度。

3. 马基雅维利主义

马基雅维利主义(Machiavellianism)来自意大利政治思想家马基雅维利(Niccolò Machiavelli)的《君主论》一书,该书写道:君主应当"效法狐狸与狮子","既是一头很凶狠的狮子,又是一只非常狡猾的狐狸"。马基雅维利主义人格具有三个方面的行为特征:与他人互动时坚信操弄策略的有效性(如"永远不要告诉别人你做某事的真正原因,除非这样做是有用的");对人性持有愤世嫉俗的看法(如"最安全的做法是假定所有人都有恶习,只要给予他们机会,其恶习就会暴露出来");持有自我利益至上的道德准则(如"如果不走捷径就很难出人头地")(O'Boyle et al., 2012)。高马基雅维利主义者更重视实用价值,相信为了获得结果可以不择手段。虽然高马基雅维利主义者在自由度比较大的情境中、面对面的商谈情境中及工作成功不需要情绪卷入时,工作成效显著,但在控制性强的环境中则表现不理想。因此,对于谈判类、销售类的工作,高马基雅维利主义者的表现会相对出色,而在行为有绝对的规范或道德准则,结果不能为手段辩护的工作中,则很难有优异表现。

你是一个高马基雅维利主义者吗?请做表 4-2。

表 4-2 提高自我认识:你是一个高马基雅维利主义者吗?

指导语:对每一个陈述勾出最符合你态度的数字。

	不同意				同意
	较多	较少	中等	较少	较多
1. 指挥别人最好的办法是告诉他们那些他们想听到的话	1	2	3	4	5
2. 当你想请某人为你做事时,最好告诉他真实的原因,而不是那些可能显得很重要的原因					
3. 任何完全相信别人的人都会陷入困境之中					
4. 如果不时常抄近路前进,就很难超过别人					
5. 下面这种观点很正确:所有的人都有邪恶之念,而且只要有机会就会显露出来					
6. 只有当一种行为符合道义时,人们才应该去做					
7. 大多数人本质是善良随和的					
8. 没有理由欺骗任何人					
9. 大多数人对于自己财产的损失比丧父之痛记得更清楚					
10. 一般来说,如果不受到强迫,人们不会努力工作					

计分:将 1、3、4、5、9、10 题得分累加起来,对于其余 4 题以反向方式计分,即 5 分计 1 分,4 分计 2 分,以此类推,将所有题目的得分相加即为你的得分。得分越高,这种特点越明显。在美国,成年人的马基雅维利主义分数的常模为 25。

资料来源:斯蒂芬·P. 罗宾斯.(2005).组织行为学.孙健敏,李原,译. 北京:中国人民大学出版社,85.

4. A 型人格

一些人非常具有竞争性,总是体验到时间上的紧迫性和对休闲的不安感。在早期,这种人格维度被称为心脏病易感行为方式,因为它似乎是与心脏疾病相关的一些行为方式。如今这种维度常被称为 A 型—B 型人格,或简称为 A 型人格。这种人格特征呈连续体分布,一端是 A 型者,另一端是 B 型者。A 型人格者典型的特征是:总愿意从事高强度的竞争活动,不断驱动自己要在最短的时间里干最多的事,并对阻碍自己努力的其他人或事进行攻击。B 型人格者则较松散、与世无争,对任何事皆处之泰然。

在组织中哪一类人成就更大?很多人猜可能是 A 型。毕竟,这些人动机强烈并且努力工作,勇于接受挑战和竞争,即使感到疲倦也不愿意承认。但典型的A型特征也有很多妨碍取得成就的因素,如A型者有时间紧迫感,因此速度会更快,注重数量而不是质量,愿意长时间工作但可能不会花时间权衡哪一种方法更好,或者如何去创造性地解决问题。研究表明,在工作中当要求延迟一段时间给出问题的答案时,B型被试的表现好于A型(Glass et al.,1974)。

尽管A型者工作勤奋,但B型者常常占据组织中的高层职位。最优秀的销售人员常常是A型者,但高级经营管理人员常常是B型者。原因就在于,A型人格倾向于放弃对质量的追求,而仅仅追求数量。然而,组织常常需要理性的、睿智的,而不是追求速度、易产生敌意、仅有好胜心的人。另外,身居高位通常意味着成功了,可能也就没那么勤奋了。

表4-3 你是A型人格吗?

指导语:在下列各特质中,你认为哪个数字最符合你的行为特点?									
1. 不在意约会时间	1	2	3	4	5	6	7	8	从不迟到
2. 无争强好胜心	1	2	3	4	5	6	7	8	争强好胜
3. 从不感觉仓促	1	2	3	4	5	6	7	8	总是匆匆忙忙
4. 一时只作一事	1	2	3	4	5	6	7	8	同时要做好多事
5. 做事节奏平缓	1	2	3	4	5	6	7	8	节奏极快(吃饭走路等)
6. 表达情感	1	2	3	4	5	6	7	8	压抑感情
7. 有许多爱好	1	2	3	4	5	6	7	8	除工作之外无其他爱好

计分:累加总分,然后乘以3,分数高于120分,表明你是极端的A型性格;分数低于90分,表明你是极端的B型性格。

分数	性格类型	分数	性格类型
120分以上	A+	106—119分	A
100—105分	A−		
90—99分	B	90分以下	B+

资料来源:斯蒂芬·P. 罗宾斯.(2005).组织行为学.孙健敏,李原,译.北京:中国人民大学出版社,85.

5. 自我监控

自我监控(self-monitoring)指的是个体根据外界环境而调整自己行为的行为倾向或能力。

高自我监控者表现出对环境线索相当的敏感性,能根据环境变化适时地调整自己的行为,能有效利用个人资源,发挥个人的长处。能使自己公众角色与私人自我之间表现出极大的差异。而低自我监控者则很难适应环境的变化,不善于调整行为,倾向于在各种情境下都表现出自己真实的性情和态度,他们的行为具有高度一致性。有关自我监控和工作业绩的研究表明,自我监控与工作绩效成正相关,不过相关较微弱。高自我监控者能更灵活适应情境,这会带来更好的工作成绩,但同时,高自我监控者的多变在人际交往中不太容易有情感的投入,这会带来负面的人际联系,有可能会损害工作绩效,特别是团队工作绩效。自我监控与领导力涌现和领导有效性存在着关系,然而,它们的关系目前并没有定论,其相关系数大小受不同测量方式和工具的影响(Lei et al., 2023)。

6. 目标定向

当个体为一定的目标工作时便可称为目标定向。作为名词的"目标定向"也是一种人格倾向。目标定向起源于教育和社会心理学领域的研究,可分为两大类:学习目标定向(learning goal orientation)和成绩目标定向(performance goal orientation),成绩目标定向又可分为成绩证明(performance approach)目标定向和成绩回避(performance avoidance)目标定向。

目标定向最初主要用于解释青年人在学术和体育领域的行为和成就。具有学习目标定向的个体倾向于选择能够促进个人成长的和具有挑战性的任务,在完成任务的过程中会有意识地掌握新技能、发展适应新环境的能力;面对困难愿意尝试不同的策略,较少产生消极情绪。具有成绩目标定向的个体在工作过程中倾向于关注绩效,致力于寻求关于自身能力的肯定性评价、避免否定性评价,以此来显示自己的能力水平,对工作过程本身不感兴趣,遇到困难易产生消极情绪并作出放弃的决定。

目标定向与个体有关智力的内隐认知(implicit theory of intelligence)有关,当个体认为智力可塑时,更可能具有学习目标定向,并认为相比于能力,努力对于成绩更为重要;而当个体认为智力是固有的不可改变时,则更可能持有成绩目标定向,并认为相对于努力,能力对于个体成绩更为重要。值得注意的是,学习目标定向和成绩目标定向并不是非此即彼的关系,它们可以同时存在于一个人身上。

研究发现,当高中运动员具有学习目标定向时,日常练习与运动成绩的相关达到了 0.55,而当运动员持有成绩目标定向时,日常练习与运动成绩的相关变为 −0.24(Lochbaum & Roberts, 1993)。同样,人们有关努力工作的信念与工作定向也有类似的关系,努力工作信念与学习目标定向的相关系数为 0.50,与成绩证明目标定向的相关系数为 −0.08,与成绩回避目标定向的相关系数为 −0.32(VandeWalle, 1997)。

目标定向是绩效的一个很好的预测变量。研究表明,学习目标定向对角色内绩效和创新绩效有显著的预测作用,而成绩目标定向对角色内绩效有负面影响,但不影响创新绩效(韩翼,2008)。然而,元分析研究发现,目标定向与绩效或学术成绩的关系较为复杂,能力感知及自我效能感等具有重要调节作用。例如,只有当个体自我效能感高时,成绩目标定向才有利于销售工作;相反,当自我效能感低时,学习目标定向与销售工作的正向关系会增强(Vandewalle et al.,2019)。

7. 自我概念清晰性

自我概念清晰性(self-concept clarity)指个体对自我的清晰和明确认识或定义,以及能够保持内在一致性和阶段稳定性的程度(任小云等,2022)。自我概念清晰性由坎贝尔等(Campbell et al.,1996)提出。由于自我概念具有复杂性,因而人们对于自我认知的清晰程度是一个漫长而持续的过程。基于生命全程发展观视角的研究发现,自我概念清晰性的发展并非线性上升的过程,而是在成长早期上升,中年后期达到平衡,之后可能下降的倒 U 变化趋势(Lodi-Smith & Crocetti,2017)。而海外生活经历的深度,即居住时间长短,会使人们有更高水平的自我概念清晰度,并可导致更高水平的职业决策清晰度。

研究发现,自我概念清晰性与多个心理指标有关,高自我概念清晰性可促进个体的积极情绪并增强应对冲突的能力,低自我概念清晰性则会导致抑郁等负面情绪并阻碍个体的成长和发展(Krol et al.,2019)。另外,研究发现,低自我概念清晰性个体有更强的公众自我意识,更倾向于采用整容手术或美容滤镜来进行外貌管理(Wang & Yu,2023)。

四、人格—职业匹配

从以上对人格特质的讨论中,可以看出,人格特质与工作绩效之间的关系受到特定工作要求的影响。所以,在人职匹配当中应重视人格特点与工作要求之间的协调一致。在此方面最有代表的理论是心理学家弗兰克·帕森斯(Frank Parsons)创立的特质—因素理论(trait-factor theory)和霍兰德(John L. Holland)提出的人格—职业匹配理论(personality-job fit theory)。

1. 特质—因素理论

特质—因素理论又称为帕森斯的人职匹配理论。该理论指出,在职业选择时应注重个人信息与职业信息的搜集和分析,以实现人职匹配。帕森斯指出,在人职匹配时,要认识自我,了解职业对人的要求,寻求个人的特性与具体职业要求之间的最佳程度匹配。这种人职匹配的过程包括:(1)特质评价,即评价自身的生理、心理特征、职业能力、职业兴趣等,然后作出综合评价;(2)职业因素分析,即分析职业的各种因素,如职业内容、特点,对人员的要求等;(3)个人特性与职业因素匹配,即根据以上分析的个人特性与职业因素分析,进行选择,从而达到人与职业的有效匹配。

2. 人格—职业匹配类型

霍兰德指出职业选择是个人人格的延伸,员工对工作的满意度和流动的倾向性,取决于个体的人格特点与职业的匹配程度。他将职业人格分为六种基本类型,并将它们和人格、职业类型进行了匹配(见表4-4)。

表4-4 霍兰德人格—职业匹配类型

人格类型	人格特点	匹配职业
现实型(realistic),偏好技能性、体力性活动	稳定、务实、顺从、害羞、真诚、持久	机械师、木工、生产技术、操作工
研究型(investigative),偏好思考、组织和理解的活动	分析、创造、独立、好奇	生物学家、科学研究人员、设计师、工程师
社会型(social),偏好助人的活动	友好、合作、理解、善社交、善言谈、洞察力强	社会工作者、学校教育、咨询人员、医疗保健
传统型(conventional),偏好规范、有序、明确的活动	顺从、保守、忠诚、缺乏灵活性、缺乏想象力	银行职员、图书管理员、会计、出纳、办公室职员、打字员
进取型(enterprising),也译作企业型,偏好影响、管理、领导他人的活动	进取、自信、精力充沛、盛气凌人	法官、律师、政治家、企业领导
艺术型(artistic),偏好创造性、想象性、有自我表现空间的活动	富于想象力、情绪化、理想、不实际	画家、艺术设计师、建筑师、摄影家、音乐家、作家

霍兰德及其助手通过多年研究,制定了两种类型的测定工具:职业偏爱记录(Vocational Preference Inventory,VPI)和自我指导探索(The Self-Directed Search,SDS)。通过VPI和SDS两个量表的测量,可得出适合人们的职业类型。类型测定后,有一系列具体的与被测定者的人格类型相对应的职业可供选择。

然而,上述的职业人格类型与职业关系也并非绝对的一一对应。霍兰德在研究中发现,尽管大多数人的人格类型可以主要地划分为某一类型,但个人又有着广泛的适应能力,其人格类型在某种程度上相近于另外两种人格类型,则也能适应另外两种职业类型的工作。也就是说,某些类型之间存在着较多的相关性,同时每一类型又有极为相斥的职业环境类型。霍兰德用一个六边形简明地描述了六种类型之间的关系(见图4-1)。

在图中两个类型靠得越近,则它们之间的关系就越紧密,这两种类型的个体

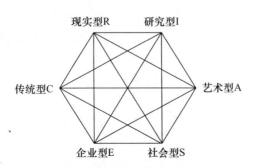

图 4-1 职业人格类型之间的关系

之间的共同点也就越多。如现实型和研究型的人均不太偏好人际交往,这两种职业环境中也都不太要求与人接触。反之,两个类型离得越远,相互之间的关系也越疏远,通常在六边形上处于对角位置的类型即为相对关系,一般相对的人格类型共同点很少,如现实型和社会型。因此,一个人同时对处于相对关系的两种职业均非常感兴趣是相对少见的。

根据六边形模型,最理想的职业选择是个体能找到与其人格类型相重合的职业,也就是我们所说的人职匹配。这时,个体最可能在工作中发挥自己的才能并具有较高的工作满意度。如果个体难以获取与其人格相重合的职业,则可寻找与其人格类型相近的职业,由于这些职业与人格的相似性较多,个人经过努力和自我调节也能适应职业环境,从而达到人职次匹配。最差的职业选择是个人选择了与其人格类型相斥的职业,在这种情况下个人很难适应工作,也不太可能感受到工作的乐趣,甚至无法胜任工作,是一种典型的人职不匹配状态。

第二节 态 度

态度(attitude)是社会心理学中的一个宽泛的概念,指一种对人或事物或概念带有的认知情感成分和行为倾向的持久的看法。"态度"一词的出现,最早可以追溯到18世纪的西方文学,但直到19世纪60年代才被引入心理学。心理学家奥尔波特(Gordon Willard Allport)认为,态度是当代社会心理学中最为特殊,最不可缺少的概念。

当前对于态度的界定有很多,爱丽丝·伊格利和雪莉·柴肯(Eagly & Chaiken, 1993)将态度定义为,带有赞同或不赞同偏向性评价事物的倾向,通常反映在认知、情感和行为的表现中。从态度的定义中可以看出,态度具有认知

(信念、知识、期望或所感知到的态度对象与其特征之间的联系)、情感(感觉、心境、动机、情绪及相关的心理变化)和行为表现(行为或行动,包括已实施和计划中的行为)三个成分。这三种成分都可以通过语言和非语言的反应模式进行表达(见表 4-5)。

表 4-5 态度的构成和反应模式

反应模式	态度结构		
	认知成分	情感成分	行为成分
语言模式	表达对态度对象的认识、理解和评价	表达对态度对象的情感体验	表达针对态度对象的行为意图
非语言模式	对态度对象的感觉反应	对态度对象的生理反应	对态度对象的外显行为反应

除了具有以上提及的三个结构成分外,态度还具有多种动机功能,包括知识经验、工具性、自我防御、价值观体现、一致性和独特性。态度帮助人们组织关于世界的信息(知识经验功能);获得奖励并避免惩罚(工具性功能);管理情绪冲突(自我防御功能);表达关于自我、个人价值观及自我身份意识(价值观体现功能);保持对个体的一致性观点(一致性功能);将个体从相似的社会群体区分出来(独特性功能)。

由此可以看出,态度是一种习得的认知、情感和行为的倾向性,人们对事物、情境、惯例、理念等的应对均与态度有密切关系。态度具有很强的影响力,可以帮助人们感知事物并组织决策和应对。

一、态度形成

态度的形成受先天和后天因素的共同影响,是遗传和环境共同作用的产物。

1. 遗传

遗传决定了多种态度,包括对待饮食的态度、对待工作的态度以及对待种族的态度。但遗传对态度的作用并不是直接的,很可能是间接的,它受到人格特征、物理特性、学业成就和其他个体变量的共同影响。

2. 学习

社会学习理论(social learning theory)提出,态度的形成是一个社会化学习的过程,受到长辈、同辈及其他信息源的影响。人们通过观察和模仿他人的行为来形成态度。态度最早在儿童时期产生,到成年时期逐渐成形,但也可能在以后的生活中发生变化(如重大生活事件)。就个体以什么样的方式来习得态度,研究者给出了两种重要的理论解释:经典条件反射和操作性条件反射。

经典条件反射理论认为,个体获得对某一事物的态度,是因为有愉快或痛苦的刺激与该事物反复相连。积极态度的形成伴随着愉悦的刺激,而消极态度的出现则来自于痛苦的经历。例如,儿童通常会对表扬(愉快经历)他的人产生好的态度(积极态度)。

对人的态度形成来说,更常见的是操作性条件反射,即个体在特定情境下的反应会带来怎样的强化。例如,儿童吮吸手指,换来大人的斥责(不愉快经历),吮吸行为通常会减少。在操作性条件反射中强化(正强化、负强化)或惩罚可以使某一特定反应再次发生的可能性增加或减少。态度也可以如同行为那样被强化,例如,当人们表达出对某人或物的积极态度而得到赞赏或奖励时(正强化),会使这种态度不断出现;当对人们的态度给予言语或物质上的惩罚时,这种态度将会产生变化。但应该认识到,强化或惩罚是否产生作用,还受到强化或惩罚对个体的意义的影响,且这种意义应该在行为发生之前个体就已经明白于心。

除以上所述之外,模仿和社会比较也是形成态度的重要方式。很多态度是通过模仿、观察他人的行为形成的;人们从媒体或其他信息源获取的大量社会比较信息也是态度形成的重要方式。

二、态度改变

对于组织来说,如何影响或改变员工与工作相关的态度是组织更为关心的问题,如工作满意度、工作参与和组织承诺。如果态度越强有力,越易获得,就越有可能对行为表现产生影响(Petkova et al.,1995)。

在日常生活中,人们会改变陈述的方式,以使言行保持一致。例如,一个学生想竞选学生干部,如果成功了,他会说:"当学生干部对我来说非常重要,相信可以充分锻炼自己。"然而,假如没有成功,他可能说:"当不当学生干部也没有什么,我本来就不怎么想当,只不过随便试试而已。"

研究发现,人们喜欢态度和他们一致的人,不喜欢态度和自己不同的人,而且人们也喜欢在态度和行为之间保持一致。即如果人们的态度与其行为或与他人的态度不一致时,他们就会感到不适,这种不适感会促使个体采取措施消除态度的分歧,并保持态度和行为的协调一致。

1. 认知失调理论

著名的社会心理学家利昂·费斯廷格(Leon Festinger)提出了认知失调理

论（cognitive dissonance），用以解释态度和行为之间的联系。他认为，当一种态度和一种行为不一致时，这种不一致则会导致冲突的产生，而任何形式的冲突都会让人苦恼，从而促使个体采取行动减少这种苦恼。个体要么在认知之间进行协调，要么在认知和行为之间进行协调，从而使态度和行为之间取得一致。总之，个体会寻找使不协调状态最少的稳定状态。

在实际生活中没有人能够完全避免不协调状态。例如，虽然你知道酒后驾车是错误的，但是每年都会有酒后驾车的行为，并且希望不会被交警查到。

在什么样的情况下人们会努力减少不协调状态呢？费斯廷格认为，个体减少不协调状态的愿望由三个因素决定：导致不协调性的因素的重要性；个体认为自己对于这些因素的控制程度；不协调状态可能带来的后果。

如果导致不协调性的因素对个体来说不重要，则改变不平衡状态的压力就较低。相反，则改变不平衡状态的压力就大。举例来说，假如销售部王经理认为作为销售人员不能欺瞒顾客，但由于工作的需要，他不得不在产品销售的过程中夸大产品的效用，很显然，王经理面临着认知失调。这时他该怎么办？王经理可以采取四种方式来应对：一是改变他的行为，实事求是地告诉消费者产品的效用；二是他可以认为这种不协调性不太重要（"处在公司的立场上，我得将公司的利益放在消费者利益之上"）；三是改变他的态度（"欺骗顾客并没有什么错"）；四是寻找出其他的因素来平衡不协调因素（"我们的产品对消费者来说，的确能带来明显的好处"）。

个体认为对不协调的控制程度影响到他们对不协调的反应。如果他们认为这种不协调状态是不可控制的，没有选择的余地，就不太可能去改变态度。例如，如果由于老板的指令产生了不协调的结果，则减少不协调的压力就小。这种情况下尽管不协调存在，但可以用理由使之合理化或可以加以辩解。

不协调状态可能带来的后果也影响减少不协调的动机。当高不协调与高奖赏相连，则可以减少不协调状态所产生的紧张程度。

除此之外，选择的自由性和努力程度也会影响失调，自由选择比由于强迫而产生的行为更可能产生失调效应；当一个人为某种行为花费的努力越大，却有不好的结果产生，就会导致更大的失调。

认知失调理论对组织的意义：它有助于预测工作态度和行为改变的倾向性。例如，当要求员工改变他们原有的态度或让他们去做与个人态度相冲突的事情时，组织可以采取哪些措施以促使员工态度或行为的改变，如对任务的重要性、奖赏因素、自由选择因素等进行调整。

2. 自我知觉理论

心理学家达里尔·贝姆(Daryl Bem)于1967年提出了另一种对态度和态度改变的看法,即自我知觉理论(self-perception theory)。贝姆认为,我们并不是都真正知道自己的态度,而是从自己的行为与行为发生的环境来推论自己的态度。自我知觉理论适用于个体对态度所指向的事物缺乏经验的情况下,认知失调理论则更适用于个体对某一态度认识很清晰或很支持的情况下,即当人们缺乏对态度所指向的事物、情境的信息或感知时,他们可能通过行为来确定他们的态度。这是一种以归因理论来说明态度改变的心理。比如,"我经常听古典音乐,所以我喜欢古典音乐(态度知觉)"。

贝姆的理论引发了新的发现,衍生了所谓"登门槛技术",即人们在答应起初小请求后,就倾向于答应下一个更大的请求。研究者认为,这种现象的产生,是由于个体自我感知产生了变化。贝姆认为,当人们意识到他们是出于自由选择而行动时,他们会将这些行为表现归因于自己的态度或人格倾向,而非外部环境因素,因而这时人们给自己所下的结论就是"我就是这样一个人"。

自我知觉理论得到了广泛的支持,即人们擅长于使用态度使已经发生的行为具有意义。传统的"态度—行为"之间的关系虽然是正向的,但这种正向关系有时非常弱,而"行为—态度"之间的关系却很强。这告诉我们,人们擅长于为行为寻找理由,而不仅仅去做有理由应该做的事。

三、人们对人工智能的态度

现代生活随处可见各类人工智能(AI)的应用:从导航、打车、网购、外卖,到使用Face ID解锁、与语音助手交谈,用文心一言、ChatGPT、Sora协助文案、图画、视频创意等。AI的兴起正在改变现有商业模式,改变个体的生活和工作,释放生产力,并塑造新产业。中商产业研究院发布的《2023年中国人工智能行业市场前景及投资研究报告》指出,2023年中国人工智能行业市场规模达3043亿元,占全球人工智能市场份额约20%,呈蓬勃增长态势。世界经济论坛《2023年未来就业报告》预测,到2027年,38%的工作将由AI完成,未来五年与AI相关的就业机会预计平均增长30%(World Economic Forum,2023)。

2023年,麦肯锡发布的《生成式人工智能的经济潜力:下一波生产力浪潮》报告指出,AI预计每年可为全球经济带来2.6万亿美元到4.4万亿美元的额外经济收益,未来20年,生成式AI可令全球劳动生产率每年增长0.1%—0.6%,结合其他自动化技术可将生产率每年提高0.2%—3.3%(McKinsey & Company,2023)。

尽管 AI 的迅猛发展带来了效率的提升,但也产生了消极的影响,致使人们的 AI 欣赏(AI appreciation)与 AI 回避(AI aversion)态度并存。AI 欣赏指由于 AI 的高效性、系统性、稳定性等优势属性,使人们对 AI 持有欣赏、价值认可等积极态度。例如,研究发现 AI 的工作绩效往往要高于人类,员工使用生成式 AI 能够进行创造性产出,生成多模态内容从而提升工作效率(Noy & Zhang,2023);算法 AI 具有强大计算分析能力,能够处理巨量、复杂数据来辅助、优化决策,有助于提高工作效率,在 AI 辅助下员工感知其工作效能感和胜任力得到提高,进而更愿意欣赏和接纳 AI(罗映宇等,2023)。

AI 回避指 AI 的黑箱性、低感受性、低灵活性等劣势属性,导致人们对特定 AI 技术及应用持有担忧、不信任等消极态度,焦虑、厌恶等负面情绪,表现出拒绝使用等行为反应。具有代表性的现象是算法厌恶(algorithm aversion),即人们总体上倾向于不信任 AI 算法给出的建议(Dietvorst et al.,2015)。

人们对 AI 的态度偏好受到任务特征的影响,相比于需要主观判断、直觉、情感的任务,在处理有客观答案或标准流程的可量化任务时,借助 AI 分析的方法,个体可以有条不紊甚至于毫不费力地进行信息收集、整理和分析,因而对其接受度更高。但人们往往也认为,AI 共情缺乏和直觉能力不足,无法理解情感和情绪背后的复杂性,因此,在艺术创作和心理咨询等领域,AI 还未获得足够信任(Chong et al.,2022)。当涉及可能对他人产生负面影响的任务时,人们则更偏好使用算法来完成这些任务。然而,对 AI 态度的研究结果也有许多不一致的地方,例如,工作场所的行为追踪或个人信息披露,在涉及需要对人类行为或看似新奇的情境作出决策时,人们往往不信任算法系统(Castelo et al.,2019)。

第三节 价 值 观

价值观代表个体对周围事物的是非、善恶和重要性的评价。价值观是态度的核心,影响着一个人的态度和行为,它也是研究组织行为,了解员工的态度和动机的基础。价值观直接影响态度和行为,举例来说,如果你相信"人是独立和平等的",而你所在组织把员工当成机器来使用,你可能会形成这样的态度:这家企业并不是一家关注人的价值的企业。

具有不同价值观的人会有不同的行为,具有不同价值观体系的组织具有不同的管理策略,作为管理者既要了解自己的价值观,也要了解影响组织的其他群体和个体的价值观。

一、价值观的形成和发展

价值观是个体学习和经验的产物,父母、朋友、文化传统及社会环境等因素都可以影响个体的价值观。个人的学习和经历不同,价值观也会不同。

遗传对价值观起着重要的影响作用。对分开抚养的双胞胎进行的研究表明,遗传可以解释价值观形成和变异的大约40%。但环境因素对价值观的形成和变异更具有决定作用。特定的文化传统影响着个体价值观的形成,如勤劳、节俭、谦虚的价值观是在长期的中华民族历史发展中形成的,而这些价值观在个人的早期会从父母、老师、朋友和其他信息源中获得。

正因为价值观受到遗传影响,并且是在长期的家庭、社会生活中逐步形成的,所以一个人的价值观和价值观体系虽然会随着生活的变迁而发生变化,但有些基本的价值观念却往往相对稳定,它们对行为长期起着指导作用。这对组织来说十分重要,因为组织成员在加入组织之前都有各自的经历,都带着形形色色的价值观进入组织当中,管理者往往需要通过了解员工的价值观,来解释或预测员工的行为,并作为对他们进行辅导和管理的依据。

二、价值观的分类

1. 终极价值观和工具型价值观

心理学家米尔顿·罗克奇(Milton Rokeach)将价值观分为两类:终极价值观和工具型价值观。终极价值观反映个体对人生追求目标的"终极"偏好,用以指代那些理想化的终极状态和结果,是个体希望通过一生来实现的目标;而工具型价值观反映的是个体追求渴望的结果的行为方式或手段。举例来说,若你认为工作中最重要的是获得财富,财富本身并不是理想化的终极状态,而可能是实现幸福的一种手段,那么你拥有的是工具型价值观;若你追求的是幸福、爱、肯定、关心、自由、救赎,那么你拥有的是终极价值观。罗克奇将价值观分为18个终极价值观和18个工具型价值观,如表4-6所示。

表 4-6 罗克奇的价值观分类

终极价值观	工具型价值观
舒适的生活(富足的生活)	雄心勃勃(辛勤工作、奋发向上)
精彩的人生(刺激的、积极的生活)	心胸开阔(开放)
成就感(持续的贡献)	能干(有能力、有效率)
和平的世界(没有冲突和战争)	欢乐(轻松愉快)
美的世界(艺术和自然的美)	清洁(卫生、整洁)
平等(兄弟情谊、机会均等)	勇敢(坚持自己的信仰)
家庭安全(照顾自己所爱的人)	宽容(谅解他人)
自由(独立、自主的选择)	助人为乐(为他人谋福利)
幸福(满足)	正直(真挚、诚实)
内在和谐(没有内心冲突)	富于想象(大胆、有创造性)
成熟的爱(性和精神上的亲密)	独立(自力更生、自给自足)
国家安全(免遭攻击)	智慧(聪明、善思考)
快乐(轻松、舒适的生活)	符合逻辑(理性、一致性)
救世(拯救、延续生命)	博爱(温情的、温柔的)
自尊(自重)	顺从(有责任感、尊重的)
社会承认(尊重、赞赏)	礼貌(有礼节、性情好)
真挚的友谊(亲密关系)	负责(可靠的、可信赖)
睿智(对生活有成熟的理解)	自控(自律的、约束的)

研究发现,终极价值观和工具型价值观因人而异,这种差异使人们在相互沟通时难免产生冲突。对于企业来讲,终极价值观是关于企业存在的目标,如企业未来会是什么或企业为什么要存在等,是关乎企业使命的问题;而工具型价值观则是有关达到终极价值观的行为和方式的合理性或合法性的问题,如诚实、正直、忠诚及创造力、弹性、智慧等。

2. 工作价值观

工作价值观是关于工作行为及其对从工作环境中获取某种结果的价值判断,是一种直接影响行为的内在思想体系。早期有关工作价值观的定义是由唐纳德·舒伯(Donald E. Super)提出来的,他认为工作价值观是个体所追求的与工作有关的目标的表述,是个体的内在需要及其从事活动时所追求的工作特质或属性。后来许多学者均与舒伯一样,认为工作价值观是人们期望从工作中所获得的满足。

工作价值观有多种分类方式,例如,内在工作价值观和外在工作价值观的两维分类法;舒适与安全、能力与成长、地位与独立三维分类法;自我成长取向、自我实现取向、尊严取向、社会互动取向、组织安全与经济取向、安定与免于焦虑取向、休闲健康与交通取向七维分类法等。

工作价值观与许多重要的工作变量有关，包括工作态度（如工作满意度、组织承诺、离职倾向等）、工作行为（如组织公民行为等）及工作中的基本心理满足（如人际联结、能力、自主感）。工作价值观常常正向影响工作态度，能提高（或降低）工作满意度和组织承诺。工作价值观作为员工对工作的判断直接影响员工的工作行为及工作成效，如工作价值观的努力工作维度可促进员工的人际帮助行为和公民道德行为。工作价值观还与工作中的基本心理需求满足和受挫有关，内在工作价值观往往可以促进个体在工作中的自我实现，获得工作意义感，而外在工作价值观则可能阻碍员工基本心理需求的满足。

此外，由于价值观是在社会环境中形成的，人们的工作价值观会随着年龄的变化及社会环境的变化而发生改变。相对于过去，今天的社会已经发生了巨大的变化，人们的经历不同、感知不同，价值观也会产生差异。关注员工工作价值观的动态变化，不仅可以促进对员工工作需求的理解，还可帮助组织采取动态、适应性的工作设计和管理实践，以促进员工与组织的匹配，这有益于员工形成积极的工作态度和工作行为，并最终促进组织目标的实现。

三、价值观和管理

当代管理学家提出了以人为本，以价值观的塑造为核心的价值观管理模式，强调在价值观多元基础上塑造共同的组织价值观，以消除组织发展和员工发展之间的对立。价值观管理统筹考虑管理者、员工和顾客的利益，协同优化，把企业的发展和个人需要的满足有机地结合起来。比如，现代组织都强调多元化、公平和包容价值观（Diversity, Equity, Inclusion, DEI），指不同民族、种族、宗教、性别和能力等多元背景的员工在组织中能够获得尊重、包容和公平的工作机会。研究发现，具有多元化、公平和包容的企业能够更好地应对挑战，赢得顶尖人才，满足不同客户群的需求。

研究认为，个体进入组织之后，组织如果能够通过同化过程将员工的价值观和组织的价值观进行融合，达到较高程度的个人与组织匹配时，员工的流动率会降低，员工将更满意，承担更多的工作，绩效更高。这也表明，人们通常选择其价值观与自己价值观相一致的工作，因此，个人特征和组织特征之间的人与组织匹配通常会导致更加积极的个人态度和结果。

对于组织价值观与管理，研究认为，组织价值观在当今组织所面临的复杂的社会环境中是一种重要的管理影响因素。由图 4-2 可以看出，终极价值观和工具型价值观二者是相辅相成的，终极价值观决定组织的终极状态，而工具型价观则使组织这个模糊系统朝着终极状态发展。同时,工具型价值观可以分为伦理价值观和能力价值观。伦理价值观指为实现终极价值观而采用合理的行为和手段,如诚实、正直、忠诚等。能力价值观则指为实现终极价值观个体所需要具备的竞争力,属于更加个体层面的价值观。图 4-2 还显示了价值观、管理和混沌理论之间的关系。终极价值观既被假设为混乱的吸引者,又是组织的最终状态,而工具型价值观则是引导或组织混沌系统实现自治和自组织的系统内部价值观。在组织不断变化和适应的过程中,能力、价值观或以控制为导向(如纪律、负责、效率和准时等),或以发展为导向(如创造力、信任、自由和兴趣等),二者的动态平衡决定着组织的收缩或扩展。

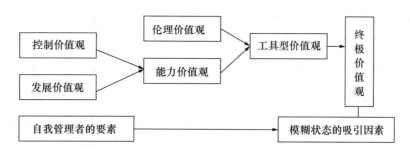

图 4-2 价值观与组织管理

资料来源:Dolan, S. L., García, S., Diegoli, S., et al. (2000). Organisational values as 'attractors of chaos': An emerging cultural change to manage organisational complexity. UPF Economics Working Papers No. 485.

要认识员工的价值观、塑造组织的价值观,以及将组织的价值观内化成员工的价值观,都是复杂困难的。在每一个人面前,不管情况如何,不管这个人是否是经理,要对具体的个体或工作中的群体的价值观有一个精确的估计,需要克服许多的困难。值得欣喜的是,目前已经开发出一些可以测量价值观的心理学工具,也有研究表明,相同职业或类别的人倾向于拥有相同的价值观,且不同人群的价值观有很大的差异,这为管理者认识个体的价值观提供了一定的理论依据。

四、人—组织匹配

人—组织匹配对工作态度的影响已经得到许多有力的支持。杰弗里·温哥华和施密特(Vancouver & Schmitt, 1991)对多所中学的教师和校长进行了调查研究,他们发现,上级—下属(校长与教师)和下属—下属(教师与其他教师)之间的价值观匹配与员工的满意感、忠诚度呈显著的正相关。布雷茨和贾奇(Bretz & Judge, 1994)从四个方面检验了多种概念化水平的匹配对员工工作态度的影响,结果显示,人与组织的价值观匹配直接影响员工对组织的满意感。奥莱利等(O'Reilly et al., 1991)研究显示,价值观匹配是影响员工流动的一个主要因素;根据对价值观匹配程度所作出的分析,可在两年之内有效地预测员工的离职倾向。也就是说,当员工价值观与组织价值观高度匹配时,员工的流动率降低,对工作更满意,愿意承担更多的工作,绩效也更高。

研究个人与组织价值观是否匹配主要有以下两个模型:P-O 匹配(person-organization fit)模型和 P-P 匹配(person-person fit)模型。

P-O 匹配模型指的是个人价值观与组织价值观的匹配状况,它最早应用于施奈德等(Schneider et al., 1995)的 ASA 框架,即"吸引—选择—退出"(attraction-selection-attrition),这个框架描述了个人与组织相互适应的过程。ASA 框架认为,个人进入组织时,考虑 P-O 匹配是创建组织同质性的主要影响因素;进入组织之后,组织如果能够通过同化过程将员工的价值观和组织的价值观进行整合,从而达到较高程度的 P-O 匹配,那么将产生较高的组织承诺、降低流失率,并增强组织效力(Chad & Anthony, 2005)。

P-P 匹配模型指的是个人价值观与个人价值观之间的匹配程度,包括员工与员工、员工与管理者。范维亚宁(Van Vianen, 2000)指出,为什么人们喜欢和与自己有共同爱好的人一起工作,因为他们的社会价值比较容易被同事们认同。而适配度是敬业行为的预测指标,即它与敬业行为显著正相关。因此,在新员工进入企业后,企业要帮助他们认识公司的理念和工作本身的意义,提升 P-P 匹配度。

克里斯托夫(A. L. Kristof)总结了以往研究的成果,在此基础上对人与组织匹配进行了融合,提出了匹配的整合模型,如图 4-3 所示。其中 a 表示辅助匹配(supplementary fit),强调个体能够在组织中增补、修饰或拥有与其他个体相似的特征;b 表示互补匹配(complementary fit),即强调个体特征能够弥补组织的不足。

人与组织的匹配,将合适的人力资源吸引到组织当中,能给组织带来积极的结果。目前大多数此方面的研究,正是关注到了当个体与组织达到高水平或相容之后通常会产生积极的结果,人—组织匹配理论逐渐受到理论界和实践界的广泛关注,也成为解释员工工作行为和态度的最重要理论之一。

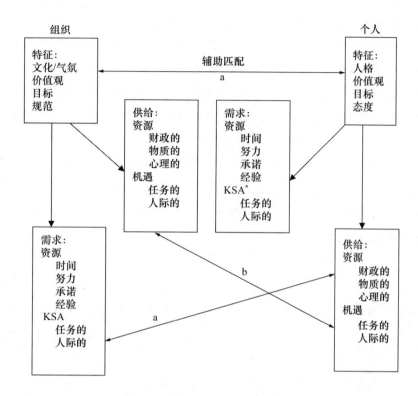

图 4-3 人与组织匹配的概念结构

注：* KSA，是 Knowledge、Skill、Ability 的缩写。
资料来源：Kristof，A. L.（1996）. Person-organization fit：An integrative review of its conceptualizations, measurement, and implications. Personnel Psychology，49(1)，1-49.

本章小结

在特定的情境下人们将怎样做，很大程度上取决于他们自身而并非外在环境，没有哪两个人是用完全相同的方式来判断同一情境的。可以说，人们都是生活在自己所经验的社会里，人格、态度和价值观影响着人们看待事物的方式。

（1）人格的形成受到遗传和环境的交互作用的影响，人们都带着各自独特的人格脚本而成为组织的一员。五因素模式的新近发展让人们认识到人格与工作绩效之间的相关。虽然"大五"的几个维度都与工作绩效有关，但许多研究表明，尽责性也许是预测绩效的稳定指标。

（2）许多人格特征和组织管理密切相关，对于管理者来说，重要的是要了解一些重要的人格特征与组织绩效间的关系。幸运的是，管理者可以通过各种不同的渠道来了解与工作相关的员工的人格特征，从而可以更有效地开展管理。

（3）态度反映了一个人对某一对象的特定感觉和行为表现倾向。在组织中，员工的工作态度影响着其工作行为表现。管理心理学关注员工与工作相关的态度，如工作满意度、工作投入、组织承诺、组织公平等。有关态度改变的认知失调理论和自我知觉理论，均有助于预测员工与工作相关的态度和行为改变，也可以指导管理者采取相应措施，以促使员工保持或重建有效的工作态度和工作行为。

（4）价值观代表个体对周围事物的是非、善恶和重要性的评价。价值观直接影响态度和行为。价值观匹配是指导人员选聘、职业选择、培训发展等管理行为的核心理论基础。一些现代化价值观如DEI，引起了业界的广泛重视，但要实现这种管理理念仍然任重而道远。

本章思考题

1. 决定人格差异的因素是什么？认识到导致这种差异的原因对管理有何意义？
2. 大五模型与工作绩效有何关系？
3. 你认为你的人格特质是什么？如何做到人格和职业的匹配？
4. 态度的形成受哪些因素的影响？如何改变工作态度使其有利于组织发展？
5. AI的出现将极大改变人们的生活，你是如何看待AI的？AI可能对你的生活产生哪些影响？
6. 价值观的差异表现在哪些方面？为什么认识到这种差异非常重要？
7. 在工作中你最看重的是什么？如果缺少了它，你的工作满意感会大幅下降吗？

推荐阅读

理查德·格里格，菲利普·津巴多.（2014）.心理学与生活.王垒等，译.北京：人民邮电出版社.

第五章　知觉与个体决策

开篇案例　**有趣的心理账户**

橄榄球运动在美国最受追捧，每年美国国家橄榄球联盟（NFL）都会举办"职业碗"全明星赛。这是一场全明星赛事，因此球员们没有参赛的义务。

起初，NFL 曾提供高达 10 万美元的现金奖励以吸引球员参赛，但效果并不理想。比赛通常在"超级碗"冠军总决赛后一周举行，此时球员们疲惫不堪，更希望休息，而且对于高薪球员来说，这笔现金奖励并不具有足够的吸引力。

怎样才能鼓励球员们参赛呢？NFL 调整了奖励的策略，将比赛地点定在风景宜人的度假胜地（如夏威夷等），并为每位参赛球员提供两张头等舱机票以及免费的高级酒店住宿和餐饮。这个办法取得了意想不到的效果，大多数明星球员的态度发生了改变，即使没有现金奖励也积极报名。

此外，从 2010 年开始，比赛时间也被调整到"超级碗"冠军赛之前一周，这更受球员们的欢迎。

是什么原因让球员的态度发生了转变呢？为什么免费的机票和酒店比高达 10 万美元现金奖励更具有吸引力？

这正是芝加哥大学行为科学教授萨勒提出的心理账户（mental accounting）效应。心理账户是指个人和家庭在进行评估、追溯经济活动时，会进行一系列认知上的释义，通俗点说就是人的头脑里有一种心理账户，人们把实际上客观等价的支出或收益在心理上划分至不同的账户中。NFL 吸引明星球员的策略调整后，尽管免费机票和酒店的价值远不及 10 万美元，但因为明星球员们将"现金"和"度假"视为两个不同的心理账户，他们的"现金"账户已经充裕，因此现金奖励无法激发他们的参赛欲望。然而，他们普遍渴望度假，因此免费的度假对他们来说更具吸引力，即使从理性角度出发，其价值也不及现金奖励。

心理账户影响人们以不同的态度对待不同的支出和收益，从而作出不同的决策和行为。由于心理账户效应，在两种等价的情况下正常人往往会作出自相矛盾的判断和决策，很大程度偏离理性。

资料来源：本章作者根据 NFL"职业碗"全明星赛举办情况创作。

每个人都会作决策，在两个或多个备选方案中进行选择。高层管理者负责确定组织的愿景和目标，即提供何种产品或服务，构建公司运营的最优方案，以及选择合适的地点建设新工厂等；中基层管理者则需制订生产计划，选拔新员工，并合理分配薪酬。然而，决策权不仅局限于管理层，非管理层员工所作出的决策同样对其工作及所属组织具有深远影响，其中显著的影响可能包括：决定在某一天是否去上班、决定在工作中投入多少精力，以及决定是否遵循上级的管理规定等。近年来，越来越多的组织开始将原本只有管理者才能掌握的工作决策权下放给非管理层员工，所谓赋能授权等。

因此，个体和组织的决策成为组织行为中非常重要的一部分。但是在组织中，即使面对相同的管理情境，个体可能会基于独特的视角提出不同的观点，采取不同的行动，进而导致不同的成效。组织中的个体如何决策，他们最终作出的决策质量如何，在很大程度上受到知觉的影响。

第一节 知 觉

在组织日常运营中，我们经常会观察到这样的现象：即便组织成员面对相同的事件或环境，却有着截然不同的认知和评价。这种差异性源于一个基本的事实：虽然现实世界是客观存在的，但个体的行为反应却是基于其主观的知觉构建，而非直接对应于现实本身。由于每个人的经验背景、价值观、情绪状态以及认知框架的独特性，观点也千差万别，这种差异性就像是一千个读者心中有一千个哈姆雷特，且没有两个人会以完全相同的方法知觉同一情境，所以不同的个体知觉到的内容也不尽相同。知觉，这个塑造我们行为和思想的关键过程，就像美丽一样，取决于是否"出自情人的眼里"。

一、知觉的基本概念

知觉（perception）是客观事物直接作用于感觉器官后，在头脑中形成的对客观事物的各个部分和属性的综合整体反映；它建立在感觉的基础上，是对感觉信息的组织和解释过程。这种反应并非消极被动,而是一种积极、能动的认识过程。通过知觉,我们对感觉到的信息赋予一定的意义。

知觉是个体选择、组织和解释感觉到的刺激的过程。人从自己的立场用个人的经验对信息作注释。人们的行为是基于个体对客观事物的知觉,而非客观事实。

二、知觉的特性

（一）知觉的选择性

在同一时刻,众多客观事物同时作用于人的感官,而感官通道接收的信息是非常丰富的。个体不可能同时加工处理所有信息,而是选择性地加工一部分信息,而忽略其他信息。这种根据当前需求有选择性地组织加工外来刺激的过程称为知觉的选择性。这种选择性受到客观因素和主观因素的共同影响。

1. 客观因素的影响

（1）显著性:那些具有鲜明特征、颜色或强烈对比度的刺激更容易被注意到。

（2）新奇性:人们倾向于注意新奇或不符合预期的信息。

（3）变化:动态变化的对象比静态对象更容易引起注意。

（4）强度:声音、光线等的强度大的刺激也更可能成为关注的焦点。

2. 主观因素的影响

（1）期望和需求:符合个体当前需要或目标的信息更容易被选中加工。

（2）兴趣和偏好:个体倾向于更多地注意那些他们感兴趣或偏好的信息。

（3）经验和知识:个体的背景知识和经验影响他们对信息的筛选和解释。

（4）情绪状态:它可以影响个体的注意力集中在哪里,以及如何解释信息。

（5）文化和社会因素:它也可以塑造个体对信息的选择性知觉。

知觉的选择性使人能够在特定情境下有效地识别有用信息,对于正确理解客观事物具有重要意义。然而,这也导致了不同人对同一事物可能产生不同的知觉的现象。

（二）知觉的理解性

知觉不仅能反映客观事物的整体形象,而且能反映事物的作用、意义,这说明知觉过程包含着理解。在对现实事物的知觉中,人们根据知识经验、实践活动以及个人兴趣爱好等来主动地对知觉对象作出解释,形成意义。

知觉的理解性有助于个体从背景中区分出知觉对象,形成整体知觉,从而扩大了知觉的范围,加快知觉速度,促进适应性行为。

在组织环境中,管理者应熟悉员工,基于知觉理解性赋予信息以意义,以此来设计有效的沟通策略和培训计划等,以确保信息被正确理解和传达。此外,通过促进员工之间的交流和分享不同的经验,可以丰富团队的整体知识,提高问题解决的能力。

(三)知觉的整体性

知觉的整体性,是指个体在感知事物时倾向于将由许多部分或属性组成的对象作为一个有意义的整体来反映。这一认知特性反映了大脑处理信息的方式,即寻求模式和关联以构建对环境的理解。这种整体性认知是基于个体以往的知识、经验和期望,以及对当前情境的理解。

知觉的整体性提高了人们的知觉效率。在组织中,通过考虑员工如何整合和解释信息,组织可以更有效地传达战略计划、目标和反馈,从而促进组织的整体绩效。

(四)知觉的恒常性

知觉的恒常性是指当知觉的条件发生一定变化时,知觉的映像仍然保持相对不变,包括知觉对象的大小、形状、颜色和明度等方面的恒常性。个体过去的知识和经验是知觉恒常性的基础,人的听知觉、味知觉、嗅知觉、触知觉有凭借经验保持相对不变的心理倾向,知觉恒常性帮助个体在面对变化的观察条件时,依旧能够识别物体的本质属性,这也反映了大脑对不断变化的环境作出适应性解释的能力。例如,我们知道一个球不会因为从不同角度观看而变形。

如果知觉对象超出个体通常经验的范围,知觉的恒常性会被破坏。知觉恒常性在很多情况下是有益的,但是如果个体过度依赖过去的经验,也可能导致对新情况的不适应。在决策时,个体需意识到其知觉可能会受到恒常性的影响,因此在评估情况时应积极寻求多角度的信息和观点,提高对当前实际情况的准确感知和反应。

三、影响知觉的因素

知觉是人脑对客观事物的主观反映,在同一时刻内,许多客观事物同时作用于人的感官,但人无法同时对所有这些事物进行全面的感知。在知觉的过程中,众多因素会对知觉结果产生影响。总体而言,影响个体知觉的因素,可以分为知觉者、知觉对象及知觉情境三个方面。

（一）知觉者

在相同的物理和社会环境下，不同的个体往往会有不同的知觉体验，这些差异主要源于知觉者的态度、需要和动机、兴趣、经验、期望以及情绪等。

1. 态度

态度是主体对特定对象作出价值判断后的反应倾向，例如，在企业管理中，对待风险不同的个体会有不同的态度。有的管理者敢冒风险，将风险视作机会，有的经营者却惧怕风险，将之视为陷阱。

态度是个体在对特定对象或情境进行价值评估后所展现的倾向性反应，比如喜欢/不喜欢，它是关于客观事物的评价性陈述。在企业环境中，态度对于决策和行为模式具有显著影响。

2. 需要和动机

个体的需要和动机显著影响其知觉选择性，甚至会导致对于同一对象的不同知觉。那些能够满足个体需求、契合其动机的事物往往成为知觉的主要对象、注意的中心；反之，与需求和动机无关的事物则往往被忽略；未满足的需要或动机会刺激个体并强烈影响他们的知觉过程。一项对饥饿的研究显示，将未进食时间作为饥饿程度的指标，将被试分为未进食时间从 1 小时到 16 小时不等的组别，然后向被试呈现一组主题模糊的图片。研究发现，被试饥饿的程度影响到他们对这些模糊图片的解释，饥饿程度越高的被试，越高频率地把图片内容知觉为食物。

3. 兴趣

人们的兴趣是各不相同的，兴趣的差异性使得不同个体在面对相同情境时可能会选择性地关注不同的方面。具体来说，兴趣可以作为一个过滤器，使个体倾向于集中注意于那些吸引他们的事物，一般来说，人们在形成知觉时，总是集中注意于感兴趣的事物，而把不感兴趣的事物排除在知觉之外。例如，在组织中，财务总监可能对与财务相关的信息更加敏感，如成本波动、预算调整等，因为这些信息与他的兴趣和职责紧密相关。同样，人力资源经理会更关注员工的福利和满意度，销售部门主管则更敏锐地觉察到产品市场的供需状况和客户反馈。

4. 经验

过去的经验对人们的知觉也会有所影响。知觉者所感知到的正是与自身有关的事物。所谓"仁者见仁，智者见智"正是这个道理。知识和经验对于个体的知觉具有双重作用：它们既是理解世界的桥梁，也可能成为探索新知的障碍。

5. 期望

期望是一种心理准备状态，是对即将出现的情况的一种预期。这种心理准备状态会使个体知觉失真，它使知觉者所知觉到的正是他所期望的。例如，人们普遍期望警察表现出权威和尊严，期望幼儿园老师展现出耐心和细心。

6. 情绪

情绪对知觉的影响是多维度的，它不仅影响人们对事物的认知偏好，还影响人们对时间和空间的感知，影响着人们如何感知和理解周围的世界。通常情况下，人们对那些令人愉悦和感兴趣的事物更感兴趣，更愿意进行深度的知觉。相反，对于可能引起不愉快或消极情绪的事物，个体会倾向于有意无意地避免或拒绝。

此外，情绪还显著影响着人们对时间的感知。当我们处于满足和快乐的情绪状态时，时间似乎比实际更短。相反，在不愉快的状态下，时间会觉得更长。

(二) 知觉对象

知觉是对客观事物的反映，作为知觉对象的客观事物的特点，会影响到人们对其的选择、组织和理解。知觉对象的因素包括大小、强度、对比、运动、新奇、声音、重复、临近等，这些属性都能影响我们的知觉。

(1) 大小：尺寸、空间越大则容易被感知。

(2) 强度：强度越高越容易被感知。

(3) 新奇性：人类天生对新奇事物有好奇心，因此，新颖或不寻常的对象更容易吸引我们的注意力。

(4) 运动：动态的事物比静态的事物更容易被感知。

(5) 声音：声音的大小、音调和节奏等都能影响人们对事物的感知。

(6) 重复：经常重复的事物比只出现一次的事物更易被感知。人们倾向于将相似的事物归类在一起，这种分组有助于我们更有效地加工信息。

(7) 临近：在空间上相邻或接近的物体容易被看作一组；时间上连续发生的事件容易被联系在一起。

当知觉对象具有与众不同的特性时，更有可能被觉察。在群体里，热闹的人总比安静的人更容易受到注意。漂亮的人相比平常人也是如此。由于我们不是孤立地看待目标，因此目标与背景的关系也会影响到知觉，人们倾向于把密切的和相似的事物组合在一起看待。

(三)知觉情境

人的知觉总离不开一定的情境,也离不开对当时情境的分析。这些情境因素包括物理环境和社会环境等。

1. 物理环境

一个客观事物能否被觉察到,取决于它在所处的环境中是否显著。例如,枯叶蝶在深秋的落叶中很难被察觉,因为它与周围环境相似,而在夏季则相对容易被发现,因为它与绿色树叶的对比更明显。

2. 社会环境

知觉者所在的社会环境不同,也会使其对相同的客观事物的知觉有所不同,甚至出现较大的差异。例如,减薪这一现象在不同情境下会引起不同的情绪反应。在经济困难时期,员工可能对减薪持接受态度,因为这意味着他们保住了工作;而在经济状况良好的时期,减薪可能会被视为对权益的侵犯,引起员工的不满。

第二节 社会知觉

一、什么是社会知觉

在心理学的研究中,对知觉有着不同的分类。根据知觉的对象来进行分类,把知觉划分为对物的知觉和对人的知觉。管理心理学尤其注重对人的知觉,即社会知觉。社会知觉是人们对有关他人的信息加以综合和解释的过程。社会知觉的过程是依据知觉者过去的经验及对有关线索的分析而进行的,它是知觉者、被知觉者和知觉情境等因素交互作用的复杂过程。由于个体在推测、判断、解释他人的社会行为时会受自身经验和预期的影响,因此社会知觉容易产生偏差。

二、社会知觉偏差

社会知觉偏差是指在人们对他人的认知和评价过程中,由于各种内在和外在因素的影响,导致的对他人特质、行为和动机的错误解读或过度简化的认知现象。这些偏差通常是由于个人的经验、信念、期望、文化背景、情感状态等因素相互作用的结果,可能会导致知觉者对他人产生不准确或偏颇的看法。

(一) 选择性知觉

选择性知觉(selective perception)是当人们面临复杂情境时,并不能够对知觉对象的每一个特征都有所知觉,而是根据自身知识、经验等,有选择地提取相关特征,形成判断。

知觉是具有选择性的,人不可能同时知觉所有事物;但可以按照某种需要和目的,主动而有意地选择少数事物(或事物的某一部分)作为知觉的对象,或无意识地被某种事物所吸引,以它作为知觉对象,对它产生鲜明、清晰的知觉映象,而把其余的事物当成知觉的背景,只产生比较模糊的知觉映像。被选择的知觉对象通常是完整的、相对稳定的和可以理解的。但是,选择性知觉也会造成知觉偏差。例如,招聘负责人可能会对与自己有共同背景的候选人有更好的评价,这种倾向性可能基于共同的经历和文化,但它也可能导致错过更合适的候选人。

(二) 晕轮效应

晕轮效应(the halo effect),亦称光环效应或以点概面效应,是指人们在形成判断时,常因知觉对象的某一显著特征(如外貌、社交能力)而受到影响,进而塑造出一个全面的印象。这种特征如同光环般,遮蔽了个体对其他特质的视野,导致仅凭局部特征即对整体进行评估。

晕轮效应在日常生活中悄然而强大地影响着我们对他人的感知与评价。例如,在面试过程中,招聘者可能过分关注求职者的外表、风度、学历和沟通能力,这些因素可能遮掩了其他重要特质,导致面试者作出片面的判断。

社会心理学家戴恩(K. Dion)进行的一项实验支持了这一理论:他先让被试观察一系列风格迥异、穿着各异的人的照片,随后要求他们根据特定标准评价这些人。结果发现,被试会给那些有魅力的人更多理想化的性格判断,如友善、镇定、善于交际等。

当被知觉的特质在行为上表现为模棱两可时,当知觉对象的特质含有道德意义时,或当知觉者以自己有限的经历来判断知觉对象的特质时,晕轮效应最有可能出现。

(三) 对比效应

对比效应(contrast effect)也称"感觉对比",是指同一刺激因背景不同而产生感觉差异的现象。人类对个体的评价往往不是在孤立的环境中进行的,而是受到最近接触到的其他个体的特征强烈影响。

例如，在评估员工绩效时，如果评价者在评定完一名绩效非常突出的员工之后立即评估一名绩效一般的员工，那么即使第二个员工的绩效实际上处于中等水平，评价者也可能将其评为"较差"，仅仅因为他紧跟在一个高水平表现者后面。又如，如果某员工过去的表现一直不佳，但近期有了一些改善，评价者可能会因为这种改善而给予较高的评价，即使这个员工的表现仅仅达到了平均水平。

对比效应也是判断中难以消除的问题，好在这种知觉失真会随着时间的推移、积累的信息和经验的增多而消失（见图 5-1）。

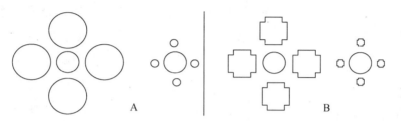

图 5-1　对比效应图（A 图右边图的中央圆圈显得比左边图的大，而 B 图这种对比效应消失）

（四）投射效应

我们总是假定他人与我们相似，我们倾向于将自己的想法、感受、态度、动机和特质投射到其他人身上，这样就更容易判断他人。投射效应（projection effect）通常发生在个体在没有足够信息的情况下对他人进行评估时，或者在个体试图理解他人的心理状态时。例如，一个本性宽厚的人可能倾向于认为其他人也同样具有善良的本性；而一个总是心怀叵测的人可能会怀疑别人也对他抱有类似的意图。这种现象在成语"以小人之心，度君子之腹"中得到了形象的体现，人们往往根据自己内心的想法去揣度他人的倾向，从而可能导致对他人的误解。

投射效应的存在意味着，我们常常可以通过观察 A 如何看待他人来推测 A 内心的真正意图或心理特征。由于人都有一定的共同性，所以在有些情况下，人们对别人作出的推测是比较正确的，但是人与人之间毕竟存在很多差异，人们往往基于自己的内在心理框架来理解和评价他人，而不是真正了解对方的实际想法和行为，投射效应会使我们对其他人的知觉产生失真。

（五）社会刻板印象

社会刻板印象（stereotype）是指人们对特定社会群体成员的一种笼统而固定的看法。通常知觉者会将知觉对象 A 放在一个原型中，根据 A 所属类型的总体特征来判断 A 的特征。例如，在地域方面，人们认为北方人豪爽，南方人细腻;在职业方面,人们通常认为会计精打细算、医生严谨认真、销售能说会道等。其实,每个人都是独特的,他既可能具有所属群体的总体特征,更有其独特的个体特征。

一般说来,生活在同一地域或文化背景中的人们,常会表现出许多心理与行为方面的相似性。这些相似的人格特点被概括地反映到人们的认知当中,并被固定化,内化为人们的心理图式,这样人们便产生了社会刻板印象。一旦见到这一类别的人,人们就会下意识地对他们作出图式化的基本判断。

刻板印象是一种由面推及至点、由整体推及至局部、由团体推及至个人的简化了的思维判断模式,其思维和推理过程是:张三是个男人(分类)→男人是坚强的(图式形成的刻板特征)→所以,张三是个坚强的人(用刻板印象和图式化解释)。这个推理可能是正确的,也可能是错误的,因为它忽视了个体之间的差异。

在管理过程中,刻板印象会影响管理者对员工的认知和评价,进而影响决策的客观性和公正性。苏轼诗云:"横看成岭侧成峰,远近高低各不同。"只有横向视野而没有纵向视野,或者只有近距离视野而没有远距离视野,都会产生知觉上的偏差,造成识人、选人和用人上的失误。管理者在识人、用人时,应认识到自己可能存在的偏见,努力拓宽视野,从多个角度和层面去理解和评价员工,持续学习、反思调整,以减少知觉上的偏差。

第三节 个体决策

诺贝尔经济学奖得主赫伯特·西蒙(也叫司马贺)曾指出,"管理就是决策",他认为管理活动与决策过程紧密联系,管理不仅仅是规划和组织,更是在不断地作出选择和决策。西蒙认为,组织就是作为决策的个人所组成的系统。决策贯穿于管理的全过程,组织中的每一个个体,从高层到普通员工,都进行着各种形式的决策。

一、决策的基本定义

决策(decision making)是为了实现某一目标而从若干个备选项中选择一个满意方案的分析判断过程,其含义包含以下几点:

(1) 决策总是针对具体问题的,对问题的判断与认识是一个知觉过程。不同人知觉特点的不同,对问题的判断和认识也不同。

(2) 决策一般是从多种方案中作出选择，没有比较，没有选择，就没有决策。

(3) 决策是一个连续的过程，包括信息的搜集、判断和评估等。

(4) 决策贯穿于决策者的行动过程中，因此我们应该考察个体在实际行动过程中是如何作出决策的。

由此可见，决策是对问题进行认知和反应的过程，是一个动态的、迭代的过程，它要求决策者在不断变化的环境中，有效地加工信息，并作出适应性强的选择。任何一个决策都要对信息进行过滤、加工和解释。

二、个体是如何作出决策的

关于决策的研究，现在心理学界归纳出三种范式：规范化范式、描述性范式和进化论范式。

（一）规范化范式

规范化范式（normative paradigm）旨在建立最优化的模型，它基于"完全理性"假说，探讨人们为了获得最佳结果"应该"如何行动。

规范化范式的代表性决策模型为理性决策模型（rational decision-making），其内容为：

(1) 决策者面临的是一个明确定义的问题。

(2) 决策者的目的、价值或目标是明确的，并且可以根据不同目标的重要性进行排序。

(3) 决策者有可供选择的两个或以上的方案，面对这些方案，通常在逐一选择的基础上，选取其中一个。假如方案基本是相同的，通常会作相同的决定。

(4) 决策者会估算每个方案在不同的自然状态下的收益值（程度）或损失值（程度），经过比较后，按照自己的价值偏好选择最佳方案。

不过，理性决策模型是一个理想化的"为了获得最佳结果应该如何作决策"的模型，本身即包含了一系列前提条件：

(1) 决策过程中必须获得全部有效的信息。

(2) 寻找出与实现目标相关的所有决策方案。

(3) 准确预测出每个方案在不同的客观条件下的结果。

(4) 非常清楚那些直接或间接参与公共政策制定的人们的社会价值偏向及其所占的相对比重。

(5) 能够选择出最优化的决策方案。

在现实生活中,由于决策问题的复杂性、信息的不完备性(信息不对称),以及时间和成本的限制,人们实际决策过程往往并不符合理性决策模型的要求。

(二) 描述性范式

描述性范式(descriptive paradigm)以西蒙提出的"有限理性"(bounded rationality)理论为指导思想,认为人是理性的,但理性是有限的。人们在作决策时,追求的是满意而非最优。所谓"满意",是指选择一个能够满足个体需要的方案,即使这一选择并不是理想的或最优的。

西蒙(Simon, 1978)认为,个体面对动态的难以预测的情况时,往往不奢望获得最满意的东西,而只是设置一个可以接受的最低标准,只要某项目满足这个目标就选中它,因此也叫第一满意原则。该决策模型是一种更简单、更符合现实生活中大多数决策特点的"满意"决策模型。

佩恩(Payne, 1976)对个体多因素的决策,作了进一步研究,提出人们的决策策略分为两大类:一类叫补偿性策略,即最优决策模型,另一类叫非补偿性策略,即阿莫斯·特沃斯基(Amos Tversky)和丹尼尔·卡尼曼(Daniel Kahneman)的研究和西蒙的满意决策模型。人们往往综合使用这两种决策策略,一般先运用非补偿性策略,将选择范围缩小,然后利用补偿性策略作出最后的决策。任务越复杂(需考虑因素越多),非补偿性策略用得越多。

人的信息加工容量与决策策略有很大关系。人们在决策时,既要找到最高价值的项目,又要最大限度地减轻认知负荷。当这二者冲突时,就会出现折中的做法,即先用简单的策略缩小选择范围,然后再用复杂的方法对剩下的项目进行详尽的分析。

描述性决策范式只是研究了认知约束条件下各种判断与决策的所谓"偏误",却忽略了判断与决策过程中环境与社会的约束。

(三) 进化论范式

进化论范式(evolutionary paradigm)是从生物进化论的角度强调个体适应环境的重要性,提倡生态理性(ecological rationality),它从关心和描述个体的实际决策行为出发,总结和探寻个体决策的策略,比如启发式(heuristics)策略。

所谓生态理性,即个体是否有理性或其作出的决策是否合理,应该用现实的外在标准来判断,只有当与环境的现实要求结合起来考察个体时,才能找到评判理性的合理标准,这个标准就是生态理性。

在生态理性基础上，吉仁泽（G. Gigerenzer）及其研究团队提出了"快速节俭启发式"（fast and frugal heuristics）的概念，用来描述个体的认知和决策。个体的头脑需适应环境，在此基础上作出的决策就是简单的且更有效的。例如，球手接球，球手在接远处过来的球时，并没有去计算这个距离，也无须知道这个球具体的速度，还有抛物线的轨迹，真正的球手实际上使用的就是快速节俭启发式。他忽略了所有的信息，只关注一项，就是球。根据球的角度变化，调整跑动的速度，眼睛盯球的角度始终不变，最后就会接住这个球。

快速节俭启发式就是这样一种实用判断策略，它通常基于简单的规则或经验法则来快速作出决策。现实生活中的许多情况都显示了人们倾向于使用这种策略，即使他们知道存在更复杂和理论上更优的方法。

例如，诺贝尔经济学奖获得者哈利·马科维茨（Harry M. Markowitz）提出了资产分配的最优化理论，即如何分配资金以获得最大效益，然而，在处理自己的退休金时，马科维茨并没有遵循自己的最优化理论，而是选择了将资金等分投资于不同的证券和股票上。这种做法实际上是一种快速节俭启发式策略，即等分投资。这种方法可能是基于过去经验和数据的总结，认为均分投资能够提供一种简单而有效的风险分散方式，避免复杂的最优化过程。当消费者在超市里考虑购买哪种牌子的饼干时，他们可能会倾向于选择他们最熟悉的品牌，即使没有比较不同品牌的具体特征，这也是快速节俭启发式中的"再认启动效应"，这种策略节省了顾客需要花费在研究和比较品牌上的时间和努力。虽然这种方法可能不总会导致最佳决策，但它通常能提供一个足够好的选择，并且迅速作出决策。

吉仁泽等认为，启发式可以分为四类：基于无知的决策规则（如再认启发式），单一理由决策规则（如采纳最佳启发式、采纳最近启发式、最少化启发式），排除规则（如排除归类法）及满意性规则（如满足抱负水平即终止）。其中最著名的是再认启发式（recognition heuristics）和采纳最佳启发式（take the best）。前者仅依据能否再认有关对象就作出选择和决策，后者仅将判断和决策建立在单一理由基础之上（Todd & Gigerenzer, 2003; Goldstein & Gigerenzer, 1999, 2002）。虽然这些规则分别适合于不同的问题和任务，但它们有一个共同特点，那就是：能够使有机体快速、节俭地作出判断和决策。正因为如此，他们将这些启发式称为快速节俭启发式。

(四) 三种研究范式之间的关系

(1) 规范化范式和描述性范式在根本目标上是一致的,它们都试图解释和理解人类的决策行为,但它们的出发点和方法有所不同:

规范化范式致力于探索如何作出最优决策,基于理性原则和逻辑推理,通常涉及复杂的数学模型和算法。它假设决策者是完全理性的,并寻求最大化某种预期效用或目标函数。

描述性范式则从实证角度出发,关注人们实际是如何作出决策的,包括那些不符合规范化理论所预设之完全理性的决策。它揭示了真实决策过程中的启发式、偏差和认知局限,并且尝试去解释为何这些现象会发生。

尽管描述性范式揭示了许多违反规范化理论的现象,但并不是单纯反对规范化范式,而是尝试理解在现实的约束和情境下,人类如何运用有限的信息和认知资源进行决策。

(2) 进化论范式和描述性范式都关注描述和理解真实的决策行为,但两者的研究视角和目的有明显不同。

进化论范式强调决策行为是长期进化过程的产物,它试图从进化的角度来解释为什么某些决策策略会比其他的更加普遍或者有效。在这个范式中,即便是那些看起来非理性的决策行为,也可能在某种程度上是适应性的,即它们在过去帮助了人类的祖先生存和繁衍。

描述性范式则更专注于当前的行为模式,以及这些模式是如何受到个体认知结构和环境所影响的。

总的来说,描述性范式更多地关注于解释现实中的决策行为,而进化论范式则着眼于解释这些行为背后的长期适应性演化机理。两者虽然都承认人的有限理性,但进化论范式特别强调决策行为与环境之间的动态关系和历史演化。

表 5-1　三种研究范式的比较

	规范化范式	描述性范式	进化论范式
定义	基于逻辑和数学原理的最优决策理论	研究人们实际如何作出决策,以及背后的心理机制	关注决策行为与环境结构之间的适应性关系
理性假设	完全理性	有限理性	有限理性,但考虑长期进化中形成的决策策略
目标	寻找最佳解决方案	描述和理解决策过程及其偏差	解释决策行为的适应性演化

(续表)

	规范化范式	描述性范式	进化论范式
方法	数学建模和演绎推理	心理学实验、调查和案例研究	跨学科方法,包括实验、理论模拟和进化生物学研究
情绪的角色	通常忽视情绪的影响	强调情绪对决策的重要影响	情绪是提供环境信息和指导适应行为的要素
启发式和偏差	假设完美信息和理性	描述人们在决策中常用的启发式和偏差	分析启发式和偏差在进化中的作用
风险评估	依据概率和期望效用作客观评估	揭示人们对风险的主观感知和评估	探讨风险感知如何在进化中适应环境

三、决策者风格

决策行为会受到个人特性的影响。不是所有的个体都以同样的方式作出决策,不同的个体在实际决策过程中经常会表现出差异,这就涉及个人决策风格。

(一) 决策风格的概念

决策风格是指个体在长期的经验过程中形成的比较稳定的决策倾向,是指决策者对问题的思考与反应,以及认知、价值观及处理压力的方式(Rowe & Boulgarides, 1983)。决策风格主要用来定义个人如何思考周围环境及处理信息及制定决策的不同类型,故了解决策风格可以预测不同的决策行为(Rowe & Boulgarides, 1992)。决策风格可以反映一个决策者精神层面上的考虑,也可以反映一个人的价值系统。

(二) 不同风格决策者的特点

关于决策风格的理论有很多,其中罗维和布尔加里德斯(Rowe & Boulgarides, 1983)的决策风格理论较为完整,因此以他们的认知—权变(cognitive-contingency)决策风格模式中的价值取向(value orientation)和个人认知复杂度(cognitive complexity),将决策风格分为四种:指导型风格(directive style)、行为型风格(behavioral style)、分析型风格(analytic style)和概念型风格(conceptual style)(见图 5-2)。

分析型决策风格:对不确定性具有高容忍度,倾向工作、技术导向。概念型决策风格:对不确定性具有高容忍度,倾向人性、社交导向。指导型决策风格:对不确定性具有较低容忍度,倾向工作、技术导向。行为型决策风格:对不确定性具有较低容忍度,倾向人性、社交导向。

表 5-2 决策风格模型

		分析型	概念型		
认知的复杂性	对模糊的容忍	享受解决问题的乐趣 寻求最佳解 希望能控制 使用大量的资料 喜好变化 创新 慎重小心的分析 需要挑战性	成就导向 具备宽的视野 创造性的 人性的 有远见 未来导向 具有独立性 需要被认可	思考	领导
		指导型	行为型		
	结构性的认知	预期结果 积极进取的 行动迅速 使用哪个法则 使用直觉 需要权力 口头承诺	支援性 使用说服力 感同身受 易于沟通 喜好召开会议 使用有限资料 需要建立良好的关系	行动	管理
		工作/技术导向	人际/社交导向		
		价值取向			

资料来源:Rowe, A. J., & Boulgarides, J. D. (1992). Managerial Decision Making: A Guide to Successful Business Decisions. Macmillan Toronto.

这四种决策风格各有利弊,没有哪一种风格必然比另外三种风格更好或更坏,在实际情况中,个体也不只落于一种类型当中,甚至在个体职业生涯中,决策风格会发生改变。只有把适当的风格运用于适当的决策任务中,才能选择正确的行动方案。任何人作出决策都不是与世隔绝的纯粹的个人行为,只有把决策风格与情境需要统一起来,才能把握住最好的行动机会。

四、决策中常见的偏差或异象

个体决策对组织具有十分重要的影响,但是个体的认知加工能力是有限的,人们在决策过程中不可能全面加工所有信息,也会忽略很多信息。因此,在决策过程中,只能有选择地加工信息,这在降低加工负荷的同时,也不可避免地出现一些偏离"完全理性"原则的现象,也称异象(anomaly)。

(一)过度自信偏差

过度自信(overconfidence)是一个普遍存在的现象,尤其是人们在不确定的条件下进行判断和决策时,它是指个体对自己的知识、预测和能力常常过于自信,对他人能力的预估有时也过于乐观,但人们通常很难意识到这种偏差。

斯文森(Svenson,1981)在一项研究中发现,如果要评价自己的驾驶技术在一群人中的位置,90%的人都说自己的驾驶技术在平均水平以上,而很少有人说自己比平均水平低。但事实上,一定有 50% 的人的驾驶技术是低于平均水平的。

造成过度自信的原因之一在于,人们倾向于知觉对自己有利的信息,另外,人们不能预见事物发展的各种可能方向,会对所知道的事情将来可能的发展过于自信。2008 年全球金融危机爆发之前,许多银行和金融机构的决策者因对于自己评估风险、理解复杂金融产品及控制市场风险的能力过于乐观,使用过度杠杆,即借入大量资金投资高风险资产,一些知名的金融机构甚至采取了"大而不倒"(too big to fail)的心态,相信政府最终会出面救市。结果危机爆发,房地产市场崩溃,次级贷款违约率急剧上升,金融机构持有的资产价值暴跌,亏损巨大。

需要说明的是,过度自信从某个角度而言,也可以带来积极效果,如保持乐观、促进心理健康、激励他人、促进自我实现。它能增强目标达成的信念,形成良性循环,并提高创造力等。

(二)沉没成本效应

传统经济学理论认为人们在实施某项行动之前,会考虑其现有的和将来的成本和收益,而不会考虑其过去的成本。但实际上,人们在对未来的事情作决策时,通常都会受到过去的历史成本和无法收回的成本的影响,这一行为被称为沉没成本误区(sunk cost fallacy)。由于沉没成本,人们一旦已经对某件事情付出了时间、金钱和精力,他们会倾向于继续对这件事情进行投入。

沉没成本误区有时也称为"协和效应",指英国和法国政府 1970 年代继续为协和式飞机提供基金的事,而当时已经很显然这种飞机没有任何经济利益可言。这个项目被英国政府私下叫作"商业灾难",本就不该开始,当时也快要取消了,但由于一些政治、法律问题两国政府追加了资金投入,最终都亏损了大量资金。

为了证明以往的选择是正确的,对已经开始的项目追加投资,即使过去的选择现在看来已经不再正确,但是为了弥补这些过失,或赢回面子,感觉最好的方案还是再坚持原有的方案,很多人都曾经陷入过这个决策陷阱。

管理者应该如何避免沉没成本误区呢?首先,企业应该建立一套科学的投资决策体系,要求决策者从技术、财务、市场前景和产业发展方向等方面对项目作出准确判断。其次,在决策过程中,要有意识地抛开决策成本,把握动态经营的要诀。英特尔(Intel)公司2000年决定取消整个Timna芯片生产线就是这样一个例子。Timna是英特尔公司专为低端PC设计的整合型芯片。当初在上这个项目的时候,公司认为今后计算机减少成本将通过高度集成(整合型)的设计来实现。可后来,PC市场发生了很大变化,PC制造商通过降低其他系统成本的方法已经达到了降低成本的目标。英特尔公司看清了这点后,果断决定让项目下马,从而避免了更大的投资损失。

沉没成本会引起承诺升级(escalation of commitment),即在有明显证据证明一个决策是错误的情况下,人们仍然坚持这个决策。承诺升级是干扰决策的重要因素,往往是非理性的,在以下条件下更易发生:

(1)当个人感到自己对先前的失败负有责任时,他们可能会为了自我证明而继续坚持错误的决策。恐惧感和对个人失败的担忧可能导致个体在信息搜集和评估过程中产生偏见,个体倾向于只关注支持其原始决策的信息。

(2)无论是主动选择的还是被动接受的,个体都可能感受到责任感并因此加强投入。

(3)分享决策权,例如征求他人意见,有时也会导致承诺升级,这可能是因为集体认同强化了原先的决策。

承诺升级并不总是毫无根据的。在某些情况下,坚持原有路径最终获得了伟大的成就,例如中国长城、悉尼歌剧院、泰姬陵等历史上的重大工程。这表明,尽管承诺升级可能带来负面结果,但在某些情境下,这种坚定不移的态度也可能是成功的关键因素。研究者建议,采取平衡的视角来看待承诺升级,认识到它既有可能导致错误加剧,也有潜力在某些状况下促进成功;因此,需要引起人们重视并加以克服的,是不经思考的承诺升级。

(三)确认性偏差

人们在实际决策过程中,是有选择地收集信息的,人们倾向于寻找、解释和记忆信息,以证实自己的预期和信念,而低估或反对不符合自己观点的信息。消费者在购买产品或服务后,往往会寻找和记住那些证明自己选择正确的信息,如产品的优点和效益,而忽视或忘记那些表明自己选择可能有误的信息,如产品的缺点或不足。

确认性偏差(confirmation bias)确实在我们对自己的信息或观点非常有信心时更容易发生。人们如果能够意识到这种偏差,并努力保持客观和开放的态度,那么即使他们对自己的信息或观点有信心,也会积极寻找和考虑与其信念和预设立场相反的信息，努力理解不同观点的合理性，以有效地避免确认性偏差。幸运的是，如果个体强烈地感到自己的决策需要高度的精确性，那么产生确认性偏差的可能性就会降低，因为对精确性的追求通常意味着愿意接受挑战和质疑，以及在决策过程中考虑更多的信息和观点。

（四）易得性偏差

我们倾向于在既有信息的基础上作出判断，易得性偏差（availability bias）是这样一种决策现象：人们倾向于重视那些情感上强烈、记忆上鲜明或时间上接近的信息，如遭遇车祸、做手术，或者通过重大考试等，这些信息因为易于回忆，往往会被过度赋予重要性，从而影响人们对事件发生频率的判断。

例如，管理者在评估员工绩效时，可能会更加重视员工最近的表现，因为这些信息最为新鲜，也最容易被回忆起来。相比之下，过去6到9个月的行为可能因为时间的推移而变得不那么清晰，因此被赋予较少的权重；又如，医生可能会因为最近接手的某个罕见病例而在诊断时过分关注相似病症的可能性，即使这种病症的实际发生率非常低。

（五）后视偏差

后视偏差（hindsight bias），也称为"事后诸葛亮"效应，指的是在事情发生之后，人们常常错误地认为这个事件的结果是可以预见的，即使在事前他们可能并不具备足够的信息或者根本没有预料到这种结果。

后视偏差在日常生活中非常普遍，它影响人们对过去事件的解释和未来决策的制定。当事情发生后，人们往往高估自己之前对事件发生概率的判断，认为"我早就知道会这样"。例如，在投资领域，如果某个基金价格上涨，投资者可能会声称自己预测到了这一趋势，即使他们在基金净值上涨之前并没有意识到这一点。

后视偏差在管理领域尤为重要，因为它可以影响决策过程、风险评估、危机管理以及对教训的学习。例如，在应对组织失败或成功之后，管理层可能会认为他们从一开始就知道了结果。这种思维方式可能会导致对实际决策过程中的决策质量的过度评估，从而阻碍了从经验中学习和改进。

（六）锚定效应

锚定效应（anchoring effect）是指人们在作决策或进行定量估计时，如何受到最初获得的信息即"锚"的影响。锚定效应的核心在于人们倾向于过分依赖首次接触到的信息，在后续的估计和判断中，这个初始信息会成为一个重要的参考点。

许多金融和经济现象都受锚定效应的影响。比如,股票当前价格的确定就会受到过去价格影响,呈现锚定效应。股票的价值是不明确的,人们很难知道它们的真实价值。在没有更多的信息时,过去的价格(或其他可比价格)就可能是现在价格的重要决定因素,通过锚定过去价格来确定当前价格。

锚定效应的心理机制在于,个体在做预测的时候,内心往往充满了对不确定性的恐惧,通过锚定到一个具体的数值,个体可以降低不安感,并坚定自己的判断和信念。这种思维机制如同在心理空间中找到一个固定点,并"向它下锚",于是这种思维机制就称为"锚定",就像在空中抓住一个物体一般"向它下锚",以此来稳定自己对未知的态度和预期。

管理者应该怎样来避免锚定效应的陷阱呢?《哈佛商业评论》1998年的著名文章《决策中隐藏的陷阱》(The Hidden Traps in Decision Making)提供了一些相当有价值的建议——"要避免被锚定,多角度的独立思考最重要"(Hammond et al., 1998)。

(七)损失规避

损失规避(loss aversion)是指人们对损失比对获得更敏感的现象,人们对得失的态度似乎大有不同,当涉及"损失"时,个体总是格外敏感,损失带来的负效用为收益正效用的2至3倍左右。面对同样数量的收益和损失时(无论先后),大多数人都认为损失了。损失厌恶反映了人们的风险偏好并不是一致的,当涉及的是收益时,人们表现为风险厌恶;当涉及的是损失时,人们则表现为风险寻求。

丹尼尔·卡尼曼和阿莫斯·特沃斯基在1979年发表的论文中,采用对照实验观察到了此种心理上的"趋避现象"。实验分为两组:

第1组实验:先行持有1000单位的现金,在此基础上作出选择。
A. 50%的概率将持有的现金增加为2000。
B. 100%的概率将持有的现金增加为1500。
此实验中,16%的被试选择了A,84%的被试选择了B。

第2组实验:先行持有2000单位的现金,在此基础上作出选择。
C. 50%的概率损失现金1000。
D. 100%的概率损失现金500。
此实验中,69%的被试选择了C,31%的被试选择了D。

实验中，A 选项和 C 选项最终手中持有现金是 1000 或 2000 的概率都是 50%。相对的，选项 B 和选项 D 最终手中持有的现金是 1500 的概率是 100%。即被试在有可能获得利益时倾向于选择低风险，而在有可能遭受损失时，更倾向于选择高风险。

(八) 框架效应

框架效应(framing effect)是指人们对一个客观上相同问题的不同描述导致了不同的决策判断。"亚洲疾病"问题首次将框架效应引入大众视野。

想象美国正准备对付一种罕见的亚洲疾病，预计该疾病的发作将导致 600 人死亡。现有两种与疾病作斗争的方案可供选择。假定对各方案所产生后果的精确科学估算如下所示：

情景一：

如果采用 A 方案，200 人将生还。

如果采用 B 方案，有 1/3 的机会 600 人将生还，而有 2/3 的机会将无人生还。

情景二：

如果采用 C 方案，400 人将死去。

如果采用 D 方案，有 1/3 的机会将无人死去，而有 2/3 的机会 600 人将死去。

实质上两种情景中的方案都是一样的，只是改变了描述方式而已。但也正是由于这小小的语言形式的改变，使得人们的认知参照点发生了改变，由情景一的"收益"心态变为情景二的"损失"心态。即以死亡还是救活作为参照点，使得在第一种情况下被试把救活看作收益，死亡看作损失。不同的参照点人们对待风险的态度是不同的。面临收益时人们会小心翼翼选择风险规避；面临损失时人们甘愿冒风险。因此，在第一种情况下表现为风险规避(选 A)；第二种情况则倾向于风险寻求(选 D)。

亚洲疾病问题的例子很清楚地说明了框架效应：相同的客观问题，通过变换问题框架，将得到不同的决策结果。

人们在面对复杂选择时，往往不会采取完全理性的决策方式。相反，决策者的判断常常混入了系统性的偏差。为了减轻决策的压力和避免艰难的权衡，人们倾向于过分依赖经验、冲动、直觉以及常识，有限的理性成为决策者的决策基

石。那么,如何在决策过程中最大限度地发挥理性,克服决策偏差呢?以下是一些建议:

表 5-3　作出合理决策的参考性建议

建议	具体内容
1. 设定清晰目标和标准	明确定义目标和成功标准,集中注意力,结合目标而决策
2. 提高自我意识	了解并识别常见的认知偏差,如确认偏误、过度自信等,并警觉这些对决策的潜在影响
3. 鼓励多样性和创新	创造包容性环境,鼓励不同意见和想法,以打破思维定式,提升决策质量
4. 多角度思考	尝试从不同的角度和立场来审视问题,这有助于发现可能被忽视的信息和观点,减少单一视角带来的偏差
5. 培养批判性思维	通过培训和实践练习,提高自己的批判性思维能力,学会质疑假设和论据,避免盲目接受未经验证的信息
6. 设定决策流程	建立一个结构化的决策流程,包括明确的目标、选项评估、风险分析和决策标准。这有助于系统地考虑所有相关信息,减少偏差的影响
7. 求助于数据和证据	在作决策时,尽量依赖可靠的数据和证据,而不是仅仅依赖直觉或经验。数据分析可以帮助识别潜在的偏差,并提供更客观的决策依据
8. 团队决策	利用团队合作减少个人偏差,通过多样视角平衡意见
9. 定期复审和反思	决策后,定期回顾和评估结果,反思决策过程中可能存在的偏差。从经验中学习,不断改进决策技能
10. 限制冲动和情绪	在作决策时,尽量避免在情绪激动或压力大的情况下作决定。给自己时间冷静思考,或者在必要时延迟决策

第四节　人工智能与人类决策

随着科技的快速发展,人工智能(AI)在科幻小说中的许多设想逐渐变为了现实。AI 的功能日益强大,在人们的生产生活中扮演的角色也愈发重要。从一开始只能参与工厂流水线上的生产和搬运等简单机械的工作,到现在可以参与诊断各类疾病、分析经济走势等精密复杂的工作,AI 正逐渐在各个方面为人类提供更多的支持与帮助,甚至逐渐替代了部分人类劳动(Huang & Rust, 2018)。AI 绝对的理性、无限的精力,以及没有偏见的认知,使其天然就是个优秀的决策者。因此,AI 也越来越多地作为顾问或客服,在人们决策过程中给出建议。AI 算法生成的建议在医疗、投资、消费、组织决策等各领域的应用越来越广泛(Diab et al., 2011; Jussupow et al., 2022; Longoni & Cian, 2020)。AI 决策逐渐成为众多研究关注的领域,那么,AI 的兴起为个体决策带来了什么样的改变?算法决策如何影响着个体行为呢?

人们在作决策时往往会征求他人意见,以作出高质量的决策。小至日常生活中的礼品选择,大至团体、组织层面的关键决策,都离不开他人的建议。随着大数据与人工智能技术(尤其是自然语言处理与深度学习)的飞速发展,AI 成为提供决策建议的一个有力帮手。但不少研究表明,人们对 AI 提供的建议接受程度并不那么高,即使 AI 有能力给出有效的建议,人们有时候也并不信任(Castelo,2019)。那么,相较于人类决策者,AI 或算法决策具有哪些特性?

1. 主观性事务偏好人类决策,客观性事务倾向于用 AI

决策领域很关键。首先,人是情感性动物,情感在人类决策中扮演着重要角色。但人们通常认为算法是不具备感情的,缺乏人类拥有的灵活应变等能力,AI 对偏向于客观事务方面的预测与推荐更为可靠。大量的调研发现,当涉及某些主观性事务(如约会建议)时,人们更愿意听取人类的建议,但涉及客观性事务(如投资理财方面的建议)时,人们更倾向于接受算法的建议。即使认识到算法表现得比人类更加优越——这也确实会影响人们采用算法的意愿,人们在主观性事务方面仍然倾向于采纳人类的建议。只有当人们认为算法拥有与人类类似的高级情感时,才可能撼动这种决策偏向。类似的,在受个人品位支配的主观领域,人们更依赖于朋友而不是算法推荐系统来推荐书籍、电影和笑话(Sinha & Swearingen,2001;Yeomans et al.,2019)。相反,在具有具体的外部准确性标准的领域(如投资决策或体育预测),个人可能会对算法建议感到更舒服。比如,研究表明,考虑逻辑问题的参与者更同意来自"专家系统"的相同论点,而不是来自"人类"的论点(Dijkstra et al.,1998)。即使在他们看到算法错误之后,这种对算法的偏好仍然存在(Dijkstra,1999)。与此相关,某些领域在多大程度上可能出现"算法合适",这取决于大量人员对算法的历史使用。例如,大多数人已经习惯了来自气象模型而不是邻居的天气预报,因为气象模型已经被广泛使用了几十年。相反,由算法提供时尚建议的想法仍然相对较新,其应用可能会面临更大的阻力。

心灵感知理论(mind perception theory)提出,心智通过能动性(agency)与体验性(experience)两个维度被感知(Gray et al.,2007),能动性指推理、思考、计划的能力,体验性是指感受情绪等感觉的能力。AI 由于可以进行基于算法与数据的逻辑推理与模式识别,具有一定的能动性,但缺乏自主性意图、自我控制等能力。而在体验性方面,人们通常认为 AI 缺乏感受真实情感的能力,因而认为 AI 的体验性较低。一项关于任务类型与建议采纳关系的研究发现，人们在社交型任务中总是更加倾向人类的建议，而在分析型任务中则对 AI 的建议有较高遵从(Hertz & Wiese, 2019)。

隆戈尼等(Longoni et al., 2020)发现在启动"实用"(utilitarian)而非"享乐"(hedonic)目标后，消费者相对偏好 AI 建议而非人类给出的推荐，即 AI 在功能领域比人类更有能力，在享乐领域比人类更弱。这基于人们认为享乐主义和功利主义属性评估需要不同的评估能力的假设。享乐消费主要是情感驱动的，基于感官或体验，并根据产品本身的回报程度进行评估。相反，功利主义消费更多是认知驱动的，基于功能和工具目标，反映功能效益，并根据产品作为达到目的的手段的程度进行评估(Botti & McGill, 2011; Crowley et al., 1992; Holbrook, 1994)。人们认为 AI 比人类更有能力评估功利属性价值，而比人类更没有能力评估享乐属性价值。这种信念归因于人们对 AI(及人类)如何处理和评估信息的不同联想。世俗信仰要么是直接通过个人经验(Ross & Nisbett, 1991)形成的，要么是间接从环境中形成的(Morris et al., 2001)。在整个童年时期，我们亲身学习到，作为人类，我们能够通过情感体验感知外部世界并与之联系。相比之下，我们了解到 AI、计算机和机器人是理性和逻辑的，缺乏与世界进行情感、体验互动的能力。这些联系反映在习语中，如"像机器人一样思考"，指的是逻辑思考，而不考虑更多的"人类"方面的情况，如感觉和情绪。

另外，人们通常认为人类处理问题的模式更为灵活、更人性化，而算法处理模式更为机械化、无情感性。在很多人看来，算法只是一种工具，在分析、处理数据信息方面可以发挥辅助性作用，但不能处理个别化的特殊情况。有学者通过对 228 名成年人关于管理决策方面的网络调研发现，当面对像工作分配、时间安排等机械性的工作时，人们认为算法决策和人类决策是同样公平和可信的，但当面对招聘员工、工作评价等更人性化的工作时，算法决策被认为比人类决策更不公平、更不可靠，而且容易引发更多的负面情绪。这是由于人们通常认为，算法缺乏直觉和主观判断能力，使其判断的公平性和可信度降低。

2. 理想性主导时偏好人类决策，可行性主导时倾向接受 AI

解释水平理论(construal level theory)经常被用于有关决策和建议的研究中，其基本假设是：事物可以被人用高低两种不同解释水平的方式进行加工与表征，具体而言，高解释水平表征关注事物核心的、抽象的、意义层面的特征，低解释水平表征关注事物非核心的、具体的、操作层面的特征。从建议者类型的角度出发,有研究者认为,人通常被认为具有高解释水平表征,AI 被认为具备低解释水平表征(Kim & Duhachek, 2020)。这是因为,AI 通常被认为是低体验性、无主观意图的,通常是以帮助人类完成目的而行动的,大多并不具备自发产生目标的能力,这种听从指令和缺乏主体意识的特性,会让人难以从 AI 身上感知到高级目标(Kozak et al., 2006),从而使人们通常以低解释水平的方式来表征 AI。相比之下,人具有自主意识和自发产生目标的能力,并且通常清楚自己的行为是为了达成某个高于行动本身的目标,更擅长从多角度、运用抽象思维分析问题,以直觉与共情能力与 AI 相区别,通常会用高解释水平的方式来表征人类建议。因此,AI 擅长进行基于事实、数据与计算模型的系统性分析(与可行性相关),而人擅长提供基于直觉、整体感知与价值判断的帮助(与理想性相关)。所以在决策中,对实际和可行性信息的关注会偏向 AI 的建议,而对理想性相关信息的关注会更偏好人的建议。

3. 道德问题偏好人类决策

人们倾向于排斥算法作出的道德决策,因为机器缺乏感受真实情绪的能力,算法可能采用结果导向的决策策略(Bigman & Gray, 2018)。当消费者觉得决策涉及道德方面的权衡时,他们对使用算法作出决策的容忍度就会降低。权衡是指不能同时实现所有理想结果的决策,例如,一件好事越多意味着另一件好事越少。换句话说,对于这些决定,不同的考虑需要相互平衡。当权衡带来潜在的伤害或限制一个或多个人的资源、自由或权利时,权衡就具有道德相关性(Turiel, 1983)。人们认为算法比人类决策者以更符合结果的方式作出决策——他们希望算法关注决策结果,而不是决策过程和其他考虑。然而,当人们认为所讨论的权衡具有道德内容时,他们会发现这种结果主义的决策过程是令人反感的。

4. 好结果交由人类报告,坏结果交给 AI

人们认为 AI 无自私品质,其行为无主观意图(Garvey et al., 2021)。对于比预期更好的报价,消费者对人(与 AI 相比)作为报价者的反应更积极。与人类代理相比,AI 代理在管理报价时被认为不具有主观意图。也就是说,基于 AI 缺乏意图能力的前提,对于由 AI 与人类管理的同一交易,消费者将不太可能推断出善意的意图(在出价好于预期的情况下)和自私的意图(在出价低于预期的情况下),从而抑制了消费者反应的极端化。

延伸阅读

那些获诺贝尔奖的决策研究"大神"

尽管诺贝尔奖里并没有心理学奖,但这没能挡住心理学"大神们"的进击!以下四位是行为决策(或称经济心理学)领域的四位"大神",他们获得的都是诺贝尔经济学奖。

一、赫伯特·西蒙(Herbert A. Simon)

作为一个犹太人,西蒙对中国非常友好,曾任中美文化交流大使一职。20世纪80年代曾到中国义务讲授和传播认知心理学,在那个认知心理学大热的时代,他对中国认知心理学的兴起及与国际的接轨做出了重要贡献。他也给自己取了一个非常中国化的名字——司马贺。他于1978年获得诺贝尔经济学奖。

20世纪40年代,西蒙提出了"决策为管理的首要职能"这一论点,即"管理就是决策"的思想,在这个领域做出了开创性的贡献。随后又建立了系统的决策理论,并提出了人"有限理性"行为的命题和"令人满意的决策"的准则。

- 有限理性

西蒙认为,有关决策的合理性理论必须考虑人的基本生理限制(记忆容量有限)以及由此而引起的认知限制(选择性注意和知识信息获得限制)、动机限制(目标认同和价值偏见),及其相互影响的限制。从而所探讨的应当是有限的理性,而不是全知全能的理性;应当是过程合理性,而不是本质合理性;所考虑的人类选择机制应当是有限理性的适应机制,而不是完全理性的最优机制。因此,"管理人"之所以接受足够好的"解",并不是因为"宁劣勿优",而是因为没有选择的余地、根本不可能获得最优解。

- 满意而非最优原则

基于此,西蒙提出用"(第一)满意型决策"代替"最优型决策"。在这里,如果把决策比作大海捞针,最优型决策就是要求在海底所有的针中间捞出最尖最好的那枚,而满意型决策则只要求在有限的几枚针中捞出尖得足以缝衣服的那枚即可,即使还有更好的针,对决策者来说已经无意义。

二、莫里斯·菲力·夏尔·阿莱(Maurice Félix Charles Allais)

阿莱在市场理论与资源的效率分配方面做出重要贡献,在行为决策领域提出了著名的阿莱悖论。他于1988年获得诺贝尔经济学奖。

- 阿莱悖论（Allais Paradox）

为什么人们会不辞辛苦,跑到一家偏远的小杂货店里,在一件价码很小的货物上为省几块钱而锱铢必争,但对距离同样远的一家超市提供的金额相同的打折货却无动于衷？为什么人们在买保险时,会买价格较贵的小额保险,而不太愿买价格较便宜的大额保单？为什么在股市上,投资者会对短线的利好消息反应过度,从而导致对股价的过度敏感？

这一系列现象都涉及人们的基本行为,尤其是面临风险时人们决策的基本行为。传统的经济学基于冯·诺伊曼和摩根斯坦1944年的理论,认为人们在面临风险时是追求期望效用最大化的。这常被用来解释人们在股市上对不同股票或不同投资机会的选择。

不过,早在20世纪50年代,阿莱就通过一系列可控实验,提出了著名的"阿莱悖论",对期望效用理论构成了挑战。

例如,对100人测试所设计的赌局：

选择 1				选择 2			
赌局 A		赌局 B		赌局 C		赌局 D	
赢得	概率	赢得	概率	赢得	概率	赢得	概率
100 万元	100%	100 万元	89%	0	89%	0	90%
		0	1%	100 万元	11%		
		500 万元	10%			500 万元	10%

赌局 A:100%的机会得到100万元。

赌局 B:10%的机会得到500万元,89%的机会得到100万元,1%的机会什么也得不到。

实验结果:绝大多数人选择A而不是B。

赌局 C:11%的机会得到100万元,89%的机会什么也得不到。

赌局 D:10%的机会得到500万元,90%的机会什么也得不到。

实验结果:绝大多数人选择D而不是C。

按照期望效用理论,风险厌恶者应该选择A和C;而风险喜好者应该选择B和D。然而,实验中的大多数人选择A和D,即出现阿莱悖论。阿莱设计出这个悖论来证明预期效用理论,以及预期效用理论根据的理性选择公理,本身存在逻辑不一致的问题。出现阿莱悖论的原因是确定效应(certainty effect),即人在决策时,对结果确定的现象非常重视。

三、丹尼尔·卡尼曼

卡尼曼最重要的成果是关于不确定情形下人类决策的研究,他证明了人类的决策行为如何系统性地偏离标准经济理论所预测的结果。在与其学生及好友阿莫斯·特沃斯基的合作中,他系统地陈述了"前景理论"。卡尼曼和美国乔治·梅森大学的经济学家弗农·史密斯(Vernon L. Smith)共享2002年度的诺贝尔经济学奖。

- 前景理论(Prospect Theory)(又译为展望理论、预期理论)

卡尼曼早就发现了人类决策的不确定性,即人类的决定常常与根据标准的经济理论作出的预测大相径庭。1979年,他与特沃斯基合作,共同提出了"前景理论"。卡尼曼认为,人的决策包括框定(framing)和价值判断(valuation)两个阶段。前景理论主要由价值函数(损失规避、敏感性递减、参照依赖、相对值优先)和非线性权重函数(高估小概率、低估中高概率)组成。

比如,他们通过实验对比发现,大多数投资者并非标准金融投资者而是行为投资者,他们的行为不总是理性的,也并不总是回避风险的。投资者在投资账面值损失时更追求风险,而在投资账面值盈利时,随着收益的增加,则变得保守起来。

典型的例子是亚洲疾病问题(见正文"框架效应"),实际上这两个问题的A选项完全相同,只是表达的方式有所差异而已。作者利用这个以及其他类似的问题得到下述结论:人们对于收益和损失的态度是不一样的,对于相同大小的所得和所失,我们对所失看得更重,即损失规避(loss aversion)。盈收时保守,亏失时冒险。而因为情境描述的改变而改变人的选择偏好的现象,即为框架效应(Tversky & Kahneman, 1981)。

与规范性(normative)的"期望效用理论"(expected utility theory; Von Neumann & Morgenstern, 1947)等相比,描述性(descriptive)的"前景理论"能够更好地解释"阿莱悖论"、沉没成本效应、心理账户、现状偏差(status quo bias)等很多所谓的"非理性"现象,即异象。并且用参照依赖等假说解释了人们损失厌恶的心理,解决了过去期望效用理论不能解释的风险偏好行为,极大地完善了在不确定情形下的人类决策行为理论。

四、理查德·塞勒(Richard Thaler)

塞勒执教于芝加哥大学商学院,系行为经济学和行为金融学领域的重要代表人物。他对异象、反常行为、经济人假设、禀赋效应、跨期选择、心理账户和股票市场均做出重大贡献,于2017年获得诺贝尔经济学奖。

- 心理账户(Mental Accounting)

人们如何评价不同经济交易下的公平?人们何时会把两件事情的效用合并起来看?什么时候又会把两件事情分开来计算?在公平问题上,塞勒给出的答案是消费者经常会从价格比较中提取积极的或者消极的交易效用,并与自己的消费偏好相结合从而得到相应的公平标准。事实上,相对于吃亏本身来说,消费者更在意的是这种"伤害"是否会加强另一方的有利地位。在合并或分解两个事件效用方面,人们更倾向于把小的损失和大的收获合并起来对待。

恰如本章的"开篇案例"。塞勒用心理账户来分析行为,采用一种内在的控制机制,如今许多家庭都用这套机制来评估、调节和处理家庭的预算。他指出每个人都会使用心理账户,只是有的人不自知而已。通俗地说,为什么很多家庭主妇不会用交水费的钱来交房租?大家都明白钱是可替换的,但是当我们在心里设定不同的账户时,就默认不同账户间是不同的。企业为了控制支出而订立不同项目的预算,当企业需要购买一项重要的东西时,因为原先购买该物资的预算账户不够而不得支用。同样的,赌场中赌徒下赌注时也会用心理账户对自己的钱和赢来的钱进行区别对待(Thaler & Johnson,1990)。善于使用心理账户对我们每个人都是很有价值的,生活可以变得轻松、有趣和安稳,这就相当于在我们心里设立一条无形的界线,让我们在目前区间内最大效益地安排生活。

此外,塞勒还研究了很多反常现象,不过他自己也承认,其研究目的不是颠覆传统经济理论,而是希望学者们对反常事物有一个认知并以此推动传统经济理论的不断完善。塞勒的研究成果之所以在国际上享有盛誉,不仅仅是因为他的学术研究紧紧围绕行为经济学前沿理论,更重要的是因为塞勒循循善诱的行文特色及通俗易懂的语言魅力,感染了经济学界的学者们去探究人类至今未知的知识领域。

本章小结

知觉是客观事物直接作用于感觉器官后,在头脑中形成的对客观事物的各个部分和属性的综合整体反映。知觉的特性包括选择性、恒常性、整体性和理解性。知觉对象、知觉者和知觉情景都会影响到人们的知觉过程。社会知觉中的偏差主要有选择性知觉、晕轮效应、对比效应、投射效应和刻板印象等。

决策有三种范式或进路：规范化范式、描述性范式和进化论范式。常见的决策偏差或异象有：过度自信偏差、确认性偏差、易得性偏差、后视偏差等。

人们的行为是建立在对现实的知觉基础上的，而不是以现实本身为基础。组织中的个体对情境的知觉是他们行为的基础。因此，管理者不论对员工的评估多么客观公正，也不论企业提供的薪酬水平在同业中多么高，都比不上员工在这些方面的知觉所产生的影响。员工基于自己所看到的世界进行理解和解释，这导致了知觉失真的出现。管理者需要帮助员工认识自己的工作，进行合理的评估，同时也要注意避免管理者自身的知觉偏差对员工的影响。

个体在现实情境中的决策过程有助于我们解释和预测他们的行为，虽然在理论层面上存在一些优化决策的模式，但在实际生活中，这些理想化的模式往往面临诸多挑战。最优解通常并不存在，在现实决策活动中，个体更倾向于使用启发式的方法。通过学习和实践启发式策略，人们可以实现通过快速、简便、聪明的决策策略，更快地作出决策。

首先，在主观性任务中，人类更倾向于接受人的决策，在客观性任务中，人们更倾向于接受 AI 的决策。这是因为人们认为算法更加精准、可靠、公平，而人类则更具有情感性和灵活性。其次，当涉及实际和可行性信息时，人们更倾向于寻求 AI 的建议，而涉及理想性相关信息时，则更倾向于寻求人类的建议。再次，人们倾向于排斥算法作出的道德决策，因为他们认为算法缺乏感情和道德意识。最后，当结果达不到预期时，由 AI 进行报告会引起更少的负面影响。相比之下，消费者对于人工客服（与 AI 相比）报告的好的结果会更积极地回应。这是因为他们认为 AI 缺乏自私品质和主观意图。

本章思考题

1. 什么是选择性知觉？举例说明选择性知觉是怎样造成知觉失真的。
2. 简述决策研究的三种范式。
3. 请结合实例谈一谈在决策过程中如何避免偏差或错误。
4. 如何理解有限理性？举例说明。
5. 请列举获得诺贝尔奖的决策领域学者及其主要学术贡献。

> **推荐阅读**

1. 雷德·海斯蒂，罗宾·道斯.（2013）.不确定世界的理性选择：判断与决策心理学，谢晓非，李纾，等译.北京：人民邮电出版社.

2. 奚恺元.（2008）.别做正常的傻瓜（全新第2版）.北京：机械工业出版社.

3. 丹尼尔·卡尼曼等.（2022）.决策思维八部曲.李纾，等译.杭州：浙江教育出版社.

第六章 工作场所中的激励

开篇案例 为什么给的待遇很丰厚,我的90后员工还是要走?

90后的员工、富二代和娱乐圈,并称朋友圈三宝,因为他们总是说走就走,老板们哭着喊着给他们加薪升职,却也只能看到他们的背影和扬起的尘土。其实钱、工作环境这些因素只能让他们"没有不满意",并不能让他们感到"满意"。满意只能来自于工作本身和已经得到满足的需求。所以,对超级多元化的90后员工,老板们还是得用不同的激励手段。

老叶是一家精品酒店的老板,是一位70后的老酒店人,在多家五星级酒店担任了多年的管理层。现在他手下带领着一个几乎由90后"小朋友"组成的团队,少数的几位80后高管镶嵌在其中。在几个旅游网站上,他的酒店评分都是本地最高的,接近满分,看评语似乎有很多回头客,除了酒店的环境很好之外,主要的原因大概是"服务真的很好""酒店的员工很周到"。

老叶说服务业终究还是人的行业,一开始他觉得自己有很多年的酒店从业经验,从"顾客是上帝"这一点出发,把服务做好,后面一切都有了。但是年轻人的世界不太一样,他走了一段弯路。最后发现,还是要先把员工伺候好了,员工才能把顾客当作上帝。针对不同岗位和不同类型的员工,需要用不同的激励手段。

服务中心的一线员工,比如前台和服务员,工作本身是一套流程,而不是高深的专业技能。他们工资不高,因为在这个岗位上酒店付不起太高的工资。所以需要对他们进行额外的非物质激励,给予他们被重视的感觉。老叶采取过一些老式方法,比如通过业绩光荣榜来展现对优质员工的重视、经常采取态度真诚的口头表扬,效果也都不错。

不过效果最好的办法是给一线员工授权,让他们在解决顾客的实际问题时拥有更多的自主权。服务中心距离顾客最近,所以他把服务中心设置成资源调配中心,有权力调动包括客房、厨房等其他部门的资源,并在考核上加以参考。

除此之外,前台员工可以直接调用一夜间房费以内的费用,事后报备。比如某位新入住的顾客,正好是生日,订一个蛋糕还是鲜花,完全由一线员工决定。

酒店的微信订阅号做得不错,负责的是一位从媒体界挖来的90后编辑,虽然年轻,但也是资深的专业人员,忠于自己的专业技能甚于雇主。所以老叶给他安排了很多具有挑战性的目标,又让他自主决定如何处理,还定期慰问表达支持与鼓励,关心他的工作存在什么问题,是否需要支持,以表达对他的工作不仅感兴趣而且很看重。还有一些是兼职的实习生和在试用期内的员工,他们在工作安全感和稳定性上欠佳,福利待遇上也有所不足。所以相应的激励因素就是提供转正的机会,以及提供一些职业技能培训的课程。

资料来源:吴晓波.(2016).为什么给的待遇很丰厚,我的90后员工还是要走?东方企业家,(3),90-91.

第一节　激励的概念

开篇案例给我们的启示是,人的一切有目的的行为都是出于对某种需要的追求,当人的某种需要得不到满足时,将形成寻求满足需要的动机,在适当的条件下,动机就会导致某种行为。这正是激励的起点。所以,管理者应该从员工的需要出发,通过对员工心理的把握,来设计合理的激励机制以解决需求满足问题。

人力资源开发是企业管理的核心,如何激发人才的动机、调动人才的积极性,充分挖掘和发挥人才的潜能,是人力资源开发与管理的最根本的任务。

"激励"一词,源自英文单词"motivation",意思是刺激、诱导、给予动机或引起动机,联系到动机的英文"motive",便不难看出二者有着密切的联系。所谓激励是指,通过了解人的需要和动机,设计一定的奖惩措施和工作环境,引导或控制人的行为,使其积极努力地朝某一目标前进的行为过程。一般认为,管理激励是由企业经营者为激发企业员工的主动性、积极性和潜能,提高经营效率,完成管理目标而实施的管理行为。激励的主要目的在于:激发员工潜能;提高工作绩效;促进人力资源开发和提高企业核心竞争力。

自20世纪初以来,管理学家、社会学家和心理学家从不同的角度研究了怎样激励人的行为,并提出了许多管理激励理论。对这些理论可以从不同的角度进行归纳和分类,比较流行的分类方法是,依据研究激励问题的侧重面及其与行为的关系,把各种激励理论划分为内容性激励理论和过程性激励理论两大类。

(1) 内容性激励理论是以研究人的心理需要、动机为基础而形成的激励理论,它是研究个体需要的内容和结构的理论。该类理论认为,需要和动机是推动人们行为的原因,也是激励的起点。因此,人的积极性和受激励的程度主要取决于需要的满足程度。代表性理论主要有需要层次理论、双因素理论、ERG理论和成就动机理论。

(2) 过程性激励理论则从连接需要和行为结果的中间心理过程入手,研究从动机的产生到选择何种具体行为的心理过程及行为目标的选择。主要包括认知评价理论、目标设定理论、强化理论、公平理论、期望理论、激励的综合模型以及自我决定论。

第二节 内容性激励理论

一、需要层次理论

最著名的管理激励理论当数亚伯拉罕·马斯洛(Abraham Maslow)于1943年提出的需要层次理论(hierarchy of needs theory)。他假设每个人有五个层次的需要,从低到高依次为生理需要(空气、水、食物、睡眠和性等)、安全需要(身体、健康、财务、资源等安全的需求)、归属和爱的需要(友谊、爱情、归属感和社会认同等)、尊重需要(自尊、自信、尊重他人和被他人尊重等)和自我实现需要(追求个人成长和发挥潜能等)。马斯洛认为,当低层次的需要得到满足后,更高一层的需要才会占据主导地位,并成为推动个体朝向特定目标的行为动力。因此,了解人的需要是实现成功激励的前提,把握需要的动态变化是实现持续激励的保障。

马斯洛将前人对需要的研究系统化和理论化,为后续的相关研究提供了极大的启示意义,因而成为管理学激励理论的"开路者"。该理论提供了基本的结构框架,简单易懂,具有内在的逻辑合理性,其中的自我实现需要则反映了人本主义心理学派对人性理解的积极观点(奚彦辉、冯大彪,2014)。该理论得到了普遍认可,时至今日仍然发挥着巨大影响,特别是在管理实践中。

然而,众多的研究并未对这一理论提供验证性的支持,一些研究甚至发现个体的需求并非严格按照马斯洛描述的顺序发展。其他学者认为该理论过于绝对,忽视了个体在文化背景、社会环境和个人经历方面的差异性,且不同需要层次之间的界限不够清晰,难以在科学研究中操作和检验(晋铭铭、罗迅,2019)。

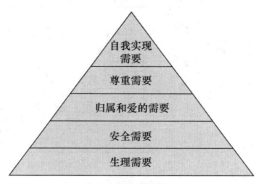

图 6-1　需要层次理论模型

二、双因素理论

美国行为科学家弗雷德里克·赫茨伯格(Frederick Herzberg)于 1959 年提出双因素理论,即激励—保健理论(motivation-hygiene theory),从而把马斯洛的需要层次理论向前推进了一大步。双因素理论把影响人的积极性的各种因素划分为激励因素和保健因素两大类。(1)激励因素。当这些因素得不到满足时,员工不至于降低工作表现,而一旦这些因素得到满足,就会提高工作表现。赫茨伯格认为,要想真正激励员工努力工作,必须注重激励因素,这些因素才会增加员工的工作满意感。它主要与工作本身的性质和内容有关,包括成长与发展、责任感、工作的挑战性和工作成就感等。(2)保健因素。当这些因素得不到满足时,人们将降低工作积极性和满意感;而当这些因素得到满足时,人们却不会因此而提高工作积极性。也就是说,当保健因素得到充分改善时,人们只是没有了不满意感,但并不会感到满意。这种类似预防性的保健因素主要与工作环境和组织条件有关,包括工作安全感、工作条件、薪酬、与上级的关系和公司的政策和管理等。

赫茨伯格的双因素理论在行为科学界颇有影响,该理论的一个突出的特点是把激励问题与工作性质和工作环境具体地联系起来,能够较好地把激励理论应用于企业管理之中。但它也受到学术界广泛的争议,批评意见主要认为:赫茨伯格所采用的方法具有一定的局限性,人们易于把不满意归因于外部因素,并且缺乏普遍适用的满意度评价标准等(王肖婧等，2018)。

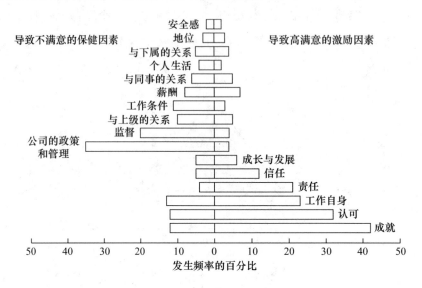

图 6-2 双因素理论模型

资料来源：斯蒂芬·罗宾斯，蒂莫西·贾奇.(2020). 组织行为学(第 18 版). 孙健敏，朱曦济，李原，译. 北京：中国人民大学出版社.

三、ERG 理论

耶鲁大学的克雷顿·奥尔德弗(Clayton Alderfer)于 1969 年在马斯洛需要层次理论的基础上，把人的需要简化为生存(existence)需要、关系(relatedness)需要和成长(growth)需要，因而被称为"ERG"理论。(1) 生存需要关系到人的机体的生存，与需求层次理论中的生理和安全需要相对应，包括衣、食、住、行及工作组织为使其得到这些因素而提供的手段等。(2) 关系需要指人们对于保持重要的人际关系的要求，与需求层次理论中的归属和尊重需要相对应。(3) 成长需要指个人谋求发展的内在愿望，对应了需求层次理论中的自我实现需要。

ERG 理论不强调需要的层次排列顺序，认为人在同一时间可能有不止一种需要在起作用，如果较高层次需要的满足受到抑制的话，那么人们对较低层次的需要的渴望会变得更强烈，即"受挫—回归"现象(见图 6-3)。这些需要之间动态交织的关系更加符合实际情况，而且结构简单，易于理解。但 ERG 理论对于不同需要之间的具体影响机制尚未完全解释清楚，而且缺乏实证研究的支持，对管理实践缺乏明确指导，应用难度相对较大(赵中华、孟凡臣，2019)。

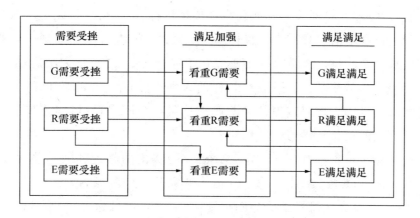

图 6-3　ERG 理论模型

资料来源：丁媛．(2014)．基于 ERG 的大学图书馆人力资源管理创新研究．科技情报开发与经济，(11)，1-2．

四、成就动机理论

美国管理心理学家戴维·麦克利兰(David McClelland)在 20 世纪 50 年代后期，从社会表现的角度仔细观察人的需要，提出了一套新的激励理论，对管理心理学的需要理论做出了重大贡献。麦克利兰指出，除了基本生理需要以外，人的基本需要有三种：(1) 成就需要(need for achievement)，是指个体追求成功、克服挑战和实现目标的内在动机。完成具有挑战性的工作以后的成就感会使人感到愉快，增加人的奋斗精神，对人的行为起重要影响作用。具有高成就需要的个体偏好挑战性的任务，期待获得他人的认可，注重自我提升。(2) 权力需要(need for power)，是指影响和控制别人的愿望和驱动力。高权力需求者喜欢承担责任，喜欢竞争性的工作和地位取向的工作环境。(3) 亲和需要(need for affiliation)，是指个体追求社交联系、归属感和友好关系的内在动机。高亲和需求者渴望友谊，喜欢合作而不是竞争的环境，希望彼此之间的沟通和理解。麦克利兰认为，个体的行为受到以上三种需求的共同影响，不同的需求配置会导致个体在不同情境下表现出不同的行为倾向。而成就需要是自我实现的主要动机，是人类行为的主要动力之一，成就动机高的人一般成长较快，往往能成长为组织的骨干。因此，成就需要的高低对一个人、一个企业和一个国家的发展和成长，起着特别重要的作用。但成就动机理论过于强调个体成就需要的主导作用，忽视了其他外部因素对个体行为的影响。

之后，心理学家卡罗尔·德韦克(Carol Dweck)把目标概念引入了成就动机领域,进一步将成就目标分为掌握目标和成绩目标,以探讨个体在追求成就过程中的不同动机和取向。具有掌握目标的人关注的是自身在学习和成长过程中的进步和发展。个体设定成就目标的重点在于提升自己的能力、克服困难,而非仅仅关注结果或外部奖励。而有成绩目标的人则更注重外部成绩和评价,个体关注的是实现优异的表现以获得外部奖励或认可,这种目标更倾向于展示个体的能力而非真正的成长和学习。

结合约翰·阿特金森(John W. Atkinson)提出的趋近和回避趋向,心理学家安德鲁·埃利奥特(Andrew J. Elliot)和马丁·科温顿(Martin V. Covington)在2001年将成就目标细分为四个维度:成绩趋近目标、成绩回避目标、掌握趋近目标和掌握回避目标。趋近目标旨在获取积极结果,通常与积极的情感和行为有关;回避目标则为了避免不良影响,常与消极情感和行为相联系。例如,具有成绩回避目标的人关注如何避免表现出低能力或收到消极的评价,可能会不愿意接受某项任务以避免失败。

第三节 过程性激励理论

一、认知评价理论

认知评价理论(cognitive evaluation theory)由心理学家爱德华·德西(Edward Deci)和理查德·瑞安(Richard Ryan)于1985年提出,用于解释外部奖励如何影响个体的内在动机和自主性,该理论涉及的核心概念有内部动机、外部动机、认知评价和自主需要。

内部动机指个体因为对某项活动本身的兴趣和享受,而非外部的奖励或惩罚的原因参与该活动的动力。外部动机指个体因为外部奖励或惩罚而参与某项活动的动力,外部动机通常与任务完成的质量、数量或速度相关,而非对活动本身的兴趣。认知评价是指个体对外部事件(如奖励、惩罚、反馈等)进行的解释和评价,这些评价会影响个体的内在动机水平。自主需要是个体希望能够在活动中保持一定的选择权和决策权,当外部奖励或要求威胁到个体的自主时,其内在动机可能会受到损害。

认识评价理论强调个体内在动机和自主需要的重要性,认为个体内在动机是优质高效完成工作任务的主导动力。外部奖励会经由个体的认知评价过程而对内在动机产生促进或抑制的作用。具体而言,当外部奖励被视为对个体的控制,损害了个体对自己行为的自主决定需要时,个体的内部动机会遭到削弱;而当外部奖励被认为是对个体行为表现的认可时,其内部动机将会被增强。那些影响个体认知评价过程的因素都会对个体内外部动机的动态演变造成一定影响,如奖励的控制性、奖励的信息性、个体对外部奖励的期望等。详细来说,倘若个体并未期待外部奖励而主动作出某种行为,此时给予外部奖励可能会使个体将自身行为归因于外部奖赏的驱动,则其下次是否表现出同样的行为会取决于是否仍然可以获得同等的奖励。

认知评价理论阐述了内外部动机的动态转化及个体认知评价的调节作用,为理解动机的复杂性和多样性提供了一定的启示,特别是其内部动机的概念对管理实践产生了重大影响(Fishbach & Woolley, 2022)。但是,该理论忽视了文化和社会环境等因素对动机的影响,内在转换过程高度动态化,其核心概念的客观量化也存在一定难度,使得该理论的适用范围受到限制。

二、目标设定理论

埃德温·洛克(Edwin A. Locke)在前人研究的基础上,于1968年正式提出目标设定理论(goal-setting theory),旨在解释目标如何影响个体的行为和绩效。该理论认为,挑战性的目标是激励的来源,对于一个人的行动而言,具有一个明确而具体的目标比没有目标更能激发人的积极性。在设定目标时,要特别注意目标的难度和清晰度,它们为行为提供了方向和动力,可以增加个体的努力程度和持久性。难度适中、清晰的目标的激励效果最佳。

SMART原则通常作为目标设定所应遵循的详细标准,即明确具体(specific)、可衡量性(measurable)、可实现(achievable)、个体相关性(relevant)和时限性(time-bounded)。

目标通过四种机制影响成绩:(1) 目标具有指引的功能;(2) 目标具有动力功能;(3) 目标影响坚持性;(4) 目标通过导致与任务相关的知识和策略的唤起、发现或使用,而间接影响行动。

在多年研究的基础上,莱瑟姆等(Latham et al., 2002)提出目标设定理论的基本元素和高绩效循环模式(high performance cycle)(见图6-4)。从图中可见,目标的特性(明确度和困难度)直接影响成绩,间接影响个体的满意度;对成绩和奖励的满意度又会促使个体接受新的挑战。但目标和成绩之间的关系会受到目标承诺、目标重要性、反馈、任务复杂性、努力和策略等因素的影响。反馈在目标实现过程中具有重要作用,反馈可以帮助个体调整行为,并提供关于目标进展的信息，从而调整和改进其绩效。特别是当任务复杂度较高时，提供具体的反馈对于个体绩效的影响更为显著。

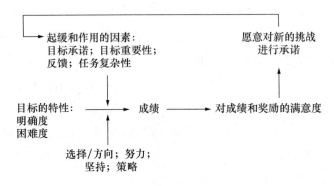

图 6-4　目标设定理论的基本元素和高绩效循环模式
资料来源：Latham, G. P., Locke, E. A., & Fassina, N. E. (2002). The high performance cycle: Standing the test of time. In Sonnentag, S., Psychological Management of Individual Performance. Wiley, 201-228.

目标设定理论具有很大的科学性，而设置目标是激励员工绩效的一种简易、直接和高效的技术，该理论为目标管理（management by objectives，MBO）提供了理论依据。但是，该理论对目标的设定提出了较高的要求，难度过大、结果不清的目标很容易引发员工的焦虑情绪；而且它过于强调目标和结果，可能导致个体忽视重要的过程和方法，甚至引发团队的内部竞争，不利于合作关系的培养（Konstantara & Galanakis, 2022）。

三、强化理论

强化理论（reinforcement theory）的代表人物是美国行为主义心理学家伯勒斯·斯金纳（Burrhus F. Skinner）。操作性条件反射是强化理论的基础。不同于巴普洛夫经典条件反射中的刺激先于行为反应出现，操作性条件反射是在特定行为反应出现后给予奖惩，因此又称为工具性条件反射或工具学习。

强化理论的核心观点是，行为是由外部刺激和反馈所强化的结果。换句话说，个体在受到某种刺激后，如果该刺激带来积极的结果或反馈，那么相应的行为就会被强化，从而增加该行为再次发生的可能性。相反，如果刺激带来负面的结果或反馈，那么相应的行为就会被削弱，减少该行为再次发生的可能性。这些能改变行为反应强度的刺激物就是强化物，它们可以是物质的，如奖金和奖品等；也可以是精神的，如权力、责任、名誉、表扬和认可等。

根据性质，强化可分为"正强化"和"负强化"。正强化是指通过提供积极的刺激或奖励来增加特定行为发生的可能性;负强化是指通过消除或减少消极刺激或不愉快的情境来增加特定行为发生的可能性。除此之外,还有惩罚和消除两种影响行为发生频率的手段。惩罚指对特定行为施加消极的刺激或后果,以减少该行为的发生概率;消除,也叫负惩罚,是指去除或减少已强化行为的刺激,从而减少该行为的发生概率。在使用强化理论塑造行为反应时,还应注意强化的频率与间隔,它们会影响强化的效率和持久程度。频繁即时强化能够快速影响期望行为,但目标行为也极易随着强化物的缺失而消退;偶然、间隔久的强化物塑造的行为容易持久,但形成过程相对漫长。

在企业管理中,为了调动和保护职工的积极性,正、负强化都是必要的。在激励一个人按某种特定方式工作时,管理者应注意:(1)正强化比负强化更有效;(2)所期望取得的工作成绩应予以明确规定和表述;(3)对工作成绩应及时予以正确的反馈;(4)管理者的重点应该在于积极强化而不是惩罚,也就是说,管理者应当忽视,而不是惩罚他不赞成的行为。尽管惩罚措施对于消除不良行为的速度快于忽视手段,但是它的效果经常只是暂时性的,并且可能会在今后产生消极影响,如缺勤和辞职等。

强化理论丰富了现代管理科学和行为科学等的内容,其理论思想简单明了,具备切实的预测效果,被广泛地运用于社会的各项管理中,且取得了巨大的成就。不足之处在于忽视了诸如目标、期望和需要等个体认知因素,而且过度简化,不能反映人类行为的复杂性(张轶妹等,2023)。

四、公平理论

美国北卡罗来纳大学心理学教授约翰·亚当斯(John Adams)从认知失调理论出发,于 20 世纪 60 年代初提出了公平理论(equity theory),它是解释个体对公平感知和公平行为的一种心理理论。该理论主张人们倾向于比较自己与他人的付出与收获,并根据这种比较来评价所处的环境是否公平。当一个人做出业绩并取得报酬以后,他不仅关心自己所得报酬的绝对量,而且关心自己所得报酬的相对量,在通过多种比较、确定自己所获报酬是否合理后,依据比较的结果调整今后的工作投入。所谓相对量是指个人所付出的劳动及所得到的报酬与他人的进行横向比较所得到的结果,也指个人目前付出的劳动与自己过去的进行纵向比较所得到的结果。人们主要通过横向比较和纵向比较来判断所获奖酬的公平性。公式可以简单地表述如下(李兴修、于世芬,2002):

$$\frac{当事者所得报酬}{当事者所作付出} = \frac{参照者所得报酬}{参照者所作付出} \quad (1)$$

$$\frac{当事者现在所得报酬}{当事者现在所作付出} = \frac{当事者过去所得报酬}{当事者过去所作付出} \quad (2)$$

如果等式成立,当事者便觉得公平。否则,就会造成心理失衡,产生不公平感。如果左端小于右端,则会产生比参照者吃亏或者今不如昔的不满情绪;如果左端大于右端,也会因少出多入而感到不安。这时他们就会采取行动改变这种情境,如通过自我解释达到自我安慰;采取一定的行为,改变别人的或自己的收支状况;更换比较对象,以获得主观上的公平感;发牢骚,泄怨气,制造人际矛盾等,其结果可能会降低或者提高劳动生产率,改善或降低产出质量,缺勤率或自动离职率提高或降低。

公平理论提出后,在企业界流行甚广,它所揭示的人们产生不公平感的原因及规律是客观存在的,消除人们的不公平感的确有助于积极性的调动。但是,该理论还存在着一定的缺陷,如公平的主观感受较强,缺少客观的衡量标准;付出的劳动与获得的报酬不易计量等。

亚当斯的经典公平理论侧重于研究工资报酬分配的合理性、公平性及其对职工生产积极性的影响。由于分配公平主要是指人们对分配结果的公平感受,所以亦被称为结果公平。后继学者还研究了"程序公平"与"互动公平",前者强调如果员工认为企业的决策程序是公正的,即使决策结果对自己不利,员工也会接受这些结果。后者主要关注分配结果反馈执行时的人际互动方式对人们公平感的影响。

五、期望理论

美国心理学家维克多·弗鲁姆(Victor Vroom)于1964年在他的《工作与激励》一书中提出期望理论(expectancy theory)。该理论的基本观点是,某一目标对人的激发力量,取决于该目标的价值(效价)和预计达到目标的可能性(期望值)的乘积,用公式表示为:

$$M(激励力量) = V(效价) * E(期望)$$

激励力量(motivational force)指激励水平的高低,反映的是个人或组织进行某一行为的动机强弱。激励水平高,则动机强烈,动力大。效价(valance)指某项活动所产生结果的吸引力大小。影响效价的因素很多,其中包括目标对被激励对象来说是否需要;被激励对象所处的环境等。若目标能满足则效价高,不能满足则效价低,有时目标甚至会给个人带来损害。因此,从这个意义上说,效价有正值、零值和负值之分。期望值(expectancy)指个体对某一目标实现可能性的主观估计。期望值也称期望概率,受个人的经验、个性、情感和动机的影响。一个人如果估计某目标完全可能实现,这时概率为最大 $E(P)=1$,反之,如果他估计完全不可能实现时,那么这时的概率为最小 $E(P)=0$。

从期望激励模型可以看出,目标对个体的激励强度,由效价和期望值二者的合力决定。二者的不同结合会产生不同的激励力量,主要表现为:E 高 * V 高 = M 高(强激励);E 高 * V 低 = M 低(弱激励);E 低 * V 低 = M 低(极弱激励或无激励)。也就是说,当个人认为达成目标后收获的效价高,且实现概率也高时,则实现此项目标的激励力量就大;若效价和期望值这两个因素中的任何一项都很低时,则实现此目标的激励力量就不大。

期望理论认为,激励过程包含三种特定的心理要素:(1)努力与绩效的联系,即认为通过一定努力会带来一定绩效的可能性,这对员工工作态度和积极性至关重要。(2)绩效与报酬的联系,即个人对通过一定的绩效能够取得报酬的认定程度,这是激励员工持续努力的关键因素。(3)结果或报酬的吸引力,即对预期结果或可能获得的报酬满足自己需要的评价,只有奖赏本身对员工有吸引力,员工才愿意为之付出努力。对企业管理者来说,期望理论提供了这样一个思路:每一个员工在这三种心理要素的驱动下,行为的选择和取向通常要经历四个步骤:工作能给员工带来什么结果;这个结果对员工有多大的吸引力;要实现这个结果,员工需要怎么做;在员工看来,达到这样一个结果有多大的成功概率。以上三个心理要素是密切相关、缺一不可的,无论哪方面的评价低,都不能起到有效的激励作用。

期望理论对激励问题作出了最全面的解释,且把激励的研究从外在因素研究引向了内在因素研究,把现实世界复杂的激励问题进行了精辟的提炼,对于人的主观认知与激励的关系给予了科学合理的解释,使激励理论变得更丰富多彩(李德勇、陈谦明,2013)。但弗鲁姆的模型建立在个人理性与组织信息完备的前提假设下,这在很大程度上理想化了。

六、波特—劳勒的综合激励模型

波特—劳勒综合激励模型是美国行为科学家罗伯特·波特(Robert Porter)和理查德·劳勒(Richard Lawler)于 1968 年提出的一种激励理论。他们在期望理论的基础上,综合利用需要理论、公平理论和强化理论,把内、外激励因素都考虑进来,提出了一种更加全面的激励过程模型,被称作波特—劳勒综合激励模型。

从图 6-5 我们可以归纳出波特—劳勒综合激励模型的基本观点:(1)努力程

度取决于某项奖励的价值以及个人对努力是否会导致这一奖励的概率的主观估计,这种主观估计受个体过去经验和实际绩效的影响。(2)工作绩效是一个多维变量,它除了受个人努力程度影响外,还取决于个人完成特定任务的能力与素质、自己对所需完成任务的了解程度以及对奖励公平性的感知。(3)奖励是由工作绩效所决定的,包括内在奖励和外在奖励,无论是内在奖励还是外在奖励都要以工作绩效为前提。外在奖励包括工资、晋升和地位等;内在奖励是指一个人由于工作成绩良好而自己建构的报酬和奖励,如感到完成了一件有意义的工作,对社会做出了贡献等。内、外奖励和个人主观上所感受到的奖励的公平感糅合在一起,影响着个体最后的满意感。如果个体看到他的奖励多少与工作绩效很少有关系时,这样的奖励不能成为提高其工作绩效的刺激物。(4)满意程度通过反馈影响下一次的努力程度。满意会导致进一步的努力,而不满意则会导致努力程度的降低甚至离开工作岗位。(5)激励和工作绩效之间并不是简单的因果关系,要使激励能产生预期的效果,就必须考虑到奖励内容、奖惩制度、组织分工、目标导向行动的设置、管理水平、考核的公正性、领导作风及个人心理期望值等多种综合性因素。波特和劳勒根据收集到的资料认为,传统的观念上是满意导致工作绩效,但实际上可能是工作绩效导致满意。

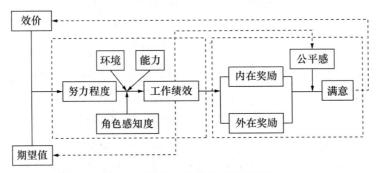

图 6-5 波特—劳勒综合激励模型

资料来源:杜学鹏,零春晴,吴爽,曹志辉.(2019).我国家庭医生激励机制研究——基于波特—劳勒综合型激励模型.卫生经济研究,36(3),22-25.

波特—劳勒综合激励模型克服了单个理论的片面性,然而,该模型并没有注意到内在激励与外在激励之间的互动关系,认为二者是相互独立的,而仅仅将其进行简单的加总。

七、自我决定理论

自我决定理论(self-determination theory,SDT)是由美国心理学家爱德华·德西和理查德·瑞安等在20世纪80年代提出的一种关于人类行为的动机过程理论。该理论旨在解释个体的动机和行为背后的驱动力,特别关注人们是如何被激励、自我激励以及实现其潜在性的。该理论认为,人是积极的有机体,具有先天的心理成长和发展的潜能,人们能够自由选择和驾驭自己的生活。自我决定的人知道并能表达他们自己的需要、兴趣和能力,他们自己设定目标和期待,在追求这些目标时作出选择和计划,然后采取行动,如果有必要他们会改变路线或调整计划以便有效地达到他们期待的目标。自我决定的潜能可以引导人们从事感兴趣的、有益于能力发展的行为,这种对自我决定的追求就构成了人类行为的内在动机。

自我决定理论认为,在每个个体身上都存在着一种发展的需求,这就是人类的基本心理需要,包括自主(autonomy)、能力(competence)和归属(relatedness)需要,满足这三种需要的社会事件或社会环境能促进行为的内在动机。德西和瑞安还把动机分为内在动机、外在动机和无动机。内在动机是人类固有的一种追求新奇和挑战、发展和锻炼自身能力、勇于探索和学习的先天倾向,它是高度自主的,代表了自我决定的原型。依据动机内化程度的高低不同,他们依次区分出整合调节、认同调节、内摄调节、外部调节等外部动机(见图6-6)。自我决定理

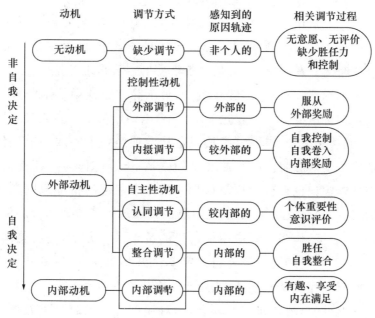

图 6-6 自我决定理论的相关动机

资料来源:赵燕梅,张正堂,刘宁,丁明智. (2016). 自我决定理论的新发展述评. 管理学报,13(7),1095-1104.

论强调促进外在动机内化的重要性,并提出影响外在动机内化的三个环境因素,分别为能力知觉、自主性体验和归属感。

自我决定理论是新近发展起来的一种认知动机观,代表着当下动机理论研究的趋向。但是,它把人类某种单一的社会需要—自我决定,看作推动人类行为的根本动因,这忽视了人类动机行为的复杂性,而且对外部动机内化的过程和条件仍缺乏深入的理解,其理论体系还有待进一步完善。

第四节 有效的激励技术与方案

一、员工认可方案

南方李锦记有限公司的员工敬业度为81%—90%,超过了中国最佳雇主的平均值75%,其3%以内的离职率更是招来同行的嫉妒。南方李锦记的员工高敬业度是与公司竭力推行的"员工认可计划"分不开的。与多数管理人员吝于赞扬员工做法相反的是,南方李锦记认为,及时认可会让员工觉得公司对自己的工作是尊重的,认可是激励员工最好的方式。

与员工认可方案相一致的行为有:对员工表达感谢、公开表扬或对员工表示注意等。例如,南方李锦记管理人员表达认可的方式很多,可以是和员工握一下手,或是说声"谢谢"、发封邮件、写张便条给员工表示感谢,用得最多的是以手机短信的方式表示祝贺。对完成某一项目的员工除在正式会议上公开表扬外,高级管理人员会亲自邀请员工一起吃饭,并打个电话给员工的亲人表示感谢,或是送个小礼品;成功完成较大项目的,按规定从专项经费中提取一定比例的资金,奖励项目组成员出外旅游。除物质奖励外,"私下认可"作为一种肯定员工的激励方式在南方李锦记也得到了广泛应用。南方李锦记的指导原则是,公开表扬不是必需的,但一定要让员工感觉到:自己的工作得到了上司的肯定。

"职工建议制度"作为一项应用最广泛的员工认可方案,是由美国伊士曼·柯达公司在1898年创建的。该公司规定不论男女老少,不论蓝领和白领,都可以把自己对改进工作或某一环节,或企业全面战略性方案的看法和建议,投入职工建议箱。与此同时,公司指定专人管理,对建议进行汇总分类处理,并责成有关部门讨论。建议一经采纳,建议者就可以得到相当可观的奖金。此后,职工建议制度在美国广泛地推广应用,并取得了越来越大的成效,且一直沿用至今。

员工认可方案是强化理论在管理实践中的应用。紧跟在员工行为后的"认可"(精神奖励或物质奖励),即给予员工正强化物,会导致员工相似行为的发生概率增加,进而使员工行为符合组织目标。此外,员工认可方案强调"及时"认可的重要性,以达到最大的激励效果。

二、员工卷入方案

(一)参与管理

1989年4月17日,美国《商业周刊》发表了一份由布鲁金斯学会起草的研究报告。报告指出,在实行职工参与管理制度的企业里,职工对组织目标承担更多的责任并获得更大的满足,不仅大大提高企业的劳动生产率,充分激发职员的工作积极性、主动性和创造精神,而且还能有效地缓和劳资关系,从而确保企业的经营与管理活动顺利进行。参与管理(participative management),又被称为"自下而上的管理",即在不同程度上,组织职工和下级参加组织决策的研究和讨论,它是员工自我价值实现的重要途径(陈万思、余彦儒,2010)。

参与管理的利弊主要体现在:优点:(1)参与管理制提高了参与者的自我价值感和成就感。(2)减少了制定决策和执行决策之间可能产生的矛盾,一方面是由于避免了政策层层传递导致的信息丢失,另一方面基于参与管理制定的目标能够最大化地统一上下级的利益与认识。(3)基于上下级之间充分的信息共享,提高了决策的科学性与有效性。缺点:(1)耗时且成本较大,统计与整合员工意见需要花费较多时间,特别是当出现分歧或冲突时,可能破坏团队内部的和谐关系和工作效率。(2)可能导致职工的挫折感,不同员工之间存在素质和能力的差异,在参与管理时可能导致能力较低的员工积累较多负面评价。(3)信息保密问题,当涉及一些敏感信息时,对员工的保密能力和意愿提出了更高的要求。

(二)代表参与

代表参与(representative participation)是指并非所有员工都直接参与决策,而是以员工代表的形式参与组织的决策。它最常见的两种形式是:职工监事委员会和董事会代表。职工监事委员会由被任命或推选出来的员工组成,当管理者作人事决策时,必须咨询他们的意见。董事会代表是指职工代表作为董事会成员之一,并代表公司全体员工的利益。无论是在国内还是国外,均有相关法律条文规定在公司中实施代表参与,例如,党的十五届四中全会通过的《中共中央关于国有企业改革和发展若干重大问题的决定》指出,国有独资和国有控股公司中的董事会和监事会都要有职工代表参加。这一规定为五年多来推行职工董事、职工监事制度的实践，作了高度的概括和总结，也为今后进一步建立、完善这项制度提供了理论和政策指导。

（三）质量圈

质量圈（quality circle，QC），或称为质量管理小组，起源于日本，核心理念是通过组织内部的小团队（圈）来解决质量问题，提高产品或服务的质量水平和生产效率。每个质量圈通常由5至15名员工组成一个小团队，他们来自不同部门或工作岗位，但都与产品或服务的质量有关。这些团队成员通常是自愿参与的，并且具有一定的培训经验和技能。质量圈的成员负责自己的工作和改进过程，通过定期的会议和讨论，识别和分析与产品或服务质量相关的问题，并提出改进和解决方案，并通过反馈和评估来检查改进效果。

质量圈为减少次品与废品，减少返工和停工的时间，同时也为改善工作条件，提高自我发展等问题提出了解决方法。即使他们解决问题的办法不如技术人员，但由于自己亲自参与，积极性也被大大调动起来，并力争把问题解决好。这种质量圈的管理方法，发挥了每一个人的积极性与创造力，达到了激励效果（区煜广，1988）。

（四）员工持股计划

员工持股计划（employee stock ownership plan，ESOP）最早由美国经济学家兼律师的路易斯·凯尔索（Louis Kelso）于1967年提出的，他的初衷是通过降低工业化进程产生的资本积累带来的较大的贫富差距，疏解被其制约的劳动者的生产积极性。该计划的本质是赋予劳动者同等获取资本收入的权利，激发劳动者的生产积极性。员工持股计划的基本内容是：在企业内部或外部设立专门机构（员工持股会或员工持股信托基金），这种机构通过借贷方式形成购股基金，然后帮助员工购买并取得本企业的股票，进而使本企业员工从中分得一定比例、一定数额的股票红利，同时也通过员工持股制度调动员工参与企业经营的积极性，以及形成对企业经营者的有效约束。员工持股计划从20世纪50年代中期开始出现，之后在西方国家普遍推行，已逐渐成为企业中一个重要的制度。

理论与实践证明，员工持股计划是一种有效的激励机制。学者研究了员工持股与企业绩效的关系，认为员工持股确实会带来绩效的提升（Dasilas，2024）。中国学者对实施员工持股计划企业所作的研究表明，员工持股能够显著提高企业全要素生产率（李姝等，2022）。美国的一项对比调查显示，实行员工持股计划的公司,员工往往能主动减少缺勤并能共同提出减少缺勤的刺激办法,从而使缺勤率都有较大幅度的下降。

三、浮动工资方案

浮动工资(variable-pay),就是劳动者的工资收入随个人劳动成果的多少和企业经济效益的好坏而浮动的一种工资形式。实行浮动工资的最大好处,就是可以把死工资变成活工资,使劳动者的个人利益同他的工作绩效和企业绩效相联系(吴炜,2017)。常见的浮动工资方案有:计件工资方案、奖金、利润分享计划和收入分享。

计件工资方案(piece-rate pay plan)是直接以一定质量的产品数量为计件单位,计算员工劳动报酬的一种工资形式,是一种最古老的薪酬形式。它是把工作业绩和收入报酬紧密结合的一种激励制度,作为一种高激励强度的工资制度曾受到许多管理学者的推崇。目前,计件工资方案的制定主要针对一线工人,虽然计件制工人不是所谓的企业核心员工,但他们处于生产、服务第一线,其对薪酬的满意度关系到企业生产和经营的效益和质量。因此,组织应设计和实施公平合理的计件工资方案以激励员工。

奖金是指在对员工工作绩效进行考核的基础上,对工作绩效突出的员工进行物质上的鼓励的一种激励措施。目的在于调动员工工作积极性和创造性,充分发挥其潜能,实现企业的目标。依据自我决定理论的内外部动机转化的观点,奖金的激励作用的大小并不是随奖金数额的增加而增加或减少而减少的,而是低额奖金与高额奖金的激励作用较大。中等数额的,相当于平均奖水平的奖金的激励作用最小。尽管奖金的激励作用显而易见,但在企业内部运用起来仍然存在大量的问题。例如,基于奖金分配的绩效考核存在较大的主观性、缺乏科学合理的奖金分配方案等。

利润分享计划(profit-sharing plan)是将员工的工资与某种能够恰当反映企业经营的指数相联系,这里的"指数"主要是指"企业的利润",具体分配时考虑员工的工作绩效和对企业的贡献程度等因素。利润分享可以是现金形式,也可以是股权分配(通常针对管理者)形式。容易与利润分享计划相混淆的另一种浮动工资方案是收入分享(gain-sharing),即群体生产力的提高决定了员工分配到的工资总额。二者主要区别在于,前者关注企业利润,而后者关注的是生产收入。

浮动工资方案是一种基于员工绩效的薪酬方案(吴炜,2017)。根据期望理论,如果员工期望的报酬与其绩效水平不一致,那么员工就会降低努力程度。相反,如果员工所得报酬与其绩效水平成正比,则员工会继续保持甚至提高其努力水平。此外,成就动机理论、公平理论、目标设定理论等也可被用来解释浮动工资方案的激励效果。

四、技能工资方案

20世纪80年代以来,外部环境的变化和企业管理的变革对企业传统的以工作为中心的岗位工资制产生了巨大的冲击。为了激励员工不断学习新知识和新技能,并提高企业的竞争力,以员工为中心的技能工资制应运而生。美国《商业周刊》一项对技能工资使用情况和效果的调查研究表明,技能工资已在全美30%以上的公司中推广使用。国内也有越来越多的企业如联想、华为、平安保险等已经开始实行技能工资这种新的薪酬管理模式。

所谓技能工资(skill-based pay, SBP),有时也叫作能力工资或者知识工资,它是以员工个人所掌握的知识和技能的广度与深度为基础来支付其工资的薪酬制度,旨在激励员工不断提升自身技能,提高工作效率和质量,从而为企业创造更大的价值。相比传统的岗位工资,技能工资在很多方面都更具优势(易定红等,2021)。例如,它可以促使员工主动地进行学习,从而有助于学习型组织的建立;通过为员工提供多种发展渠道,从而避免了单一的职位晋升所导致的"拥挤效应";可以因员工的技能能够互换而使填补职位空缺较为容易,从而令管理更为灵活等。

根据期望理论,员工采取某一行为的积极性取决于回报的吸引程度以及得到这种回报的可能性。在技能工资制中,员工的基本工资由其掌握的技能数量、种类和深度所决定,员工若期望增加自己的基本工资,那么就必须证明自己掌握了与工作相关的新技能。因此,实行技能工资制能够激发员工获得奖励的期望,并激励员工为争取加薪而更加主动、积极地学习和掌握新知识和新技术,而员工掌握了企业所需的新知识和新技能以后必能提高工作效率,进而提高企业绩效。此外,紧跟在员工所学新技能后的技能工资,会起到强化作用,促使员工不断学习新技能。

五、弹性福利

弹性福利(flexible benefit)起源于20世纪70年代的美国,在80年代蓬勃发展。它又称为灵活福利,是指企业在员工充分参与的基础上,建立每个员工不同的福利组合,并定期随着其兴趣爱好和需求变化,作出相应变更。各雇员可按自身工作和生活实际情况,决定其福利组合及组合中各福利项目的比例。福利支付形式"个性化"是弹性福利的重要特点,该福利形式如自助餐一样,可让员工自由挑选喜欢的物品,因此又被称为"自助式福利"。

弹性福利主要有五种类型:(1)附加型弹性福利计划。最普遍的弹性福利制,是在现有的福利计划之外,再提供其他不同的福利措施或扩大原有福利项目的范围,让员工去选择。(2)核心加选择型的弹性福利计划。由"核心福利"和"弹性选择福利"组成,核心福利是每个员工都可以享受的基本福利,不能自由选择。弹性选择福利是员工在获得的福利限额内可以根据自己的需求或喜好随意选择的福利项目,通常每一个福利项目都附有价格。(3)弹性支用账户。员工每一年可从其税前总收入中拨取一定数额的款项作为自己的"支用账户",并以此账户去选择购买雇主所提供的各种福利措施。(4)"套餐型"福利。由企业同时推出多种固定的"福利组合",每一种组合所包含的福利项目都不一样,员工只能选择其中的一种组合,不能要求更换组合中的内容。(5)"菜单式"福利。它是一种员工选择自由度更大的弹性福利制度形式。该制度强调让员工根据自己的需求和偏好,从企业所提供的一份列有各种福利项目的"菜单"中选择最适合自己的福利项目。

马斯洛的需要层次理论表明,不同的人有不同层次的需要,因此不同层次的员工会选择与之相适应的薪酬福利。弹性福利计划使员工在企业提供的福利菜单内依照自己的需求和喜好自由选择福利项目,满足了不同层次员工的需求,让员工享受到前所未有的个性化福利带来的愉悦。赫兹伯格的双因素理论表明,福利是一种保健因素,它的满足虽然只能消除员工的不满,不一定能起到激励作用,但如不当则会引起员工的不满和较高的离职率。期望理论认为,人的积极性被激发的程度,取决于他对目标价值估计的大小和判断实现此目标概率大小的乘积,要重视目标效价与个人需要的联系,而弹性福利是此种要求的最好体现(邱功英、龙立荣,2013)。

六、激将法

激将法是具有中国传统智慧的激励手段,起源于我国古代兵法策略,至今仍被广泛应用于生活与工作中。激将法的核心原理是利用人的自尊心和逆反心理,通过特定的言辞或行为激发对方的情绪,使其改变最初的决策或者行动,从而达到己方的目的。段锦云等(2019)将激将法分为直接和间接两种,直接激将是指通过直接贬低或否定对方、引发其自我认知的心理反差,激发对方想要维持自我认知平衡、证明自己的决心;间接激将是指通过树立榜样或夸奖他人的方式引发对方的上行社会比较心理,继而激发其自我认知平衡的维持需要和证明自己的决心。

国外研究中与激将相联系的现象是劣势者效应(underdog effect),它是指当个体感知到他人认为自己不太可能完成某项任务时,特别是当对方具有较低可信度时,个体会产生一种想要证明对方观念错误的动机,从而在具体任务中付出更多努力来提升绩效(Nurmohamed,2020)。

心理学对激将法引发激励效果的解释主要基于印象维持动机和心理逆反理论。人们的自我评价普遍相对积极,特别是在自己在意和引以为傲的专业或领域内,为了维持内外部对自己的积极评价,个体会刻意展现自己的知识或能力。当这种积极评价或形象受到潜在威胁时,个体想要恢复或维持最初水平的愿望更加强烈,甚至可能从事更加具有挑战性的任务来提升自己的形象。心理逆反主要是源于外界的信息或评价威胁到了个体自我评判的自由,这种对个体自由的限制激发了其恢复自由的动机。

激将法能否取得预期效果取决于多种因素,如激将者的能力和可信度,激将对象的个性(如成长思维、心理韧性)、环境、情境等。由于激将过程蕴含着高度紧张的关系或情绪,如果运用不当,可能会引发对方的反感或抵触,甚至导致关系破裂。可见,激将法的运用需要较高的技巧,需要在合适的时机和情境下谨慎使用。

上述六种激励技术或方案从不同侧面说明了激励的多样性和复杂性,其基础是人心和人性的多样性和复杂性。

最后,管理者还应注意,激励技术与方案的设计应该综合运用各种方式,考虑周详,而不能简单地"一刀切"。激励的基础是心理学理论,不能否定不同的员工有不同的心理,有不同的需求,甚至同一位员工在不同的阶段也有不同的需求。因此,企业必须根据不同的员工、不同的年龄、不同的岗位、不同的专业、不同的阶段等采用不同的激励方式,才能发挥激励应有的效用。总之,激励的方式多种多样,企业要根据实际情况,综合运用多种激励体系,激发员工的潜力和工作热情,更好地发挥激励理论在人力资源管理中的指导作用。

第五节 如何激励零工工作者

从流程数字化到决策数智化,从基础感知到高级认知,以 AI 为代表的数字技术强势赋能当今社会。随着数字技术的不断渗透,人们的工作环境、内容、方式发生着颠覆性变化,人们逐步从简单重复、流程化的工作中解放出来,从事更具复杂性或创造性的工作,甚至能够跨越空间限制与他人或 AI 协作完成特定工作任务。

数字经济下的劳动力富余和平台经济下的资源匹配,促使零工经济蓬勃发展,零工工作者已成为企业人力资源的重要组成部分。

零工工作者区别于传统具有固定聘任的全职员工,他们以完成指定工作任务为目的,工作时间、形式、性质等具有很大的灵活性,诸如网约车司机、外卖小哥、兼职咨询顾问、自媒体博主等都是零工工作者。零工工作模式由于较高的自由度和专业化受到年轻人的追捧。但值得注意的是,在数字技术构造的新型就业市场中,全职员工也可以作为零工工作者为他人提供服务。与此同时,传统的激励举措在方兴未艾的零工经济中面临挑战,新型用工模式亟须新的激励措施(郭彤梅等,2023)。

一、游戏化工作设计

游戏化(gamification)设计是指将游戏中的元素应用于非游戏领域,其中以学习领域的应用最为成熟,各类学习软件的打卡、等级、记录等均来自游戏化设计的思想。以此类推,游戏化工作设计是指将游戏元素应用于工作领域,以期实现员工激励的目的。美团、腾讯、阿里巴巴、网易游戏等国内互联网公司在其内部的人力资源管理的不同方面应用了游戏化工作设计的思想,并取得了一定成效。

美国知名游戏设计师、作家和游戏理论家简·麦戈尼格尔(Jane McGonigal)是游戏化设计的积极倡导者,她 2011 年出版的著作《游戏改变世界》奠定了她在游戏化设计领域的重要地位。在该书中,简·麦戈尼格尔探讨了游戏对个人乃至社会的积极影响,她认为游戏具备如此影响的关键性因素有四个:清晰的目标、明确的规则、即时的反馈、资源参与,并讨论了如何应用这些游戏设计的关键元素来解决现实问题。她提出了游戏化设计的四项原则:设定明确的目标、提供挑战和成就感、奖励积极行为、建立社交互动和合作机会,并列举了一些具体的事例和方法帮助读者理解游戏化设计。

游戏化工作设计能够实现员工激励的原因在于,它充分应用了各种激励理论的优秀思想。系统内等级和积分的变化能够为员工提供即时反馈,从而实现行为的正/负强化,促进个体工作行为的良性发展。系统设计的阶段性目标则应用了目标设定理论的思想(蔡思辰等,2023),为员工提供了具有一定挑战性且清晰明确的目标,并且体现了目标设定的SMART原则。不断提升的系统等级和荣誉奖励,以及与系统内其他成员的社会比较和互动,既满足了马斯洛提出的个体归属需要,也持续激励着员工的自我实现需要。此外,系统提供了多种目标供个体选择,员工可以选择自己所偏好的目标及所需完成的工作任务,乃至完成不同任务的先后顺序,这种灵活的工作形式赋予了员工高度的工作自主性,使员工感知到高度的自我决定感,激发他们的内在工作动机。

尽管游戏化工作设计具备种种优势,并受到诸多公司的偏爱,但在具体应用过程中应当足够谨慎,否则未必能带来理想效果。个体自愿参与是游戏能够产生积极影响的关键因素之一,但工作任务始终带有一定的强制性,游戏化工作设计只能在其他关键因素基础上发挥作用。零工工作者在接受某项工作任务后,必须在规定时间内完成,而不能像真实游戏那样可以随时退出,有些工作任务甚至是由系统自动指定而非他们的自由选择。此外,金钱报酬始终是零工工作者接受某项工作任务的目的之一,可以作为激励个体工作行为的外部动机,但自我决定理论认为过高的外部奖励可能会驱使个体工作动机从内部向外部转化,不利于个体工作业绩的持久提升。因此,合理确定的任务报酬也是影响游戏化工作设计效果的重要因素。

二、专业化技能培训

零工工作的工作任务导向及供需匹配原则限制了雇佣双方的战略合作。雇佣方以工作任务的完成为必须条件和雇佣终点,零工者必须自主完成相关工作能力和条件的准备,而雇佣方并不承担零工工作者的学习和培训的相关成本。不同于针对全职员工的培训和开发工作,雇佣方不关注零工工作者的发展和未来潜力,双方只存在任务需求和知识能力的匹配过程,始终围绕工作任务完成这一目的确定雇佣关系。而且,瞬息万变的数字经济环境迫使企业必须具备较高的行动敏捷性,因此精简组织结构、外包非核心业务,已成为公司减负的重要举措,而零工工作者通常是这些非核心业务的承担者。

零工工作者的专业知识和技能既是他们能够被频繁雇用的基础条件,也是他们构建自我身份认同的关键因素。零工经济中的供需匹配原则使得专业化程度低的零工工作者面临高度不确定的就业环境,同时他们也不能像全职员工那样获得来自组织的稳定支持环境,无法为自己的职业身份提供清晰的定位与认知,容易引发职业身份焦虑,从而对其工作业绩造成一定不良影响(Petriglieri et al., 2019)。由于工作任务可能涉及与企业全职员工的互动与协作,不经意的社会比较也可能会引起零工工作者的不公平感。

为零工工作者提供专业化技能培训一方面能够切实提升其工作能力,促进工作任务的有效完成;另一方面可以帮助零工工作者建构和维持其专业身份认同,提高工作任务过程中的积极情绪。基于需要的相关理论,零工工作者同样具有相对稳定的学习与发展需要和尊重需要,为其提供一定的专业化培训,则可以满足他们的需求,从而激发积极情绪和行为。基于公平理论视角,为零工工作者提供专业化培训,能够缓解同一工作任务下不同雇佣形式的员工之间的不公平感,有利于员工之间的友好合作和任务达成。

三、情感化人际互动

零工工作者通常作为独立个体寻找并开展工作,与全职员工相比显著缺乏情感互动与联系。首先,前文提到零工工作者被雇用来完成公司业务,且一般与雇主签订临时聘用合同,故零工工作者通常处在任务团队的边缘地位,甚至被全职员工轻视与怠慢。其次,零工工作以任务导向为主,不需要太多专业知识相近的人员,因此拥有相似知识和技能的零工工作者之间在同一工作任务需求下存在着竞争关系,无法在彼此之间形成类似于全职员工之间的情感联系(Petriglieri et al., 2019)。最后,企业数字化转型与深化伴随着更加多样的员工管理手段,AI监管、算法控制完全忽视了员工的情感需求,将工作者完全暴露于缺乏温情的工作氛围和冰冷僵化的规则之下,极大削减了员工作为人的情感互动(Ashford et al., 2018; Vallas & Schor, 2020)。

雇主可以采取相应举措增加与零工工作者之间的情感互动与联系,弥补他们在这方面的需求,从而实现激励的目的。部分措施如:(1)对他们完成的工作表示认可,承认他们对组织的重要贡献。虽然零工工作者完成的工作任务多为企业边缘业务,但这些任务亦是企业生存与发展的重要组成部分。对零工工作者贡献的认可有助于他们建构工作意义和职业身份,感到自身受到重视,同时满足其被尊重的需要。(2)表达对零工工作者的爱护,谋求建立良好的合作关系。任务导向的零工经济使得零工工作者面临着不确定的工作环境,无法确保持续稳定的收入,这也是他们经常遭受的工作压力之一。良性的合作关系和爱护不仅意味着相对稳定的工作任务,降低了他们的不安全感,同时也表明双方彼此的信任与接纳,弥补了零工工作者归属和爱的需要。(3)营造平等氛围,鼓励全职员工与他们平等沟通,友好协作。雇佣方式的差异在全职员工与零工工作者之间划分出无形的等级,全职员工依靠与公司的稳定联系在与零工工作者的合作中将自身视为公司的代表,而零工工作者也具有类似的"等级"感知,因此两类员工之间出现等级和权利差异。但就工作任务而言,两类员工只是从不同方面配合完成企业所制定的目标,双方缺一不可。作为企业非正式代表的全职员工若能表现出平等友好的姿态,将有利于在临时工作任务团队中营造平等的工作氛围,使零工工作者感到被尊重。(4)机器监督,但人类决策。基于数字技术的工作监督将逐步渗透到工作的各个环节,虽然数字技术在感知方面已经实现精准高效,甚至具备一定的高级认知功能,但情感互动始终是数字技术发展的一大阻碍。全流程监督和自动决策的数字技术高度僵化,促使员工持续处于警觉状态,耗费员工身心资源在自我监督与控制行为上,而不能专心于工作任务,而且进一步降低了员工与上级或同事的人际互动。基于数据的人类决策能够规避单纯的机器决策的绝对化,为员工保留对错误判决申诉的权利,这种严格而不失温情的管理方式有利于促进员工亲密需要的满足。

案例

美团如何激励外卖骑手

这是美团关于外卖骑手的管理实践,你如何评价,以及有什么建议?

美团外卖成立之初,与各个城市本地配送团队合作,由第三方负责配送。配送站由站长管理,包括招募、培训骑手等,美团向其收取加盟费和抽成。外包骑手的工资包括底薪和提成,有固定工作时间,由配送站按月为其购买保险。通过外包,美团外卖保证了配送的轻资产运营,但也使得配送服务质量难以把控。

为提升配送速度和质量,2015年上半年,美团开始建设自营物流。自营专送骑手主要负责3千米内的配送,有固定工作时间和底薪,工资月结,美团会为其购买五险一金。自营物流虽保证了配送质量,但也使配送成本居高不下,高峰期时常出现供给不足的情况。

2016年,为补充用餐高峰期配送运力,美团启动众包物流项目。众包骑手仅需签订《网约配送员协议》,工作时间自由,工资按单笔订单计算,配送距离一般为 5 千米以内，每日扣除 3 元意外险。美团与外包和众包骑手不存在直接的雇佣关系，无须给骑手缴纳五险一金，有力地降低了成本。于是，美团开始逐步减少自建运力。

骑手的增多保证了配送供给，但也意味着调配难度上升。美团外卖之前采取抢单和人工调度的方式，抢单容易出现骑手"挑单"的情况，人工调度则是由调度员查看订单，关注每个骑手动向，根据就近、顺路等原则分配订单。人工调度一个订单通常需要 30s 左右，而在热门商圈的用餐高峰期，1 分钟可能会有 50 单以上。

为更好地做到订单需求与运力供给的平衡，提升消费者体验，2017 年，美团外卖"超级大脑"、实时物流配送智能调度系统上线。"超级大脑"可为骑手智能分配订单、规划路径。路径优化算法能在 2—3 秒内返回一个区域的调度计算结果，每日路径规划次数超 50 亿次。"超级大脑"系统上线后，美团订单平均配送时长降到了 28 分钟内，骑手的日均配送单量提升了 46%。

"超级大脑"包含 7 个子系统，分别是进行运筹优化的调度、定价和规划系统，以及在骑手配送过程中进行数据收集、感知和预估，提供参数输入的机器学习、LBS、IoT 和感知系统。

整个配送过程中，骑手都在不断被监测并产生数据，这主要涉及 IoT 和感知系统。这些数据，大多来自手机、蓝牙设备、智能头盔等。通过对骑手运动状态、运动轨迹等数据的收集与学习，系统能够不断优化配送路径、时间。

例如，存在多个配送订单时，LBS 系统会考虑所有商家和顾客的位置、地图等数据，在 30 毫秒内给出最优路线规划结果，为骑手提高配送准确性和准时性。机器学习系统则通过对骑手特征、商家出餐时间、楼层高度、天气等数据进行分析，精确预估交付时间。交付时间体现了交付的难度，系统可以据此来定价，以及确定是否需要调整订单配送顺序，从而避免超时。

随着外卖用户数量增速放缓，及时、优质的配送服务将成为美团吸引消费者和商户的关键。除了采用"超级大脑"赋能配送过程，美团还采取一系列措施以激励骑手工作并提供优质的服务。

为吸引更多人成为美团骑手，骑手 App 端的注册步骤非常简单，骑手只需填写基本信息并学习相关配送知识就可以接单。同时，"轻松接单、月入过万"的口号对许多人来说极具诱惑力。另外，老骑手如果邀请他人加入，就可以获得 500 元奖励，而被邀请者成功上岗一个月，也能获得 200 元。

为让"自由"的骑手接更多单，美团采用游戏化的激励方式，实施积分等级制。以骑手一周的订单完成量、配送准时率、骑手装备等指标计算得分，美团将其分为青铜、白银、黄金和王者10个等级。每一级有对应的"战斗力"门槛，每月1日进行战斗力扣减，满足保级单量要求才可以维持等级。游戏化的体验让骑手相信多劳多得，获得满足感。同时，为保级或升级，骑手必须努力工作。等级越高，对应的奖励和系统派单机会更多，因此，这也成为骑手接单的动力之一。

除此之外，美团设置了一个包含单量、准时率、配送时长和配送里程的日更排行榜，榜单前三会有奖金。针对节假日、恶劣天气时运力供给不足的情况，美团会设置一些奖励、补贴或提高订单收入以鼓励骑手接单。

为提高骑手服务效率与质量，美团将消费者纳入到骑手的评价体系中，通过超时率和差评率衡量骑手的工作表现。骑手一旦超时，扣除该笔订单配送收入的40%，超时越久，惩罚越严格。另外，无论是由于超时、餐品毁损，还是骑手态度不好等原因，只要消费者点击不满意，骑手就会被扣款。一个自然周内出现1次，扣款3元，累计次数越多，扣款越多。

资料来源：朱国玮，李思帆，张霞卫，章洋. 美团外卖：零工经济下的数字劳工激励.(2021-10-10)[2024-6-20]. http://www.cmcc-dlut.cn/Cases/Detail/5539.

本章小结

激励是管理的核心问题之一。激励是指通过了解人的需要和动机，设计一定的奖惩措施和工作环境，引导和激发人的行为，使其积极努力地朝某一目标前进的行为过程。

内容性激励理论包括马斯洛的需要层次理论、赫茨伯格的双因素理论、奥尔德弗的ERG理论和麦克利兰的成就动机理论等。它们均关注"what"的问题，是以研究人的心理需要和动机内容为基础而形成的激励理论。

过程性激励理论包括认知评价理论、目标设定理论、强化理论、公平理论、期望理论、波特—劳勒的激励综合模型，以及自我决定论等。它们均关注"how"的问题，从连接需要和行为结果的中间心理过程入手，研究从动机的产生到选择何种具体行为的心理过程及行为目标的选择。

员工认可方案通过对员工表达感谢、公开表扬或对员工表示注意等方式来认可员工，使员工感到公司对自己的工作是尊重的，进而感到被激励。"职工建议制度"是目前应用较多的员工认可方案之一。员工认可方案的理论基础包括强化理论等。

员工卷入方案包括参与管理、代表参与、质量圈和员工持股计划。通过员工亲自参与管理或将其利益与企业效益挂钩,员工卷入方案可起到较大的激励作用。

浮动工资方案有计件工资方案、奖金、利润分享计划和收入分享四种。它是劳动者的工资收入随个人劳动成果的多少和企业经济效益的好坏而浮动的一种工资形式,其理论基础包括期望理论等。

技能工资是相对岗位工资而言的,它是以员工个人所掌握的知识和技能的广度与深度为基础来支付其工资的薪酬制度。它能激励员工不断学习新知识和新技能,并提高员工以及企业的竞争力。技能工资方案是期望理论与强化理论在人力资源管理实践中的应用。

弹性福利包括附加型弹性福利计划、核心加选择型的弹性福利计划、弹性支用账户、"套餐型"福利和"菜单式"福利五种类型。员工可按自身工作和生活实际情况,决定其福利组合及组合中各福利项目的比例,充分体现"个性化"。需要层次理论、双因素理论和期望理论较好地解释了弹性福利制的激励作用。

零工经济是新时代蓬勃发展的新型用工模式,在数字技术的加持下,能够更好匹配供需双方的需求。对零工工作者的激励包括游戏化工作设计、专业化技能培训、情感化人际互动等。

本章思考题

1. 什么是激励?在组织中为什么要对员工进行激励?
2. 试比较四种内容性激励理论。
3. 比较"正强化""负强化"和"惩罚",三者的区别是什么?
4. 请解释期望理论,如何将其应用于管理实践中?
5. 什么是员工持股计划?它为什么能起到激励作用?
6. 试比较绩效工资和技能工资的优劣。
7. 什么是弹性福利?它有哪几种类型?
8. 如何激励零工工作者?

推荐阅读

1. 斯蒂芬·罗宾斯,蒂莫西·贾奇.(2020).组织行为学(第18版).孙健敏,朱曦济,李原,译.北京:中国人民大学出版社.
2. Deci, E. L., Connell, J. P., & Ryan, R. M. (1989). Self-determination in a work organization. Journal of Applied Psychology, 74(4), 580-590.

第七章　工作中的情绪和压力

开篇案例　M公司的情绪管理

M公司,一家专注于银行数据中心服务的软件企业,随着业务的不断扩张,从一个5人的小团队发展成为一个近60人的中型团队。部门总经理李总见证了这一切的变化。在他的领导下,团队曾创造了无数的成功案例,用户满意度一度达至顶峰。

然而,随着时间的推移,团队成员的情绪问题开始显现。部门里员工抱怨声不断,工作绩效逐渐下降,甚至用户也开始投诉。李总这才意识到,员工的情绪问题对工作绩效的影响不容忽视。于是,他开始探索如何提升团队的情绪智力,以应对日益增长的管理挑战。

小吴,一名勤奋的年轻员工,因用户的投诉而变得情绪不稳。他的技术能力得到了认可,但在情绪表达和管理上的不足导致了工作效率的下降。小张,一名执行力强的员工,却因为沟通方式直接而经常与其他团队成员发生冲突。小齐管理的部门离职率较高,员工对他的管理方式不满。这些情况都反映了员工情绪管理上的缺失。

在与其他部门的交流中,李总发现唐总把团队管理得井井有条,员工活跃且关系融洽。唐总分享了他的管理经验,强调了情绪调节的重要性,并建议李总学习相关课程。同时,李总也向表现优秀的员工小郑求教,小郑分享了他的情绪管理技巧,如有效沟通和所谓"察言观色",等等。

受到启发的李总决定在团队中推广情绪智力和情绪管理的培训。他组织了一系列的培训课程,教授员工如何更好地理解和管理自己的情绪,如何识别和回应他人的情绪。他还鼓励团队成员在面对冲突和挑战时,能够更加冷静和理智地处理问题。

随着情绪智力培训的深入,团队的氛围有了显著的改善。员工之间的沟通更加顺畅,工作绩效显著提升,用户投诉也大幅减少。李总意识到,情绪智力不仅是员工个人发展的关键,也是团队管理和组织成功的重要因素。

资料来源:宋红兵.(2022). M公司的情绪智力探索之路(编号:OB-0305),中国管理案例共享中心.

现代社会,每个人的生活都装点着情绪的色彩,同时也承受着多方面的压力。我们时而情绪高亢,时而情绪阴霾,时而满腔怒火、悲痛欲绝,时而轻松,时而压力倍增,这一切构成了我们五彩缤纷的心理世界。情绪和压力与我们的日常工作和生活密切相关,也是组织行为领域一个不可忽视的研究主题。

自古希腊时代以来,理性主义就占据了社会科学的主导性地位,人们设法回避或抑制情绪,认为情绪如"强盗"一般会劫持认知、判断、推理等高级认知活动。长久以来,情感与理性似乎势不两立。

当理性主义者提及情感时,最先浮现在脑海中的是一些破坏性、负面、消极的情感。因为消极情感可能阻碍人们的工作效率,降低生产力。因此他们会不加分辨地将所有情感拒之门外。但是近些年来,情绪对于人类理性认知活动的建设性作用正逐渐受到关注,随之成为组织行为领域(如行为决策、领导、员工创新)的研究热点。美国行为决策学者里德·海斯蒂(Reid Hastie)在2001年的《心理学年度评论》(Annual Review of Psychology)中指出了情绪研究在行为决策研究中的重要性。

M公司的故事告诉我们,情绪智力在现代企业管理中扮演着重要角色。提升员工的情绪智力不仅可以改善个人的工作表现,还可以促进团队合作,提高客户满意度,最终推动企业的持续发展。李总的探索之路,为其他企业提供了一个宝贵的经验,即在追求技术和业务发展的同时,不应忽视对员工情绪和情绪智力这一无形资产的培养和管理。

当今时代,人们面临着诸多压力源,压力感普遍存在,工作任务繁重,职场竞争激烈,"内卷"或"躺平"似乎成为当代职场的标签。现代社会的人际关系复杂,应酬和社交频繁,使人们感到压力重重。高房价以及生活成本和教育费用上涨等也增加了人们的经济负担,使许多人面临着经济上的压力和困扰。因此,压力也是组织管理领域必须面对的重要研究主题。

第一节 什么是情绪

一、情绪的定义

情绪是人们生活中不可或缺的一部分,在我们的日常生活中起着至关重要的作用。情绪是一种主观内在的心理状态,通常与特定的生理反应、认知过程和行为表现相关联。情绪体验是多方面的,是个体对环境中相关刺激作出的一种反应。情绪体验既可以是积极的,如高兴、喜悦、兴奋、幸福和爱等;也可以是消极的,如愤怒、紧张、悲伤、焦虑和恐惧等。当然,这是情绪体验和表达的两端,情绪感受也存在相对中性化的表达,比如平淡、冷漠、平静、无聊等,这些体验让人既不感到特别兴奋,也不感到特别沮丧。在这种情况下,情绪处于一种平稳的状态,没有明显的情感高潮或低谷。那么,人们如何表达和传递情绪?通常来说,个体会通过语言、面部表情、身体姿势等方式来表达情绪,而这些表达方式往往也会影响到他人的情绪状态。情绪的传播在社会交往中起着重要作用,它可以在个体之间传递和交流,从而影响到整个群体的情绪氛围。

在我们揭开无比丰富的情感世界之前,先要弄清楚三个彼此联系的概念:情感、情绪和心境。

首先,我们要了解什么是情感?情感(affect)是一个比较概括性的概念,很难用一个准确的词汇来表达它的意义,情感包括人们所体验到的各种感觉,要比情绪和心境更加宽泛、抽象。情感可以是对人、事或物的喜恶,也可以是内心的一种或喜或悲的状态。情绪(emotion)是指个体对某人或某事物的强烈感觉,可表现为生气、轻视、害怕、爱、幸福、高兴、激情、惊讶、失望、后悔、骄傲、嫉妒、愤怒、尴尬、讨厌和羡慕等。情绪持续时间一般较短暂。心境(mood)是比较平静和持久的情感状态,它没有情绪那么强烈,也没有具体的指向对象,但一般会持续较长的时间(Robbins & Judge, 2021)。

情绪和情感有时会混用,它们都是个体对客观事物的态度体验和相应的行为反应,它们也都不同于个体人格特质。

情绪和心境都是情感体验的一部分,但它们在持续时间、强度、诱因和影响方面存在差异,表 7-1 总结了二者的基本差异。情绪通常是短暂、强烈、由特定事件引起,并会对行为和思维产生重大影响。心境则是相对持久、平缓、可能由多种因素引起,并会对我们的整体感受和体验产生影响。比如,你在街上看到一只狗,它突然对着你叫,你感到害怕,心跳加速,想要逃跑,这是情绪体验;你最近失业了,感到沮丧、失落,对未来感到迷茫,这是个体心境表达。情绪一般是通过行为方式来传达,属于行为导向的表现方式,而心境则是通过认知方式来传达情感,属于认知导向的表现方式(Beedie et al., 2005)。

情绪和心境不是完全隔离开的,二者存在密切的联系。大多情况下,强烈的情绪之后往往会转化为平静的心境。比如,你以超低的价格买到了一款精美高档的手表,这种兴奋的心情会持续好多天,会让你保持很长一段时间的快乐心情。当然也有"心情糟糕"的时候,比如你最近心情一直不好,总感到受挫,可是偏偏又经历一些让自己更加心烦的事,从而使得心情越来越糟。此外,心情的好坏对于外部事件的忍受度可能会不一样:心情好的时候遭受一点麻烦可能无关紧要,但在心情差的时候,哪怕一点点打击也会使得心情变得更糟。

表7-1 情绪和心境的差异

	情绪	心境
对原因的意识程度	个体意识到原因	个体可能意识不到原因
原因	由特定事件或对象引起	原因不明
清晰度	可以清晰定义	难以定义,模糊不清
后果	行为和表达	认知
可控性	较难	较易
表达	容易表达	不易表达
持续时间	短暂	持久
体验	感觉	想法
强度	强烈	微弱、温和
意向性	与某事相关	不与特定事件相关
生理机能	独特的生理模式	没有独特的生理模式
稳定性	瞬息万变	稳定
时间变化	快速上升和消散	缓慢上升和消散

资料来源:Beedie, C., Terry, P., & Lane, A. (2005). Distinctions between emotion and mood. Cognition and Emotion, 19(6), 847-878.

在组织行为研究中,学者们对情绪和情感的界定不是很明确。有些领域中更多地关注情绪,如行为决策中的情绪感受(后悔理论、主观幸福感研究),有些领域可能会更多地关注于情感,如积极情感(positive affect)和消极情感(negative affect)。总体而言,情感、情绪和心境是三个密切相关但又有所区别的概念。情感是一个总括性的概念,涵盖了情绪和心境。情绪通常比心境更加强烈和短暂,并且通常伴有明显的生理变化和行为反应。心境通常比情绪更加平稳和持久,并且可由多种因素引起。

考虑到情绪具有强烈的情感体验,更为清晰的界定方式,以及对员工的工作绩效、态度、效率等具有更为直接的影响,本章主要对工作中的情绪进行阐述,论述其在工作中的表现、结构,以及对于组织行为的影响。

二、情绪的维度

我们可以表现出多少种情绪呢?情绪之间有什么差异?想要回答这些问题就需要学习情绪的划分,更具体地说是情绪的维度。那什么是情绪的维度呢?情绪的维度是指情绪所具有的某些特征,这些特征包括情绪多样性、强度和反应时间。利用这些特征我们就可以把情绪划分为不同的类型。

(一) 多样性

情绪是多样性的,包括多种表现形式,如快乐、欣喜、愤怒、抑郁、嫉妒、憎恨、欢快、惊奇、气愤、伤心、绝望、热爱、害怕、畏惧、厌恶、愤慨、鄙弃、挫败以及兴奋等。人的面部表情很丰富,可以表现出想要表现的各种情绪。我们的语言中也可以找到许多表现情绪或情感的词汇,并且十分生动,一些词汇在我们日常交流中出现的频率非常高。当与同事谈心时,总会有意无意地通过面部或语言来表现出自己的情绪或情感;当看到同事穿着一件非常时髦的衣服,你会大加赞赏,表现出惊奇或高兴的样子,并且会用各种赞美的词语来表达自己的这种心情;当工作遇到挫折时,你会表现得悲观,恨不得把自己的情绪通过所能表现的方式淋漓尽致地表现出来。

尽管我们的情绪异常丰富,但是总体上仍可以划分为两种形式:积极情绪和消极情绪(Nezlek & Kuppens, 2008)。积极情绪指的是表现良好的、舒适的情感,如快乐、愉悦、欣喜等;消极情绪是指那些让人感到不适的情感,如愤怒、憎恨、厌恶等。积极情绪和消极情绪对于个体的影响是不一样的,一般来说,消极情绪对人的影响更大,我们往往会对自己的消极体验耿耿于怀。

国外学者对情绪的多样性进行了深入探讨,有学者提出把众多的情绪限定在更为基础的维度上,组成六种基本情绪:愤怒、悲伤、害怕、快乐、厌恶和惊奇。这六种情绪是交叉存在的,这就是为什么有些情绪很难准确区别的原因,特别是不同的文化背景之下,往往会存在情绪的混淆。一项跨文化研究在韩国、中国、加拿大和美国的大学生中调查了六种情绪的感知负面性和正面性,并从情感和认知成分两个层面进行评估。结果发现,情感成分比认知成分表现出更大的差异。此外,情绪同时包含正面成分和负面成分,并且不同文化背景的人们对情绪的感受也存在差异(An et al., 2017)。

(二)强度

情绪的强度源于情绪的动力性特征,即情绪是一种动力性系统。个体在表现情绪的时候,其强度不尽相同,即便是面对同样的环境刺激,有的人情绪反应强烈,如暴跳如雷、欣喜若狂、大声疾呼,而有的人则相对比较平静和沉稳。这种差异体现了个体人格特质上的不同,外向性的个体对于外部环境的情绪反应会比较强烈,会做出非常明显的行为动作;而性格内向的个体对于外部环境的情绪反应就没有那么强烈,会比较拘谨和矜持,不会轻易地表现出自己的情绪。

不同的工作对于情绪的反应有着不同的要求。比如,空中交通管制人员和法官的工作就不允许他们有过多的情绪表达,这类职业要求从业者比较稳重沉着,即便是高压环境下也应表现出应有的冷静。而对于娱乐主持人、演员、教师以及社会服务工作者而言,他们的工作就需要更多的情绪表达和理解,能够随时根据情境的变化不断调整自己的情绪腔调和内容。情绪是推动个体行为的动力性因素,在一定程度上能够促进或者抑制人们的行为。

(三)反应时间

情绪需要多长时间表达一次?每次的情绪表达又会持续多长时间?对于同样的情绪刺激,不同个体的情绪反应时间不同。比如,对于愤怒情绪刺激,有些个体很快就作出强烈回应,而有些个体的情绪反应就比较慢。情绪反应被引发后,其恢复时间也是不同的。有些人恢复很快,有些人恢复得就比较慢。例如,给个体呈现恐怖性的刺激来诱发情绪,有些个体恐惧感的持续时间比较长,其心率水平持续性升高,皮肤电阻发生改变;而其他个体的指标恢复得就很快。这些特征反映了情绪反应的时间特征。

不同的工作对于情绪反应的时间要求也是不一样的。比如,财务会计对情绪的要求就比较单一,不需要时常把笑容挂在脸上,也不需要对于某些刺激表现出过强的反应。会计一般都比较稳重冷静,对数字比较敏感,因此企业在招聘会计时不会过多考虑他们在情绪劳动方面的投入情况。而对于另外一些职业就大不一样了,比如餐厅服务员、空中乘务员,他们的工作性质就要求他们时刻保持善意友好的笑容,对客户的要求做到最大程度的满足;还会要求他们能够快速地恢复情绪以适应工作的要求。

个体情绪的多样性、强度和反应时间需要与工作要求相匹配,员工是否合适做某项工作,在一定程度上不仅仅取决于该工作需要员工展示什么样的情绪以及展示这种情绪的强度,还取决于情绪的频率和持续时间。

(四)情绪维度的理论

学者们对于情绪维度的看法并不相同,因此提出了许多理论(见表7-2)。最早提出情绪维度划分的是冯特等(Wundt et al., 1896),他提出了情绪三维度说,包含愉快—不愉快、兴奋—沉静、紧张—松弛,每一种具体情绪分布在三个维度两极之间的不同位置上。该理论为情绪的维度理论奠定了基础。之后,其他学者提出了不同的看法,如普拉奇克(Plutchik, 1970)提出情绪具有强度、相似性和两极性;伊扎德(Izard, 1977)提出了情绪的四维度理论,认为情绪有愉快感、紧张感、激动度和确信度;拉塞尔(Russell, 1980)认为情绪可以划分为愉快度和唤醒度两个维度;沃森和特尔根(Watson & Tellegen, 1985)提出情绪由理论上正交的两因子组成,即积极情绪和消极情绪。

表 7-2 情绪的维度总结

	理论	维度	代表人物
两维度	二维度理论	愉快度、唤醒度	拉塞尔(1980)
	正交二因子理论	积极情绪、消极情绪	沃森和特尔根(1985)
三维度	三维度理论	强度、相似性、两极性	普拉奇克(1970)
	情绪三维度说	愉快—不愉快、兴奋—沉静、紧张—松弛	冯特(1896)
四维度	四维度理论	愉快感、紧张感、激动度、确信度	伊扎德(1977)

研究表明,情绪的两维结构可以解释自评情绪体验中的大部分方差(Barrett, 2006)。两维度结构得到学者们的逐渐重视,其中以沃森和特尔根(Watson & Tellegen, 1985)提出的两维度结构最具代表性。在此模型中,积极情绪和消极情绪被认为是自陈情绪结构的两大彼此独立[①]的基本维度。沃森和特尔根(Watson & Tellegen, 1985)认为积极情绪反映了个体的热情、活跃和警觉的程度,高积极情绪的个体表现出一种精力充沛、全神贯注、欣然投入的状态,而低积

---

① 对此学界存在争议,积极情绪和消极情绪并非对立的,有时它们可以并存。

极情绪的个体则表现为悲哀和失神无力。消极情绪会导致心情低落和陷于不快乐的主观体验之中,包括各种令人生厌的情绪状态,诸如愤怒、耻辱、憎恶、负疚、恐惧和紧张等,低水平的消极情感是一种平和宁静的状态。此外,有学者(Watson & Clark,1992)认为积极情绪与消极情绪分别与大五人格中的外向性和神经质有很强的相关性,因此也被称为"大二"情绪维度("Big Two" affective dimension)。

三、情绪的体验与表达

我们有时候难以真正表现自己的情绪。比如,你对主管心有不满,但你还是常常对他表达赞美之词,而不会轻易显现自己真正的情绪。再如,你所在公司要求每一位员工在工作期间不管什么情况都要对客户面带微笑,如果这时候你遇到一位难缠的顾客,他对你的服务挑三拣四,你内心可能很不痛快,但是你还是会对他表现出礼貌性的微笑。当遇到真实情绪与表达情绪不一致时,我们会感到十分疲倦,甚至会生厌,这就是情绪体验与表达的问题。

情绪体验是个体对特定情境或刺激的主观感受和内心反应,包括对环境刺激的评估、情绪的产生以及随之而来的心理和生理状态。情绪体验是一个内在的过程,涉及认知评估和生理唤醒,是个体对外界事件或内部思维的直接响应。情绪表达是个体将其内在的情绪体验通过言语、面部表情、音调、身体语言等向外传达给他人的可见行为。情绪表达不仅是情绪体验的外在体现,也是社会交流的一种形式,允许他人识别和理解个体的情绪状态。

情绪体验和情绪表达是互相联系的。情绪体验是情绪表达的基础,它驱动个体产生表达行为;而情绪表达则是情绪体验的社会化展现,使他人能够识别个体的情绪状态并作出相应的反应。情绪体验和表达之间的相互作用对个体的社会适应和人际互动至关重要。在工作场所,有效的情绪表达可以促进团队沟通和协作,对情绪体验的理解和调节则有助于个体管理工作压力和提升工作绩效。

情绪的体验和表达是一个比较复杂的心理过程,包括一系列的认知和行为过程。2023年,圣路易斯华盛顿大学的希拉里·埃尔芬拜因(Hillary Elfenbein)教授在《心理学年度评论》上发表的文章论述了情绪的心理过程(Elfenbein,2023),包含:

(1)情绪体验。情绪体验是一个认知评估过程,个体会根据自己的标准和目标对工作环境中的事件或刺激进行解释,从而产生特定的情绪体验。该过程涉及对事件的主观意义进行评估,包括判断事件是否对个人有益、有害或无关紧要。

(2) 情绪后果。情绪体验之后，个体的态度、认知和行为会受到影响，这些变化统称为情绪后果。积极情绪可能促进创造性思维、团队合作和积极的工作态度，而消极情绪可能导致风险规避、冲突解决和对细节的关注。

(3) 情绪沟通。情绪体验会引发表达线索，这些线索可以被他人识别。情绪的表达和识别是情绪沟通的关键组成部分，涉及面部表情、声音语调、身体动作等非言语线索。情绪表达不仅传达个体的内在状态，还可能影响他人的情绪和行为，从而在人际互动中发挥作用。

(4) 情绪调节。个体会有意识地改变自己的情绪体验或表达策略。作为一套策略，情绪调节用于改变个体本身或他人本应体验到的情绪，包括抑制、增强、改变情绪体验或表达的尝试，以及对情绪反应的认知重评。

(5) 情绪智力。情绪智力包括情绪识别、情绪表达、自我调节、他人情绪调节、情绪理解（共情）和情绪注意力调节。情绪智力涉及有效处理所有情绪过程的能力。高情绪智力的个体能够有效地理解和管理自己和他人的情绪，从而在社交互动和工作中取得更好的成果。

(6) 群体间情绪差异。文化、性别、年龄和个人特质等因素会影响情绪的体验和表达。这些因素可能导致对情绪的解释、表达方式和情绪调节策略在不同群体之间存在显著差异。

(7) 情绪传染和集体情绪。情绪传染是指个体之间情绪状态的传播，可以通过模仿、共鸣或共享经验发生。集体情绪是指在群体或组织层面上共享的情绪体验，可以影响团队的凝聚力、工作氛围和整体绩效。

四、情绪的影响因素

影响情绪的因素主要有人格特质、性别、压力等因素。

(一) 人格特质

不同人格特质的个体其情绪的感受和反应存在差异，个体的人格特质使其易于经历特定的情绪和情感。例如，有些人更容易感到内疚和生气，另一些人则在大多数情况下都很冷静和放松。人格特质中包含情绪与情感的成分。埃蒙斯和迪纳（Emmons & Diener, 1986）测量了个体 EPQ 特质[①]与具体情境下情绪感受的关系，发现外倾性的个体报告了更多的快乐。格罗斯等（Gross et al.,

---

① EPQ 特质，指艾森克人格问卷主要测量的三个核心人格特质：外倾性、神经质和精神质。

1998)的实验研究发现,神经质个体会报告更多的悲伤。拉森和克特拉尔(Larsen & Ketelaar,1991)在两个采用不同情绪诱发技术的研究中发现,外倾者更可能体验积极情绪,但在对消极情绪诱发的反应中体验到的消极情绪的数量没有差异;神经质者比情绪稳定者体验到更多的消极情绪,但是在积极情绪的数量上没有差异。可见,对于同样的外部刺激,高外倾个体容易体验到更多的正情绪,而高神经质个体容易体验到更多的负面情绪。

(二)性别

不同性别对于情绪的感受也同样不同。有研究显示,女性可能比男性更容易受情绪传染或影响(Wild et al.,2001)。男性与女性在情绪化回应和读懂他人情感上存在差异,女性比男性有更多的情感表达,女性的情感体验更加强烈和敏感,对积极情绪和消极情绪的表达频率均高于男性。和男性不同,女性在情绪表达之后会更加舒服。此外,女性比男性更加擅长读懂非文字语言和超语言线索,比如音质、语调和语速等(Grossman & Wood,1993;Kring & Gordon,1998)。男女之间对于正面情绪的情绪调节策略是不一样的(黄敏儿、郭德俊,2001),面对正面的情绪,男性存在较多的认知忽视和表达抑制,女性存在较多的认知重视和宣泄。

情绪感受、表达和调节上的性别差异是由于性别社会化的方式不同导致的。男性的社会角色要表现出坚毅和勇敢,而女性的社会角色则是持家、养育。这也是社会进化的结果,男性要比女性更加的坚强和理性,不允许轻易地受到情绪的困扰。最后,女性在理解和表达情绪上存在先天的优势,她们往往会受到更高的社会赞许。因此,在应聘岗位时,雇主对于女性的第一印象相比男性会好一些。

(三)压力

过多的压力影响着员工的情绪与情感。当员工长期面临烦琐的工作任务、人情世故的烦扰、工作场所中的骚扰时,他们的工作热情会逐渐消退,对人对事漠不关心,并对工作产生厌倦等负面情绪。长期困扰员工的压力事件可能每次并不是很强烈,但是这些事件一旦多起来就会使员工的情绪恶化。情绪与压力紧密关联的一个概念是情绪耗竭(emotional exhaustion),它是指受到职业压力的影响而产生的反应,其特征表现为缺乏活力、有情绪资源耗尽的感觉。情绪耗竭经常伴随着挫折、紧张,所以员工会在心理层面上自认为无法致力于工作。情绪耗竭与一般的压力反应具有相似的工作压力源(如工作负荷、角色冲突等),以及相似的态度和行为结果(如离职意向、缺勤等)。情绪耗竭与压力反应一样,并不是人际工作者所独有的,而是具有普遍意义的心理现象。

（四）人际交往

人际交往活动能够带来积极情绪,而对消极情绪没有太明显的影响。但是,情绪与人际交往之间的因果关系似乎不是很明确,你可以说愉悦的心情使你更愿意参与社会交往活动,也可以说良好的社会交往活动能够使你保持快乐的心情。虽然人际交往活动对积极情绪有影响,但也取决于交往活动的类型是否符合你的口味。比如,长篇大论的报告并不一定会使你拥有快乐的心情,反而会使你感到疲倦和厌倦;与一位严厉刻板的主管交谈,或许半分钟的时间都觉得很长,而与一位漂亮的女同事交流,你会非常惬意,以至于两个钟头的交谈你都会觉得短。

人类是群体性动物,需要通过社会交流来施予关爱和获得关爱。在与人关爱的过程中个体会感受到无比的欣喜和欢呼,收获他人的关爱也会感到安全和舒服。人际交往活动对于我们是必需的,特别是在公司内部越发显得重要。良好的人际交往能够让你赢得良好的口碑,甚至还会获得优秀的绩效评价。公司内部的人际交往可能更带有政治色彩,或许是个体职业发展的必要社会技能。良好的人际交往能够让员工保持更充沛的精力投入到工作中去,从而能够提高工作绩效。

（五）生活习惯

个体的生活习惯也会影响情绪和情感,比如睡眠、运动、饮食等。睡眠的质量影响人们的情绪,睡眠不佳的员工报告会有更多的疲惫、暴躁、焦虑和敌意(Lavidor et al., 2003)。前一天晚上睡不好的员工在第二天工作中会感到更少的工作满意感(Scott & Judge, 2006)。随着工作压力的增加,睡眠的质量日益受到威胁,员工普遍报告其睡眠的时间比较少,很难达到常规的七八个小时。

睡眠与情绪大脑功能之间存在一个复杂的相互作用关系。睡眠不足会导致情绪调节和表达能力受损,而良好的睡眠有助于恢复适当的情绪反应和情绪识别能力。快速眼动睡眠在情绪记忆中起着关键作用,有助于情绪记忆的巩固和情绪体验的情感色彩的减弱,这一过程被称为"情绪记忆解析"(emotional memory resolution),即通过睡眠来"忘记情感"但"留住记忆"。快速眼动睡眠还有助于情绪反应的校准,通过在睡眠中调整大脑对情绪刺激的敏感性和特异性,为第二天的情绪功能提供最佳准备,这被称为"快速眼动睡眠情绪重校准"(rapid-eye movement sleep emotion recalibration)。睡眠障碍,特别是快速眼动睡眠的异常，与多种精神障碍相关，包括创伤后应激障碍（post-traumatic stress disorder, PTSD）和重度抑郁。这些疾病通常与睡眠中断、情绪调节问题和大脑功能失调有关（Goldstein & Walker，2014）。

运动是个体保持积极情绪的有效方法。运动可以加快血液循环、提高身体免疫力，能够使人保持充沛的体力。运动对个体的消极情绪也有良好治疗作用，可使个体远离焦虑、沮丧等负面情绪。斯蒂芬斯（Stephens，1985）针对超过55000人的调查研究指出，身体活动和心理良好感觉有明显的相关，正面情绪和身体活动有正相关（Bouchard et al.，1994）。摩西等（Mose et al.，1989）指出，中等强度的运动对情绪有增益效果，但是高强度的运动可能会适得其反，虽然运动能够改善情绪，但这并非绝对。

此外，良好的饮食习惯也会影响人们的情绪。有研究显示，糖类能使人心情舒畅，因为糖类能够增加大脑血液中复合胺的含量，该物质被认为是人体内自然产生的镇静剂（Crockett et al.，2008）。保持良好的情绪还需要注意良好的膳食。工作中很多员工因为赶时间不愿意吃早餐，但研究发现，营养早餐对于身体健康具有重要的作用，早餐能够激活一天的脑力燃料，也可以使人在工作中思考敏锐，反应灵活，并提高工作效率和保持良好工作状态（梁洁玉等，2014）。

第二节 情绪的理论

在心理学领域，各种理论框架试图解释情绪的来源、结构和功能，从传统的生理学观点到现代的认知心理学和社会文化理论。

一、詹姆斯—兰格理论

该理论由美国心理学家威廉·詹姆斯（James，1884）和丹麦生理学家卡尔·兰格（Lange & Kurella，1888）分别于1884年和1885年提出。该理论认为，情绪是由生理变化引起的，即首先感知到刺激，然后身体作出相应的生理反应，如心跳加速、肌肉紧张等，最后意识到这些生理变化并将其解释为情绪。在詹姆斯—兰格理论提出之前，人们普遍认为情绪是由认知过程引起的，即首先对刺激进行认知评估，然后根据评估结果产生情绪体验。然而，詹姆斯和兰格对这种观点提出了质疑。他们认为，情绪的发生速度太快，无法由认知过程解释。例如，当我们看到蛇时，我们会立即感到恐惧，而没有时间进行认知评估。因此，该理论提出身体状态可以诱发情绪或情绪倾向。换句话说,当我们想要流泪时,它会产生悲伤情绪的倾向;当我们的心跳异常时,它会让我们感到焦虑。詹姆斯—兰格理论颠覆了传统观点,认为情绪并非单纯对事件的反应,而是由身体的生理变化引起的。

(1) 生理变化是情绪产生的先决条件。我们首先感知到刺激,然后身体作出相应的生理反应,如心跳加速、肌肉紧张等。詹姆斯—兰格理论认为,情绪体验是由身体的生理变化所引起。这些生理变化是对外部刺激的直接反应,而情绪感受是大脑对这些生理变化的后续解释。

(2) 对生理变化的意识是情绪体验的关键。情绪体验来自个体对生理变化的意识以及对这些生理变化的认知解释。换句话说,当个体经历某种生理变化时,他们会意识到这些变化,并将其解释为某种情绪。例如,当一个人遇到威胁性的情境时,他的心率可能会加快,呼吸加深,肌肉紧张等。根据詹姆斯—兰格的理论,这些生理变化会被个体意识到,而个体可能会将这些生理变化解释为恐惧或紧张等情绪。个体在感知到生理变化之后,会根据自己对情境的认知和解释,将其归因为某种情绪体验。

(3) 不同的生理变化对应着不同的情绪。在詹姆斯和兰格看来,当个体经历不同的生理变化时,这些生理变化的模式会被解释为特定的情绪状态。情绪体验并不是直接由情境引发,而是由身体的生理反应所引发,而不同的生理反应模式与不同的情绪状态相关联。比如,当个体经历心跳加快、呼吸急促、肌肉紧张等生理变化时,可能会解释这些生理反应为恐惧的体验。相反,如果个体经历心跳缓慢、呼吸平稳、肌肉放松等生理变化,则可能会将这些生理反应解释为愉悦或平静的体验。

当然,针对詹姆斯—兰格理论也不乏各种批评的观点。这些批评包括:

(1) 生理反应的普遍性。批评者指出,许多生理反应,如心跳加速、出汗等,并不是特定针对某一种情绪,而是多种情绪共有的。这意味着单一的生理变化无法准确预测或决定特定的情绪体验。

(2) 缺乏情绪体验的认知因素。后续的理论家,如沃尔特·坎农(Cannon, 1927)和菲利普·巴德(Bard, 1928),提出了坎农—巴德理论,强调情绪体验中认知因素的作用。他们认为,情绪体验是由大脑对生理唤醒的评估和解释所决定的,而不仅是生理变化本身。

(3) 忽略了情绪的社会和文化影响。批评者认为詹姆斯—兰格理论忽视了情绪的社会和文化维度。情绪体验会受到社会环境、文化背景和学习经验的影响。

（4）实验证据的不足。作为情绪的早期理论，詹姆斯—兰格理论缺乏有力的证据来支撑。一些实验尝试通过刺激内脏器官来产生特定情绪，但结果并不一致，这表明生理唤醒可能不是情绪体验的唯一决定因素（Cannon，1927）。

尽管詹姆斯—兰格理论受到了批评和修正，但也为现代情绪理论奠定了基础。这一理论强调了生理唤醒在情绪体验中的作用，在当时的时代背景下为人类理解情绪的产生提供了生理层面的解释。然而，随着时间的推移，这一理论也受到了挑战，现代研究支持更为复杂的观点，即情绪体验不仅仅由生理变化决定，还受到认知和环境等多种因素的影响。

二、坎农—巴德理论

坎农—巴德理论，也称为丘脑情绪理论，是由哈佛大学的生理学家沃尔特·坎农（Walter B. Cannon）和他的学生菲利普·巴德（Philip Bard）在20世纪初提出的。这一理论是对当时流行的詹姆斯—兰格理论的修正。詹姆斯—兰格理论认为情绪体验是由身体的生理变化引起，这些变化通过神经系统的反馈到达大脑，从而产生情绪感受。然而，坎农通过动物生理学的研究，特别是通过对猫的实验，提出了不同的观点。他认为情绪体验是由大脑中的丘脑区域直接产生的，而不是由身体的生理变化引起的。外部刺激首先激活大脑中的特定区域，然后丘脑同时向身体发送信号产生生理反应，并向大脑皮层发送信号产生情绪感受。

坎农—巴德理论的关键点在于：① 强调下丘脑的作用。情绪表达是由下丘脑结构的功能引起的。② 丘脑的刺激。情绪感受是由对背侧丘脑的刺激产生的。③ 生理变化与情绪感受的独立性。情绪的生理变化和主观感受是分开且独立的。④ 丘脑区域的重要性。丘脑区域在情绪理论中扮演主要角色，因此这一理论也被称为丘脑情绪理论。概括来讲，坎农—巴德理论的主要观点体现在：

（1）丘脑是情绪反应的协调与控制中心。坎农总结了支持该理论的观察结果，比如在动物实验中去除丘脑前部的大脑后，动物继续显示出类似愤怒的情绪反应。当丘脑被去除时，这些反应停止。詹姆斯—兰格理论认为情绪控制中心分布在全身，特别是内脏器官。坎农—巴德理论则认为情绪的控制中心是大脑中的丘脑，特别是背侧丘脑在情绪体验中起着核心作用。

（2）情绪体验与生理反应并行发生。外部刺激激活感受器，引发向大脑皮层的冲动。这些冲动在皮层中与条件过程相结合，决定后续反应的方向，从而激活丘脑。丘脑一旦激活，就准备放电。当丘脑放电时，身体变化几乎与情绪体验同时发生。生理唤醒不需要先于情绪表达或体验。詹姆斯—兰格理论强调生理反应在情绪体验之前发生,是情绪体验的必要条件。坎农—巴德理论认为生理反应和情绪体验同时发生,彼此独立,且生理唤醒不是情绪体验的必要前提。

三、情绪认知理论

情绪的认知理论强调个体对情境的认知解释在情绪产生和调节中的关键作用。该理论指出情绪不仅受到外部刺激的影响,还受到个体对这些刺激的主观评价和解释的影响。这个理论对理解情绪的个体差异、情绪障碍以及情绪调节策略具有重要意义。代表性的认知理论包括情绪评估理论、情绪调节理论、情绪信息加工理论、情感事件理论等。考虑到篇幅的限制,本章针对这些认知理论作简要的介绍。

(一)情绪评估理论

情绪评估理论(cognitive appraisal theory of emotion)是20世纪60年代初由加拿大心理学家阿诺德(Magda B. Arnold)提出的,她是情绪认知理论的开创者,认为知觉和认知是刺激事件与情绪反应之间的必要中介物(Arnold,1950;Bard,1928)。随着认知心理学的蓬勃发展,评估理论分化为两个主要分支:

(1)认知—激活理论。以社会心理学家史丹利·斯坎特(Stanley Schachter)为代表,专注于研究生理激活和认知之间的关系(Schachter & Singer,1962)。这一理论认为,特定的生理唤醒状态需要通过认知标签来解释,从而产生特定的情绪体验。

(2)"纯"认知派。以理查德·拉扎勒斯(Richard Lazarus)为代表,这一派别更侧重从环境、认知和行为的角度来阐述认知对情绪的影响(Lazarus,1991)。拉扎勒斯的认知评价理论(也称为拉扎勒斯理论)认为情绪是一种综合反应,包括环境、生理、认知和行为的成分,每种情绪都有其独特的反应模式。情绪是由个体对事件或情境的意义和影响的评估引起的。

拉扎勒斯的认知评价理论将认知过程看作情绪反应的中介,因此该理论也称为情绪的认知中介理论(cognitive mediational theory of emotion)。认知评价理论认为情绪评估有两个关键概念:评估与认知中介。

(1)评估。拉扎勒斯认为情绪的产生不是直接由外部刺激引起,而是由个体对刺激的评估和解释所决定。

(2)认知中介。情绪的评估过程通过认知中介来完成,即个体对情境进行认知解释和评估,然后产生情绪反应。认知中介过程决定情绪的性质和强度。

对于评估的实施,他认为需要分为两个阶段来完成:初级评估与次级评估。

(1) 初级评估。评估过程第一阶段,个体评估情境是否与他们的目标、价值观或需求相关。如果情境被认为重要或具有意义,个体会进入下一个评估阶段。

(2) 次级评估。评估过程第二阶段,个体评估他们对情境的应对资源和能力,以及情境对他们的意义和影响。基于这些评估,个体产生相应的情绪反应。

情绪评估理论强调个体在情绪体验中的主动作用,提出了情绪产生的复杂认知过程,深化了对情绪形成机制的理解。这一理论对解释情绪的个体差异、情绪调节以及情绪研究方法具有重要意义,为情绪干预和治疗提供了理论基础。

(二) 情绪调节理论

情绪调节是个体应对情绪相关事件的一种自我调节过程,可以通过多种方式进行。情绪调节理论(emotion regulation theory)研究个体如何管理和改变自己的情绪体验和表达的一系列理论。情绪调节涉及对情绪的意识、理解、接受和表达的控制,以及在特定情境中选择和运用不同的策略来调整情绪反应。情绪调节理论与心理健康紧密相关,因为有效的情绪调节策略有助于提高个体的心理适应能力和幸福感,而调节不当可能导致心理问题甚至产生心理疾病。

首先,情绪调节涉及认知重评,即个体通过重新解释情境或情绪体验来改变对其的认知评价。例如,当面对挫折时,可以采取积极的认知重评策略,试图从中找到积极的一面,从而减轻负面情绪的影响。其次,情绪调节还可以通过情绪表达来实现,即个体选择何种方式来表达、展现或隐藏情绪。例如,可选择通过艺术、运动或沟通来释放负面情绪,或选择在公共场合控制自己的情绪表达,以维持社交关系和个人形象。此外,情绪调节还包括情绪管理策略,即个体通过改变情绪产生、表达和体验的方式来调节情绪。这可能包括寻求社会支持、运动、放松技巧、认知行为疗法等,以帮助个体更好地处理情绪困扰和应对压力。总的来说,情绪调节理论强调了个体在应对情绪相关事件时的主动性和可塑性,认为情绪并非完全被动地受到外界影响,而是可以通过个体的认知和行为策略来调节和管理。这一理论为个体提供了应对情绪困扰和提升心理健康的有效途径,同时也为心理治疗和心理健康促进提供了重要的理论基础。

情绪调节过程是一个动态、交互式的过程,个体通过认知和行为策略来管理和调节情绪体验。情绪调节过程由情境选择(situation selection)、情境修改(situation modification)、注意力部署(attentional deployment)、认知重构(cognitive restructuring)和响应调节(response modulation)等环节组成(见图7-1)。

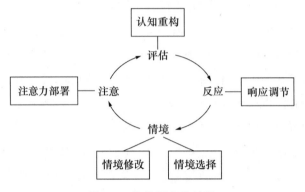

图 7-1 情绪调节的过程

资料来源：McRae, K. (2016). Cognitive emotion regulation: A review of theory and scientific findings. Current Opinion in Behavioral Sciences, 10, 119-124.

(1) 情境选择

情境选择是指主动选择进入或避免某些情境，以此来影响自己的情绪体验。这种策略涉及对潜在情绪触发因素的预测和评估，然后根据这些信息作出决策，选择参与或不参与特定的活动或环境。例如，如果知道某个社交活动可能会让他感到焦虑，他可以选择不参加这个活动，从而避免产生负面情绪。

(2) 情境修改

情境修改是指个体在情境中采取行动来改变情境的某些方面，以减少或消除情绪触发因素。这可能包括改变情境的物理环境、社交环境或任务要求。例如，如果在嘈杂的餐厅中感到不适，他可能会请求服务员将座位调到安静的地方，或者使用耳机来减少噪声干扰，从而减轻不适感。

(3) 注意力部署

注意力部署是指通过内部或外部的方式引导注意力，以减少对情绪刺激的关注。例如，孩子可能会用手捂住眼睛或耳朵来避免看到或听到令人不安的视觉或听觉刺激。成年后，这种策略可表现为回忆过去愉快的经历，以分散对当前不愉快事件的注意力。

(4) 认知重构

认知重构涉及重新考虑和框架一个情绪情境，以改变其情绪意义。这是认知行为疗法中常用的技术，通过改变对情境的思考方式来改变情绪体验。例如，学生可能会将考试不及格视为未来改进的机会，而不是作为自我价值的否定。

（5）响应调节

响应调节是指直接改变情绪系统的输出，包括面部表情、言语表达、身体反应或行为。表达抑制是响应调节的一种形式，它涉及抑制或不展示内在感受到的情绪。例如，我们可以在接到坏成绩或批评时尝试保持面无表情或中立的面容。

(三) 情绪信息加工理论

情绪信息加工理论（emotion information processing theory）认为情绪体验是由我们对情绪信息的加工过程引起的。该理论强调信息加工在情绪产生过程中的核心作用，认为情绪不仅仅是生理反应或外部刺激的结果，更是个体对这些刺激的加工和解释的结果。这一理论强调了信息加工在情绪产生过程中的核心作用。个体对情绪激发事件的感知、注意、解释和记忆等加工过程会影响他们的情绪体验。例如，个体对于同一事件的不同认知解释可能导致不同的情绪反应，即使外部刺激相同，个体也可能产生不同的情绪体验。个体通过感知、注意、解释和情绪体验等多个步骤来加工情绪事件，并根据自己的认知评价产生相应的情绪体验。这一加工过程中个体的认知、情绪和生理方面的反应相互作用，共同决定了最终的情绪体验。

本章节介绍情绪信息加工的两个代表性理论模型：情绪作为社会信息（emotions as social information，EASI）模型与情感信息（feelings-as-information，FAI）理论。

(1) EASI 模型是由范·克利夫教授于 2009 年提出的，旨在解释他人情绪如何通过情感反应和推断加工机制影响观察者的决策行为，以及认知动机和合适性判断在其中所起的调节作用。EASI 模型的核心假设是，情绪不仅仅是个体内部的心理状态，而且具有社会功能，可作为社会信息影响他人的行为和决策（Van Kleef，2009；Wang et al.，2017）。该模型指出了两种情绪信息加工方式：

① 情感反应。观察者在接触到他人情绪表达时，直接产生的情绪体验。例如，看到别人开心，观察者也感到快乐；看到别人愤怒，观察者也感到紧张或愤怒。

② 推断加工。观察者将他人的情绪表达作为信息输入进行认知加工，从而推断出情绪表达背后的意义、意图或情境。例如，观察者从领导的愤怒中推断出领导对工作成果的不满，或者从服务员的高兴中推断出对服务质量的积极评价。

影响这两种加工方式的策略选择受制于另外两个调节因素：认知动机与合

适性判断。认知动机指的是影响观察者对情绪信息进行深入加工的内在驱动力。高认知动机的个体倾向于更全面和深入地加工情绪信息,而低认知动机的个体可能只进行表面的信息加工。

合适性判断指的是观察者根据社会规范和情境标准,评估他人情绪表达的适宜性。如果情绪表达被认为是合适的,推断加工的预测力更强;如果情绪表达被认为是不合适的,情感反应的预测力更强。

(2) FAI 理论由诺伯特·施瓦茨(Norbert Schwarz)和杰拉尔·克洛尔(Gerald L. Clore)在 1983 年提出。它主要关注个体如何将自己的情感状态作为信息来源来指导自己的判断和决策。该理论认为,人们会无意识地使用自己的情绪状态作为评估外部事件或对象的一种方式(Schwarz, 2012)。例如,如果一个人感到快乐,他可能会将这种积极情绪归因于当前的环境或活动,并因此对这些因素作出积极的评价。根据该理论,情绪体验的来源不仅包括外部刺激,还包括个体内部的情绪状态。个体通过观察自己的情绪体验,获得对所处情境的认知评价和自身状态的了解。FAI 理论还指出,个体可以通过调节自己的情绪体验来影响认知和行为。例如,个体可能会采取情绪调节策略,如寻求社会支持、情绪重评等,来调节自己的情绪体验,从而影响对环境的评价和决策。

EASI 模型与 FAI 理论有所不同,主要体现在研究层次、情绪社会效应和调节因素上。

首先,在研究层次方面。FAI 理论侧重于个体如何利用自己的情感作为信息,而 EASI 模型侧重于观察者如何解释和反映他人的情绪表达。其次,在情绪的社会效应方面。EASI 模型特别强调情绪在人际互动中的信号功能,以及情绪如何通过情感反应和推断加工影响社会决策;FAI 理论则没有体现出情绪的社会效应。最后,在调节因素方面,EASI 模型引入了认知动机和合适性判断作为调节因素,这些在 FAI 理论中并未明确提出。

(四)情感事件理论

情感事件理论(affective events theory, AET)是由组织心理学家霍华德·韦斯(Howard M. Weiss)和拉塞尔·克罗潘扎诺(Russell Cropanzano)开发的理论(Weiss & Cropanzano, 1996)。该理论旨在解释情绪和心情如何影响工作表现和行为。AET 阐释了员工内在影响因素(如认知、情绪、心理状态)与他们对工作环境中发生的事件的反应之间的联系,这些事件影响他们的工作表现、组织承诺和工作满意度。AET 的核心观点包括:

(1) 工作环境中的事件是员工情绪体验的主要来源。这些事件可以是积极的,也可以是消极的。例如,升职加薪是积极事件,而被解雇是消极事件。

(2) 员工对事件的认知和评价会影响情绪反应。例如,员工认为升职加薪是对自己能力的肯定,就会感到高兴;认为被解雇是不公平的,就会感到愤怒。

(3) 情绪反应会影响员工的工作态度和行为。例如,员工感到高兴时,会更加积极主动地工作;员工感到愤怒时,可能会做出冲动的行为。

(4) 员工的情绪体验和工作态度及行为会影响组织绩效。例如,员工情绪积极、工作态度积极,会促进组织绩效的提升;员工情绪消极、工作态度消极,会阻碍组织绩效的提升。

情感事件理论提出了一个"事件—情感—态度和行为"的链条,系统地揭示了工作场所中员工的情感作用机制(见图 7-2),包括外部环境、工作事件、情感反应、工作态度、工作行为和个人特质等。

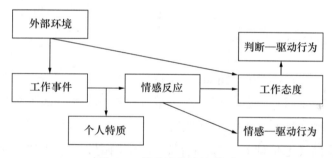

图 7-2 情感事件理论模型

资料来源:Weiss, H. M., & Cropanzano, R. (1996). Affective events theory. Research in Organizational Behavior, 18(1), 1-74.

工作环境特征包括工作设计、领导风格、工作条件、组织文化等。这些特征是情感事件的背景和前提,它们可以是稳定的也可以是变动的。

工作事件是指在工作中发生的具体事件,可以是积极的(如表扬、成功)或消极的(如批评、失败)。工作事件是情感反应的直接诱因,它们对个体的情感状态有即时影响。

情感反应包括情绪和心境。情感反应是工作事件的直接结果,情绪通常与特定事件相关,而心境则更为持久且弥散。情感反应受到个体特质(如情感特质高的人对情绪刺激更敏感)的影响。

情感反应影响工作态度(如工作满意度、组织承诺等),工作态度是个体对工作的整体评价,受到认知和情感反应的共同影响。

行为包括情感—驱动行为(affect-driven behavior)和判断—驱动行为(judgment-driven behavior)。情感—驱动行为直接由情感反应引起,如情绪冲动下的即时反应。判断—驱动行为则是情感反应先影响工作态度,再由这种态度驱动的深思熟虑的行为,如离职决策。

员工的个性特质,如五大人格,影响他们对情感事件的感知和反应。个性特质也影响工作满意度和组织承诺。

这些因素之间的关系构成了情感事件理论的核心框架。工作环境特征通过影响工作事件的发生,进而引发员工的情感反应,这些情感反应又通过影响工作态度来间接影响行为。情感事件理论强调了情感在组织行为中的重要性,并为理解和研究员工在工作中的情感体验提供了一个有力的理论工具。

第三节 情绪智力

一、什么是情绪智力

情绪智力(emotional intelligence,EI)最早由彼得·萨洛维(Peter Salovey)和约翰·梅尔(John D. Mayer)于1990年首次提出,他们认为情绪智力是个体监控自己及他人的情绪和情感,并识别、利用这些信息指导自己思想和行为的能力。1997年他们又把情绪智力重新界定为:精确的知觉、评估和表达情绪的能力,产生促进思维的情感能力,理解情绪和情绪知识的能力,调节情绪和促进情绪、智力发展的能力。情绪智力水平从低到高依次包括:自我情绪知觉、自我情绪控制、他人情绪知觉、他人情绪控制。

情绪智力包括五个维度:
(1) 自我意识:能够意识到自己的感受。
(2) 自我管理:管住自己情感和冲动的能力。
(3) 自我激励:面临挫折失败时能够坚持不懈的能力。
(4) 共情:体会他人感受的能力。
(5) 社交技能:应对和影响他人情感的能力。

情绪智力的测量主要基于两种思路(Côté,2014),基于表现的测量与自评。
(1) 基于表现的测量方法。这种方法要求受试者完成特定的任务和解决与情绪相关的问题,以评估情绪智力的不同维度。这种测量方式常见于智力研究,因为它提供了智力构念所具有的表现条件。目前较为流行的基于表现的测量工具是梅尔-萨洛维-卡鲁索情绪智力测验（Mayer-Salovey-Caruso Emotional Intelligence Test，MSCEIT），它测量四个维度的情绪智力，并提供一个总体得分。这四个维度分别是感知和表达情绪、使用情绪、理解情绪和调节情绪。

（2）自评。受试者通过关于他们能力的自我描述性陈述来评估自己的情绪智力，例如"我只要通过看其他人就能感觉到他们的感受"。自评方法基于个体能够准确估计他们在情绪问题上的表现，并且愿意在问卷中报告这一估计的假设。然而，有证据表明，人们在估计自己的能力时，会出现自我服务偏见。自评量表的一个例子是舒特等（Schutte et al.，1998）开发的情绪智力自评量表，包含多个关于情绪能力的自我报告题项。

二、情绪智力影响因素

情绪智力涉及个体的心理认知与体验，对不同的人、不同的情境，情绪智力的意义也有所不同。影响情绪智力的因素主要有个体因素和社会文化因素。

（一）个体因素

不同性别、年龄和人格特质的个体具有不同的情绪智力。梅尔等（Mayer et al.，1999）研究发现，在情绪能力测验中，成年人的得分比青少年高，女性比男性高，并且个体对于情绪的认知能力会随着年龄的增长而增长。

情绪智力也是个体的一种特质，反映了他们情绪上的稳定倾向。而且情绪智力与个体的某些人格特质维度具有一定的相关性。道达等（Dawda et al.，2000）研究发现，特质情绪智力与开放性和神经质相关，与宜人性和谨慎性也存在相关性。

（二）社会文化

情绪智力受社会文化的影响较大。情绪智力与社会满意度、社会工作质量具有一定的关系。较高的情绪智力通常与较好的心理社会功能相联系，对情绪智力较高的个体而言，一些心理社会因素可以作为躯体疾病的缓冲器。文化影响个体的情绪体验和情绪表达，在使用情绪智力量表时，需注意不同文化背景的差异。

三、情绪智力在组织中的作用

（一）组织绩效

研究智力、人格等因素与工作绩效的关系是一个经典课题，并且诸多研究证实了智力、人格会显著影响工作绩效。丹尼尔·戈尔曼(Daniel Goleman)大力宣传情绪智力与工作绩效之间的关系(Goleman，1996)。他在《情绪智力》一书中提出，情绪智力是绩效突出的人与普通人相区别的关键所在，它的作用要比专业技能和认知技能联合起来的作用更大。戈尔曼认为，传统智力测验只能解释影响个人成功的20%的原因，而其他因素就可以用情绪智力来解释。因此，如果我们期望提升员工的工作绩效，那么开发和培养员工的情绪智力是十分重要的突破口。

管理者的情绪智力对员工工作绩效也产生影响。根据社会交换理论(social exchange theory)，管理者有一定的社会和经济资源，员工需要通过一定的工作表现来获取管理者的资源，赢得管理者的偏爱，以及得到更多的奖赏。高情绪智力的管理者善于察觉并理解员工的情绪，能与员工进行较好的沟通。这种沟通有利于员工的问题解决，同时员工会更加努力地工作来回报管理者对他们的信任，以获得管理者的资源和偏爱。施等(Sy et al.，2006)以分布在9个不同地区的同一家连锁饭店的187名食品服务员工为对象，发现员工的情绪智力与其工作满意度和工作绩效呈显著相关。此外，研究还发现，管理者的情绪智力与低情绪智力员工的工作满意度有更高的正相关，即使在控制了人格变量之后这些结果仍然显著。

当然也有学者对情绪智力与工作绩效之间的积极关系持否定态度。这是因为，情绪智力与人格高度相关，当把这些人格变量控制住之后，情绪智力的贡献就不是很显著。虽然，情绪智力看上去与情感稳定性特质高度相关，但是还没有足够的证据证明，在预测工作表现方面，情绪智力比人格和一般智力有更好的预测作用。

（二）领导力

领导者的情绪智力可能影响他们的领导风格、团队动力和领导效能。首先，情绪智力被认为是领导力成功的关键因素。情绪智力能够帮助领导者更好地理解和处理自己和团队成员的情绪，从而更有效地应对挑战和压力，提高领导效能。其次，领导者的情绪智力水平可能影响他们的领导风格。情绪智力高的领导者更有可能采用积极、灵活和包容的领导风格，与团队成员建立良好的情绪联系，并有效地应对不同情境下的挑战。再次，领导者的情绪智力也可能影响团队的动力和凝聚力。情绪智力高的领导者能够建立积极的情绪氛围，激励团队成员发挥他们的潜力，增强团队合作和凝聚力。最后，情绪智力还可能影响领导者的领导效能。情绪智力高的领导者能够更好地管理自己的情绪和团队的情绪,更有效地应对挑战和压力,提高领导效能,推动组织实现目标。

(三)团队合作

情绪智力有助于促进团队内的沟通和协作。团队成员的情绪智力可能影响团队的整体表现和创新能力。首先,情绪智力促进团队沟通和协作。情绪智力高的团队成员能够更好地理解、管理和表达自己的情绪,也能够更好地理解和应对其他团队成员的情绪。情绪智力有助于建立良好的沟通氛围,增进团队成员之间的理解和信任,从而促进团队内部的协作和合作。其次,团队成员的情绪智力可能会直接影响整个团队的绩效和表现。情绪智力高的团队成员能够更有效地处理挑战和压力,更好地协调团队内部的关系,从而提高团队的绩效。最后,团队成员的情绪智力也可能会影响团队的创新能力。情绪智力高的团队成员能够更灵活地应对变化和挑战,更愿意尝试新的想法,从而推动团队的创新和发展。

(四)压力管理

情绪智力可以帮助员工更有效地应对工作压力。具备情绪调节能力的员工更能适应高压环境,减少工作压力的负面影响。具备情绪调节能力的员工更有可能适应高压工作环境,他们能够更快速地从压力状态中恢复,更好地保持积极的情绪状态,并且更具有解决问题和应对挑战的能力,从而减少工作压力对其产生的负面影响。情绪智力和情绪调节能力可以帮助员工更有效地管理自己的情绪,避免情绪爆发和消极情绪的传播,从而减少工作压力对员工身心健康和工作绩效的负面影响。

(五)客户服务

在客户服务领域,情绪智力对提供高质量的服务至关重要。能够识别和适当响应客户情绪的员工可以提高客户满意度和忠诚度。

在客户服务领域,员工需要与各种情绪的客户打交道,包括愤怒、焦虑、兴奋等。具备较高情绪智力的员工能够更好地控制自己的情绪,理解客户的情绪,从而提供更加贴心和专业的服务。在客户服务过程中,识别和适宜响应客户情绪是提高服务质量的关键。情绪智力高的员工能够准确地识别客户的情绪,了解客户的需求和期望,并采取相应的措施来满足客户的需求,从而增强客户的满意度和忠诚度。通过提供高水平的情绪智力培训,使员工具备识别和响应客户情绪的能力,可以显著提高客户满意度和忠诚度。当客户感受到员工的关心和专业，他们更有可能对服务感到满意，并愿意再次购买或推荐给他人。

（六）职业发展

情绪智力与职业发展和晋升机会相关。具备高情绪智力的员工可能更容易获得领导职位和职业上的成功。

（1）拥有高情绪智力的员工通常能够有效地管理自己的情绪，并且能够理解和应对他人的情绪。在职场上，这种情绪管理能力使他们能够在压力下保持冷静，处理各种挑战和困难，从而更好地展现出领导才能和应对能力。

（2）高情绪智力的员工通常具备良好的人际关系和沟通能力。他们能够建立积极的工作关系，处理与同事、上司和下属之间的关系，以及解决团队内部的冲突。这种能力有助于他们在团队中建立领导地位，并获得同事和领导的信任。

（3）情绪智力高的员工往往能够更加理性和客观地进行决策和问题解决。他们能够在情绪的影响下保持清醒的头脑，作出符合组织利益的决策，并且能够快速有效地解决各种挑战和问题。

（4）情绪智力高的员工通常也更容易具备领导能力。他们能够理解团队成员的情绪和需求，有效地激励和指导团队成员，推动团队向前发展。这种领导能力使他们更有可能被提拔到领导职位，并在职业生涯中取得成功。

第四节　情　绪　劳　动

一、什么是情绪劳动

情绪劳动（emotional labor）最早由 A. 拉塞尔·霍克希尔德（A. Russell Hochschild）于 1979 年提出。她在 1983 年出版的著作中对空姐的工作进行了详细的分析，并指出她们的工作不仅具有体力方面的要求，而且更有情绪方面的要求，必须时刻应对乘客和她们自己的情绪问题。情绪劳动的实质是员工与顾客的相互交往中被要求表达适当的情绪（Hochschild, 1983）。例如，空姐被要求即使面对傲慢无礼的乘客也必须表示友好；护士和教师必须对病人和学生表示同情；银行职员必须以良好的情绪状态而不是板着面孔来显示对他人的信任；商场营业员必须以微笑来面对顾客。加夫曼（Gaffman, 1959）指出，在现实社会交往中，人们都倾向于扮演一定的角色并努力产生某种印象，这种印象要求遵循一定的规则，表现出适当的情绪。霍克希尔德运用这一观点来解释情绪劳动，把情绪劳动看作组织中的社会互动。她认为员工不仅要按要求完成任务，付出精力和努力，而且他们往往被要求在工作中控制自己的情绪。莫里斯和费尔德曼（Morris & Feldman，1996）把情绪劳动定义为，员工必须进行努力、计划和控制，在人际交往中按照组织的要求表现出情绪的活动。

二、情绪劳动的特点

人的情绪活动普遍且广泛，人时时在产生情绪，处处在体验情绪。然而，不能把员工所有的情绪活动都看成是情绪劳动。扎普（Zapf，2002）对情绪劳动所具有的特征进行了如下归纳：

（1）情绪劳动是员工与顾客之间互动的产物。对于一些服务行业的员工来说，情绪劳动是非常普遍的，如教师、社会工作者、医生、售票员、营业员以及餐厅服务员等。这些职业都需要员工投入大量的情绪劳动，根据具体的情境表现出不同的情绪。反过来说，如果这类工作缺少情绪劳动的话，企业的营业额和顾客满意度将会是另一番情况。

（2）情绪劳动是有目的地表现情绪来影响他人情绪的过程。在与顾客打交道的过程中需要根据具体场景和组织要求表现情绪，这种情绪不一定是员工真实的情感，但这种情绪的表达一定要符合情境要求。阿什福思和汉弗莱（Ashforth & Humphrey，1993）认为，情绪劳动的目的就是按规则影响顾客的情绪，以更好地完成组织赋予的任务。

（3）情绪表达规则。情绪表达规则实际上是一种社会交往规则，要求了哪些情绪是可以公开表达的，哪些情绪是不能够轻易表达的。许多公司虽然没有明确制定情绪表达规则，但常常把它包括在组织文化或工作描述以及任务说明书中。服务型企业往往会明文规定一些情绪表达规则。

（4）情绪劳动的多维性。莫里斯和费尔德曼（Morris & Feldman，1996）对情绪劳动的不同内容进行了研究。他们认为，情绪劳动包括以下四个方面：情绪表达频率、对情绪表现规则的重视程度、情绪多样性和情绪失调。这四个维度可进行不同程度的调整，并各自对情绪劳动产生不同的影响。

三、情绪劳动对组织的影响

（1）员工工作满意度和离职意愿

情绪劳动可能会对员工的工作满意度产生影响。如果员工需要不断地表现不符合其真实情感的情绪，可能会导致工作满意度降低。长期进行情绪劳动可能会引起员工的离职意愿。当员工感受到情绪劳动造成的心理压力和不适时,可能会选择寻找其他工作机会,从而增加组织的员工流失率。

(2) 客户满意度和服务质量

组织要求员工进行情绪劳动通常是为了提高客户服务质量和满意度。然而,如果员工在情绪劳动中感受到压力或不适,可能会影响其服务态度和行为,从而降低客户满意度。情绪劳动可能会影响员工对工作的投入程度,进而影响服务质量。当员工无法真实表达情感,或者需要花费额外的心理和情感资源来控制情绪时,可能会减少在工作中投入的精力和注意力,从而影响服务质量。

(3) 员工情绪健康和心理幸福

长期进行情绪劳动可能会对员工的情绪健康和心理幸福产生负面影响。不断地压抑或表现不真实的情绪可能会导致情绪疲劳、焦虑、抑郁等心理问题的发生。组织应对员工的情绪健康和心理幸福负有责任,因为员工的情绪状态直接影响其工作表现和组织绩效。

(4) 组织形象和文化

组织中进行情绪劳动的员工通常是组织的外部代表,他们的情绪表达和行为会直接影响组织的形象和声誉。如果员工能够有效进行情绪劳动,表现出积极的情绪态度,有助于提升组织形象和品牌价值。同时,组织也应重视建立一种支持性的情绪劳动文化,鼓励员工表达真实情感,提供情绪支持和资源,以促进员工的情绪健康和工作满意度。

第五节 工作中的压力

一、概念

工作压力是指个体在工作环境中所经历的各种心理和情绪上的紧张和不适感。它是由工作任务、工作环境、组织文化、个人期望等多种因素引起的一种负面体验。工作压力通常是由工作要求和个体资源之间的不平衡导致的,即工作任务或要求超过了个体的能力和资源所能承受的范围。

(1) 工作任务和要求。工作压力通常与工作任务和要求的性质和数量相关。例如,工作任务的复杂性、紧迫性、不确定性等因素会增加工作压力。高强度的工作压力可能来源于工作量过大、工作时间过长、任务难度过高等因素。

(2) 工作环境。工作环境的质量和氛围也会影响工作压力。例如,工作场所的噪声、拥挤程度、温度、光线等因素,以及与同事、上司或客户的关系,都可能对个体的工作压力产生影响。

(3) 组织文化。组织的文化和价值观也会影响工作压力的感受。一些组织可能倾向于强调工作绩效和成就,鼓励竞争和高强度的工作,从而增加个体的工作压力。相反,一些组织可能更注重员工的健康和平衡,提供更加灵活的工作安排和支持,以减轻工作压力。

(4) 个人因素。个人特征和应对能力也会影响其对工作压力的感受。一些人可能更具有抗压能力和应对压力的技能,能够有效地应对高强度的工作压力;而另一些人可能更容易受到工作压力的影响,产生焦虑、抑郁等负面情绪。

二、压力理论

(一) 压力与应对交易模型

压力与应对交易模型(transactional model of stress and coping)是由心理学家理查德·拉扎勒斯与苏珊·福克曼(Susan Folkman)在20世纪60年代末首次提出的(Lazarus & Folkman, 1984)。该模型的核心在于了解个体如何认知评估压力情境并采取应对策略,强调了认知评估在压力产生和应对过程中的作用。这一模型不仅关注生活中的重大事件,也包括日常生活中的琐事和挑战。认知评估是交易型模型的核心,它包括两个阶段:初级评估和次级评估。在初级评估阶段,个体评估情境是否对自己构成威胁、挑战或是无关紧要。如果情境被认为是有害的或具有威胁性,个体将进入次级评估,即评估自己应对压力的能力和资源,以及可能采取的行动方案。

应对策略是个体在评估压力后采取的行为和心理努力,旨在管理或改变个体与环境之间的关系,或是降低情绪困扰水平。应对策略可分为问题导向应对(problem-focused coping)和情绪导向应对(emotion-focused coping)。问题导向应对侧重于直接解决问题,而情绪导向应对则是调节对压力情境的情绪反应。

该模型还考虑了个性特质、抑郁症状、社会支持等影响应对技能和能力的因素。例如,具有高度抑郁症状的个体更容易将情境视为威胁,而低自尊和缺乏社会支持的个体则更易受到压力相关疾病和情绪困扰的影响。首先,个性特质是指个体在应对压力时所具有的固有特征和倾向。例如,有些人可能更加倾向于积极应对,而另一些人可能更容易感到沮丧或无助。其次,抑郁症状是一种心理健康问题,可能会影响个体对压力情境的认知和应对方式。例如,具有高度抑郁症状的个体可能更容易将情境视为威胁。最后,社会支持是指个体在面对压力时所得到的来自他人的帮助和支持。缺乏社会支持的个体可能更容易受到压力的影响,因为他们在应对压力时缺乏必要的支持和资源。

此外,拉扎勒斯和福克曼还开发了应对方式量表,用于测量个体在压力情境中使用的应对策略。他们的研究表明,不同的应对策略在不同的压力情境下效果各异,且随着时间的推移,个体的应对方式也会发生变化。

压力与应对交易模型强调个体与环境之间的相互作用是持续且相互影响的,压力反应和应对策略会随着不同类型的遭遇、情境的发展以及不同时间点的经历而变化。有效的治疗需要关注个体的情绪生活,并围绕他们的脆弱性、应对机制以及优势进行构建。拉扎勒斯和福克曼认为,对于压力管理和心理健康问题,需要进行持续的研究和制订个体化的治疗方案。

(二)挑战—阻碍压力模型

挑战—阻碍压力模型(challenge-hindrance stressor framework,CHSF)对理解工作场所压力提供了新的视角(LePine,2022;Podsakoff et al.,2023)。这个模型由卡瓦诺等(Cavanaugh et al.,2000)首次提出,旨在区分工作要求(job demands)对员工工作结果的不同影响。根据CHSF,工作要求可以分为两类:挑战性压力源和阻碍性压力源。

1. 挑战性压力源

挑战性压力源是指那些能够促进工作任务完成和个人发展的工作要求,如工作责任、工作复杂性、时间压力和工作量。这些压力源通常与积极的工作结果相关,如工作满意度、工作投入和组织承诺。挑战性压力源的积极影响基于一个假设:当员工认为他们面临的工作要求有助于个人成长和目标实现时,他们将更加积极地应对这些要求,从而提高工作表现和减少工作压力。挑战性压力源具体体现为以下方面:

(1)工作量。在挑战性压力源的视角下,工作量可以被看作一个机会,因为它提供了机会去展示个人的能力和承受力。适度的工作量可以激发个体的动力和投入,帮助他们发挥潜力,实现工作目标。

(2)时间压力。时间压力可以被视为一种挑战,因为它鼓励个体更高效地管理时间,提高工作效率。适度的时间压力可以激发个体的竞争力和紧迫感,促使他们更专注、更集中地完成任务。

(3)工作复杂性。工作复杂性可以被视为一种机会,因为它提供了发展和学习的空间。更复杂的工作可以激发个体的思维活跃度和创造力,帮助他们发展新的技能和解决问题的能力。

(4) 工作责任。指个人对自己工作和他人工作的感知责任,它可以被视为一种挑战,因为它提供了机会去承担更多的责任和领导角色。个体对工作和团队的责任感可以激发责任心和自信心,促使他们更积极地参与工作并展示领导才能。

2. 阻碍性压力源

相反,阻碍性压力源是指那些被视为阻碍或妨碍工作任务完成和个人发展的工作要求,如角色模糊、资源不足、组织政治和人际冲突。这些压力源通常与消极的工作结果相关,如工作倦怠、工作满意度降低和离职意向增加。阻碍性压力源的消极影响源于员工对这些要求的负面评价,他们可能感到这些要求限制了他们的工作效率和职业发展。阻碍性压力源也比较多样化,例如:

(1) 角色模糊。角色模糊是指对角色要求的不确定性,会导致个体对工作任务和期望的不清晰理解,增加工作压力和焦虑感。不清晰的角色要求可能使个体难以确定工作重点和优先级,从而影响工作绩效和满意度。

(2) 角色冲突。角色冲突是指个体在不同角色期望之间的矛盾和不一致性。这种冲突会增加个体的压力和焦虑感,影响工作效率和工作满意度。个体可能会陷入两难境地,难以满足不同角色的需求。

(3) 组织政治。组织政治是指为了私利而利用影响力的行为,它会破坏组织的合作氛围,降低员工的信任和工作动力,增加工作压力和不满情绪。

(4) 资源不足。资源不足是指完成角色相关任务所需的工具、设备、材料和供应的缺乏。这种情况会增加个体的工作负担和焦虑感,降低工作效率和绩效。

(5) 行政麻烦。行政麻烦是指员工在完成工作过程中必须应对的过度或不必要的要求、规定或规则。过度的规定、烦琐的程序和不必要的要求,给个体带来额外的压力和困扰。这些麻烦可能会分散个体的注意力,影响工作效率和工作满意度。

(6) 人际冲突。人际冲突是指由于个人风格、偏好、态度和个性差异而产生的紧张和挫败感。人际冲突源自双方之间的差异和矛盾,会导致紧张和不愉快。这种冲突会影响团队合作和协作,增加个体的压力和焦虑感。

(7) 工作不安全感。工作不安全感是指个体对自己就业前景的担忧和不确定性。这种不安全感会导致个体焦虑和紧张,影响工作动力和绩效。

挑战性压力源和阻碍性压力源对组织的影响是多方面的，可以影响员工的工作表现、组织承诺、工作满意度以及整体的工作氛围和生产力。

挑战性压力源对组织带来积极影响，它可以激发员工的动力和积极性，让他们愿意接受挑战并全力以赴。面对适度的挑战，员工会更加努力地工作，克服困难，实现个人和团队的目标，从而提高工作绩效。

当员工将工作压力视为成长的机会时，他们更可能将挑战视为激励，而不是负面压力。这种积极的心态可以增强员工的工作参与度，使他们更加投入到工作中，追求个人和团队的成功。

挑战性压力源可以鼓励员工学习新技能、提升能力，有助于个人职业发展和成长。同时，组织也因为员工的不断进步而受益，可以更好地适应变化、提升竞争力，实现长期的成功和可持续发展。当员工成功地克服挑战并取得成就时，会对组织产生更高的忠诚感和承诺，更加认识到组织的支持和鼓励，也更能感受自己在组织中的价值和重要性，进而更愿意为组织的发展和成功做出贡献。

但是，挑战性压力源对组织也存在潜在的消极影响。如果挑战性压力源过于频繁或强度过大，可能会导致员工感到过度的压力，从而影响其健康和福祉。同时，为了满足挑战性要求，组织可能需要投入更多的资源，如培训和发展计划，这可能会对预算造成压力。

阻碍性压力源会对员工和组织产生一系列负面影响，包括降低工作绩效、增加员工流失率、减少组织承诺、增加健康风险，以及对组织氛围的影响。因此，组织需要认识并努力解决这些阻碍性压力源，以改善工作环境，提高员工的工作体验和绩效水平。

在现实的组织工作中，阻碍性压力源会分散员工的注意力，影响其专注和工作效率，从而降低工作绩效。员工可能会花费更多的时间和精力应对压力源，而不是专注于完成主要工作任务，导致工作质量和产出降低。同时，长期面对阻碍性压力源可能会导致员工感到沮丧和不满，降低其工作满意度和忠诚度。这可能会增加员工流失率，因为员工可能选择离开组织寻找更有利于个人发展和健康的工作环境。

当员工感受到的阻碍过多时，他们可能会对组织的价值和目标产生怀疑，减少对组织的忠诚和承诺，也可能会认为组织无法提供良好的工作环境和支持，进而降低对组织的投入和认同感。此外，长期的阻碍性压力源可能会对员工的身心健康造成影响。持续面对压力源可能导致工作倦怠、焦虑、抑郁等健康问题，影响员工的生活质量和工作能力。阻碍性压力源可能会在组织内部营造出消极氛围,影响员工之间的合作和团队效能。员工可能会感受到压力和紧张,导致沟通不畅、团队冲突增加等问题,进一步影响组织的运作和绩效。

(三)工作要求—资源模型

工作要求—资源(job demands-resources,JD-R)模型提出,压力是个体面对工作要求和应对这些要求所拥有的资源之间的不平衡所引起的反应(Demerouti et al.,2001)。在 JD-R 模型中,工作资源被视为能够正向影响员工工作满意度的关键因素。工作资源包括能够帮助员工有效完成工作、减少工作要求、促进个人成长和发展的物理、心理、社会或组织方面的要素。

JD-R 模型是一种工作设计和资源消耗—恢复模型,用于解释工作压力和工作绩效之间的关系。该模型将工作环境划分为工作要求和工作资源两个维度。工作要求是指对员工产生压力和负担的工作特征,而工作资源则是指帮助员工应对工作要求的有益资源。个人资源在这个模型中被认为是一种内部资源,可以帮助员工更好地应对工作要求,并提高工作绩效。

(1)工作要求是指工作中消耗个体精力的"负性因素",这些因素需要持续的身体或心理努力或技能,因此与一定的生理或心理成本相关。工作需求的例子包括:

- 工作压力:要求员工在有限的时间内完成大量工作。
- 情感需求:要求在工作中表现出特定的情感,如客户服务中的友好和耐心。
- 工作复杂性:工作内容复杂,需要高水平的技能和决策能力。
- 工作强度:工作需要持续的高强度劳动。
- 角色冲突:员工在同一时间内被要求履行多个角色,导致冲突。
- 工作不安全感:担心失业或工作稳定性的不确定性。

(2)工作资源是指工作中的"正性因素",它们是实现工作目标的功能因素,减少工作要求及其相关的生理和心理成本,刺激个人成长、学习和发展。工作资源的例子包括:

- 职业机会:员工在组织内有晋升和发展的机会。
- 上级指导:员工从上级那里获得的支持和指导。
- 角色清晰:员工对自己的职责和期望有明确的了解。
- 自主性:员工在工作中拥有决策自由和控制权。
- 反馈:员工获得关于工作表现的及时和具体的反馈。

- 社会支持：同事和管理层提供的支持和帮助。
- 组织公正：员工感受到的组织决策的公平性。

(3) 工作场所资源与个人资源：JD-R 模型的作者区分了工作场所资源和个人资源。工作场所资源是指组织提供给员工的有益资源，用于支持他们实现目标和应对挑战。这些资源可能包括工作上的支持、培训机会、积极的工作氛围、认可和奖励制度等。工作场所资源的作用在于提供员工工作所需的条件和支持，促进工作绩效和满意度。个人资源是指员工特定个性特质或心理资源，如自我效能和乐观。自我效能是指个体对自己完成特定任务的信心和能力感。乐观是指个体对未来的积极态度和信念。个人资源可以帮助员工更好地应对工作压力，保持积极心态，提高工作表现和适应能力。

三、压力在组织中的影响

压力在现代社会中普遍存在，不仅会对个体产生负面影响，还会对组织造成深远影响。压力的影响可以从个体、群体和组织三个层面进行分析。

（一）压力对个体的影响

1. 压力对个体心理的影响

压力可以导致各种心理问题，包括焦虑、抑郁、失眠和疲劳等。在面对持续的心理压力时，个体可能会经历情绪波动，以及内心的焦虑和绝望。这种情绪不稳定可能会影响员工与他人的交流和互动，导致人际关系紧张和冲突。此外，长期的心理压力还可能导致个体情绪疲劳和抑郁，失去对生活的兴趣和动力，甚至出现自杀倾向，对其心理健康构成严重威胁。

2. 压力对个体生理状况的影响

压力也会对个体的生理健康产生负面影响，导致头痛、胃痛、高血压、心脏病等生理问题。持续的压力会使身体处于高度紧张和应激状态，增加患病风险，对身体各个系统造成负担，可能引发各种生理疾病和健康问题。对于一些患有慢性疾病的人群，如高血压和心脏病患者，过大的压力更会让身体状况雪上加霜，导致疾病的恶化和并发症的发生，严重影响其生活质量和健康状况。

3. 压力对个体行为的影响

压力还会影响个体的行为表现，包括工作效率下降、离职率上升等。个体可能由于心理和生理问题影响工作表现，导致工作效率降低，甚至出现工作失误和决策偏差。此外，面对长期的压力，个体可能选择逃避或应对不当，例如频繁请假、迟到早退，或表现出消极抵抗，严重影响组织的稳定性和运行效率。另外，高离职率也是压力带来的常见问题，员工可能无法忍受工作带来的压力，选择离职，这不仅增加了组织的招聘和培训成本，也影响了组织的工作效率和稳定性。

（二）压力对群体的影响

1. 压力影响群体凝聚力

当群体成员面临过大的压力时，他们可能会紧张和焦虑，导致群体内部关系紧张。个体可能会表现出防御性行为，对他人的态度变得更加警惕和敏感。这可能会导致人际关系的紧张和冲突，破坏团队的合作氛围和信任基础。个体会变得更加自我保护和孤立，团队内部的信任和合作关系可能受到损害。个体可能会避免分享信息或协助他人，导致团队凝聚力下降。缺乏共享的目标和团队精神，团队成员可能更倾向于追求个人利益，而非团队整体的成功。

2. 压力影响群体沟通

压力也可能会导致群体成员之间的沟通障碍。这种障碍可能源于个体对自身观点和意见的不确定性，或者担心与他人产生冲突而避免开放性的沟通。个体可能因为担心被批评或误解而选择保持沉默，或者表达自己的观点时变得紧张和不自信。这种沟通障碍会影响群体内部信息的传递和理解，进而降低群体内部的沟通效率和协作能力。如果个体无法表达自己的想法和意见，或者他人无法理解其所传达的信息，就会造成信息传递的不畅和误解。这会导致工作任务的延误、决策的偏差以及团队合作的破裂。

3. 压力影响群体决策

压力也会对群体决策造成影响，导致群体成员的思维僵化，影响他们对问题的客观评估和创新思维。群体成员在压力情境下可能会陷入传统的思维模式中，倾向于采取熟悉的解决方案，而忽视探索新的观点和解决途径。这种思维僵化可能源于对风险和不确定性的恐惧，以及对失败的担忧。如果个体只固守传统的解决方案，而忽视新的观点和可能的解决途径，就会降低群体决策的质量和创造性。这可能导致错失创新机会，无法应对变化和挑战，影响组织的发展和竞争力。

（三）压力对组织的影响

1. 压力与生产率

压力过大会影响员工的工作状态和表现，导致工作效率下降。员工可能因为焦虑、情绪波动或注意力不集中等原因而无法充分发挥工作能力，从而降低组织的生产效率。长期的压力状态可能导致员工感到疲惫和无动力,进一步影响工作质量和产出。由于焦虑和情绪波动的影响,员工可能无法充分发挥自己的工作能力。即使他们具有必要的技能和知识,但在压力下,他们可能无法有效地应用这些能力来完成工作任务。此外,长期承受压力可能导致员工感到疲惫和无动力。他们可能因为过度劳累和持续的压力而失去对工作的兴趣和动力,进一步影响工作质量和产出。疲惫的员工往往无法保持高效率和良好工作状态,从而降低组织的整体生产力。

2. 压力与组织形象

面对过大的压力,员工可能会因为情绪受挫而表现出负面情绪和行为。例如,他们可能会变得不耐烦、冷漠或抱怨,无法有效地与客户和外部利益相关者进行互动。这些负面情绪和行为可能会给他们与客户和外部利益相关者的交流带来阻碍,影响到业务的进行和合作的顺利展开。客户可能会感受到员工的不耐烦和冷漠,导致他们的满意度下降,甚至产生不满和投诉。长期以来,员工的负面情绪和行为可能会导致组织形象受损。客户和外部利益相关者的不满和投诉可能会在市场上传播,影响到组织的声誉和竞争地位。如果组织被视为服务不佳或态度恶劣,可能会失去客户和业务机会,进而影响到组织的发展和盈利能力。

第六节 工 作 倦 怠

一、什么是工作倦怠

工作倦怠(job burnout)的研究始自于弗罗登伯格(Freudenberger, 1974)和马斯拉赫(Maslach, 1976)等人。工作倦怠的研究始于服务业及医疗领域人们的经历,这些职业属于情绪性工作,具有较多的人际压力源,长年精力耗损,工作热诚逐渐消退,进而产生对人漠不关心以及对工作持负面态度的症状。

目前,对工作倦怠的定义存在不同的理解,其中最具影响的是马斯拉赫的定义。他将工作倦怠定义为一种情绪耗竭(emotional exhaustion)、去人性化(depersonalization or dehumanization)以及个人成就感低落的现象,这些常发生在从事人际服务的工作上,即那些主要与人打交道的职业(如护士、教师等),而不是以物(如一线工人)或信息(如程序员)作为工作对象的人身上。

情绪耗竭被认为是倦怠最具代表性的指标。它的特征是缺乏活力,有一种情绪资源耗尽的感觉。此外,情绪耗竭经常伴随着挫折、紧张,所以员工会在心理层面上自认为无法致力于工作。实际上,情绪耗竭是一种压力反应,与疲惫、情绪低落、焦虑等非常相像,这一点已经得到了许多研究的证实。更重要的是,情绪耗竭与一般的压力反应具有相近的压力源(如工作负荷、角色问题等),以及相近的态度与行为结果(如离职意向、缺勤等)。因此,可以说耗竭与压力反应一样,并不是人际工作者所独有的,而是具有普遍意义的心理现象。

去人性化的特征是视其服务对象为"物",而非"人"看待,包括对待同事或客户倾向于冷漠的心态。阿什福思和李(Ashforth & Lee,1990)认为去人性化有一种防御性行为的性质,其实质是一种试图避免不希望的工作要求或者减少感知到的威胁的反应性或保护性的行动。也就是说,去人性化是工作者在面对过度的紧张或耗竭时的一种防御性反应,对于非人际服务行业的人员来说,当他们面临同样的耗竭状态时,也可能产生类似的防御性倾向,只不过这种反应可能与工作上接触的个人关系不大,而是以一种对于工作的疏远(alienation),脱离(disengagement)或犬儒主义(cynicism)的方式显示出来。

成就感低落的特征是对自身产生负面的评价、感觉无助以及自尊心下降。员工可能感到工作能力的衰退和无力感的增加,丧失工作成就感,以消极的态度来评价自己,对自己工作的满意度也随之降低。从理论上来说,情绪耗竭与去人性化是倦怠的核心维度,成就感低落相对而言并不是非常重要。而一些学者认为,个人成就感是一个个性特质,近似于阿尔波特·班杜拉(Albert Bandura)提出的自我效能感(self-efficacy),反映了人们对于工作情境的一种调整(Yagil et al.,2023)。人们在一定工作情境下产生对自我效能方面的主观评价是自然而然的事情,即便是从事非人际工作的人,当他们面对耗竭感,出现了疏离工作的倾向之后,伴随着无效能或者缺乏成就的感觉也是顺理成章的事情。

二、工作倦怠的表现

1. 生理症状

工作倦怠包含各种生理上的症状,表现为耗竭感、缺乏精力、持续疲劳、身体虚弱;对疾病的抵抗力差,常感冒、肠胃不适、失眠等。

2. 认知症状

工作倦怠也有认知层面的症状表现,如自我观念低落、失去理性、热诚,以及采取悲观、否定、愤世嫉俗的态度等。

3. 情绪症状

员工在产生工作倦怠之后，往往会感到沮丧、无助、无望、失去控制感、抑郁；会觉得工作空虚、无聊、易怒、神经质、缺乏耐心、冷漠、悲观等表现。

4. 行为症状

工作倦怠的员工很多表现为与周围人群疏远，人际关系差、易怒或脾气暴躁，与他人的摩擦增多，对工作不满意而经常迟到、请假甚至离职，组织承诺低、工作积极性降低等。

三、工作倦怠的来源

(一) 个体因素

1. 人口学因素

性别、年龄、婚姻状况、教育程度等人口统计学变量对工作倦怠有一定影响。根据有关学者对工作倦怠的研究，女性在情绪衰竭上高于男性，而男性在去人性化上得分高于女性(Schutte et al., 2000)。但是，这些差异在某些岗位上却不一定显著，如生产线员工，他们的工作倦怠在性别因素上就不存在显著性差异。

2. 人格特征

某些人格特征与工作倦怠存在密切的联系，如自我控制感、A/B型人格、大五人格、自尊和自我概念等。研究发现，自恋型人格、外控型人格、A型人格、神经质、低自尊的人易表现出较高的倦怠(Angelini, 2023)。

3. 应对方式

应对方式是个体为对付压力而采取的相应的认知活动和行为活动。可分为问题指向和情绪指向两种方式。前者着重针对压力源采取积极的行动，以改变个体与环境的关系；后者则着重于调节和控制个体面对压力时的情绪反应，使个体内部保持一种平衡状态。相对于情绪指向的应对方式而言，问题指向的应对方式更能有效地减轻个体的工作倦怠感。

(二) 工作情境因素

1. 工作特征

工作负荷过度与工作倦怠之间表现出显著的正相关，尤其是情绪衰竭这一维度上。工作负荷经常被用来表示工作要求的数量、时间限制等。在工作时间方面，12小时工作制的生产线员工情绪衰竭、去人性化和低成就感的程度要比8小时工作制的员工更为严重，这就是工作负荷影响所致。

还有研究发现，如果员工长时间从事同样的工作，就可能会厌烦、沉闷，工作表现也低于平常。因为长期重复同样的工作，最先失去的是新鲜感，然后是成就感，最后甚至会怀疑工作价值。

2. 组织特征

工作控制感、工作的报酬、组织公平及对员工职业发展的重视程度等与员工工作倦怠存在紧密的联系。

对于一线员工来说，产品质量和数量有着严格的要求，工作规范程度高，员工本人缺乏自主性，所以较其他群体更容易产生工作倦怠。如果生产线员工长时间超负荷工作，工作环境比其他群体差，报酬却低于其他群体，起不到激励作用，自然难以感受到组织的公平。同时，由于他们的工作特点，员工个人发展容易受到企业的忽视，当员工感觉自己遭遇不公平待遇，个人晋升受阻或缺乏学习机会时，产生工作倦怠就不可避免。

（三）社会支持

社会支持主要包括个体的婚姻状况，上级、同事及社会的认可等。研究表明，一线员工中外地员工比本地员工体验到更多的情绪倦怠，主要原因是本地员工能够得到更多来自家庭、朋友等社会支持，而外地员工得到的社会支持较少。

婚姻满意度可以作为个体家庭支持程度的指标，与个体工作倦怠的水平呈显著的负相关。有研究发现，员工的婚姻满意度与情绪衰竭和去人格化维度呈负相关，未婚员工的情绪衰竭和去人格化程度都显著高于已婚员工。这主要是由于已婚的人得到的社会支持更多，他们的倦怠水平就较低。

四、工作倦怠管理策略

工作倦怠作为一种常见的职场问题，对员工和组织都可能产生负面影响。采取有效的工作倦怠管理策略和方法至关重要。工作倦怠的管理是组织和个人共同努力的结果。

（一）组织设定明确的目标和期望

组织应当明确设定工作目标和期望，并与员工共享。清晰的工作目标和期望可以帮助员工明确了解他们的工作任务以及组织对他们的期望。这样一来，员工知道了自身的工作目标，可以更好地朝这些目标而努力工作。同时，明确的目标也能够为员工提供动力，因为他们知道自己的努力将会为实现这些目标做出贡献。当员工不清楚组织的期望和目标时，则会感到不确定性，不知道应该朝着什么方向努力。这种不确定性会影响到员工的工作表现和工作满意度。通过明确设定工作目标和期望,可以减少员工的不确定感,使其更容易投入到工作中去。与此同时,目标的具体性、可衡量性和可实现性对于有效管理工作倦怠也非常重要。具体目标能够帮助员工明确了解自己需要做什么,可衡量性使得员工可以清楚地了解目标的完成情况,而可实现性则能够增强员工的信心和动力。

总之,组织设定的工作目标应当与员工的个人发展目标相一致,这样的一致性能够增强员工的工作动机和投入程度。当员工认为工作目标与其个人发展目标相符合时,他们更有动机和意愿去努力工作。

(二)组织需要提供必要的资源和支持

组织应当确保员工有足够的资源和支持来完成工作任务,包括提供必要的培训和技能发展机会,提供必要的工具和设备,以及建立支持性的工作环境。

首先,组织应该提供必要的培训和技能发展机会,以帮助员工不断提升自己的能力和技能水平。通过培训,员工可以学习新知识和技能,提高工作效率和质量,从而更好地完成工作任务。其次,组织还应该为员工提供必要的工具和设备,以确保他们能够顺利地完成工作任务。良好的工作工具和设备能够提高工作效率,减少工作的复杂度和不便,从而降低工作压力和倦怠感。最后,组织还应创建支持性的工作环境和文化,鼓励员工相互合作、支持和帮助。在这样的工作环境中,员工可以感受到团队的凝聚力和支持力量,更容易应对工作挑战和压力,减轻工作倦怠感。

(三)促进工作与生活的平衡

组织应当支持员工实现工作与生活的平衡,包括灵活工作安排、假期和休假政策,以及支持员工处理个人事务的资源和服务。首先,组织应该提供灵活的工作安排选项,如弹性工作时间、远程办公等,以满足员工个人生活需求。这样的安排可以帮助员工更好地平衡工作和生活,减少工作压力和倦怠感。其次,组织应该制定假期和休假政策,允许员工有足够的时间来休息和放松。充分的假期和休假可以帮助员工缓解工作压力,重新充电,提高工作效率和工作满意度。此外,组织应该提供支持员工处理个人事务的资源和服务,如子女照顾服务、心理健康支持、财务咨询等。这些资源和服务可以帮助员工更好地处理个人生活中的各种挑战和压力,减少工作倦怠的发生。

(四)提倡有效的沟通和反馈机制

组织应当建立开放、透明和支持性的沟通和反馈机制,包括定期的个人绩效评估和反馈会议,以及建立员工与管理层之间的双向沟通渠道。具体来说,组织应该定期进行个人绩效评估和反馈会议,让员工了解自己的工作表现,发现自己的优势和改进空间。这样的会议应该是双向的,员工有机会提出问题、表达想法,并获得管理层的支持和指导。另外,组织应该建立员工与管理层之间的双向沟通渠道,让员工有机会向管理层提出问题、反馈意见、分享想法。这样的沟通渠道可以帮助员工感受到自己被听取和尊重,增强他们的归属感和投入感。因此,组织应该确保沟通和反馈是开放、透明和支持性的。这也意味着管理层应该诚实、坦率地与员工沟通,提供积极的反馈和建议,同时要接受员工的反馈和意见。有效的沟通和反馈可以增强员工的工作满意度和投入感,提高工作动力和效率。

(五)提供发展和晋升机会

组织应当为员工提供发展和晋升的机会,以激励其投入工作并提高工作动机,包括提供职业发展规划、培训和学习机会,以及内部晋升和岗位轮换机会。首先,组织应该与员工共同制定职业发展规划,帮助他们了解自己的职业目标和发展方向。通过明确的发展路径和目标,员工可以更有动力和方向地工作,减轻工作倦怠的风险。其次,组织应该提供各种培训和学习机会,帮助员工提升技能和知识。这样的机会可以让员工不断学习和成长,保持对工作的新鲜感和激情,减轻工作倦怠的发生。此外,组织应该为员工提供内部晋升和岗位轮换的机会,让他们有机会拓展自己的职业发展路径。这样的机会可以激励员工保持对工作的投入和动机,避免他们陷入工作倦怠的状态。

本章小结

情感是人对客观事物的态度体验和相应的行为反应,可以具体地划分为情绪和心境两个方面。情绪指的是个体对于某人或某事物的强烈感觉,表现为生气、轻视、害怕、爱、幸福、高兴、激情、惊讶、失望、后悔、骄傲、嫉妒、愤怒、尴尬、讨厌和羡慕等。情绪持续时间一般较短暂。心境是比较平静和持久的情感状态,它没有情绪那么强烈,也没有具体的指向对象,但一般会持续较长的时间。

情绪是构成个体特质的一个自然组成部分。人们可以从情绪的多样性、强度、频率和持续性等方面将情绪划分为不同的特征。员工表达的情绪与其实际的情绪体验并不一定是一致的,有时候会存在偏差,而这种差别遵从于情绪表达规则。不同的人格特质、性别、工作压力、人际交往和生活习惯等因素影响人们的情绪。管理者不能忽略组织中的情绪成分,因为情绪与行为是不可分离的。如果管理者充分了解情绪的作用,那么,对员工以及自身行为的解释和预测能力将会更强。

情绪的代表性理论包括:詹姆斯—兰格理论、坎农—巴德理论,以及情绪的认知理论如情绪评估理论、情绪调节理论、情绪信息加工理论和情感事件理论等。

情绪智力是指个体监控主体及他人的情绪和情感,并识别、利用这些信息指导自己的思想和行为的能力。它包含五个维度:自我意识、自我管理、自我激励、移情和社交技能。影响情绪智力的因素包括:个体因素和社会文化因素。情绪智力对于员工的工作绩效具有促进作用。

情绪劳动是员工按照组织要求在人际交往中表现出来的情绪活动。情绪劳动是员工与顾客(及同事)之间互动的产物;情绪劳动是有目的地表现情绪来影响他人情绪的过程;情绪劳动符合情绪表达规则;情绪劳动的多维性包括:情绪表达频率、对情绪表现规则的重视程度、情绪多样性和情绪失调。

工作压力是指个体在工作环境中所经历的各种心理和情绪上的紧张和不适感,它对个体、群体和组织造成深远的影响。压力是由工作任务、工作环境、组织文化、个人期望等多种因素引起的一种负面体验。压力的代表性理论模型包括压力与应对交易模型、挑战—阻碍压力模型、工作要求—资源模型。

工作倦怠往往被界定为一种情绪耗竭、去人性化以及个人成就感低落的现象。它在个体生理、认知、情绪以及行为等方面表现出不同的症状。它分别受到个体因素、工作情境因素以及社会支持等因素的影响。

对于管理者来说,了解和掌控员工情绪并不是那么容易的。管理者一旦掌握了员工情绪的特点,就能够较为准确地预测和把握员工的工作行为。不同的情绪对于员工的工作绩效会产生不同的影响,积极的情绪能够促进工作绩效,而消极的情绪则可能抑制工作绩效。因此,在管理活动中要主动发现情绪的积极作用,着力提高员工的工作绩效,可以从这两个方面考虑:首先,情绪可以提高唤醒水平,因此它可以成为更高工作绩效的激励物;其次,通过情绪劳动使他们认识到,情感也是工作要求中的一部分。因此,在领导、销售以及其他接触顾客的岗位中,有效管理情绪的能力对于这些岗位的成功十分重要。

本章思考题

1. 简述情绪的影响因素。

2. 情绪的认知理论有哪些？请简要论述。
3. 情绪智力是什么？
4. 什么是情绪劳动？
5. 试述压力与应对交易模型、挑战—阻碍压力模型和工作要求—资源模型。
6. 什么是工作倦怠？它是如何产生的？
7. 如何管理和调整组织中的工作倦怠？

推荐阅读

1. 彭聃龄. (2001). 普通心理学. 北京：北京师范大学出版社.
2. Michelle N. Shiota, James W. Kalat. (2021). 情绪心理学（原著第三版）. 周仁来, 等译. 北京：中国轻工业出版社.
3. 莉莎·费德曼·巴瑞特. (2019). 情绪. 周芳芳, 译. 北京：中信出版社.

第三篇
群体篇

为了完成工作任务,组成组织的个体通常会被分成部门、团队、委员会和其他一些形式的工作群体。群体和团队是构成组织中观层面(meso-level)的要素,也是个体心理和行为影响到组织结果的桥梁。恰如格式塔原则,群体行为并不是个人行为的简单相加,它还具有一些独特的行为规律(比如涌现),管理者只有了解了这些规律并充分运用于实践工作中,才能有效地应对群体问题。本篇将介绍:群体动力;团队行为与团队决策;沟通;领导;权力与政治;冲突与谈判。对上述群体行为及其内部过程机制的探索,将使得我们对群体规律有更好的把握,为有效处理群体内的人际关系、促进团队管理,以及更好地领导团队,使其形成良好的规范、强烈的凝聚力,进而形成优秀团队和做出更好的绩效而做出贡献。

第八章 群体动力

开篇案例　大众的智慧

1986年1月28日早上11点38分,宇宙飞船"挑战者号"腾空飞起,继而在74秒之后爆炸、坠毁,陨落的过程在电视屏幕上被千万人目击。当该消息在8分钟之后抵达《华尔街日报》新闻栏目时,投资者并没有沉浸在悲痛之中,而是立即开始抛出手中拥有的四家参与挑战者号制造的公司的股票,其中遭遇最惨的就是制造固化燃料助推火箭头的摩顿·提欧科公司,一小时内该公司的股值下跌6个百分点,到下午收市时总共下跌了12个百分点;当天其他三家公司的平均下跌点数则稳定在3个百分点左右。

很显然,在投资者/股民的眼里,摩顿·提欧科公司是这次事故的罪魁祸首,可是,当时投资市场的反应是在事故发生之后几小时之内,那时,根本没有事故分析报告,也没有任何评论员文章指出摩顿·提欧科公司在整个事件中所扮演的角色,更没有互联网能让人们互相通报信息,即时分享各自的判断。每个投资者只是凭着自己掌握的不完全信息,并通过对这些信息的独立思考和判断,作出了抛售的决定。

有意思的是,六个月后专家调查组分析报告出来的时候,人们才发现股民们集体直觉的正确性。事故发生的真正原因就出在提欧科公司制造的助推火箭头O形环的密封圈上。该密封圈的主要功能在于防止剧热的排泄气体逃逸,而当遇到强冷空气时,该密封圈出现了细微的裂缝使热气得以溢出并进入主燃箱,从而导致整个飞行器的爆炸。可是当天在股市上发生的情形依然令人难以解释,究竟股民们是怎么猜对的呢?

当我们把一群观点相似的专家聚在一起讨论并要求做出集体决策的时候,情况就会发生根本性的变化。观点相似的人常常彼此喜欢,群体的凝聚力增加,更加愿意倾听彼此的意见,并且听不见外部的不同意见,因此对自己群体作出的决策更加自信,出现"群体盲思"的现象。美国在肯尼迪时代发生的猪湾事件就是一个有名的例子。当时,作出入侵古巴猪湾决策的委员会没有征求任何对此事之成功心存怀疑的"外人"的意见,而且委员会中的两个稍有不同意见的成员在听到别人的发言后也立即噤声。更为奇怪的是,该委员会居然都没有征询CIA的意见就仓促行事,忽略了当时(1961年)古巴的最基本事实,如卡斯特罗在古巴人民心中的威信,古巴军队的实力等,误以为只要派遣1200名士兵就可以拿下古巴,结果导致这次行动的彻底失败。

资料来源:陈晓萍. 大众的智慧和群体盲思. (2024-3-2)[2024-5-24]. https://mp. weixin. qq. com/s/JLhBqfWCelNFx8gtGaOrQg.

第一节 群体概述

一、群体的界定和分类

(一) 群体的界定

群体(group)是指为了实现特定目标,两个或更多的人相互影响、互相依赖而形成的组合。群体问题是一个十分重要的课题,我们研究各类组织中的工作群体,其中主要是小型工作群体。

1. 小型工作群体

(1) 群体成员能够意识到自己和其他成员是一个整体,群体的存在是为了面对外界挑战,更好地完成任务;

(2) 群体成员以共同的群体目标作为行动导向;

(3) 群体成员必须遵守群体规范,具有集体意识;

(4) 群体成员彼此之间有经常的、频繁的相互作用;

(5) 群体成员都具有一定的角色和地位,且行为符合其他成员和非群体成员对自己角色的预期。

2. 群体与组织

(1) 组织是由个体或群体集合而成,通过分工和协调来实现目标。人们长期以来为了达到某一特定目标而结成群体,这些具有特定目标的群体就是组织。组织就是精心设计的,以达到某种特定目标的社会群体(Hall,1991)。

(2) 群体是简单的数字汇总,没有必然的、法定的联系,组织是有范围的、特定的、系统的、有目的的人为组合。组织可以是群体,但群体不一定是组织。

一个典型的例子是,下课后学生前往食堂就餐,走在路上的一群学生就是一个群体,而非一个组织。组织更加结构化,企业、学校、机关等,都是组织。

（二）群体的分类

根据构成群体的原则和方式的不同,可以把群体划分为正式群体(formal group)和非正式群体(informal group)。这种划分最早是美国社会学家梅奥在霍桑实验中提出的。正式群体是组织所规定,有自己明确的目标和规范制度,成员的地位和角色、权利和义务都很清楚,并有稳定、正式结构的群体。在组织中除了正式群体还有非正式群体,非正式群体是没有正式规定的群体,其成员之间的相互关系带有明显的情绪色彩,以个人之间的好感、爱好为基础。比如,分公司、公司的部门等,都是正式群体,而公司内部有几个爱好相同的人经常自发地聚在一起,他们就属于非正式群体。

表 8-1 正式群体和非正式群体的区别

类型	组成原因	特征
正式群体	由组织确定的联盟;有正式的结构形式	目标指向组织目标,结构单一,领导者由上级任命
非正式群体	自发形成的群体;没有正式的结构形式	目标为满足成员需求,结构具有重叠性,领袖人物自然形成

二、群体的形成和发展

布鲁斯·塔克曼(Bruce W. Tuckman)提出了群体发展的五阶段模型。

(1) 阶段一:形成(forming)。在形成阶段,群体成员指望群体领导给予指导和指示,此时,领导者应该担负起发起人的角色,他应该向每个成员阐述清楚团队的目标和目的,他们各自的角色和职责,以及绩效将怎样被评价,报酬将怎样被支付。

(2) 阶段二:动荡(storming)。在动荡或冲突阶段,领导者的角色主要是调停者,主要任务是协调成员之间的矛盾和冲突。一个高明的领导应该尽可能地缩短这一过程,创造一种相互了解和增进友谊的环境。

(3) 阶段三:规范(norming)。在该阶段,群体开始具备凝聚力特征。成员愿意基于其他成员提供的事实改变自己预想的思想或观点,并且积极地问彼此问题。在这一阶段,人们开始体验到归属感和一种放松的感觉。在规范阶段,领导者主要充当促进者的角色,主要任务是促进群体规范的出现,并将群体规范导向群体成员。

(4) 阶段四:履行(performing)。并非所有群体都能达到履行阶段。在这一阶段,群体应该是最具生产力的。在履行阶段,领导者仍然充当促进者的角色,主要任务是鼓励团队成员克服困难,并提供人际关系方面的支持和指导。

(5) 阶段五:中止(adjourning)。最后,随着任务的完成,团队走到了尽头。在中止阶段,领导者充当善后的角色,主要任务是完成团队的解散和任务完成情况的评估。他们会评估团队和个人的绩效,并根据绩效给予报酬。

三、群体动力理论

(一) 简介

在群体中,只要有别人在场,一个人的思想行为就同他单独一个人时有所不同。研究群体的这种影响作用的理论即群体动力学(group dynamics)。

最早在文献中使用群体动力学这一术语的是库尔特·勒温。他借用物理学中磁场的概念,提出"力场"(force-field)的理论。该理论认为,人的行为动向取决于内部力场和情景力场的相互作用,而内部力场的张力是最主要的决定因素。据此他提出了研究人类行为的公式:

$$B = f(P, E)$$

式中 B 为个人行为;P 为个体包括人的情绪、能力、性格等内在因素;E 为情境包括人际影响、群体社会环境等外在因素;f 为函数关系,即行为是个体与情境二者的函数。

(二) 对群体动力论的评价

(1) 启发人们从内因的角度去考察和研究群体行为的产生和发展规律;从群体成员间的关系以及整个群体氛围的角度去把握群体行为的变化过程。使个体、群体和社会三位一体的关系被逐渐认识;促进了小群体研究重点的转化;对社会心理学、管理心理学的形成和发展有很大影响,特别是对研究群体行为做出了很大贡献。

(2) 群体动力论的局限性在于:偏重强调群体内人与人之间的心理关系,忽视了其他关系;没有看到群体行为产生和变化的完整动因尤其是外部动因;由于群体的异质性,研究对象、范围等方面未达到普遍意义。

第二节 群体行为基本规律

一、从众行为

(一) 实验

从众(conformity),是指在客观或心理上模糊的情境中,人们自觉或不自觉以他人的确定行为为准则,作出的与他人一致的行为或行为反应倾向。

1. 谢里夫"游动错觉"研究

关于从众行为的实验最早是由谢里夫(M. Sherif)在1935年做的。谢里夫利用"游动错觉"进行研究。"游动错觉"是指在黑暗中的一个小光点,即使是完全静止的,但看起来也似乎是在运动,这种现象的产生是因为缺乏参照物。(1)实验分两部分进行,在第一部分中他要求被试在漆黑的房间里,各自独立地估计一个实际上是静止不动的光点的移动范围。在反复实验了几次之后,被试开始形成了自己特有的估计移动的范围。比如,一个被试第一次估计光点移动了15英寸(38.10厘米)时,然后又说12英寸(30.48厘米),第三次是14英寸(35.56厘米),那么他所确定的范围就是12—15英寸(30.48—38.10厘米)。但不同被试的估计有很大的差异。(2)在实验的第二部分,谢里夫把三或四个人一起放在同一个暗室里,他们都参加过前一部分实验,并已经建立起各自的范围,但他们的范围是各不相同的。研究者发现,当由2—3人组成的小组面对同一光点时,要求他们分别说出自己的估计,他们就开始相互影响了。例如,有两人原来各自估计的移动范围分别是5—8英寸(12.70—20.32厘米)和18—25英寸(45.72—63.50厘米)。一经共同估计,两人估计的范围就一次比一次接近。实验进行到第9次时,两人的估计范围竟然达到完全一致,都是11—15英寸(27.94—38.10厘米)。该实验表明:在情况不明确的条件下,一个人对外界的认识、判断会受到他人意见的影响,放弃自己原有的意见而同他人、众人的意见、行为趋于一致,即产生从众。

2. 阿希的研究

所罗门·阿希(Solomon E. Asch)把被试分成五人一组,每人分别坐在彼此隔开的房间里,通过屏幕向他们提出线段判断、图形面积、句子对错等问题。每次实验中,被试在作出自己的判断之前,首先能够看到其他人的判断答案(这些答案由主试操纵,是人为安排的一致错误的答案),之后要求每位被试作出自己的回答。结果,38%的被试跟着作出了错误的回答。可见,在答案是显而易见的情况下,很多人仍然作出从众行为。

(二) 从众、顺从和服从

研究从众、顺从和服从三者的关系有十分重要的现实意义,尤其在商业活动、组织管理和教育中其作用更为突出。人们都知道,商业广告对人们的购买行为起着十分重要的作用,而商业广告的作用机制则恰恰在于说服人们去主动遵从或顺从。同样,在组织管理或教育中,也多采用动之以情、晓之以理的方式,促使人们主动去遵从或顺从。减少由于强硬的要求所导致的被动的服从行为,这对组织目标的实现和教育的成功无疑会产生极大的帮助。

表 8-2 从众、顺从、服从的区别

	从众	顺从	服从
外部归因	情境模糊性与他人确定行为的明确性	他人(或群体)的期望	他人(或群体)的要求
行为目的	对事物真实性的探求或认同	迎合他人(或群体)的期望	免受惩罚或寻求奖赏
行为与认识	一致	不一致	不一致
行为过程	主动	比较主动	被动
内心情绪体验	情愿	比较情愿	不情愿
行为结果	一致	一致	一致

(三) 从众的影响因素

按照行为主义的观点,任何行为都是对某种特定刺激的反应。从众行为的发生依赖于从众者所面临的问题情境的模糊性,这种模糊性可能是客观的(如谢里夫的实验情境),也可能是人为造成的(如阿希的实验情境)。情境的模糊性增强了人们对他人确定行为提供的信息的可信赖程度,从而导致了从众行为的发生。当然,这只是影响从众行为的情境因素,从众行为的产生还受到个体因素(自信心、个性特点、对偏离的恐惧等)和群体因素(群体规模、群体凝聚力、群体权威性等)的影响。

二、群体规范

(一)概述

1. 定义

群体规范(group norm)是每个成员遵守的、已经确立的思想/评价和行为的标准,是群体成员所公认的有关"群体成员应当如何行动"的规则和对成员的行为期望。比如,正式群体中存在着绩效压力规范,非正式群体中存在着凝聚力规范,结合利用这两个规范,可以产生很好的管理效果。

2. 群体规范的类型

(1) 正式规范:由组织明文规定的,员工应遵循的规则和程序。正式规范是由组织直接规定的,如企业的岗位规范、操作规程等。

(2) 非正式规范:不是由组织正式规定,而是员工在工作与生活过程中约定俗成的行为准则,是群体成员在相互交往过程中,在模仿、暗示、顺从的基础上形成的。

3. 群体规范的形成

群体规范可以是正式规定的,也可以是在群体中自发形成的,并且能潜移默化地影响个人的行为,起着调节成员活动和彼此关系的作用。

规范的形成大致会经历:(1) 相互影响阶段,每个成员发表自己对某一事物的评价与判断,成员按照自己的标准去看待和了解其他成员的行为标准或业已存在的群体规范体系,彼此之间产生双向的接近和同化,努力寻找其中共同的因素并以此作为建立新的群体规范的起点。(2) 出现一种占优势的意见。不同的行为、价值和观念互相融合,通过心理和行为的互动过程,逐步形成某种公认的、可接受的、规范群体成员行为的标准。(3) 由于趋同倾向而导致评价、判断和相应行为上的一致性。通过群体和个人之间、个人和个人之间行为观念的交换、归属和服从过程,最终形成对群体所有成员具有共同约束力的行为规范体系。

(二)群体规范分析法

1960年代后期由皮尔尼克(S. Pilnick)提出,作为优化群体行为、打造良好组织风气工具的群体规范分析法在团队建设中经常用到。这种方法包括三项内容:(1) 明确规范内容,了解群体已形成的规范模式,特别要了解起消极作用的规范。(2) 制定规范剖面图,进行影响企业经营的规范分类(见图8-1)。每类定出理想的给分点,理想给分点与实际评分的差距,称为规范差距。(3) 改革。改革从最上层的群体开始,逐步向下,基于作用的大小来确定优先改革的项目,不一定要把规范差距大的项目列为优先改革的项目。改革不合理的规范制度,最大限度地调动群体成员以及管理者的积极因素。

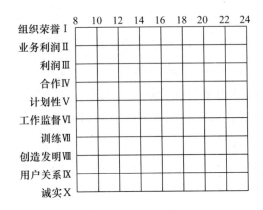

图 8-1 规范剖面图

资料来源:群体规范分析法.(2024-4-17)[2024-6-20]. https://baike.baidu.com/item/%E7%BE%A4%E4%BD%93%E8%A7%84%E8%8C%83%E5%88%86%E6%9E%90%E6%B3%95?fromModule=lemma_search-box.

根据皮尔尼克的报告,实行这一办法的一些企业收到了好的成效,一家制造公司的质量缺陷减少了55%,一家零售商店的货品损坏减少了70%。群体规范分析法的优点在于:可以不让任何员工感到难堪,因为在改革过程中,对象是抽象的而不是具体的人,批评小组工作时不追究责任,不追究事故是由谁造成的,只研究为什么没有做好。对于表现不尽如人意的团队组织,需要有一个整顿的过程,整顿的一个重要内容就是优化团队规范。此时,群体规范分析法是值得借鉴的。

三、群体凝聚力

具有高凝聚力的群体成员相互间表现出一种高水平的亲和力和信任,以及较高的满意度和对团队作为一个整体较高的情感认同(O'Reilly et al.,1989),这对团队的成功十分重要(Turman,2003)。

(一)概念

作为群体的一个重要特性,凝聚力概念最早由科特·勒温在1950年代提出。勒温认为,凝聚力主要关注个体如何知觉其自身与某个特定群体的关系。个体之所以愿意留在群体中,是因为群体能够帮助个体实现个人目标。群体凝聚力指成员固守在群体之内的全部力量,它既包括群体对其成员的吸引力,也包括成员对群体的向心力,同时还包括成员与成员之间的相互作用,是个体与群体之间相互关系的反映。群体内部的一致性、外部的压力、群体的领导方式、群体规模、信息的沟通等因素都会影响到群体凝聚力。

在群体凝聚力的基础上,洛什(Losh,2002)提出了组织凝聚力的概念,并阐述了群体凝聚力与组织凝聚力的关系。他认为,以往的凝聚力研究均是以群体为基础的,群体可能只是某个组织的一部分,将所有群体紧密地联系在一起,引起个体忠诚度的连锁反应,最终构成群体凝聚力的网络,这就是组织凝聚力。

(二)凝聚力的分类

凝聚力可分为任务凝聚力和人际凝聚力。任务凝聚力(task cohesion)是指由于成员对群体任务的喜好或责任感(Hackman et al.,1976),或由于群体能够帮助成员实现重要目标和满足重要期望而产生的凝聚力(Tziner,1982)。任务凝聚力来源于群体的工作目标和群体所提供的工作激励。人际凝聚力(interpersonal cohesion)是指群体因人际关系良好而产生的对成员的吸引力(Lott & Lott,1965),它产生于群体成员的归属感和成员间的相互喜欢(Zaccaro & McCoy,1988)。

另外,齐纳(Tziner)提出了社会情感凝聚力(socioemotional cohesiveness)和工具凝聚力(instrumental cohesiveness)的概念。社会情感凝聚力是指建立在社会情感或情绪基础上的凝聚力,这种凝聚力的产生与成员参与群体决策和从群体中获得情感满足有关;工具凝聚力是指基于任务目标的凝聚力,这种凝聚力产生的基础是群体成员在共同完成目标和任务过程中所必须具备的信任和合作行为。

(三)影响凝聚力的因素

凝聚力是多维的,它受群体成员之间相互合作的程度、群体对其成员的接受、群体的外部威胁以及报酬等因素的影响(Lott & Lott,1965)。

1. 成员的一致性

这里的一致性是指群体成员的共同性或相似性。如果群体成员有共同的目标、共同的需要、共同的兴趣爱好,则成员之间的行为表现容易达成一致,群体的凝聚力就更强。群体成员的一致性是凝聚力的基础。

2. 领导方式

勒温和怀特(D. White)等研究发现,采用"民主型"领导方式的小组比采用

"专制型"和"放任型"领导方式的小组成员之间更友爱,思想更活跃,态度更积极,群体凝聚力可能更高。

3. 群体规模

群体规模过大,成员之间相互接触的机会则会减少,彼此之间的关系也会淡薄,易造成意见分歧,从而降低凝聚力。若群体规模过小,群体力量不足,又会影响任务的完成。因此,群体的规模应既能保证群体的工作机能,又能维持凝聚力。一般来说,群体规模在 7 人左右比较好管理,当然这跟人和任务性质都有关。

4. 内部的奖励方式

群体内部的奖励方式对群体成员会产生不同的心理影响,进而影响到群体的凝聚力。只强调个人成功,对个人进行奖励,势必造成群体成员之间的矛盾。研究证明,个人和群体相结合的奖励方式易增强成员的集体意识和工作责任,有利于增强群体的凝聚力。

5. 群体资源的分享

群体资源是群体为其成员提供的报酬之一,对于吸引、保留和激励群体成员都具有重要的作用,能够促进和强化凝聚力的形成。

群体能够提供给成员的资源主要有:(1) 群体的声誉和社会地位。(2) 群体成员之间可相互学习的特殊技能。(3) 群体的历史或光荣传统。如果某个群体历来有成功的表现,那么就容易使群体成员产生自豪感,吸引和团结群体成员(Robbins & Judge, 1997)。(4) 群体能够向其成员提供的特殊发展机会等。如通过改进工作设计以增加成员工作的复杂性和主动性,可有效地促进成员之间的沟通和互动,增加成员的决策参与度,满足群体成员的挑战欲望以及促进成员间的合作,从而增强群体凝聚力。

6. 组织和情境因素

组织能够提供某些个体或群体所不具备的凝聚力因素。如组织的社会地位和组织所拥有的资源能够为个体实现自己的目标创造条件。此外,外部威胁有可能会刺激组织增强自己的凝聚力。研究证明,当群体遭到外部压力时,群体成员会不计前嫌,紧密地团结起来一起抵抗外来威胁,从而有利于增强群体成员的团结,提高群体的凝聚力。

(四)凝聚力与绩效的关系

马伦和库珀(Mullen & Copper, 1994)在一篇评述凝聚力研究的文章中指出,一般来说,高凝聚力群体的绩效要好于低凝聚力群体。因为,具有高凝聚力的群体有着稳定坚固的人际关系基础,从而使成员能够以一种充满弹性和有效的方式互动。富有凝聚力的群体"就像有效的氏族部落那样运行,不需要花费额外的精力和资源来维持群体的运行"(Ensley et al., 2002)。高凝聚力群体成员间更倾向于分享潜在的价值观和对一些问题的理解,从而在一些问题上可以快速行动而不需重温背后基本的假设和目标。所有这些都意味着,高凝聚力群体会更有效地产生高团队绩效所需要的协同,会相当程度地降低群体运行过程中的磨损(Steiner, 1972)。

然而,群体凝聚力对生产效率的影响是复杂的。首先,不能从二者的相关关系推导出它们的因果关系;其次,二者的关系受凝聚力类型、群体规范、领导风格、群体目标与组织目标一致性等因素的影响。

1. 凝聚力类型的影响

扎卡罗和洛威(Zaccaro & Lowe, 1986)研究发现,任务凝聚力会促进群体绩效的提高,但是人际凝聚力反而对群体绩效的提高起抑制作用。扎卡罗和麦考伊(Zaccaro & McCoy, 1988)发现任务和人际这两种凝聚力都很高的群体绩效水平最高,只有一种凝聚力高而另一种凝聚力很低的群体其绩效水平还不如两种凝聚力都低的群体。

亨利等(Henry et al., 2002)研究证明,群体绩效取决于凝聚力类型(人际或任务)和群体战略(组织给予)的协同。如果一个高人际凝聚力群体的战略是"信息分享",那么两者就会有很好的协同;如果一个高任务凝聚力群体的战略是"识别最准确和最有效的群体成员",则两者也会有很好的协同,此时就会带来高绩效。

2. 群体规范的影响

社会心理学家斯坦利·沙赫特(Stanley Schachter)在严格控制的条件下,检验群体凝聚力和对群体成员的诱导,对生产效率的影响,结果发现:无论凝聚力高低,积极诱导都提高了生产效率,而且高凝聚力组生产效率更高;消极诱导则明显降低了生产效率,高凝聚力组的生产效率更低。高凝聚力条件比低凝聚力条件更易受诱导因素的影响。这说明群体凝聚力越高,其成员就越遵循群体的规范和目标。群体规范是决定群体凝聚力与生产效率关系的一个重要条件。

3. 领导风格的影响

低凝聚力与人际导向型指挥风格相结合,或者高凝聚力与任务和人际双导向型领导风格结合时,会取得较高绩效。

4. 与组织目标一致性的影响

只有在群体目标与组织目标一致时,增强凝聚力才有利于提高生产效率。反之,群体目标与组织目标背道而驰,则高凝聚力反而会使生产效率下降。

四、群体规模效应：社会闲散和社会促进

受规模的影响,群体互动存在两种典型效应:(1)社会闲散效应(social loafing),即多个人在一起工作还不如一个人工作时产量多、绩效高。主要原因是在群体情景下个人的努力与贡献不如单独工作时明显,以及责任分散,即将完成团队任务的责任分配给其他人,自己尽可能少地承担团队任务。(2)社会促进效应(social facilitation),即团队成员在他人在场时受到鼓舞,改进和增强绩效的倾向。社会促进效应的主要原因是团队情境下的情绪唤起,努力程度增强,以及人们为了在团队中获得更高的评价,从而努力承担团队任务。

那么,如何最大程度地减少社会闲散效应呢？首先,可以通过实施一系列措施来让群体中个人的绩效公开透明。比如,可以通过缩减团队规模、具体化个人任务、测量个人绩效等来让个人在团队中的表现公开化,从而削弱社会闲散效应。其次,促进成员动机也是减少社会闲散效应的有效措施,通过增加工作的丰富性,抑或是选择高动机的员工都可以削弱社会闲散效应。

第三节 群体中的人际关系

一、一般问题

(一)概述

人际关系是指人与人之间的交往和联系,它既包括心理关系,也包括行为关系,通常是一群相互认同、情感包容、行为相互近似的人与人之间联结成的关系。

人际关系具有这些特点:(1)社会性。所谓社会性,是指人的社会关系或通过社会关系表现出来的属性,它是人际关系的本质属性。(2)情感性。即以感情作为基础,人们才能建立起亲密的人际关系。(3)复杂性。人们之间的交往过程中,各种关系交织在一起,错综复杂。

人际关系在组织中的作用:(1)人际关系影响组织氛围和组织的凝聚力。(2)人际关系影响员工的工作满意感和幸福感。(3)人际关系影响工作效率和目标的实现。

(二) 影响人际关系的因素

处于同一个群体中的人,彼此之间关系的亲密程度常常不同。人际关系的建立受各种因素的影响,具体说有以下几种:

1. 空间距离的远近

美国社会心理学家莱昂·费斯廷格曾对住在同一大楼里的家庭彼此成为亲密朋友的情况进行了研究。结果发现,地理位置上越接近,彼此接触的机会越多,相互联系、相互依赖、相互帮助的时候越多,就越容易形成亲密的关系。

2. 人的仪表特征

人的外貌、打扮、体姿等是影响人际关系的另一因素,尤其是对所谓"第一印象"的影响,当然这主要影响人际关系形成的初始阶段。

3. 性格的相似与互补

在现实生活中我们遇到与自己性格相似的人时,双方总有说不完的话题,交流甚密,大概是所谓"物以类聚,人以群分"的原因。当然,有时性格特征不同的人,因为互补性、能满足各自的需要,也会产生吸引力,发展出良好的人际关系。

二、如何测量群体中的人际关系

(一) 社会测量法概述

20世纪30年代美国精神病学家、社会心理学家莫雷诺(J. L. Moreno)提出的一种测量群体内人际吸引和排斥的方法,该方法主要采用问卷的形式确定群体中人们之间的好感、反感、冷淡等关系,用图表或数学公式来展示人们之间的关系。

社会测量常用以下几种方式:

(1) 等级排列法。将团体其他成员按喜爱程度排出等级顺序;然后,对等级顺序进行加权记分。例如,给"最好"的同伴记3分,给"第二好"的同伴记2分,给"第三好"的同伴记1分。再以这些分数乘以被选次数,得出每个人的等级分数。

(2) 靶式社会图。这种方式以靶图方式标出被选频次,靶心为频次最高的人,越向外,被人选择的次数越少。

(3) "猜测"技术。这种方法给受测人呈现一些有关积极或消极特征的简短描述,让他们列出与这一系列描述相匹配的人,然后根据这些选择作出分析。

(二) 社会测量法的实施

1. 测量标准的选择

(1) 在确定标准时,需要考虑标准的性质以及可以选择的数目。标准的多少根据研究的要求而定,一般情况下不宜太多。因为太多、太严的标准将会给被试的选择带来困难,如找不到可选的对象。(2) 如果按标准的重要性,可以将它们分为强标准和弱标准。例如,"毕业时你喜欢和班上的谁分到一起工作?"此问题对被试的生活较持久地起作用,属于强标准。"你喜欢和班上的谁一起去郊游?"此问题可能是临时性、情境性的,属于弱标准。(3) 选择标准时,应注意使标准尽可能具体,让受测者充分了解标准的内容,如说明一起参加什么工作或活动,避免由于理解不同而导致的偏差。(4) 标准可以用积极方式,也可以用消极方式提出。积极方式如"你喜欢与谁一起去打球",消极方式如"你不希望与谁一起参加会议",消极方式容易引起受测者的焦虑和不安,因而要谨慎使用。(5) 每次测量一般使用一个标准,只有在有特殊需要时,才用多个标准。

2. 测量准备

在选择完测量标准后不能立即实施,应有一个 1—2 星期的准备阶段。在此阶段,研究者要了解被试的一般情况,要花一定时间接触被试,跟被试建立融洽的关系。同时,根据研究目的和任务,向被试说明测量意义,让被试在自愿基础上参加测量,并向他们说明,将不公开测量结果,让他们无拘束地参加测量,避免影响正常团体气氛和成员之间的关系。

(三) 社会测量法的结果分析

使用社会测量法所得结果,通常用 4 种方法分析:

1. 图示法

以小三角形或圆形代表团体中的每个人,他们之间的吸引或拒斥关系用实线或虚线连接。这种图称为社会关系图(见图 8-2)。不同研究者可以对相同数据作出不同的图解,因此没有矩阵法的结果可比性高。

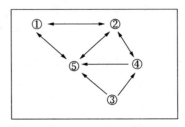

图 8-2 图式法示例

2. 矩阵法

作一个 n×n 的方形表格(n 表示一个团体的人数),表格的首行和首列填上被试的编号,以数值或符号在表格内记入团体各成员之间的吸引或拒斥关系。这种分析方法主要适用于小团体,当团体增大时,很难从数目差异中纵观整个人际关系。在这种情况下,图示法更有效果。

将成员以某些代号表示(见表 8-3)。横行"J"表示被选者,纵列"I"表示选择者,"1"表示选择,"0"表示不选择,自己不选择自己。最后,可以计算出团体中每个成员被选的次数。

表 8-3 不同成员相互选择的结果

成员		J				
		①	②	③	④	⑤
I	①	0	1	0	0	1
	②	1	0	0	0	1
	③	0	0	0	1	1
	④	0	1	0	0	1
	⑤	1	1	0	0	0
	合计	2	3	0	1	4

3. 指数法

(1) 根据每个人被选择数或被拒斥数计算出地位指数、凝聚力指数等,比较其数值的大小。指数分析的计算公式如下:

$$个人社会测量指数 = 个人被选次数/(n-1)$$

式中 n 为团体成员人数,分母用 n−1,是因为每个人不能自己选自己。运用这一公式,可以估算出团体中每一位成员的社会测量指数,了解每个人在团体结构中所处的位置。

(2) 成员之间相互选择,表明了团体凝聚力的程度,因此,可以运用团体社会测量指数作为整个团体的凝聚力指标,计算公式如下:

$$团体社会测量指数 = 相互选择数目/所有可能的互相选择总数$$

"所有可能的互相选择总数"即从 n 个成员中选取两个的所有可能的次数。

4. 统计法

用统计法处理团体成员的被选择数或被拒斥数,如求等级相关、机遇比率等。

（四）对社会测量法的评价

社会测量法对于研究小型群体内的人际关系不失为一种有用的工具，它简便易行，能直观地以数量化的形式表明团体的内部结构和人与人之间的吸引和拒斥关系。另外，它比较灵活，已被广泛应用于教育、消费、人事、管理等许多领域。

不过，社会测量法也存在不足，其最为突出的局限是：(1) 其信度和效度有时较低，难以查明人际吸引或拒斥的原因。选择同样的人，可能出于十分不同的考虑，选择某成员，并不一定表示偏爱或者吸引。因为人与人之间的相互作用关系非常复杂，它还受到许多其他因素的影响，如个人的人格特征、群体压力等。(2) 在企业中只能用以测定小型群体的人际关系，而不能无限制地扩大其适用范围。

本章小结

本章描述了群体的概念、发展阶段和主要类别；分析了群体行为的基本规律，即从众行为、群体规范、群体凝聚力；重点介绍了研究从众行为的两个实验，群体规范的分析方法，群体凝聚力的影响因素（群体成员的一致性、群体的领导方式、群体规模、群体内部的奖励方式、群体资源的分享、组织和情境因素）及其与绩效的关系。最后，在分析人际关系一般影响因素的基础上，介绍了社会测量法的实施和应用。

为了完成工作任务，组成组织的个体被分成部门、团队、委员会和其他一些形式的工作群体。事实上群体行为并不是群体成员个人行为的简单相加，它还具有一些独特的行为规律，管理者只有了解了这些规律并充分运用于实际的工作中，才能有效地处理群体问题。

究竟在什么情况下大众的智慧能够胜过个体的智慧？总结而言有四个基本条件：(1) 个体拥有与决策问题有关的信息，这些信息很可能是不全面的，甚至是有偏向性的；(2) 参与决策的个体之间异质性很高：拥有的信息不同，作决策的方式不同，对事物的看法观点不同，知识专长不同；(3) 个体利用自己拥有的信息作出独立的、不受他人观点影响的判断/决策；(4) 将这些独立作出的决策/判断进行简单的数学运算。也就是说，由同质性越低，交互作用越小，个体独立性越强所组成的群体，其作出的判断/决策越能逼近真理。这四个条件在抛售提欧科公司股票(开篇案例)的现象中都得到了满足。

> **本章思考题**

1. 群体发展和形成可分为哪几个阶段?
2. 从众与顺从、服从的区别是什么?
3. 什么是群体规范分析法?
4. 群体凝聚力与绩效(或生产效率)的关系是怎样的?
5. 什么是社会闲散及如何预防?
6. 一群聪明人一定会作出聪明的决策吗?
7. 如何测量群体中的人际关系?

> **推荐阅读**

1. 古斯塔夫·勒庞.(2007).乌合之众:大众心理研究.冯克利,译.桂林:广西师范大学出版社.
2. 张建磊.(2022).群体智能与演化博弈.北京:人民邮电出版社.

第九章　团队行为与团队决策

开篇案例　蜜蜂的智慧

　　北风呼啸，猛烈地吹打着树丫上那只做工精致的蜂巢，温度迅速下降，蜂巢内的蜜蜂被冻得直哆嗦。一只蜜蜂当然无法熬过严冬，可一群蜜蜂则不同了。它们伸出手臂，热情地拥抱在一起，一只、两只、三只、四只……成百上千只，它们欢呼着，嗡嗡嗡地紧紧拥抱彼此，温暖顿时一点点传遍全身。一层、两层、三层……无数层，层层叠加，它们抱成了一个大大的蜂团。气温越低，它们就拥抱得越紧，蜂团的温度也随之上升。

　　此时最里层的那些蜜蜂们，觉得好暖和呀，仿佛是在阳光煦暖的春天，热烘烘的感觉让它们几乎就要睡着了。可是，就在昏昏欲睡间，它们突然想起，最外层的那些伙伴们，它们会不会冷呢？肯定会冷的啊。于是它们挺了挺腰杆，开始往外钻，和外层的蜜蜂循序渐进地调换位置。渐渐地，外层的蜜蜂调到里面去了，里面的蜜蜂换到外面来了。过了一阵子，里面的又钻出来，外面的又换进去。这样微微而有序的运动，不但让大家都感受到蜂团中心的温暖，而且运动产生的热量又温暖了彼此。就这样，它们的身体暖乎乎的，心里更暖乎乎的。

　　蜜蜂们觉得有些饿了，怎么办呢？虽然勤劳的它们早已为过冬准备了充足的蜂蜜，但若是纷纷离开蜂团各自去吃的话，它们就会被冻死。就在这时，外层的蜜蜂们镇定地安慰大家："别着急，我们张嘴就能咬到蜂巢里的蜂蜜，我们喂你们吃。"说着，它们咬下蜂蜜，却不急着自己吃，而是送到了里面一层的蜜蜂嘴里，然后蜂蜜又被传到更里面一层的蜜蜂嘴里……一层层传递，直至最中心的那只蜜蜂。不必解散温暖的蜂团，但所有的蜜蜂都吃到了甜滋滋的蜂蜜。它们嘴里甜滋滋的，心里更是甜滋滋的。

　　就这样，聪明、团结、互爱的蜜蜂们，在温暖与甜蜜中战胜了一场场严寒，迎来了属于它们的春暖花开。

　　一个团队只有懂得团结协作才能克服重重困难，继而创造出奇迹。团队精神对任何一个组织来讲都是不可缺少的,《鲁滨逊漂流记》中的单打独斗,只不过是一个英雄神话梦而已。"同心山成玉,协力土变金",这就是聪明的小蜜蜂告诉我们的智慧。

资料来源:王月冰,张雅.(2015).蜜蜂过冬.成才与就业,(22),33.

第一节　团队的定义及分类

一、团队的定义和形成

(一) 团队的概念

通过开篇案例,我们可以看到,团队具有个体无法比拟的优势和力量,团队可以更快地解决问题,更好地完成组织目标。

团队(team)是三个或以上的成员相互负责形成的一种工作关系,成员的知识、技能互补,并为共同的目标努力。通过成员们的共同努力产生积极的协同作用,团队成员努力的结果使团队绩效水平远高于个体成员绩效的加总。

(二) 团队与群体的区别

团队的基本特征:(1) 成员需要分担职责,相比于集权、独裁,团队更强调集体决策;(2) 成员除需要承担自身职责外,还需对其他成员负责;(3) 团队成员共享一个目标;(4) 团队成果是团队成员努力协作、共同完成的。

团队有着更多更高的要求,而群体的范畴更广,所有的团队都是群体。

(三) 团队发展阶段

1. 五阶段论

塔克曼和詹森(Tuckman & Jensen,1977)提出了群体发展的五阶段论:群体发展会依次经历形成(formimg)阶段、动荡(storming)阶段、规范化(norming)阶段、履行(performing)阶段和中止(adjourning)阶段,而每个阶段都有其主要特征。由于团队属于群体的范畴,因此团队发展也遵循这一模式,即团队发展也可分为以上五个阶段。

2. 间断平衡论

间断平衡理论(punctuated equilibrium theory)由格尔西克(Gersick,1991)提出,他认为团队的发展并非都是经历完全相同的发展顺序,但是在团队发展时间和方向上是高度一致的。

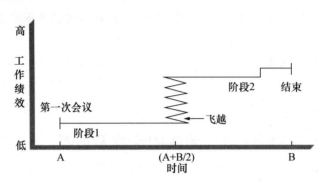

图 9-1　间断—平衡模型

资料来源:斯蒂芬·P.罗宾斯.(2005).组织行为学.孙健敏,李原,译.北京:中国人民大学出版社,85.

团队成员召开的第一次会议决定了团队的发展方向,此后团队发展进入第一阶段,此阶段较为稳定。第一阶段结束后,在团队发展周期的中间阶段,团队将经历一次大的转变,并引发大变革。转变之后进入第二阶段,这一阶段团队的发展也较为稳定。团队结束时,召开的最后一次会议,工作绩效通常会提升(见图 9-1)。

3. 曲线五阶段论

埃尔罗德和蒂皮特(Elrod & Tippett,1999)提出团队绩效曲线来说明团队发展和团队效能的关系,如图 9-2 所示。团队成熟度(team maturity)可分为工作群体(working group)、伪团队(pseudo-team)、潜在团队(potential team)、真团队(real team),以及高绩效团队(high performing team)五个阶段,团队效能在伪团队阶段最低,在高绩效团队阶段最高。

4. 七阶段论

德雷克斯勒等(Drexler et al.,1988,2009)提出七阶段团队绩效模型。该模型提出创建和维持团队所涉及的可预测阶段,并将团队发展分为七个阶段,前四个阶段是团队创建阶段,后三个阶段是持续提高绩效阶段。

(1)初始阶段(orientation)回答了"为什么"这个问题。在该阶段,团队成员需了解团队目标和任务。这些信息要么会在启动会议时公布,要么会记录在商业论证、项目章程或创业蓝图中。

(2)建立信任(trust building)阶段回答了"谁"这个问题。在该阶段,各自拥有技能的团队成员之间要建立信任,同时也要与能够影响项目的相关方建立

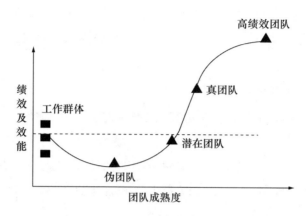

图 9-2　团队发展和团队效能关系图

资料来源：Elrod, P. D., & Tippett, D. D. (1999). An empirical study of the relationship between team performance and team maturity. Engineering Management Journal, 11(1), 7-14.

信任。

(3) 明确目标(goal clarification)阶段回答"要什么"的问题。在该阶段，成员确定高层次的信息，包括了解更多相关方的期望、需求和可交付的验收标准。

(4) 承诺(commitment)阶段解决"怎样做"这个问题。在该阶段，团队开始制订目标实现计划，包括里程碑进度表、发布计划、高层级的预算和资源需求等。

(5) 实施(implementation)阶段将高层级的计划分解成更详细的层次，如详细的日程安排或待办事项，团队成员开始合作完成任务。

(6) 高绩效(high performance)阶段是经过一段时间的合作后，团队成员绩效达到较高的水平，合作状况良好，无须过多监督，团队内部能够进行有效协同。

(7) 重新开始(renewal)阶段是团队任务、相关方、环境、团队领导者或团队成员发生改变的情况下，团队需要考虑以往的行为和行动是否满足要求，是否需要回到之前的阶段来重新设置期望和工作方式。

二、团队的类型

团队的类型有很多种，例如根据团队人数多少，分为大团队和小团队；根据团队完成目标的长远，分为长久性团队和临时性团队；根据团队绩效结果，分为高绩效团队和低绩效团队；根据团队存在的目的和拥有自主权的大小，分为自我管理型团队、问题解决型团队、交叉功能型团队等；根据团队角色的性质，分为生产型团队与管理型团队等；根据团队成员一致性程度，分为同质团队和异质团队。除此之外，随着时代发展，也涌现出了一些新的团队类型。例如，自主创业而形成的创业团队;互联网技术衍生出的跨部门、跨时间、跨空间相互协作的虚拟团队;人工智能成为团队成员,并产生团队合作而形成的人—AI交互(合作)团队。

(一)问题解决型团队

问题解决型团队通常由来自相同、相近或互补工作场所的5—12人自发组成,成员会定期自愿会面,探讨如何提高生产质量、提高生产效率、改善企业工作环境等方面的问题,并会尝试提出解决方案。团队要解决的问题通常限定在团队责任范围之内,成员会就如何改变工作程序和工作方法相互交流,并提出建议。

问题解决型团队的典型例子是质量圈(quality circle)。质量圈又称控制圈、质量管理小组或问题解决小组(QC小组)。质量圈的目标就是在成员自愿的基础上解决与质量有关的问题,为提高产品质量共同努力。质量圈分为4个部分:首先,找到质量方面存在的问题,并从中选择出必须马上解决的问题;其次,进行问题评估,如评估问题的严重等级、可能引发的损失等;再次,探讨解决问题的方案,包括评估方案可行性及成本;最后,讨论问题解决方案是否实施。

(二)自我管理型团队

自我管理型团队是指在工作过程中,拥有高度自我管理权,为完成一些相互依存任务而组成的正式群体。自我管理型团队具有以下特性:第一,团队负责纠正任务完成过程中存在的问题;第二,团队主要负责完成一些"相对完整"的工作,如负责生产一个完整的产品或者产品的主要部分;第三,团队具有决定工作方法、安排工作进程及确定团队成员分工的权力;第四,报酬和评价的依据是最终的团队整体绩效。

自我管理型团队成员满意度往往较高,且工作效率较高。但是,自我管理型团队也存在负面效应。团队成员的满意度会因为权力下放而提升,但成员的缺勤率、流动率也会因此增加;团队成员对自我管理的模式也可能会感到不适应等。因此,自我管理型团队要根据企业目前的管理成熟度、员工的责任感等因素,来确定是否采用自我管理型团队以及自我管理型团队自主权大小等问题。

(三)多功能型团队

多功能型团队也称跨职能团队。一般由不同专业背景和岗位职能的成员组成,通过解决跨部门和跨机能的问题来达成目标。例如,麦当劳的危机管理团队,由麦当劳营运部、训练部、采购部、政府关系部等部门的一些资深人员组成,

成员均接受过危机管理训练,模拟当危机来临时怎样快速应对。跨职能团队一般还有以下特点:

第一,工作任务特点。跨职能团队成员工作任务难以精确地量化,难以在不同成员之间加以准确地区分,因此团队成员的贡献呈现出隐性化的特征。

第二,行为主体特点。跨职能团队成员大多是知识型员工,大多数成员都具有一定的专业技能。

第三,团队结构特点。跨职能团队具有"跨职能型"(cross-functionality)特征,成员职能背景的多样性与质的差异性决定了团队工作的跨职能性。邦德森(Bunderson, 2003)也指出,跨职能团队区别于其他团队的重要标志,就是团队成员具有职能背景(functional background)的多样性。

(四) 虚拟团队

虚拟团队是通过通信和信息技术完成组织任务的团队。利普纳克和斯坦普斯(Lipnack & Stamps, 1997)将虚拟团队定义为,通过网络信息技术,跨越空间、时间和组织界限,为共同目标相互协作的一群人。虚拟团队的核心特征是,要求团队成员借助网络等新技术实现不同地域之间的沟通交流(Gilson et al., 2015; Hoch & Dulebohn, 2017)。

虚拟团队有别于传统的团队,具体体现在以下几个方面:

第一,组织边界模糊。虚拟团队是通过互联网等电子通信工具相互沟通协作的"虚拟"组织形式。团队成员很少甚至完全不会面对面一起讨论工作,更多地依靠 E-mail、视频会议来进行沟通交流。同时,虚拟团队成员可能来自不同组织。因此,虚拟团队没有明确的组织边界。

第二,团队成员流动。虚拟团队多以问题导向组建,因而与传统团队相比,虚拟团队成员具有更大的流动性,即使有时需要完成的是同一或者相似任务,团队成员可能都不相同。

第三,成员分工随机。在虚拟团队中,团队成员没有固定的分工,仅有一个明确的、共同的目标,任何人的工作、努力都是为了实现这一目标。在分配成员任务职责时,虚拟团队比传统团队更随机,虚拟团队成员通常拥有多种不同的职责分工。但在传统团队中,每个成员都有详尽的任务职责分配。

第四,假设前提不同。传统团队基于"经济人"假设,将成员看作一种工具,在分工上强调熟练,在激励上强调报酬,在协调上强调权威和制度。而虚拟团队基于"自我实现的人"假设,强调自我管理,鼓励团队成员在追求自我价值实现的同时追求团队价值的实现,给予成员展现个性的空间,同时要求团队成员充分理解、接受、包容其他成员的品质、个性和缺点。因此,共享式领导与虚拟团队更加匹配,更能帮助成员实现自我管理(Hoch & Kozlowski, 2014)。

第五,团队认同感低。传统团队中,由于分工明确、说明详细、面对面交流多,因此新加入的成员,很快就可以适应环境,团队认同感较高。而虚拟团队中,内部成员往往缺乏相互了解和情感交流,难以建立信任和人际关系,导致对团队认同感低(Breuer et al., 2020)。

(五) 人—AI交互团队

技术进步使得AI不再单单是自动化的工具,而是成为能够加入人类团队、与人类一同完成合作任务的"团队成员"。团队的力量来源于团队成员间的协同合作。丹尼斯等(Dennis et al., 2023)研究发现,相比人类成员,有AI成员的团队中感知冲突更少。AI可以通过与每个团队成员的互动,建立起一个共同的合作框架,减少冲突,促进团队协作效能的提升。也有研究者通过现场实验证明,AI可以显著提升员工创造力,且员工技能越高提升效应越明显(Jia et al., 2023)。

(六) 创业团队

创业团队是指在创业初期(包括企业成立前和成立早期),由一群才能互补、责任共担、愿为共同的创业目标而奋斗的人所组成的特殊群体。卡姆等(Kamm et al., 1993)根据创业团队的形成过程将创业团队分为两类:一类是领导创业(leading entrepreneur),指某一个人通过其工作经验或社会网络等途径产生创业想法,带领合作伙伴创业的过程;另一类是群体创业(group approach),指一群因共同兴趣、友谊等结缘的人,在交往和工作过程中捕捉到创业机会,共同组成创业团队的过程。

1. 创业团队研究的理论视角

(1) 资源基础观视角。资源基础观认为,企业的持续竞争优势来自于它内部的资源。当一个企业的资源比较稀缺、难以模仿和替代时,它的竞争对手就很难与之抗衡。创业团队研究的资源基础观理论视角认为创业团队比个人创业者拥有更多的内部资源,更容易成功。内部资源包括创业团队的先前行业经验、知识、启动金、社会网络关系等。

(2) 创业生态学视角。创业生态学理论认为,企业的外部环境是决定企业成功的关键要素。格尼亚瓦利和福格尔(Gnyawali & Fogel, 1994)认为创业环境包括五个维度:财务支持、非财务支持、创业和管理技能、社会经济环境以及创业活动的相关政策。这种视角强调创业环境对创业活动及创业绩效的重要性。

(3) 战略管理视角。战略管理理论认为企业的成功更取决于创业者(或创业团队)在动态环境下的战略决策和行为。环境和组织变量则通过引起高管团队的组成(如同质性或异质性)、结构(如团队规模、角色的互依性)和决策过程(如社会整合和一致性)改变战略决策。此视角的研究者不关注战略决策的类型等"内容"变量,而更关心战略决策的选择和执行以及与绩效的动态关系,主要探讨创业者的战略决策与创业绩效的关系。

(4) 团队动力学视角。团队动力学主张对团队中各种潜在的交互作用、团队对个体行为的影响、团队成员之间的关系进行剖析。目前,团队动力学的心理学研究成果和范式正被广泛应用于创业研究中,研究者试图借此来探讨和解释创业团队背景下的信任、冲突、决策和亲密关系变化等(朱仁宏、王雅渲,2023)。例如,研究创业团队中常见的"谈钱伤感情"现象。

2. 创业团队构成多元化的影响

创业团队构成多元化是指团队成员不同专业技能、年龄结构和价值观的组成情况。对于创业团队的构成是否应该多元化,学术界存在争论。

认知加工理论(cognitive processing theory)认为创业团队成员的认知加工分为自发性加工(automatic processing)和活跃性加工(active processing)。自发性加工是指无意识地自动运用某些认知图式来引导行为。相对而言,活跃性加工发生在创业团队成员个体无法为环境线索匹配熟悉的认知图式时。在活跃性加工中,创业团队成员个体会更积极关注环境中的新信息,以调整原有的认知图式。对于多元化的创业团队,由于成员间有不同的认知风格,具有不同的意见观点,因而更容易使得团队成员关注新的信息,改变原有的认知图式、实现创新。

社会认同理论(social identification theory)认为个体对群体的认同是群体行为的基础。创业团队成员会根据彼此间某些相同或相异的特征,对自己与他人进行归类,即自我归类(self-categorization)的过程。通过自我归类,创业团队成员能够按照自己的社会认同把自己视为创业团队的一分子,由于社会认同相同的群体,其成员在某些方面非常相近,因此容易相互吸引、产生好感,并在此基础上形成良好的沟通和较强的凝聚力。因此,同质团队可能会使得创业团队内部的社会认同度更高,减少冲突,提高凝聚力,更有利于创业团队的成功。

第二节 团队信任

一、概述

信任指的是一个人在多大程度上可以把自己的薄弱之处暴露在另一个人面前，并相信那个人不会因此伤害自己。团队信任是基于对团队成员的行为和意图的良好预期，愿意承担被损害的风险的心理状态。

福山（Fukuyama，1995）依据信任对象的不同，将信任分为普遍信任（general trust）和特殊信任（specific trust）：前者指的是一个社会中陌生人之间的信任，后者指的是只发生在熟人之间的信任。经济发展水平越高的社会，信任水平普遍较高。

依据信任的内容，信任可以分为情感信任和认知信任。情感信任指的是两个人之间有情感的牵挂，相信对方会把自己的利益放在心中。认知信任则主要指对于另一方做事的能力、知识和一致性有信心。陈等（Chen et al.，2023）指出这两种信任既彼此独立，又互相影响。跨文化研究发现，东方人更可能把情感信任迁移到认知信任；而西方人则相反，往往是先有认知信任，再产生情感信任。

二、团队信任的形成

一般认为团队内部的信任的形成和发展是一个缓慢的过程。列维茨基和邦克（Lewicki & Bunker，1995）在探讨信任的作用机制时，把信任形成机制分为三种：基于理性算计的（calculation-based）信任、基于熟知的（knowledge-based）信任、基于认同的（identity-based）信任。基于理性算计的信任是指，作出信任的选择是基于成本、收益和风险的权衡，个体在信任关系的初期，由于知觉到的风险较高，并且缺乏收益的激励，所以信任的水平会较低。基于熟知的信任是指，在群体互动当中，随着成员熟悉性的增加，成员之间就会形成对彼此的能力、诚信、态度、情感等方面的知识，从而增进彼此之间的信任。基于认同的信任是个体基于对另一个体社会认同倾向的信任，属于信任的最高阶段。

高青林和周媛（2021）在强化学习模型的基础上提出，信任是一个不断学习的过程，是人们通过评估多次互动中得到的结果从而习得对方名誉水平，然后判断是否相信对方的过程。这一重复信任博弈的过程也表明信任是动态建立的。

三、虚拟团队的信任发展

虚拟团队中,成员们在一起工作的时间通常较短,在未来共同工作的可能性也较小。同时,团队任务一方面常常是复杂任务,需要成员之间相互依赖、相互配合以达成团队的目标,另一方面又常有时间限制,需要虚拟团队尽快完成。因此,团队成员之间需要迅速建立起信任关系,形成团队工作的良好基础。然而,虚拟团队的临时特点决定了信任的形成的快速性。迈耶森等(Meyerson et al., 1996)提出了快速信任(swift trust)的概念,即在虚拟团队的建立阶段就必须迅速建立信任。

贾文帕等(Jarvenpaa et al., 1998)进一步发展了快速信任的概念。他们认为,虚拟团队中的快速信任通常来源于团队发起人或者协调者,这些人的声誉较好,也了解群体中所有个体,并在组成团队之前就与他们建立起信任关系。因此,成员在决定进入团队时,出于对发起人和协调者可信度的良好评价,就会表现出快速信任的特点。布朗(Brown, 2000)在研究虚拟团队的信任时,把影响虚拟团队信任的因素归纳为两类:一类是能力信任,一类是意向信任。在一般团队中,能力信任的程度较高,而意向信任的程度较低,因此能力知觉是虚拟团队中信任的最重要的预测指标,同时一般团队更注重意向信任的内容(王重鸣、邓靖松,2005)。

第三节 团队互动

一、团队互动概述

根据马克斯等(Marks et al., 2001)的定义,团队互动是团队成员相互依赖的表现形式,是团队成员在协调完成工作的过程中所进行的认知、语言、行为等方面的活动,是将团队的投入转化为产出,从而完成共同目标的过程。团队工作的基本特性是团队内成员之间有沟通、协作、激励、启发等相互促进的互动过程。

巴里克(Barrick, 1998)和利特尔约翰(Littlejohn, 2002)都将团队互动分为任务导向互动和情感导向互动。任务导向互动是指团队成员以完成任务工作为目标,围绕具体任务的问题解决和决策制定所开展的互动;情感导向互动则是指以调节团队生活、增进团队成员间情感为目标的沟通、协调等互动行为。王(Wong, 2004)进一步强调,学习行为是区别于以完成任务为目标的互动形式,其目的在于使团队成员获得并分享知识,进而达到认知上的更新。此外,施特劳斯(Straus,1997)从互动技术和互动形式角度,将面对面互动和以电脑为媒介的互动模式进行对比研究,强调了不同互动形式对团队绩效的影响差异。

二、I-P-O 理论视角

哈克曼和奥尔德姆(Hackman & Oldham,1976)提出输入(input)—过程(process)—输出(output)的团队系统理论。I-P-O 理论中的输入是指影响团队有效性的结构因素,如团队构成、团队规模、团队角色组合等;过程是指团队在完成目标任务过程中如何设置目标、如何沟通协作,以及如何共同完成任务等;输出是指团队工作的结果,包含任务绩效(即任务完成的情况)和周边绩效(即团队保持良好发展状况,成员满意度)等。

I-P-O 理论体现了团队过程的重要性,而探讨团队有效性模型的大量研究也讨论了团队互动过程和团队效能之间的关系,并发现团队互动过程是影响团队效能的重要因素(葛宝山等,2012)。

三、团队互动要素

(一)团队沟通

团队沟通是团队互动的重要方式。任何一个团队都需要沟通,而沟通的质量势必影响团队绩效。当沟通的质与量提升时,成员之间互动效果增强,团队整体效能提升。高水平对话包括探索性对话(exploratory talk)、元对话(meta-group talk)等不同类型。元对话是指团队在互动过程中遇到困境时,团队成员针对与任务相关的计划、准备等进行讨论,而不是在对话中评价或责备团队成员。研究发现,高水平对话能正向调节团队效能与团队绩效的关系。

沟通可分为正式沟通和非正式沟通。正式沟通是通过项目组织明文规定的渠道进行信息传递和交流的方式,而非正式沟通指在正式沟通渠道之外进行的信息传递和交流。沟通也可分为上行、下行、平行沟通:上行沟通是指下级将意见向上级反映,即自下而上的沟通;下行沟通是指领导者对员工进行的自上而下的信息沟通;平行沟通是指同事之间或组织中各平行部门之间的信息交流。

沟通还可分为单向沟通和双向沟通。单向沟通是指发送者和接收者两者之间的角色地位不变,一方只发送信息,另一方只接收信息。这种方式的信息传递速度快,但准确性较差,有时还容易使接收者产生抗拒心理。双向沟通是指发送者和接收者两者之间的位置不断交换,且发送者是以协商和讨论的姿态面对接收者,信息发出以后还需及时听取反馈意见,必要时双方可进行多次重复商谈,直到双方满意为止。这种方式的优点是沟通信息准确性较高,接收者有反馈意见的机会,产生平等感和参与感,增加自信心和责任心,有助于建立双方的感情。

(二) 支持与冲突

支持与冲突是团队互动的结果体现。团队互动引起成员间的相互支持,通过支持行为,团队成员能有效地互相帮助,使得总体绩效大于个人绩效之和。支持行为包括实际行动上的帮助(如体力上的帮助、解决难题、口头帮助、共享/给予)和精神上的帮助(如声援、鼓励、倾听)等。团队成员之间互相帮助,不仅有利于团队中人力、物力等资源的充分利用,也能增进成员间的友谊,形成良好的团队氛围,进而提高战略实施的成功率(Ashkenas,2024)。

团队互动不仅能带来相互支持,也可能会带来相互冲突。只要两个以上的人互动,冲突就有可能产生。团队冲突是指团队成员之间、成员与团队之间、团队与团队之间在完成共同任务或目标的动态过程中,由于目标、价值观以及资源分配等差异而产生的对立或者不一致(吴铁钧等,2017)。冲突分为关系冲突和任务冲突,关系冲突是指团队成员因人际不协调而产生的冲突,通常由个人偏好、价值观、个性等差异而造成;任务冲突是指成员间由于对完成任务的看法和方式选择上的差异而导致的争论。研究发现,关系冲突对团队有效性有负面影响,而任务冲突则主要是积极影响。在表9-1中,我们列举了在处理团队冲突时可以采取的几种策略。

表 9-1 几种解决团队冲突的策略

平衡策略	当领导者或成员间有觉察且需要回应某成员的抗拒行为时,领导者可以立即邀请该成员分享或以非评价方式进行团队回馈,从而平衡整个团队的分享与回应
将冲突公开化	当团队觉察到抗拒行为时,可鼓励和邀请团队进行分享与反馈,亦可同成员再次强调将团队内外冲突带至团队中来分享讨论的重要性以及人际学习的意义
回馈策略	领导者可以以绕圈发言的正式回馈方式,邀请每位成员分享对抗拒行为以及团队成员与领导者之间冲突的反应与期望;也可让成员自由分享与回馈
处理成员不满与挫折的情绪	团队可以让成员间/直接表达正/负向情绪,可以让团队成员更好地了解彼此的情绪状态与缘由,领导者也可以支持鼓励、同理接纳成员表达内在情绪
团体历程和人际历程阐述	先观察与概念化成员的人际互动模式,并留意成员在互动的过程中,是否有重演、测试或移情等人际主题,或是顺服取悦、对抗攻击、远离逃避等人际策略
暂时退出冲突	在冲突讯息不明、团队缺乏凝聚力与信任氛围时,个体可以代入观察者角色暂时退出冲突和延迟处理冲突,并试着从个人、人际与团队层面去观察团队正在发生的冲突

(三) 团队信任

团队信任和团队互动相互作用。团队互动会增强团队内部的信任感,而团队信任能够提升团队内部凝聚力,从而又会促进更有效的团队互动,进一步提高团队绩效。例如,在一定情境下,如果团队成员相互信任,就会产生更多单方面的合作、利他、职务外工作等自发行为,并将更多的时间和精力致力于集体目标的实现;自愿服从团队的规章、制度、指令和领导,消除管理过程中的大部分阻力,帮助实现团队的集体目标,从而提高团队的合作力。另外,团队间的合作越多,团队成员间会更加相互信任。

(四) 团队氛围

团队信任感是团队氛围的重要指标。团队氛围包括团队的士气、热情、默契、效能感等,既是团队互动的结果变量,又是团队互动的前因变量。另外,团队公平氛围以及团队成员公平感对团队绩效的影响也已被学界充分关注和研究。团队氛围形成主要会受到如团队规模、团队人际关系、团队领导方式、团队决策方式等因素的影响,而团队氛围的形成也可以促进团队互动。

第四节 团队决策

一、概述

著名心理学家赫伯特·西蒙提出,管理就是决策(Simon,1960)。通俗地说,团队决策就是团队成员针对团队内的问题,通过一定程序,选择一定方法共同作出决定的过程。团队决策应按照科学的方法来进行,需要运用相应的决策技术,遵循科学的决策程序。

(一) 基本程序

第一步,识别问题,确定目标。识别问题、发现问题是决策的前提,要通过调查研究等方式发现矛盾或问题。发现问题后,要对问题进行分析,明确问题需要解决的程度,从而确定决策目标。

第二步,遵循价值准则。对实现目标的内、外部环境和条件进行可能性分析,价值准则是评估和确定决策方案的基本依据。

第三步,拟定备择方案。团队成员提出各种可能采用的解决办法和备择方案。

第四步，选择方案。没有选择就没有决策，一般来说，制定的方案不止一种，团队成员要对每一种方案进行讨论、比较、分析，最终作出选择。

(二) 常见的决策技术

1. 脑力激荡法

脑力激荡法又称头脑风暴法(brainstorming)，是指团队领导把一个问题清楚地呈现给成员，然后让团队成员在给定的时间内依次发言的讨论方式。发言者可以在前面发言者观点的基础上自由表达，同时需要尽可能多地提出解决方案。在发言时间内任何人都不得对发言者加以评价，持续时间一般不超过90分钟。脑力激荡法最终会产生一些可供选择的方案，因此它是为决策奠定基础的方法。

另外，随着研究的发展，学界开发了脑力激荡法的几种变式：

(1) 恶魔式辩护和辩证式查询。梅森(Mason)提出恶魔式辩护(devil's advocacy, DA)和辩证式查询(dialectical inquiry, DI)两种决策方法。恶魔式辩护是指对于一项任务提出一个解决方案之后，试着找出该方案的所有不足；辩证式查询是指针对任务的一个可行性方案，提出另一个与之相对立的可行性方案，引起成员争论。研究发现，决策方法对于讨论过程中信息交流具有显著影响，DA和DI两种决策方法能够使得群体成员交流更多的信息，对于团队问题产生更深刻的认知，从而更有利于问题的解决。

(2) 电子头脑风暴。电子头脑风暴(electronic brainstorming)和传统头脑风暴最主要的不同是决策交流的方式发生了改变，由传统面对面的(face to face, FTF)交流方式，改为以计算机为媒介(computer-mediated communication, CMC)的交流方式，因此更具匿名性，可能会减少团队成员讨论方法时的顾虑，从而碰撞出更多的决策方案。

2. 名义群体技术

名义群体技术(nominal group technique, NGT)是指在决策过程中对群体成员的讨论或者人际沟通加以限制，具体分为产生观点、记录观点、明确观点和观点的表决四个阶段。讨论前，每个成员独立写下对问题的看法，把想法提交给群体并向大家进行说明；然后群体挨个把每个成员的想法加以记录；所有成员想法记录完成后，开始逐个讨论并作评价；最后，每个群体成员独立地把各种想法排出次序，综合排序最高的想法成为最终决策。名义群体法相比于传统会议，主要优势就在于不限制成员的独立思考，能够得到更多的决策方案。

3. 德尔菲法

德尔菲法(delphi method)，又名专家意见法，采用专家匿名发表意见的方式，即专家之间不得互相讨论，不发生横向联系，无须面对面交流，只与调查人员发生联系。调查人员多轮次调查专家对问卷所提问题的看法，经过反复征询、归纳、修改，最后汇总成专家基本一致的看法，作为决策的结果。在实施中需要注意：专家人数一般不少于30人，问卷的返回率不低于60%，以保证调查的权威性和广泛性。

使用德尔菲法进行团队沟通可以避免群体决策的一些缺点。例如，声音最大或地位最高的人可能会控制群体意志。德尔菲法中，每位专家的观点都是独立思考的，且都会被收集，因此可以避免从众性问题。

4. 层次分析法

层次分析法是指将一个复杂的多目标决策问题作为一个系统，将目标分解为多个目标或准则，进而分解为多指标（或准则、约束）的若干层次，通过定性指标模糊量化方法算出层次单排序（权数）和总排序，以作为目标（多指标）、多方案优化决策的系统方法。具体而言，层次分析法是将决策问题按总目标、各层子目标、评价准则、具体的备投方案的顺序分解为不同的层次结构，然后用求解判断矩阵特征向量的办法，求得每一层次的各元素对上一层次某元素的优先权重，最后再用加权和的方法递阶归并各备择方案对总目标的最终权重，而最终权重最大者即为最优方案。

二、FTF 和 CMC 决策方式比较

FTF 是指传统的面对面交流方式，而 CMC 则是以计算机为中介的群体决策，该方法是利用 E-mail、电话会议、近程（如局域网会议）和远程电子视听会议（跨省或跨国的互联网会议）、VR 等群体决策支持系统（group decision making support system，GDSS）进行决策的方式，这是一种新的决策模式。

对于两者差异的研究有很多，得出了很多不同的观点，但一般认为，与 FTF 相比，CMC 群体决策有其独到的优势，具体体现在：

第一，CMC 使成员无拘束和更平等地参与决策。CMC 互动条件下的群体成员，可以更少地受到无关因素的干扰，更有机会提出真实观点，提高讨论的质量。以匿名的身份在网上讨论的时候会放松对自己行为的约束，更有勇气提出自己所想到的创新观点。

第二，CMC 能对成员的输入进行在线记录。网络攻击使个体成员的观点能

够随时备查,减少了信息超载和记忆障碍的可能性,节约了时间,可以产生更多有效的观点,提高决策的效率。在 FTF 互动条件下,群体用头脑风暴法产生观点的过程中,某个成员阐述自己观点时,其他成员只有两种选择:一是不得不努力记住自己已经产生但还没有机会表达的观点,以免遗忘;二是被迫去听别人的观点,分散注意力,从而导致没能产生新的想法或遗忘刚产生的想法。FTF 的这两种缺点都会影响整个群体观点产生的效果,而 CMC 互动方式克服了这种缺陷(郑全全、李宏,2003)。

第三,CMC 互动方式可以有效地防止优势成员主宰讨论。传统 FTF 互动模式下,在团队决策讨论时,有些专制领导或者优势成员,可能会发表更多的意见,而其他成员要么不敢发表意见,要么围绕专制领导或者优势成员所提的观点进行讨论,限制了思维的宽阔性,影响了决策的质量。而 CMC 模式可以有效地避免这一问题,让大家都能参与进来。

三、团队决策和个人决策

(一)团队决策的优势

一般来讲,团队决策往往在决策效果上具有个体决策所无法比拟的优越性。

第一,团队决策可以集中更多方面的信息、观点和建议,集思广益,产生较多可供选择的方案,有助于作出更好的决策。

第二,团队决策为团队成员提供了参与决策的机会,因此可以增强员工之间相互了解和信任的程度,提升成员安全感和归属感,以及因共同参与决策而带给成员的满意感和公平感,使团队决策更加开放、民主。

第三,团队决策能够体现多方面的代表性,决策过程中可以实现信息的横向和纵向交流,有助于员工较好地掌握决策的内容和任务要求,统一思想,使最终的决策结果更易得到接受和执行。

(二)团队决策的劣势

团队决策在有众多优势的同时,也有其自身的缺陷。

1. 信息取样偏差

(1)信息取样模型。加洛德·斯塔塞尔(Garold Stasser)提出了信息取样模型(information sampling model),该模型认为,团队成员拥有两类信息:分享的和不分享的。分享的信息是指在讨论前所有成员都拥有的信息;而不分享的信息是指每个成员所拥有的独立信息,且其他成员缺乏这种信息。该模型预测,分享信息有更大概率被团队提及,也就更有可能被讨论。

(2) 信息取样偏差引起极端性转移。团队讨论的信息对于团队最终决策有决定性影响,团队总是更多地讨论共享信息,而各成员那些非共享又没说出来讨论的信息对决策的影响微乎其微。因此,如果团队成员事先对某一问题就有比较一致的意见(即共享信息较多),则存在一致性的倾向,那么团队决策就易受共享信息的影响,如团队决策开始讨论时,多数人就倾向于冒险或者保守的决策,则团队决策就倾向于冒险或保守。

(3) 信息取样偏差降低决策效率。为什么团队不讨论非共享信息?研究发现,存在着一个很有趣的矛盾,尽管团队是为了收集信息而组建起来的,但很有可能团队成员最后却把时间浪费在讨论他们都知道的信息上。陈婷和孙晓敏(2016)也发现在团队讨论中,只需有一名成员提及了某条信息,该信息就进入了讨论之中。因此能够提及某条信息的成员越多,这条信息在团队中被提及的概率就越大。

2. 少数人主导影响决策质量

何贵兵和张平(2004)发现,决策群体的成员在地位、价值取向、专长知识等认知、社会特性、个性上的差异,会导致每个决策者的决策影响力明显不同。在团队讨论时,成员的影响力是不同的,有些专制领导或者优势成员,可能会发表更多的意见。这种少数人控制团队讨论的问题在 FTF 交流模式下会更加凸显,而在 CMC 交流模式下,控制效应会降低。

3. 小集团意识的负面影响

社会决策图式理论认为,群体在进行决策时往往会根据决策任务的特征与要求,运用一定的决策图式对整合的信息作出判断。决策图式包含认知与社会两种成分,这两种成分对群体决策起着不同的作用。认知成分(如信息、策略等)往往具有正效应,有利于提高决策的效能;而社会成分(小集团意识、群体压力)却容易产生负效应,妨碍群体讨论优势的发挥。

小集团意识(Groupthink)也叫群体盲思,指的是:高内聚力的群体倾向于以表面一致意见的压力阻碍不同意见的发表,群体会丧失对问题作出全面分析的能力,导致作出错误的决策。小集团意识的常见表现如:在决策时,会为了与多数人意见一致而保持沉默;在群体决策时,向提出质疑的人施加压力;决策中存在着"一致性错觉",把没有人发言看成一致同意等。

第五节 团队效能

一、团队效能概述

(一) 团队效能

团队效能就是团队的有效性。团队效能有三个方面的表现形式：一是团队绩效的高低；二是团队成员的满意度；三是团队建设的成败(Hackman,1987)。其中，团队绩效作为衡量团队效能最主要的指标，又分为任务绩效和周边绩效：任务绩效(task performance)是指任务的完成情况，是传统绩效评估的主要成分，从团队目标的达成情况、完成任务的熟练程度等方面进行测量；周边绩效(contextual performance)是指一种有助于完成组织任务的活动，侧重于测量成员在工作职责外具备的与工作绩效相关的某些品质特征，从团队成员满意感、承诺感、责任心和人际关系等方面进行测量。

(二) 团队效能感

团队效能感是由著名心理学家阿尔伯特·班杜拉提出的"自我效能感"的概念发展而来，他把自我效能感定义为"一个人对其完成特定工作或任务的一种信念"(Bandura,1977)。团队效能感被认为是团队力量的源泉之一，即团队成员相信通过共同努力，能够完成所负责的团队任务，并实现团队目标。因此，管理心理学把团队效能感定义为，团队成员对团队成功完成特定任务所拥有共同能力的信念。一般来讲，团队效能感越高，团队绩效也可能会越高，但是在一定条件下，团队效能感过高也可能会使团队成员对自己的能力过度自信，从而导致决策失误或者团队绩效低。

二、影响团队效能的因素

(一) 团队目标

目标是一个团队奋斗的指引，如果团队的目标设置不合理，必然会影响到团队决策、团队信心，也容易引起团队内部的冲突，进而影响团队效能。对于目标的设定，要遵从 SMART(specific, measurable, attainable, relevant, and time-bounded)原则。团队成员需共享团队目标，当团队成员都积极追求相同目标时，团队的凝聚力更强，更容易实现共享目标，从而提升团队效能。

(二) 团队构成

在外显特征上最好异质化。研究表明，团队成员的异质化，如在技能上的异质互补，在知识背景和工作经历上的异质互补，在个性上的互补等，都有利于团队的创新，有利于决策的科学化。一般认为，一个高绩效团队，成员往往在12人以内，如果团队人数过多，规模过大，往往会形成一些问题，如沟通不够充分、责任分散、凝聚力降低、信任度下降等。

(三) 团队氛围

团队建设很重要的一点就是加强良好团队氛围和规范的建设。规范是指团队成员普遍认可并接受的规章制度和行为模式。规范的存在会让团队成员的工作更加有序，从而提高团队效能。

(四) 团队信任

信任模式通常是从计算信任，即基于理性推断的(calculation-based)信任发展到熟知信任和认同信任。认知或能力上的信任更能够显著提升团队绩效。陈晓萍等指出，东方人更可能把情感信任迁移到认知信任；而西方人相反，往往是先有认知信任，再产生情感信任(Chen et al.，2023)。

(五) 团队领导

不同的领导类型或领导风格会对团队绩效产生不同的影响。一般来讲，若团队成员预期自己的努力会得到领导者的赏识、奖赏及称赞，则可能更愿意与其他成员合作、互动与沟通，以完成团队的目标。有研究表明，团队决策过程中团队领导不同时段发言对于方案产生型任务有影响，比如，推迟表达观点的领导所在的团队中产生的观点会更多。

三、如何建设高效能团队

(一) 明确团队目标

建立高效能团队的首要任务就是确定目标，目标是团队存在的理由，也是团队运作的核心动力。团队目标主要是由组织要求、团队理想的未来目标、团队成员成功标准三大方面来决定。有效的团队目标还必须是重要的、具有挑战性的、明确的。设定团队目标一般包括五个步骤，即团队环境分析、明确团队的愿景规划、制定团队的宗旨使命、具体化总目标方案、团队目标优化。

目标与关键成果法(objective and key results，OKR)是一个源于目标管理的应用,即为了目标制定的合理性,每个人都可以看老板、同事的目标,进行了解和对标,从而找到自己的价值,这也能让员工有自己的目标,并且这个目标是服务于总目标的。例如,在字节跳动,想知道董事长张一鸣在忙什么非常容易,任何员工都能直接在飞书上看到他的 OKR;更准确点说,在飞书上,任何员工可以看到任何同事的 OKR,以及基本信息、汇报关系,这意味着,你可以知道他这两个月主要精力会放在哪些事情上,完成得怎么样,创造了多少价值。

(二) 优选团队成员

根据团队所需成员的专业知识、专业技能、工作经验、素养等选择团队成员,并确定团队规模,尽量使团队成员外显特征异质化,内隐特征同质化。同时,在团队内进行人岗匹配,要多层次、全方位地掌握现有成员的特点,并对其进行有效的划分。在对成员进行合理划分时,可以从动机、性格、技能等维度考虑。

我们来看看《西游记》中团队成员的配置。唐僧,作为领导者,他谦虚、坚定,勇敢面对困难和危险,坚持自己的信仰和原则,敢于承担责任,是团队的精神领袖。孙悟空,勇敢、果断,极具能力和智慧,他的角色是创新和推进。猪八戒,看起来有些憨厚,甚至好吃懒做,他的角色是黏合者,性格外向,对人、对事充满热情,表现出很强的好奇心。沙僧,内向、沉稳、不轻易表现自己,他的角色是协调者和实干者。这个团队之所以能够克服九九八十一难,是因为他们各自扮演了独特的角色,相互补充,共同克服困难。

(三) 构建团队文化

团队文化是团队在发展过程中形成的,为团队成员所共有的价值观、信念和行为准则及其相应的行为方式的总称。高效能的团队文化至少包含以下三个方面:一是团队氛围好,团队成员对团队有归属感、一体感,对团队忠诚,以团队利益为重;团队具有开放包容的工作氛围,让成员们对团队任务全心投入。二是团队成员间相互信任,团结协作,互爱互助。充分发挥团队的能力,才能成就非凡。三是有优秀的团队领导和成员,团队领导和成员不畏艰难,始终保持高昂的斗志,不断进取,在工作中充分发挥自己的主动性、积极性,不断提高自己的能力。

综上所述,要构建优秀团队,关键在于理解什么样的团队才是优秀团队。我们随便找几个人凑合在一起都可以搭建一个团队,但要组成优秀团队可不那么容易。那么,究竟什么样的团队才是优秀团队呢?八个字可以精炼地概括优秀团队的特征,即"志同道合,优势互补"。所谓"志同道合"(内隐特征一致),指的是团队成员目标一致,为着共同的事业奋斗进取。有了共同的目标,团队成员使劲的方向一致,才能够拧成一股绳进而形成更大的合力。"优势互补"(外显特征多样化)是指只有充分借助团队的力量,弥补个人的不足和短处,发挥自己的优势,这样才可以更好地完成个人所不能完成的任务。

用一个形象的比喻就是,团队就像一个圆,圆有很多种,如椭圆、圆心位置各异的圆等,但只有圆心在几何中心、上下左右对称的"圆"才算优秀团队。这当中,圆心相当于"志向",圆心在几何中心相当于大家"志同道合"、目标一致。左右对称、完美和谐相当于"优势互补"。只有这样的圆在外力的推动下才能滚动得越远,也只有这样的团队在任务的导向下才会发挥更好的才能、做出更好的业绩。

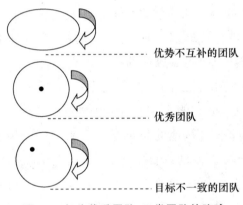

图 9-3　何为优秀团队:三类团队的隐喻

本章小结

本章通过开篇案例的学习,引出团队概念,并区分团队与群体的概念。着重介绍了三种传统团队类型(问题解决型团队、自我管理型团队和多功能型团队)和三种新型团队类型(虚拟团队、创业团队和人—AI交互团队)。

建立团队信任是每个团队必经的过程,从团队信任的含义、类型出发,本章介绍了团队信任的三种重要形成机制以及虚拟团队中的快速信任。

团队互动对团队管理和团队效能影响重大,因此本章分析了互动中的过程环节如沟通协调、冲突等要素,并为团队管理者提供参考,期望读者能够在管理中准确把握团队的互动过程。

管理就是决策,管理者只有掌握有关团队决策的知识才能更好地管理或者组织团队。本章论述了团队决策的程序,介绍了几种团队决策方法,分析了团队决策较个人决策的优势和劣势,并为管理者提供了提高团队决策的几种方法。

从团队效能的含义出发，本章明晰团队效能感，探讨团队效能的影响因素，解答了管理者如何建设高效能团队的困惑，即明确团队目标、选拔团队成员、构建团队文化等。

本章思考题

1. 请举例身边的团队与群体，并解释两者的区别与联系。
2. 请简述团队信任的三种形成机制。
3. 团队互动的要素有哪些？
4. 团队决策过程中有哪些常见的决策技术？
5. 相较于个人决策，团队决策有哪些优势和缺点？
6. 影响团队效能的因素有哪些？管理者又该如何打造高效能团队？

推荐阅读

1. 迈克尔·A. 韦斯特. (2018). 卓有成效的团队管理. 蔡地, 侯瑞鹏, 姚倩, 译. 北京：机械工业出版社.
2. 周辰. (2022). 小团队管理：如何轻松带出 1＋1＞2 的团队. 北京：北京大学出版社.

第十章 沟 通

人无法只靠一句话来沟通,总是得靠整个人来沟通。

——彼得·德鲁克

开篇案例　亚马逊的管理沟通

亚马逊作为全球最大的电子商务公司之一,其成功背后离不开高效的管理沟通机制。亚马逊的主要沟通管理制度包括:

(1)定期会议与报告:亚马逊组织定期的部门会议、团队会议以及公司级别的会议,以便员工了解公司的战略方向、业务进展和绩效目标。同时,员工也需要定期提交工作报告,以便管理层了解工作进展和存在的问题。

(2)多渠道沟通平台:亚马逊利用多种沟通平台,如内部网站、邮件系统、员工论坛等,确保信息的及时传递和共享。这些平台不仅用于发布政策更新、业务动态,还鼓励员工之间的互动和交流。

(3)跨部门协作与信息共享:亚马逊鼓励不同部门之间的协作和信息共享,打破部门壁垒,实现资源的优化配置和高效利用。通过跨部门沟通,不同团队可以更好地理解彼此的工作和需求,形成合力推动业务发展。

(4)透明化与开放性:亚马逊强调管理沟通的透明化和开放性,鼓励员工提出问题、分享想法和提供反馈。管理层也会积极回应员工的关切和建议,确保员工的声音能够被听到。

(5)培训与发展:亚马逊重视员工的沟通技能和职业发展,提供相关的培训和发展机会。培训内容不仅涵盖沟通技巧和表达能力,还关注团队协作和领导力等方面的培养。

亚马逊的管理沟通制度注重信息的及时传递、透明化、员工参与和跨部门协作。这些要素共同构成了亚马逊高效、创新的企业文化,为公司的持续发展提供了有力保障,帮助组织应对挑战。比如,亚马逊在推出新的市场战略时,面临着如何确保内部员工充分理解并支持新战略的挑战。为了应对这一挑战,亚马逊的管理层利用沟通制度采取了一系列行动。首先,管理层组织了一次全员大会,向全体员工详细介绍了新战略的背景、目标和实施计划。在大会上,管理层通过生动的案例和数据,展示了新战略对公司未来发展的重要性,激发了员工的兴趣和热情。其次,亚马逊还利用内部沟通平台,定期发布与新战略相关的文章、视频和案例。这些内容不仅涵盖了战略理论知识,还结合了实际业务场景,帮助员工更好地理解战略意图和要求。

此外,亚马逊还鼓励员工互动交流。员工可以通过内部论坛、邮件等方式,提出自己对新战略的看法和建议。管理层也会定期收集员工的反馈意见,并进行整理和分析,以便及时调整战略实施方案。最后,亚马逊还设立了专门的培训项目,针对新战略进行系统的培训和指导。通过培训,员工能够更深入地了解战略的具体操作方法和技巧,提高执行效率和质量。

资料来源:亚马逊公司管理制度.(2023-8-18)[2024-6-24]. https://wenku.baidu.com/view/b1820eafa68da0116c175f0e7cd184254a351b72.html?_wkts_=1712931426253.

通过这个案例,我们可以看到亚马逊在管理沟通方面的诸多可取之处。它通过多种渠道和方式,确保了员工对新战略的理解和认同;同时,通过鼓励员工互动和提供培训支持,促进了员工对新战略的积极参与和执行。这种高效的管理沟通机制不仅有助于推动组织发展,还提高了员工的归属感和满意度。

人是群体性动物,在人与人的互动中,无论是在家、在学校、在职场,还是在休闲环境中,都需要利用语言的信息传递功能与肢体动作,来表达心中所想。

心理治疗师维吉尼亚·萨提亚(Virginia Satir)说:"我想爱你而不抓住你;欣赏你而不批判你;加入你而不侵犯你;邀请你而不强求你;离开你亦无须言歉疚,批评你但不责备你;并且,帮助你而没有半点看低你。如果我也能从你那得到相同的对待,那么,我俩的相会就是真诚的,而且是彼此润泽的。"这段话道尽了人际沟通的要义,好的沟通是彼此互惠、心灵相会的,不好的沟通是各执己见、自私自利的。

在现代社会,要做一个有社会技能的人,就要拥有与人沟通的能力,这种能力往往表现为表达自己与倾听他人的能力。

情境活动

沟通水平测试

按照你的实际情况,在五个等级中选择相应的分值:"总是"5分,"经常"4分,"不确定"3分,"偶尔"2分,"从不"1分,填入括号内。

(1) 能自如地用语言表达情感。 ☐
(2) 能自如地用非语言表达情感。 ☐
(3) 在表达情感时,能选择准确恰当的词汇。 ☐
(4) 他人能准确地理解自己使用语言和非语言所要表达的意思。 ☐
(5) 能很好地识别他人的情感。 ☐
(6) 能在一位封闭的朋友面前轻松自如地谈论自己的情况。 ☐
(7) 对他人寄予深厚的情感。 ☐
(8) 从不会泄露他人的秘密。 ☐
(9) 持有不同观念的人愿意与自己沟通情感。 ☐
(10) 他人乐于对自己诉说不幸。 ☐
(11) 从不会轻易评价他人。 ☐
(12) 明白自己在沟通中的不良习惯。 ☐
(13) 与人讨论,善于倾听他人的意见,且不强加于人。 ☐
(14) 与人争执,但能克制自己。 ☐
(15) 能通过工作来排遣自己的心烦意乱。 ☐
(16) 面对他人请教问题,能告诉他该做什么。 ☐
(17) 对某事持异议,能说出这件事的后果。 ☐
(18) 乐于公开自己的新观念、新技术。 ☐

您的得分是　　　　

这是沟通能力水平测试:得分越低,说明沟通力越弱;得分越高,沟通力则越强;如果总得分在70分以上,说明沟通水平高。

请扪心自问:自己的沟通好在哪里?不足在哪里?如何改善?
"现在≠未来",从现在开始练习沟通能力吧!

第一节 沟通概述

一、沟通的定义

"沟通"一词（communication）源于拉丁语"*communis*"（共通的）与"*communicat*"（跟他人交换），是指为了设定的目标，把信息、情感在个人或群体之间传递，并达成协议的过程，是双向的互动过程。沟通的目的不是要证明谁是谁非，也不是一场你输我赢的游戏，而是指人们之间传递信息并为对方所接受和理解的过程，这包含事实和感觉两个要点。

（1）事实（fact）：指信息、观念、信念、价值观或意识形态等。如"今晚公司要开会"（信息）、"多吃苹果有益健康"（观念）、"做生意最重要的是要讲诚信"（价值观）。

（2）感觉（feeling）：指传达的情感与感受。人与人之间的沟通，常常是传达事实而漠视感觉，而真正会沟通的人，是先表达感觉再回应事实，这就是同理心的应用，让人有共鸣性的了解。

在组织情景中，受团队结构、组织结构和领导等因素的影响，沟通可表现为链式（chain）沟通、轮式（wheel）沟通、环式（circle）沟通和全通道式（all-channel）沟通。轮式沟通是领导通过秘书或副手与团队成员沟通的方式。链式沟通是一个纵向单向沟通渠道，信息可以自上而下或自下而上进行逐层传递，是典型的命令链代表。链式沟通的信息传递速度较快，但成员的参与程度较低；相比之下，环式沟通由同层次或同水平的人担任沟通者角色，没有明显的领导者。在这个

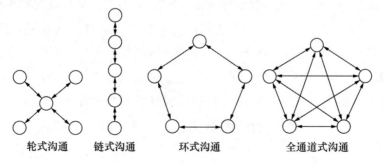

图 10-1　组织中的沟通形式

资料来源：管理沟通网络建设.（2022-6-21）[2024-6-24]. https://www.guayunfan.com/baike/219406.html.

网络中,团体成员的士气与满足程度均较高。全通道式沟通网络则是一个开放式的沟通系统,允许所有成员间彼此沟通,更适合解决复杂问题。

二、沟通的意义

管理工作都和沟通有关。在组织内部,有员工之间的沟通、员工与工作团队的沟通、工作团队之间的沟通;在组织外部,有组织之间的沟通,组织与客户的沟通等。良好的沟通有利于组织的决策、知识管理、团队合作和情感联结,以及传播形象等。

(一)协调个体,使组织成为一个整体

组织要有业绩,必须与组织成员充分沟通,以便让其充分了解任务和岗位责任,并激发他们的共识、工作热忱与认同感。对个人而言,可以借由沟通来塑造自我形象与自我表达;并借由沟通表达情感,与他人进行社交互动,增进人际关系。对组织而言,对内可通过沟通来影响成员的行为,激发其对组织的认同感;对外而言,可通过沟通来搜集和传递信息,寻求他人提供资源或协助,并作为组织决策的依据,以促进组织目的达成,最终使组织成为一个整体。

(二)领导者激励下属、实现领导职能的途径

在组织中,由于工作区域的间隔,管理者与下级之间的沟通往往限于汇报工作,若管理者能经常以走动的形式与下属沟通,则能起到很好的激励作用。

艾森豪威尔是第二次世界大战时的盟军统帅。有一次,他看见一个士兵从早到晚一直挖壕沟,就走过去跟他说:"大兵,现在日子过得还好吧?"士兵一看是将军,敬了个礼后说:"这哪是人过的日子!我在这边没日没夜地挖。"艾森豪威尔说:"我想也是,你上来,我们走一走。"艾森豪威尔就带他在那个营区里面绕了一圈,告诉他当一个将军的痛苦和肩膀上挂了几颗星以后,还被参谋长骂得那种难受,打仗前一天晚上睡不着觉的那种压力,以及对未来的那种迷惘。最后,艾森豪威尔说:"我们两个一样,不要看你在坑里面,我在帐篷里面,其实谁的痛苦大还不知道呢,也许你还没死的时候,我就活活地被压力给压死了。"这样绕了一圈以后,又绕到那个坑的附近时,那个士兵说:"将军,我看我还是挖我的壕沟吧!"

(三)建立组织与外部之间的联系,实现组织的社会化

亨利·福特曾说过这样一句话:"作为福特汽车公司的董事长,我告诫自己,必须与各界建立和谐关系,这要求我们不可在沟通上无所作为。"任何一个组织

只有通过信息沟通才能成为与外部环境相互作用的开放系统。我们所处的时代是一个人与人、组织与组织、地区与地区、国与国之间的联系越来越密切的时代，每个组织都与其他组织和个人存在着广泛的联系，彼此之间需要良好的协作，才能促进双赢，为自己（及对方）获得好的生存和发展空间。让我们来看看艾科卡用沟通拯救公司的案例。

案例故事

因拯救濒临倒闭的克莱斯勒公司名满天下的艾科卡，25岁以前不过是一个整日沉默寡言的普通工程师。艾科卡改变自己命运的契机在于他学会了一种看起来最简单的本领——与人沟通。25岁那年，他参加了一次由卡耐基训练机构主办的"沟通能力培训班"，这成为他重写自我的起点。沟通这种能力，后来成了艾科卡的"看家法宝"，以至于有人说他是用一张嘴救活克莱斯勒公司的。艾科卡就任克莱斯勒公司总裁时，克莱斯勒公司正以产品品质低下、债台高筑、贷款无门、人浮于事的形象而闻名。他临危受命后，一面倾听员工意见，提高员工士气；一面请顾客反馈本产品的问题、收集信息；一面游说于国会内外，活动于政府部门之间。艾科卡四面出击，分兵合进，其多方面的沟通收到了奇效：国会那些原先曾激烈反对政府担保的议员缄默不语，政府也一改初衷，采取了积极出面担保的合作态度。10亿美元贷款不可思议地从天而降，令克莱斯勒公司一举开发出几种符合市场需求的新型轿车。1982年，公司扭亏为盈，1983年赚取9亿多美元利润，创造了该公司有史以来盈利最多的一年。艾科卡顿时扬名天下。

资料来源：艾科卡危难中拯救克莱斯勒．（2017-10-10）[2024-6-24]．https://wiki.mbalib.com/zh-tw/艾科卡危难中拯救克莱斯勒．

三、沟通的类型

就沟通方式而言，沟通包括语言沟通、文字沟通、网络沟通和肢体语言沟通。

（一）语言沟通

语言沟通，即面对面地、口头传递信息的沟通方式。这种沟通方式以声音语言、文字语言全面地传递信息，其特点是信息传递速度快，有较好的及时性，但难以把握信息的准确性。

语言沟通常出现在会议、面谈、闲聊等情境中（见图10-2），因而也是常被采用的沟通方式(占 64%)。这种沟通方式也会增进员工之间的感情。例如,一家著名的公司为了增进员工之间的相互信任和情感交流,规定在公司内部 200 米之内不允许用电话进行沟通,只允许面对面的沟通,结果产生了非常好的效果,公司所有员工之间的感情非常融洽。同时,我们也看到,很多 IT 公司和一些互联网公司,虽然建立了多种沟通渠道:E-mail、电话、网络,但忽略了最常见也最直接的沟通方式:面谈。这就使得以数字化信息沟通方式为主的组织中,人和人之间的了解、信任和感情变得淡化。

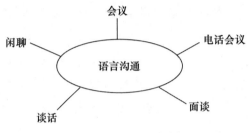

图 10-2　语言沟通

虽然语言沟通对人际关系增益十分有利,但语言沟通也存在被扭曲理解的弊端。谣言是非正式的沟通渠道,也是未经证实的信息。正因为我们都有把知道的事与他人分享的需要,所以在组织中各类信息得以传开,然而谣言的传播速度总是更快。谣言有三个特点:(1) 不为管理者所控制;(2) 常常被认为比正式沟通渠道更可靠;(3) 满足群体内的自利需求。

(二) 文字沟通

在工作与生活中,除了语言沟通之外,还有一种比较正式的、以纸质等载体留存信息的沟通方式,即文字沟通。主要的书面沟通形式有:文章、信件、便笺等(见图 10-3)。文字沟通的优点是文字可以记录与保存,适用于解释复杂的事务,可预先草拟并制订周详的计划,信息准确等;缺点是花费精力且耗时、文字记录

图 10-3　文字沟通

较难改变,其正式感令人感到疏远,也没有人能保证所发出的文书一定会被对方看到。

(三) 网络沟通

网络沟通是基于信息技术通过虚拟媒介与单人或多人的沟通方式,在网络上以文字符号为主要语言信息,以交流思想和抒发感情为主要目标的人际沟通。常见的沟通方式有 E-mail、BBS(网上论坛)、微信/QQ(即时通信软件)、虚拟社区发表评论,等等。

互联网和数字化技术的发展改变了人们的沟通模式。过去我们告别时常说:"记住给我写信。"后来常听到:"再见,有事打电话。"而今天人们的告别语是:"记住给我发 E-mail,有事微信。"可见,目前网络已经成为人际沟通的主要形式之一。收发邮件、网上聊天、网上教育、网上商务、网上求职等,几乎是人们每天在做的事情。这也带来了组织沟通领域的变革和飞跃。根据中国互联网络信息中心发布的第 50 次《中国互联网络发展状况统计报告》,2022 年我国虚拟办公的用户规模达 4.61 亿,占整体网民的 43.8%。钉钉已经服务超过 2100 万个机构用户;腾讯会议注册用户超 3 亿,月活跃用户数突破 1 亿。

电子网络因其快速、准确的特点,极大地提高了组织沟通的效率。另外,网络的出现增加了很多的可选择空间。公司内部的人员既可以选择在局域网的 BBS 上发布信息、讨论专业问题;也可以向上司发送电子邮件以征询意见;更可以通过企业微信/钉钉等聊天软件与同事进行随时随地的交流。音频及视频的多媒体支持也使得在不同地点办公的同事们创设了学习型组织的议事模式。也有人曾怀疑过网络沟通机制与组织结合的成效。例如,很多人会对戴尔公司如何让员工愿意用电子邮件表示疑惑。对此,戴尔表示:"很简单,你只要问他们有没有收到你用电子邮件传过去的通知就行了。"没有人希望自己漏掉信息。公司内部的网络沟通由此建立起来了。

(1) 网络沟通的优点。网络沟通在组织中扮演着重要角色。谢小云等(2021)分析了数字化背景下人力资源管理的现状,指出信息沟通技术弱化了员工工作和管理过程中的时间和空间边界,AI、机器人等数字技术的应用加快了组织工作的效率,塑造了新的控制、协调和合作模式。王等(Wang et al.,2020)从工作设计的视角总结了网络沟通在员工工作过程中的影响效能,结果发现,网络沟通增强了员工的工作自主性,有利于员工积累社会资本,促进了员工的工作绩效。

（2）网络沟通的局限。由于缺乏面对面的深度交流，网络沟通对人际交往可能存在负面影响，特别是在情绪感受方面。帕克等（Park et al.，2018，2019）发现，网络沟通导致人们不太容易受到约束和管制，从而带来了一些不好的感受和消极情绪。由于缺少非语言线索，网络沟通也增加了误解产生的概率，难以很好地传递思想和情感。因此，当想与他人交流情感时，电子邮件就不是一个很好的选择。以往，同朋友沟通时都使用电话，而现在用电子邮件沟通或微信的时间多了，长期不见面又面对冷冰的文字，时间长了，彼此感情也会慢慢地淡化。在组织中，王等（Wang et al.，2020）研究指出，网络沟通的模式无法恰当地传递人际线索，不利于人际关系中的情感支持和共情，易引发更多的社会抑制，不利于合作行为的发生。

此外，长时间使用网络沟通也会影响现实生活中面对面的交流，常见的现象如人们虽然聚在一起，却各自低头刷着手机。此类现象被称为"手机冷落行为"（phubbing），即个体在社交场合不注意身边的环境，只顾低头玩手机而冷落身边的人或事物的行为（龚艳萍等，2019）。在现实生活中，频繁或者长期低头使用手机降低了人与人之间的沟通质量，诱发更多的消极情绪，不利于信息的准确传递和情感的深度联结。在组织情景中，徐晓音和祝卓宏（2021）研究发现，当领导在与员工的互动过程中做出手机冷落行为时，会降低员工的工作专注程度，进而降低员工的工作绩效。

（四）肢体语言沟通

沟通始于肢体语言，"先远观、后近看"，就是沟通者先从较远处观察沟通对象的形象与仪态，后在近处细细地察看沟通对象的表情与行为礼仪。肢体语言信息包括身体语言和说话的音调，身体语言主要表现为手势、脸部表情及身体的其他动作。在身体语言的表达上，男女也存在着差异。麦克罗斯基等（McCroskey et al.，1986）注意到男性更多是双脚分开站或坐，双手放于身体两侧，而女性更多把两手交叉抱于胸前。女性喜欢和另一位女性坐得很近，而男性和另一位男性距离较远，离一位女性倒有可能更近。与男性相比，女性的动作和手势会更多。口头沟通必定伴随很多肢体成分。研究显示，口头沟通中的信息有55%来自面部表情和身体动作，38%来自音调，只有7%来自实际使用的语言词汇。肢体语言信息是潜意识的外在表现，最接近真实内心。肢体语言信息在沟通中具有重要作用。肢体语言信息传递的正确性决定了口头沟通的有效性。

2012年一个名为《你的肢体语言可能塑造你是谁》（Your body language

may shape who you are)的 TED 演讲收获了大量的点击率和好评。哈佛商学院教授艾米·卡迪(Amy Cuddy)讲述了肢体语言对自我形象的重要性。例如,抬头挺胸或以舒展的方式伸出胳膊和腿会让他人对自己产生可信任和尊重的感受,并且,自身也会感受到良好的自我形象。

表 10-1 肢体语言的行为含义

肢体语言	行为含义
手势	柔和的手势表示友好、商量;强硬的手势则意味着:"我是对的,你必须听我的。"
脸部表情	微笑表示礼貌友善,皱眉表示怀疑和不满意
眼神	盯着看意味着不礼貌,但也可能表示兴趣,寻求支持
姿态	双臂环抱表示防御,开会时独坐一隅意味着傲慢或不感兴趣
声音	演说时抑扬顿挫表明热情,突然停顿是为了造成悬念,吸引注意力

资料来源:有效沟通技巧.(2021-9-19)[2024-5-24]. https://zhuanlan.zhihu.com/p/412005138.

第二节 沟通的策略

一、沟通的过程

沟通的过程是一个完整的双向沟通闭环:发送者要把他想表达的信息、思想和情感发送给接收者。当接收者接到信息、思想和情感后,向对方提出问题并给予反馈,这就形成一个完整的双向沟通过程。在发送、接收和反馈的过程中,我们需要注意的问题是:怎样做才能达到最好的沟通效果,因为所传递的信息在双向互动下,容易受到干扰而影响沟通。

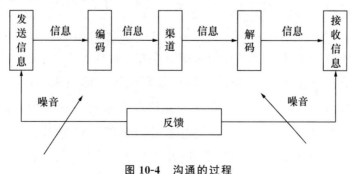

图 10-4 沟通的过程

(1) 发送信息者:指将信息传递出去的人,如授课中的教师等。

(2) 信息:指沟通中所传达的内容,如商务代表的谈判内容等。

(3) 渠道:指传递信息的方法,例如教师授课方式的多元化,既可以用讲授法,也可以利用多媒体视频来呈现视觉信息。

(4) 接收信息者:指接收信息的人,如在课堂听课的学生、听广播的听众等。

(5) 噪声干扰:指影响信息传递的因素。干扰沟通的既包括人的心理因素,又包括外在的因素。

(6) 编码和解码:指信息的传递,经过发送信息者的组织与接收信息者的解说注释。例如,父母对青少年说:"我们好爱你",而青少年感受到的是:"你们口口声声说爱我,家只不过是吃饭、睡觉的地方,跟旅馆没有两样。"这是导致沟通不良的原因。

(7) 反馈:指发送信息者与接收信息者的双向交流。

从图10-4中我们可以看到,沟通从信息传递开始,首先,将他人的思想、感情观点或其他信息编码成可传递的信息形式,如声音、文字、图形或手势等,再通过一定的媒体或通道如空气、电话、电台、电视、网络、报刊、书籍等传递给接收者。最后,接收者进行解码,试图理解所接收到的信息。

整个沟通过程还会受到"噪声干扰"的影响。干扰可能来自周围环境,也可能是通道本身的问题,还可能是发送者或接收者的心理因素所致。干扰会影响沟通的效果甚至走向,没有反馈的沟通是单向沟通,单向沟通无法确认对方是否准确理解所接收到的信息,因此良好的沟通需要双向的互动和反馈。

在组织情景中,建言与建议采纳可以反映组织内部的沟通过程。具体而言,建言是员工针对工作或组织现状提出自己想法和意见的行为,而建议采纳通常指领导是否接受员工所提出的建议。在这个过程中,员工是信息的发送者,建议是信息的主要内容,领导是信息的接收者。

敢于建言的员工和善于采纳建议的领导是组织持续发展的动力源泉之一,但该互动过程也会受到其他因素的影响。例如,段锦云等(2016)的元分析结果表明,年长、受教育程度高、组织任期长以及职位越高的员工,其建言行为越多。此外,员工的自尊、自我效能感和心理安全等也会影响其建言行为。另外,孙露莹等(2017)站在建议接收者的角度论述了建议采纳的影响因素,指出建议的类型和数量,建议者的可靠和自信程度,以及决策者自身的特点(如谦虚和开放性)都会影响其对建议的采纳。

二、影响沟通的因素

（一）沟通背景因素

沟通总是在一定的历史、地理、政治、经济、文化背景中发生的。任何形式的沟通，都会受到各种环境因素的影响。沟通的背景涉及心理背景、物理背景、社会背景和文化背景等。在数字化时代，多元化、跨时空、虚拟化的团队沟通越来越成为新时期的沟通大背景，数字化沟通带来了便捷，提高了效率，但对构建人和人之间的信任可能并不具有优势。

（1）文化背景的影响

跨文化交际过程中，文化背景制约着非语言行为的内涵，也就是说，同一行为动作，在不同的文化背景中表示不同的意义。在同一个国家里被视为礼貌的一种行为，很可能在另一个国家里被看作粗鲁的甚至是恶意的行为。例如，对他人竖起大拇指在中国表示"很棒"；在英国、澳大利亚和新西兰等国意思是"搭车"；在希腊却是让对方"滚蛋"的意思。

在各国的企业中，也体现出文化背景对企业文化的深刻影响。中国人主张中庸，万事以和为贵，十分重视和谐的人际关系，不喜直接冲突，倡导以和平的心态为人处世，不提倡锋芒外露。在中国企业中，人们很少直接向别人提出批评，批评时也要用委婉的表达方式。多数中国人把直言不讳当作鲁莽与不文明的象征，或视之为肤浅。而西方人倾向采取直言不讳、详细明确、直截了当的交际方式，不过多地考虑人际关系因素。他们重视自由表达观点，交际方式富有挑战性，即使发生冲突，也可互相理解，但这种讨论与争论往往仅针对工作而不针对个人。

语境代表了个体在沟通过程中对交流方式的偏好，也是影响沟通的背景因素，根据语境理论（contextual theory）可分为高语境导向和低语境导向，高语境导向指隐晦的表达方式和模糊的信息，关注他人的情绪和感受，而低语境导向指直截了当的表达方式，重视信息的有效传递。两类语境导向既可以体现于文化层面的差异，也可以是个体层面的差异。比如，美国、澳大利亚、加拿大、荷兰等国家倾向低语境导向，偏向较为直白的沟通方式。而中国、印度尼西亚、韩国及日本等国家则倾向高语境导向，沟通策略较为婉转和隐晦。但并非来自同一文化的个体都具有同样的交流偏好，语境交流的差异不仅仅存在于文化层面，也存在于个体层面。段锦云等（2020）的研究表明，当沟通的双方具有相似的语境导向时,更有利于信息的传递、接收和采纳,提高沟通的效率和质量。相反,当沟通双方的语境导向不匹配时,沟通过程可能更容易出现误解。

(2) 性别因素的影响

对于男性和女性在语言沟通风格上的差异,综合观点认为,女性的谈话风格更加亲和,主要表现为:一是多用试探性的修饰词,如"这种""我猜测""也许"等词,这既表现出说话者缺乏权威或确信,有时也会增加谈话中的友好性;二是多用反义疑问句,频繁寻求更多的反馈信息,这说明女性对自己所说的话没有完全把握,或期望引起对方反应;三是多提软性要求,女性在提出要求时不是简单说出要求,而是用更多的词使要求软化,提出建议时较为婉转;四是多用礼貌词语,表现出女性替对方考虑的特点;五是多用表达不确信含义的词,如"虽然……但是……"等;六是倾向用强调词,以增加说话的力量,如"真的""非常""确实"等;七是倾向在谈话的沉默间歇主动用一些词来打破沉默,如"好的""你知道""噢"等。同时,女性也更加关注非语言的线索。与此相比,人们观念中常把男性谈话等同于强有力的谈话风格。男性谈话风格被认为是直接的、自信的,较少存在上述女性谈话中的特点,也更少强调相互作用的人际维度和情感维度,对非语言线索不够敏感。

(二) 信息过滤

信息在传递过程中会被不断地"过滤"。沟通漏斗(见图10-5)呈现的是一种由上至下逐渐减少的趋势,因为漏斗的特性就在于"漏"。对沟通者来说,如果一个人心里想的是100%的内容,当你在众人面前、在开会的场合用语言表达时,这些东西就已经漏掉了20%,说出来的只剩80%了。而当这80%的内容进入别人的耳朵时,由于文化水平、知识背景的关系,只存活了60%。实际上,真正被别人理解、消化了的大概只有40%。等到这些人遵照领悟的40%具体行动时,可能已经变成20%了。因此,在沟通中,信息往往无法完整有效传达。

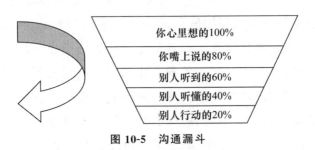

图10-5 沟通漏斗

组织中也存在从上至下的信息过滤。所以,这样的情况常常发生:董事长表述的宏伟蓝图是一百,底下的员工听到的却只有二十。这是因为每一位中层领导在向下传递董事长讲话的过程中,都会对信息进行重组,以增强自己的权势,当信息到达基层时,其已经成为一种控制手段,而不是一组信息数据。层层过滤导致信息含糊或混乱(信息混乱指对同一事物有多种不同的信息版本),在这种情况下,接收者要么不知所措,要么按自己的理解行事,以至于发生与信息发送者原意可能大相径庭的后果。

(三) 选择性知觉

接收信息者会基于个人的需求、动机、经验、背景和人格特质,选择性地看或听接收到的信息,也可能将个人的利益和期望投射到解码过程中。由于一个人的知觉程度受多种因素影响,常使得人们对同一事物产生不同的理解。例如,当上司信任你,分配你去从事一项富有挑战性的新工作时,你可能会误解上司对你原有的工作业绩不满意而重新给你分配工作。当人们面对某一信息时,是按照自己的价值观、兴趣、爱好来选择、组织和理解这一信息的含义的,一旦理解不一致,信息沟通就会受阻。

小游戏

形式:4—5人一组。

时间:10—12分钟。

道具:一则摘自报纸杂志的简短文章。

目的:演示说明信息在通过各种"渠道"加以传递时往往会失真。

程序:

1. 事先从近期网络或报刊中摘录一则2—3段长的文章,但不要最热门的新闻。

2. 将学生分成4—5人一组。

3. 将各组成员按1—5号分好次序。

4. 请1号留在教室内,其他人先出去。

5. 把故事念给各组的1号听,但不允许提问或做记录。

6. 2号可以从教室外进来,每组1号负责将故事复述给2号听。

7. 3号进来,2号将故事再复述给3号听。

8. 直到每组的5号都听完故事。

9. 老师请5号学生复述一下他们听到的故事。

分享：
1. 每个传递者是否都遗忘了一些内容？具体是哪些？
2. 故事在传递中，出现了哪些错误？原因是什么？

（四）情绪因素

情绪会影响个体对信息的发送和诠释。情绪是从人对客观事物所持的态度中产生的主观体验。我们可以从"愉快—不愉快""紧张—放松"和"激动—平静"三方面来描述情绪。情绪与人的需要有关，具有较大的情景性、即时性，并带有明显的外部表现。下面来看发生在家庭生活中的两个对话场景。

场景A

妻子：你怎么这么晚才回来？还等你换煤气灶，今天饭也没做。

丈夫：难道你自己不会去换吗？或者打个电话不就行了，别什么事都要我来做，你又不是小孩。

妻子：我又不知道你把号码放在哪里。

丈夫：我不是和你说过好多次了，就在电视柜上，你怎么老年痴呆了。

妻子：你说什么？我老年痴呆，那你呢？我看你是到更年期了。

场景B

妻子：你怎么这么晚才回来？还等你换煤气灶呢，今天饭也没做。

丈夫：你可以打个电话叫煤气公司来处理啊。

妻子：我忘了你把号码放在哪里。

丈夫：就在电视柜上。

妻子：哦，好的，那我现在就去打。

丈夫：那我先切菜了。

在上述事例中我们可以发现，情绪状态会影响个体的沟通表达方式。对客观事物持肯定态度时，就会感到愉快、满意等；持否定态度时，就会感到憎恨、恐惧、愤怒或悲哀等。情绪发生时，往往伴随一定的生理变化和外部表现，会对双方的沟通或工作产生影响，形成沟通的障碍。

此外，情绪也可以在人与人之间传递，情绪感染（emotional contagion）是指一种情绪状态在个体之间通过情感表达、行为模仿以及社会互动等方式进行无意识传递的过程。这种传递可以是直接的,如通过面部表情、声音和体态等传递情绪;也可以是间接的,如通过言语描述或文字表达等方式传递情绪。例如,打哈欠就会相互传染。情绪感染有利于在沟通过程中引发双方的共鸣,为讲话者提供持续反馈,增加对他人经历的情感理解,但也可能导致沟通中的误解和冲突,如负面情绪的感染。

(五)语言因素

相同的字眼,对不同年龄、教育和文化背景的人来说代表不同的含义。语言不通是人与人之间难以沟通的原因之一。当双方都听不懂对方的语言时,尽管也可以通过手势或其他动作来表达信息,但其效果将大打折扣。即使双方使用的是同一语言,有时也会因一词多义或双方理解力的不同而产生误解。沟通就是"发送→过滤→接收→反馈"信息的环回过程。我们常常需要在别人的反应里看到自己。

(六)非语言因素

个人空间(personal space)指在社会交往中,个体与他人之间保持的一种身体距离。这种距离不仅是个体身体周围的物理空间,更是个体心理上的安全区域。人们在社会交往中总是倾向保持一定的个人空间,以此维护自己的舒适感和安全感。个人空间通常被划分为不同的类型,如亲昵距离、个人距离、社会距离和公众距离。这些不同的距离反映了人们在不同社交情境下的空间需求和互动模式。它还存在文化差异,比如通常美国人的个人距离比阿拉伯人的更大。尽管人们通常并不明确意识到这些规则,但在行为上却往往遵守这些关于个人空间的规则,一旦这些规则被破坏,可能会引起他人的反感。在进行沟通时,我们需要关注并尊重他人的个人空间需求,保持合理边界,以建立有效的沟通关系。同时,我们也需要理解并适应不同情境下的个人空间需求变化,以确保沟通能够顺利进行。通过关注个人空间与沟通的关系,可以更好地理解人类社交行为的复杂性,提高沟通效果和质量。

三、有效沟通的技巧:说服与聆听

(一)说服

如何让对方更好地接受你所传达的信息,使对方接受自己的观点、理念或行为,并改变其相关态度、观念或行为。要实现这一点,我们在沟通过程中要注意:

(1) 找到对方的优点,给予真诚的赞美,让对方在情感上感到愉悦。(2) 互惠互利。正所谓"己所不欲勿施于人",不要把自己不想要的强加于别人,而是要像对待自己一样对待他人。(3) 提供社会支持的凭证。人们很大程度上会跟随多数人的观点,所以,可以伺机提供支持自己观点的现实凭证或请他人背书。(4) 一致性原则。人们通常会与他们明确的承诺保持一致,所以在沟通过程中可以适当让对方公开承诺。(5) 权威效应。人们习惯服从权威,展示你的专业性和才华,这样更容易让别人信服。

(二) 聆听

一方发出信息后,另一方就需要去接收信息,即聆听。发出信息和聆听信息哪一个更重要一些呢?冷静地思考后你会发现,在沟通中,听比说更重要。生活中,我们有时只是听到了别人说的话,却没有认真去聆听对方传递的真实信息并理解其意图,导致沟通失败。所以,聆听是一种重要的非语言性沟通技巧。

在聆听的过程中,我们需要注意聆听的原则:(1) 观察对方。听是耳朵和眼睛共同参与的工作,需要关注对方肢体语言所传达的信息,不要打断对方。(2) 回应对方。在听的过程中,看着对方、保持目光接触,并且适当地去点头示意,表现出有兴趣的聆听,并确认对方的信息。(3) 鼓励对方,不随意评价对方,并适当共情。

有效聆听的四步骤

步骤1 准备聆听

首先,给讲话者一个信号,让讲话者充分注意。其次,准备聆听,从对方的角度想问题。

步骤2 发出准备聆听的信息

通常在听之前会和讲话者有一个眼神上的交流,显示你给予发出信息者的充分注意,这就告诉对方:"我准备好了,你可以说了。"

步骤3 采取积极的行动

积极的行为包括我们刚才说的频繁地点头,鼓励对方去说。比如,在听的过程中,也可以身体略微地前倾而不是后仰,这样对方也会有更多的信息发送给你。

步骤4 理解对方全部的信息

聆听的目的是理解对方全部的信息。在沟通的过程中你没有听清楚、没有理解时,应该及时告诉对方,请对方重复或是解释。

> **本章小结**

　　沟通是信息交流的手段,它就像一座桥梁连接了不同的人、不同的文化和不同的理念。管理沟通是管理中极为重要的部分。管理与被管理者之间有效沟通是任何管理艺术的精髓。

　　组织目标的实现与否取决于组织中的管理沟通是否畅通,有效的沟通有利于信息在组织内部的充分流动和共享,可以提高组织的工作效率,增强组织决策的科学合理性。另外,行为科学理论告诉我们,组织成员并不是单纯的物质利益追求者,他们同时还有精神层次的需求,如对组织的归属感、荣誉感和参与感等,而这一切也都需要借助于有效的管理沟通才能得以实现。因为只有有效的管理沟通,组织成员的意见、建议才能得到充分的重视;只有有效的组织沟通,组织成员的工作成绩才能得到应有的评价和认可。

　　沟通的有效性也与组织文化相连。组织文化是组织员工所共享的企业核心价值观。组织文化的形成有赖于组织成员之间的良好沟通,并最后达成价值观上的认同。如果主管人员从不在电梯或走廊与同事们轻松交谈,那么他在员工大会上发表演讲后能听到员工的热烈反响吗?要想改善组织内部沟通,需要领导者自我检视,是否公司主管们都能像英特尔公司的安迪·格鲁夫那样经常在员工餐厅与员工一起就餐。行动的力量是对在会议室的"公司愿景、价值观和理念"的最好说明。可以说,沟通是一切组织管理行为的灵魂。

> **本章思考题**

　　1. 请你做一个练习,测试一下你的非语言交际能力如何。

　　按照下列标准给每个句子打分:"从不"得 1 分;"有时"得 2 分;"通常是这样"得 3 分;"总是这样"得 4 分。

问题	得分
• 在听人讲话时我保持不动,我不摇晃身体,我不摆动自己的脚,或者表现出不安定	
• 我直视讲话者,对目光交流感到舒服	
• 我关心的是讲话者说什么,而不是担心我如何看或者自己的感受如何	
• 欣赏时我很容易笑和显示出活泼的面部表情	
• 当我聆听时,我能完全控制自己的身体	
• 我以点头来鼓励讲话者随便说或以一种支持、友好的方式来听他的讲话	
总分:	

如果你的得分大于 15 分,则你的非语言性技巧非常好;

如果你的得分在 10—13 分,说明你处于中间范围,还有改进空间;

如果你的得分低于 10 分,那么请学习一些聆听技巧。

2. 角色扮演案例分析

条件:项目经理与公司 CEO 在电梯中碰面,从一层到 CEO 离开电梯,只有 15 秒的时间。

目的:项目经理希望获得对自己项目的资源倾斜,用什么办法可以做到?

3. 小组活动

目标:

(1) 学习运用非语言渠道传递信息;

(2) 练习读解别人的肢体语言。

时间:15 分钟。

过程:

(1) 每组选两名组员参与;

(2) 一名组员面向大家,另一名背向大家并在整个过程中不得回头;

(3) 教师站在背向大家的组员身后,向面向大家的组员依次展开词条;

(4) 面向大家的组员以肢体语言表现出词条的内容,以便让背向大家的组员猜出词条;

(5) 自教师展开第一条词条开始计时,每三条词条为一组,每组时间为 5 分钟,以在规定时间内全部猜出词条为获胜。

4. 节日到了,你要送一些"祝福"给你的亲朋好友,你将采取什么沟通方式?指出其优缺点。

5. 现代化企业如何构建有效的沟通渠道?

> **推荐阅读**

1. 马歇尔·卢森堡. (2009). 非暴力沟通. 阮胤华,译. 北京:华夏出版社.

2. 张志学. (2022). 管理沟通:领导力与组织行为的视角. 北京:高等教育出版社.

第十一章　领　　导

开篇案例　曼联王朝：弗格森制造

亚历克斯·弗格森，1986年接替阿特金森开始执教曼彻斯特联队。他的执教生涯堪称辉煌，执教场次达1500场，带领球队夺得了38次冠军，培养了包括C罗和贝克汉姆在内的一大批球星。1999年，曼联创下了史无前例的"三冠王"纪录，弗格森也在同年被英国皇室授予下级勋位爵士。2013年，执掌俱乐部长达26年后，弗格森正式退休，但他的传奇故事仍然为人们所津津乐道。

赫贝格曾用"足球是圆的"来形容足球比赛的瞬息万变。对于弗格森领导的曼联队，尽管球员经常更迭，但球队几乎总能赢。那么，弗格森是如何在这个充满不确定性的游戏中屡创佳绩的呢？曼联的助理教练、弗格森的得力助手佩兰说："弗格森最强的力量是他的领导能力，他将这一点延续了这么多年，并且从来没有改变过赢球的想法。"弗格森自己也坦言，"我的领导方法和管理经验来自一个个赛季，这也是我希望总结的经验"。

弗格森的领导之道最先体现在对自己的打磨上。他认为，领导者应该善用自己的眼睛和耳朵，多观察、多倾听、多阅读。这让他掌握了许多终身受用的技巧。比如，诺茨郡经理吉米·西雷尔曾向弗格森分享，他总是避免球员的合同到期时间不一致，以防止俱乐部和经理之间的冲突。而后，弗格森一直效仿这一做法。又如，弗格森习惯于在比赛前仔细研究对手球队的录像，这一习惯帮助弗格森在1999年的冠军联赛决赛中准确推测出了慕尼黑队的换人策略。

此外，弗格森对自我的角色也有明确的定位——他视自己为曼联队的所有者。他指出，领导者的主人翁意识将其与管理者区分开来——管理者为企业打工，而领导者将自己视为主人，以所有者的姿态去思考。秉持着这种态度，弗格森自接手曼联以来，就只专注于曼联，只对曼联负责。在他执教的26年间，1500场联赛他只缺席了3场。他的领导决策也常常能反映出长远的考量。同时，弗格森坚持"主教练拥有绝对的权威"的底线,不讨好媒体,不阿谀奉承上司,也不迁就明星球员。《亚历克斯·弗格森:我的自传》中就揭秘了贝克汉姆离开曼联的始末,面对如日中天但却有些"自我膨胀"的贝克汉姆,弗格森毫不犹豫地要求董事会让他走人。

弗格森的领导之道也体现在对团队成员的打磨上。对于领导一群性格各异的运动员来说,这是至关重要的,也极具挑战性。弗格森与球员们的相处模式可以概括为宽严并济。在下属表现不佳时,一些温和的领导可能会为了维护他们的面子而选择含糊其词。然而,弗格森坚信,当球员表现不佳时,主教练必须直言不讳地指出问题。当然,弗格森的批评总是有策略性的,在比赛后等球员冷静下来了,他才开始批评他们,随后也会附上鼓励的话。"大棒加胡萝卜",这能让球员更好地认识自我,并为自己的表现负责,也能让他们感受到领导的信任,而有动力去改进。

同时,弗格森非常善于发现球员的长板和短板,然后为他们量身定制训练方案,帮助他们取长补短。例如,当C罗加盟曼联时,还不满20岁,常常喜欢在场上炫技。弗格森针对他的这个特点安排他打右前锋,并要求他放弃无谓的炫技。这种做法既给了C罗充分表现的机会,也给了他磨炼技术的机会。C罗和贝克汉姆等人都是在这样的指导下逐渐成为超级球星的。

最后,弗格森的领导之道体现在他对团队的打磨上。在管理团队时,弗格森认为避免极端是关键。他不希望只有年轻无经验的球员,也不希望只有年龄大而适应性较差的球员。同样,他会非常谨慎地确保球队保持"冲锋"球员和"稳妥"球员的数量平衡。避免极端的法则还体现在团队的目标设定上。在执教早期,他曾高调地向媒体宣布球队将不会输掉那个赛季的任何一场比赛,然而,球队在此后接连输球,弗格森随即认识到过高的期望会给球员带来压力而非激励。

与其他欧洲球队不同,弗格森非常重视梯队建设。他在曼联组建了"青训队"。像贝克汉姆、巴特、吉格斯等球员都是从青训队中培养和发掘出来的。弗格森认为,球队不仅由伟大球员塑造,还需要由本土青训队培养出来的球员传承球队的精神。他们是和弗格森、俱乐部拥有同样理念的人,是真正能够理解和践行曼联精神的人。当团队成员具备共同理念时,他们就会对成功充满渴望,也会为实现集体使命而奋战,而不仅仅是为了领导的要求或个人利益。

在《领导力》一书中,弗格森这样总结领导力:(1)抓大放小;(2)球队胜过球星;(3)炒人要趁早;(4)队伍要持续更新;(5)培养年轻人,给他们机会;(6)沟通力求简单;(7)团队纪律至上;(8)(教练)该露面要露面;(9)价值观比才能重要;(10)给球员发挥的空间。

资料来源:亚历克斯·弗格森,迈克尔·莫里茨.(2016).领导力.叶红婷,柴振宇,译.北京:中国友谊出版公司.亚历克斯·弗格森.(2023).亚历克斯·弗格森:我的自传.颜强,田地,译.北京:金城出版社.

上述案例中,亚历克斯·弗格森是一位极具个人特色与魅力的领导者,更是一名擅长激励团队、发掘球员潜力的领袖。他注重自我完善,坚持权威与责任并重,能细致地为球员提供个性化的训练和指导,也始终致力于团队的整体建设与平衡发展。弗格森以其独特而非凡的执教哲学,创造了曼联足球俱乐部的辉煌。而他的故事也不仅是足球史上的传奇,更是领导力的经典案例。从弗格森身上,我们能体会到,领导者不只是企业的决策者和管理者,更是企业的精神引领者和文化缔造者。

第一节 领 导 概 述

一、领导定义

领导力(leadership),是指选择做正确的事,并动员下属/他人做好该事的能力;也是激励、动员、规范、教育下属/他人,实现共同发展的能力。不同的研究者从不同角度对领导力进行了不同的界定。我们提出,人人可以成为领导,但不是人人都需要当领导;不过,人人都需要掌握一些领导力。

坦纳鲍姆(Tannenbaum & Schmidt, 1973)提出,领导行为有效性由领导者、被领导者、环境三个条件共同决定。学者大都赞同这种观点,即没有一种普遍适用的"最好的"领导理论和方法。领导行为效果的好坏,除了领导者本人的素质和能力外,还取决于许多客观因素,比如被领导者的特点、领导的环境,等等。由此可见,领导是诸多因素相互作用、相互影响的过程,一切要以时间、地点、条件为转移。

$$领导 = f(领导者 \times 被领导者 \times 环境)$$

二、领导和管理

在组织中,领导和管理存在什么区别呢?一些学者认为这两者是同义词,无区别,或领导只是管理职能的一个方面。然而,另外一些学者则持相反观点,主张领导者和管理者在组织中扮演不同角色,做出不同贡献。例如,科特(Kotter,1990)在对比分析了领导者和管理者后,将两者总结为,领导者建立愿景、方向,影响他人参与愿景,激发追随者克服困难,甚至可能实施激进改革。管理者制订计划、预算,设计组织机构,安排职员职位,监督控制员工绩效,维持企业秩序。

领导者不同于管理者(Dubrin, 2008; Kotter, 1990; Toor, 2011; Zaleznik, 1977)。管理者是被任命的,他们拥有合法的职位权力,其影响力来自职位所赋予的正式权力;相比而言,领导者可以是通过正式任命产生的,也可能是从某一群体中自发涌现的,他们不一定依赖正式权力来影响或指导他人的活动(Toor, 2011)。管理者更常被视为执行者、被动的维稳者,他们的行为底线往往是绩效的维持;而领导者则更为积极主动,也更可能为了高回报而冒险(Durbin, 2008)。显而易见,杰出的领导者并不一定是出色的管理者,反之亦然。领导和管理是两个不同的互补系统,各自有特殊的功能与活动,但两者都是管理复杂组织所必需的,在现实实践中通常一个人既是领导者又是管理者。

明茨伯格(Mintzberg, 1973)确定了为实现组织目标,领导者所担任的三类领导角色,即人际角色、信息角色和决策角色。何时何地采用何种角色,取决于技术、职能、任务环境、工作性质,以及领导者所面临的具体情境。

三、领导的功能及其权力来源

领导的功能在于引导组织成员共同实现组织目标。围绕这个目标,领导者必须充分利用主客观条件,制定企业目标并进行决策,合理地使用人力、物力、财力和信息,建立起科学管理系统。而这些领导活动的顺利开展,离不开领导权力的支撑。领导权力,从广义上讲,指领导对他人施加影响的能力(Anderson & Brion, 2014)。更具体地,弗伦奇和瑞文(French & Raven, 1959)确定了领导权力的五种来源:

(1) 法定性权力,是由领导者在组织层级中的正式位置决定的。

(2) 奖赏权力,指领导者控制着对方所重视的资源而对其施加影响的过程。

(3) 惩罚性权力,指通过强制性的处罚或剥夺而影响他人的能力。

(4) 感召(或参照)性权力,是由于领导者拥有吸引别人的个性、品德作风,而引起人们的认同、钦佩而自愿追随和服从他/她。

(5) 专长性权力,指因为领导者在某一领域所特有的专长而影响他人。

第二节 领导特质理论

一、传统领导特质理论

领导特质理论(traits theories of leadership),又被称为"伟人"学说(见图 11-1),是整个领导研究领域的开端,其理论基础来源于奥尔波特人格特质理论(Allport,1937)。特质理论假设,有效领导者与无效领导者之间,领导者与非领导者之间存在着特质的差异,即认为个人特质是领导有效性的预测变量。20 世纪早期的领导理论研究者认为,领导的特质与生俱来,只有天生具有领导特质的人才可能成为领导者(Stogdill & Bass,1981)。成吉思汗、拿破仑等都被认为是与生俱来的领导者,生下来就具有一系列促使其成为伟大领袖的个人特质。

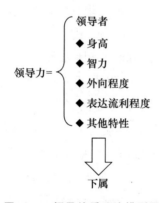

图 11-1 领导特质理论模型图

资料来源:Zaccaro, S. J., Green, J. P., Dubrow, S., et al. (2018). Leader individual differences, situational parameters, and leadership outcomes: A comprehensive review and integration. The Leadership Quarterly, 29(1), 2-43.

吉塞利(Ghiselli,1971)在《管理才能探索》一书中,探索了 8 种个性特征和 5 种激励特征。这 8 种个性特征分别为:才智,即语言与文字方面的才能;首创精神,即开拓创新的愿望和能力;督察能力,即指导和监督别人的能力;自信心,即自我评价高、自我感觉好;适应性,即善于同下属沟通信息,交流感情;判断能力,即决策判断能力较强,处事果断;成熟程度,即经验、工作阅历较为丰富;性别。5 种激励特征对应为:对工作稳定性的需求;对物质金钱的需求;对地位权力的需求;对自我实现的需求;对事业成就的需求。他的研究结果表明,首先,才智和自我实现,以及对事业成功的追求等,与领导者能否取得事业的成功关系较大,而领导的有效性与其对物质金钱的追求等关系不大;其次,一个有效的领导者的监察能力和判断能力也十分重要,是驾驭事业航程顺利前进所必不可少的;最后,性别与事业成功与否关系不大。

现在广泛得到认可的大五人格模型(NEOAC)就是特质理论的一个代表,该模型包括五个主要的人格维度:神经质、外向性、经验开放性、宜人性和尽责性(Costa & McCrae,1992)。贾奇和伊利斯(Judge & Ilies,2002)通过对以往有关研究进行元分析,将领导标准划分为领导气质和领导效率两大类。领导气质是指对他人较少了解时所作出的判断;领导效率则和绩效呈正相关。元分析结果表明,"大五"预测领导气质比预测领导效率效果好。"大五"与领导行为的总相关分别为:N 为 -0.24,E 为 0.31,O 为 0.24,A 为 0.08,C 为 0.28。即外向性、尽责性、经验开放性为正相关,而神经质为负相关,宜人性的相关不明显。另外,"大五"预测学生的领导行为好于预测政府和军队中的领导行为(钟建安、段锦云,2004)。此外,也有研究者有针对性地探讨了大五人格与具体的领导风格的联系。例如,戴纳特等(Deinert et al.,2015)发现,大五人格与变革型领导的激励动机维度相关,但只有经验开放性和宜人性与个性化关怀维度相关。

麦格雷戈(McGregor,1960)提出了关于管理风格和员工动机的 X 理论和 Y 理论。持 X 理论态度者对员工持负面态度,认为员工自私、不喜欢工作,必须对其严格监督与管理,使用外在控制方法来驱使他们完成工作;持 Y 理论态度者则持相反看法,对员工持积极态度,认为员工本质上愿意工作,并会在条件适宜的环境中自行寻找和接受责任。自我认知是指个体对其自身所持的肯定或否定态度。持有积极自我认知的人拥有自信特质,对自我评价较高,这是成为高效领导者或合格下属的关键。为此,我们可以结合自我认知和麦格雷戈的理论,探讨其共同影响。持有积极自我认知、Y 理论态度的领导者,一般发送和接收积极回馈信息,期望他人获得成功,允许下属按自己方式工作;持有积极自我认知、X 理论态度的领导者,一般专横、武断、急躁,较多责备他人而非表扬,实行独裁管理;如果倾向于消极自我认知、Y 理论态度的领导者缺乏自信心,不敢作出决策,出现问题容易自责;而持有消极自我认知、X 理论态度的领导者在出现问题时容易责备他人,容易使下属失去希望。

特质理论假设可以通过测量个体的个性、能力等来确定高效领导者所具有的各种特质(Stogdill & Bass,1981)。虽然领导特质理论取得一定成绩,比如发现成功领导者都具有一系列一致的独特个性特点(Jennings,1960),但其理论仅关注领导者本身,忽视领导者工作的情境、环境等后天因素,因此存在局限性

(Bass & Bass, 2009)。

鉴于传统特质理论的诸多问题,后续研究开始反对传统领导特质理论强调遗传、天生的观点,一些主张现代特质理论的学者认为领导者个性特质,可以在后天实践中形成,通过训练培养加以塑造(Day & Zaccaro, 2007; Zaccaro et al., 2018)。

二、特质理论新发展——魅力型领导理论

20世纪后20年,经济全球化浪潮席卷而来,商业竞争变得日益激烈。随着工作环境不断地波动与变迁,一些大型公司,如IBM、GE、丰田、三星等,开始着手公司架构的变革。为在短期内取得成效,公司迫切需要"有魅力的"领导者。一些杰出的公司领导者和军队领导者,如李·艾科卡(Lee Iacocca)、道格拉斯·麦克阿瑟(Douglas MacArthur)等,他们所展现出的独特性格特点和领导方式,常常不符合传统的领导理论。于是有研究者提出了魅力型领导理论(charismatic leadership theory),这一理论认为,那些能够对所在组织发挥非凡影响力的人,就是有魅力的领导者(House, 1977)。德国社会学家马克斯·韦伯(Weber, 1947)对"魅力"进行了深入考察,用其描述个人的某种个性特征,把该人视为超越常人的存在,具有非凡的、他人未有的神授特质。

伯卢(Berlew, 1974)首次将"魅力"概念引入组织研究领域,后来,豪斯(House, 1977)在此基础上提出魅力型领导理论。魅力型领导的个人特征在于,他们对自己的信念有着坚定不移的执着,对前途目标具有丰富想象力。魅力型领导使下属非常相信领导的看法观点,无条件接受领导,对领导有情感依赖,对领导心甘情愿服从。领导者通过本身的超凡才能和魅力影响下属,从而实现既定目标。豪斯进一步指出,魅力型领导要能提出一个有想象力的、远大的目标,赢得追随者支持,要创造一种成功且胜任任何挑战的形象,以自身作为榜样贯彻与表达其所坚持的价值观。布赖曼(Bryman, 1992)也持有类似观点,魅力型领导具有高度自信心、建立未来远景、坚持理想、塑造改革形象、表现创新行为。这些特质的根本所在是领导者有着强烈的使命感,而且能让他人接受并响应这一使命。

魅力型领导在一定程度可以视为一种"社会交换"的形式,交换内容是非理性的情感因素,这也是魅力型领导者人格特征的核心(Nohe & Michaelis, 2016)。魅力型领导理论和"特质天赋论"的主要区别在于,前者主张领导者的后天可塑性,个体可以经过培训来发展并展现出领袖魅力,从而成为一名魅力型领导者。这摒弃了简单根据特质对领导力进行解释的做法,而是在更为复杂背景

下考察和理解领导力。图 11-2 根据领导者价值、魅力型领导和组织产出的关系，提出了魅力型领导作用模型。魅力型领导者致力于改变下属以自我为中心的观念，试图将员工个人及其自我观念和整个组织的愿景目标联系起来共同发挥作用；强调工作过程本身的收获，而不过度关注外在的奖励，期望员工把工作当成自己智慧和能力的体现(Mhatre & Riggio, 2014)。

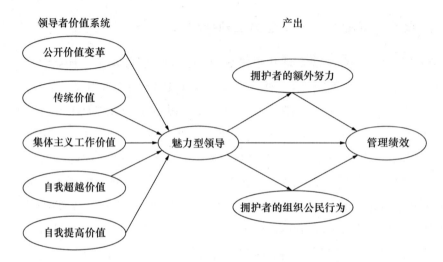

图 11-2　魅力型领导作用模型

资料来源：刘小禹，王晓杰，王震．(2023)．魅力型领导研究的历史、现状与未来展望．管理学报，20(9)，1409-1420. Mhatre, K. H., & Riggio, R. E. (2014), Charismatic and transformational leadership: Past, present, and future. In Day, D. V. (ed.), The Oxford Handbook of Leadership and Organizations. Oxford University Press.

三、特质理论新发展——自恋型领导

自从社交媒体如脸书、推特与微博等问世以来，人们的自我表达有了更为宽广而自由的舞台。对年轻人而言尤为如此。这些大胆彰显自我的年轻一代被贴上了"自恋"的标签，被称为"我的一代"（Generation Me）。与此同时，唐纳德·特朗普被描述为具有鲜明的自恋和精神病特质的个体。他在 2016 年成功当选美国总统，这被认为深刻反映了社会中自恋的盛行。这些社会动态激发了学界对于自恋，特别是自恋型领导的研究兴趣。

"自恋"一词源于希腊神话中的"水仙"(narcissus)故事。故事描述了一个爱上自己在水中的倒影，最终幻化为水仙花的俊美男子——纳西索斯。这是自恋的一种类型。在科学领域，对自恋的研究主要基于临床心理学的观点，将自恋界定为一种人格障碍(narcissistic personality disorder, NPD)。诊断标准包括极度

的自我膨胀、缺乏同理心,以及倾向于剥削、操纵他人,并表现出傲慢等。

弗洛伊德曾说,领导者无须爱他人,领导者可能具有专横的本质,即绝对的自恋、自信与自立。凯茨·德·弗里斯和米勒(Kats de Vries & Miller,1985)的开创性理论研究更系统地建立了自恋与领导力的联系。他们指出,领导者或多或少具有自恋特质,并且自恋特质广泛地影响着他们的行为。这些自恋的领导者迫切需要确认自我的权力、地位、威望和优越性等。类似地,罗森塔尔和皮丁斯基(Rosenthal & Pittinsky,2006)将自恋型领导描述为,受到个人利益或观念(而非组织利益)驱动的自私领导。坎贝尔等(Campbell et al.,2011)则总结了组织中自恋者的三大特征:(1)宏大的自我意识;(2)在人际关系中的剥削性和缺乏同理心;(3)使用自恋策略来维系过度理想化但脆弱的自我认知。总体来说,自恋型领导的内涵与自恋型人格障碍有一定的重叠。不同的是,组织研究者更加关注亚临床自恋,将自恋视为一种个体特质而非人格障碍。

自恋型领导的悖论——"自恋究竟是好还是坏",一直是学界关注的焦点。换而言之,自恋型领导既有光明面,也有黑暗面。一方面,像特朗普、乔布斯、马斯克这样的知名领导人物都被认为具有自恋特质,这让人们不得不思考自恋可能总与领导者相伴。例如,在关注军校学员的一项纵向研究中,自恋被发现正向预测了领导绩效(Harms et al.,2011)。同时,自恋中蕴含的大胆和冒险的特征使领导者敢于创新并作出果断决策,这赋予了他们独特的个人魅力(Cragun et al.,2020)。然而,另一些学者将自恋视为典型的负面领导特质。他们认为,自恋者以自我为中心,漠视他人的需求,排斥他人的想法。在自恋型领导任职的企业,领导容易独断专行,信息传递不畅,领导者与追随者之间的关系不佳,员工流失率高,绩效低下(Judge et al.,2009)。此外,自恋型领导也更可能从事一些负面领导行为,例如欺凌与欺诈(Grijalva et al.,2015)。

四、特质理论新发展——谦逊型领导

随着社交媒体上关于自恋型领导的负面新闻频繁出现,与自恋型领导截然相反的谦逊型领导也受到了广泛的关注。"谦逊"(humility)一词源自拉丁语"*hummilitas*",可译为"接地气"。对谦逊的探讨历史悠久。亚里士多德认为谦逊是一种软弱的美德。与之不同,两千多年后,康德提出谦逊是使个体准确认识自我的重要美德。

现代学者遵循康德的观点,意识到谦逊不仅是自恋的反面,还具有独特的价值,包括准确的自我评价、愿意承认错误、乐于接受新事物、重视他人的贡献等

(Oc et al.,2015；Owens & Hekman,2012；Rego et al.,2017)。

组织研究者主要探究组织内的谦逊及其结果。一些研究者特别关注领导者的谦逊特质。代表性理论探讨包括,欧文斯(B. P. Owens)和赫克曼(D. R. Hekman)于2012年最先使用扎根理论将谦逊与领导力结合起来,发现了领导谦逊的三个维度:(1)愿意如实地看待自己;(2)欣赏他人的长处和贡献;(3)可教性(愿意学习)。之后,布拉克·奥克等(Oc et al.,2015)基于访谈结果提供了更为丰富的领导谦逊维度:(1)对自我有准确的看法;(2)认识到追随者的长处和成就;(3)可教性和可纠正性;(4)以身作则;(5)行为谦虚;(6)为集体利益共同努力;(7)富有同理心和平易近人;(8)表现出相互尊重和公平;(9)辅导和指导下属。尽管上述对于领导谦逊的界定在具体维度上有所不同,但仍具有很大的共性,例如,强调对自我的准确认识、对他者的认可和自己的可教性等。这些关键特征构成了领导谦逊的核心。

领导谦逊对于追随者、团队以及组织的积极效果已得到广泛论证(Kelemen et al.,2023)。谦逊领导者乐于倾听他人的想法,并愿意承认他人的长处与贡献。这向追随者释放出积极且安全的信号,有助于追随者积极看待组织环境并有效作出反应。具体而言,在由谦逊领导者构建的组织环境中,追随者会敢于从事风险行为(如向领导谏言),愿意在工作中付出额外努力(如向他人提供帮助、与他人分享信息),也较少作出负面的工作行为(如越轨行为)。进而,团队和组织都会受益。谦逊领导者还可能会在团队中建立助人的文化规范,组织绩效也会因其特有的领导方式而提升。

谦逊领导者与追随者之间的良性互动也可以从"社会交换"的视角来理解(Rego et al.,2017)。领导谦逊是建立有效组织关系的起点,而下属的积极工作行为和绩效则是对领导谦逊的回应。在双方互动中,牢固的社会联系得以建立,卓越的工作绩效得以显现。此外,基于"社会学习"的视角(Ashford et al.,2018),具有谦逊美德的个体经常会成为组织的榜样。换言之,在组织中,领导的谦逊品质可能会在内部扩散,越来越多的组织成员也会从谦逊领导者身上学到谦逊。

第三节 领导行为理论

从20世纪40年代开始,领导研究的重点从特质研究转向行为研究。通过研究领导者在领导过程中的具体行为,以及这些行为对下属的影响,从而寻找最佳领导行为(Likert,1961；Stogdill & Coons,1957)。领导行为的基础是领导特征和技巧,领导风格是领导者特质、技巧及其和下属沟通时行为的统一体(Lewin et al.,1939)。总的来说,领导风格是后天可习得的。因而,领导行为理论实际抛开了传统特质理论中领导者与生俱来的观点,扩展了对领导的研究范围,也有利于领导力培训的开展(Alimo-Metcalfe,2013)。

美国爱荷华大学的勒温、利皮特和怀特(Lewin et al.,1939)提出专制型领导风格和民主型领导风格,开创了领导行为理论(behavioral theories of leader-ship)的新纪元。俄亥俄州立大学的学者们进一步把领导行为分解为两个核心维度:定规维度("抓组织")和关怀维度("关心人")。他们使用二维空间四分位图表示不同的领导行为:(1)低关怀高定规领导者,最关心工作任务。在由于截止日期临近、任务模糊或外部威胁而产生压力的情况下,这种领导风格较为有效。(2)高关怀低定规领导者,关心领导者和下属间的合作,重视相互信任、尊重的气氛。当任务本身能带来内在奖赏或者任务结构清晰时,这种领导风格较为有效。(3)低定规低关怀领导者,漠不关心组织和人,领导效果一般较差。(4)高定规高关怀领导者,同时关心工作和人,领导效果一般较好(Stogdill & Coons,1957)。

密西根大学学者也把领导行为划分成2个维度:员工导向维度和生产导向维度。员工导向关注人际关系的建立和维护,重视员工的需要和感受;生产导向强调任务完成的效率,优先考虑组织的生产效益(Likert,1961)。相比于生产导向领导行为,员工导向领导行为对工作满意度的预测力更强(Piccolo et al.,2012),这可能是因为前者过于强调任务完成而忽视了员工的情绪和需求。

在俄亥俄州立大学和密西根大学研究基础上,得克萨斯州大学学者(Jung & Avolio,1999)提出领导方格理论,把领导行为分成关注效率和关注员工2个维度,每个维度分成9个等级,所有方格共有81种组合方式(见图11-3)。在方格四角和正中确定5种典型类型,(1,1)为贫乏型领导者,对人和事都不关心,是最低能领导方式;(1,9)为乡村俱乐部型领导,只关心人不关心工作,会营造较为随和而友善的工作氛围,也被称为消遣型领导;(9,1)为任务型领导,高度关心工作及效率,只准下级服从,不关心下属,也被称为权威—服从型领导;(5,5)为中间型领导,中等程度关心人和工作,安于现状,维持一般工作效率和士气;(9,9)为协调型领导,同时关心人和工作,协调综合各种活动,促进工作开展,培养相互信任和尊重的工作关系,是最高效的领导方式,因而是相关领导培训和发展的最终目标。

综上所述,领导行为理论使用因素分析法,把大量领导行为归纳成2个维

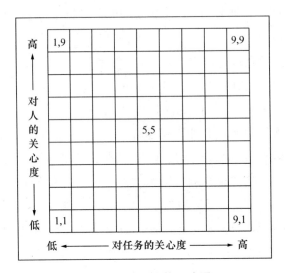

图 11-3　领导方格理论图

资料来源：Blake, R. R., & McCanse, A. A. (1991). Leadership Dilemmas—Grid Solutions. Gulf.

度，旨在寻找 2 个维度的交叉点，以探究不同领导风格影响下属实现目标的过程。这些探讨为领导行为和组织绩效之间的相关性提供了一定的证据。但该理论并未说明，领导行为和下属表现之间相互作用的机制，也未找到能够在各种不同环境中，指导领导者作出有效领导行为的领导模式（Alimo-Metcalfe，2013）。

第四节　领导权变理论

特质理论和行为理论试图寻找适合于所有情境的"完美"领导风格。但在 20 世纪 60 年代后期，多数研究者开始怀疑是否真的存在一种适用于所有情境的领导风格，这引发了对领导理论的新思考。这种思考的转变引导研究者开始寻找解释领导的更为复杂的方法，同时更为关注情境因素。研究的焦点开始拓展到领导者、下属、领导情境 3 个因素的交织影响，并据此提出了领导权变理论（contingency theories of leadership）（Fiedler，1978；House，1971）。领导权变理论强调：领导效能并非取决于某些特定的领导特质或行为，而在很大程度上取决于情境因素。这些情境因素可能包括下属的特点、工作性质、组织文化，以及外部环境因素，同时这些情境因素也可以被区分和测量（Fiedler，2005）。

一、费德勒模型

该理论认为,有效的领导者不仅在于他的个性,也在于不同环境因素和领导者、群体之间的交互作用(Oc,2018)。费德勒(Fiedler,1978)强调了三类环境因素对领导有效性的影响:(1)领导者与被领导者的相互关系,即领导者与员工之间的相互了解、信任和尊重的程度;(2)任务结构,即任务是否具有明确的目标、步骤和完成标准;(3)职位权力,即领导者在组织中的权力地位,更高的权力通常意味着领导者能对员工行为施加更大的影响。

费德勒(Fiedler,2005)指出,领导者与下属关系越好,任务结构化程度(或任务清晰程度)越高,职权越强,领导者拥有的控制力和影响力也越高,这类情境对领导者是有利的。反之,领导者的控制力和影响力越低,该情境对领导者是非常不利的。费德勒将这三个环境变数组合成 8 种领导工作情境或类型,每种领导工作情境下最有效的领导者类型是不同的。例如,对于任务取向型的领导者来说,他们在极度有利和极度不利的情境下工作最为有效,这是因为,在这两种极端情境下,他们对任务的关注和驱动可以发挥最大的作用(Fiedler,1981)。

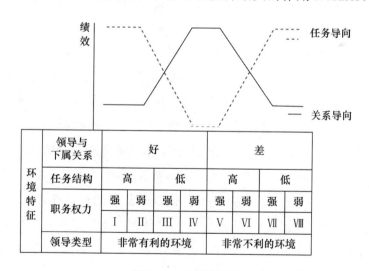

图 11-4 费德勒模型

资料来源:Fiedler, F. E. (1981). Leadership effectiveness. American Behavioral Scientist, 24(5), 619-632. Fiedler, F. E. (2005). Contingency theory of leadership. In Minor, J. B. (ed.), Organizational Behavior 1: Essential Theories of Motivation and Leadership. Routledge.

费德勒(Fiedler,1981)认为,领导行为是和该领导者的个性相联系的,所以领导者的风格或领导方式通常比较难改变。当一个领导者的风格或方式与特定情境不相适应时,主要有两种解决办法:(1)更换领导者以适应情境;(2)改变情境,使之与领导风格相适应。

二、领导生命周期理论

赫西和布兰查德(Hersey & Blanchard, 1969)提出了领导生命周期理论,认为领导者的领导方式依赖于下属的"成熟度"(readiness),对不同"成熟度"的员工应采取不同领导方式。

"成熟度"是指员工承担其行为责任的能力和意愿的大小,包括:(1)工作成熟度,即个体的知识和技能。工作成熟度高的人拥有足够的知识、能力和经验,完成他们的工作任务,无须他人指导。(2)心理成熟度,指个体做某事的意愿和动机,心理成熟度高的人靠内部动机激励而无须过多依赖外部激励(Blank et al., 1990)。

在管理方格图的基础上,根据员工的成熟度不同,可将领导方式分为四种(见表11-1):

(1)指示型(telling)。表现为高工作低关系型领导方式,领导者对下属进行分工并具体指点下属应当干什么、如何干、何时干,它强调直接指挥。在这一阶段,下属缺乏接受和承担任务的能力和愿望,既不能胜任又缺乏自觉性。

(2)推销型(selling)。表现为高工作高关系型领导方式。领导者既给下属以一定的指导,又注意保护和鼓励下属的积极性。在这一阶段,下属愿意承担任务,但缺乏足够的能力,有积极性但没有完成任务所需的技能。

(3)参与型(participating)。表现为低工作高关系型领导方式。领导者与下属共同参与决策,领导者着重给下属以支持及其内部的协调沟通。在这一阶段,下属具有完成领导者所交给任务的能力,但没有足够的积极性。

(4)授权型(delegating)。表现为低工作低关系型领导方式。领导者几乎不加指点,由下属自己独立地开展工作,完成任务。在这一阶段,下属能够而且愿意去做领导者要他们做的事。

根据下属成熟度和组织所面临的环境,随着下属从不成熟走向成熟,领导者不仅要减少对活动的控制,而且也要减少对下属的帮助。当下属成熟度不高时,领导者要设定明确的目标,提供详细的任务指导,以及对任务完成状况的严格监控。当下属成熟度较高时,领导者的角色与行为应适当调整,设定宽泛的目标和期望,由下属自我控制和完成。

表 11-1 领导生命周期理论

员工成熟度	领导者行为		领导风格
	支持型行为	指导型行为	
低能力、低意愿	低	高	指示型
低能力、高意感	高	高	推销型
高能力、低意愿	高	低	参与型
高能力、高意愿	低	低	授权型

资料来源：Hersey, P., & Blanchard, K. H. (1982). Management of Organizational Behavior (4th ed.). Prentice-Hall.

三、路径—目标理论

受期望理论和领导行为理论的启发，豪斯提出了路径—目标理论(path-goal theory)。这一理论提出，领导者工作效率应以调动员工实现组织目标以及他们从工作中得到满足的能力来衡量(House，1971)。领导者的基本职能在于，为员工制定合理的、符合员工期望的奖赏制度，同时为员工实现目标铺平道路，创造条件。路径—目标理论提出了四种主要的领导方式(House，1996)：

(1) 指示型领导(directive leader)方式。领导者应该对下属提出要求，指明方向，给下属提供他们应该得到的指导和帮助，使下属能够按照工作程序去完成自己的任务，实现自己的目标。

(2) 支持型领导(supportive leader)方式。领导者对下属友好，平易近人，平等待人，关系融洽，关心下属的需求和生活福利。

(3) 参与型领导(participative leader)方式。领导者经常与下属沟通信息，商量工作，虚心听取下属的意见，让下属参与决策，参与管理。

(4) 成就指向型领导(achievement-oriented leader)方式。领导者做的一项重要工作就是树立具有挑战性的组织目标，激励下属想方设法去实现目标，迎接挑战，同时给予下属信任。

领导者应该根据不同的环境特点来调整领导方式(House，1996)，当领导者面临一个新的工作环境时，可以采用指示型领导方式，指导下属建立明确的任务结构和明确每个人的工作任务；接着可以采用支持型领导方式，有利于与下属形成一种协调和谐的工作气氛。当领导者对组织的情况进一步熟悉后，可以采用参与型领导方式，积极主动地与下属沟通信息，商量工作，让下属参与决策和管理。在此基础上,就可以采用成就指向型领导方式,领导者与下属一起制定具有挑战性的组织目标,然后为实现组织目标而努力工作,并且运用各种有效的方法激励下属实现目标。

四、领导—下属交换理论

虽然特质理论、行为理论和权变理论,在内容上存在很大的差异,但它们都遵循着同一种研究假设,即假定领导者以同样的方式对待其所有下属(average leadership style,ALS)。领导—下属交换理论(leader-member exchange theory,LMX)的出现,是对 ALS 假定的突破(Bauer & Erdogan,2015)。现实中的领导者会区别对待不同下属,并依据关系亲密程度把下属区分为"圈内下属"和"圈外下属"。领导者时间、精力有限,在工作中对待每个下属态度不同,和下属建立不同类型关系。圈内下属有更多机会参与团队事务决策并承担额外责任,而领导与圈外下属的互动则更多基于正式的雇佣合同。由此,领导过程重点被转移到领导者和下属间的双向互动关系。

格雷恩和尤尔-比恩(Graen & Uhl-Bien,1995)对 LMX 关系形成过程进行了系统的论述,他们认为该过程是一个随时间推移而发展变化的过程,包括以下四个阶段:

(1) 工作社会化和纵向关系中上下级之间差异性发现。在这一阶段,领导者和下属通过日常的互动和交流,开始了解对方的工作风格和期望,从而在沟通中寻找合作的基础。

(2) 工作情景中 LMX 关系质量的改进。一旦了解了对方的风格和期望,领导者和下属就可以明确他们的沟通方式,以改善他们的 LMX 关系。

(3) 双方共同构建基于伙伴关系的工作生活远景:在这一阶段,领导者和下属共享长期的职业目标,建立基于共享价值观和目标的伙伴关系。

(4) LMX 从单纯的二元关系上升至团队水平(形成团队—下属交换关系)。领导者已经与团队中的每一位成员都建立了 LMX 关系,从而将 LMX 关系推广到整个团队中。

LMX 理论考虑到了多种情境因素和领导风格因素,以及他们对目标达成的影响(Bauer & Erdogan,2015;Dulebohn et al.,2012;Premru et al.,2022)。具体而言,情境因素包括:权力距离、控制倾向、能力、任务结构、正式职权、工作组;领导风格因素包括:执行型、支持型、参与型、成就导向型;目标成就因素包括:绩效、满意度。

LMX 效能研究广泛考察了 LMX 和员工工作满意度、工作绩效与组织公民行为等积极工作结果之间的关系(Martin et al., 2018)。通过将自上而下的单向管理转变为上下级之间、员工与团队或组织之间的互动式管理,并与领导的培训发展计划、员工职业生涯发展相结合,员工可以更好地理解他们的工作环境,从而更好地克服工作难题和挑战,同样,这也帮助领导者提升领导技能。然而,一些研究也指出,LMX 理论也有其局限性(Alimo-Metcalfe, 2013)。特别地,团队内 LMX 可能存在分化,即领导者可能会和一些团队成员建立更高质量的关系,而与其他成员的关系较为一般。对此,学者指出,LMX 在个人和团队层面的效果可能不同,例如,LMX 分化可能不利于集体和谐与团结,进而会阻碍团队绩效(Yu et al., 2018)。

五、总结

领导权变理论的进步性在于认为领导有效性和情境变量存在相关,这一视角超越了传统领导理论中对于"一种领导风格适合所有情况"的观点(Oc, 2018)。但局限性也很明显(Alimo-Metcalfe, 2013):领导权变理论对于情境变量的考察处在静态水平,忽视了员工态度、技能水平等实际上可能会随着时间和经验的增长而变化。此外,这一理论对情境因素考察缺少整体性,相对预测性较低。

第五节 本土化领导理论

任何组织中都有领导,然而,领导的内涵、领导的风格以及实际行为却颇受文化的塑造和影响。领导者选择何种风格,在大多数情况下会反映出其所处的文化背景,而不完全由个人意志决定。西方领导理论诞生于西方文化,是否适用东方文化背景有待进一步检验,这构成了本土化领导理论研究的出发点。

凌文辁等(2003)在对中、日、美社会规范的跨文化比较研究中发现,这三个国家在社会规范上存在着本质区别。在对人的管理上,中国重视"德治",注重道德和伦理的引导;日本重视"人治",尊重并维护良好的人际关系;美国重视"法治",注重法律的刚性约束与规制。社会规范是文化的具体体现,在中国社会中,有相当一部分问题被看作道德问题,而在美国则可能被看作法律问题。这反映了不同文化背景对社会规范理解和运用的影响。

在中国的管理实践中,管理者的道德表率作用被强调,对魅力型的道德领导进行推崇(李明、凌文辁,2018)。在选人用人方面,强调德才兼备,以德为先;对组织、对国家尽忠,对长辈尽孝,对他人施仁;尽伦理之义务,重道德之约束,做内在反省与静心冥思,以规范自己的行为,所谓"自我修为""内圣外王"。这些心理行为现象,构成了中国管理文化的基础。

一、CPM 领导理论

1960 年代初期,日本大阪大学心理学家三隅二不二提出了领导行为 PM 理论即绩效(performance)和维持(maintenance)。借助因素分析方法和多变量解析方法,三隅编制了领导行为量表,并引入了 PM 概念。根据这一理论,任何一个团体都具有两种机能:一是团体的目标达成机能,以结果和绩效为导向;二是团体或组织体的维持机能,以维持和强化群体关系为导向(Misumi & Peterson, 1985)。

通过在实验室进行领导类型的模拟实验,后又对各行业团体的领导进行现场测定,三隅等检验了 PM 理论的效度。他们发现尽管行业不同,但 PM 理论在各领域中均显示出极高的适用性和一致性。这说明,无论行业如何变化,团体或组织的核心功能——目标达成和团体维护,始终是领导力的重要组成部分。这也验证了 PM 理论的广泛适用性和有效性(Misumi & Peterson, 1985)。

凌文辁等 1987 年在吸收 PM 领导理论的长处,并结合中国文化背景,提出了 CPM 领导行为理论。他们指出,关于行为科学的理论,都是以一定的社会和文化背景为基础的。中国与西方的文化背景相异,国情也有所不同。中国人自古以来重视"德"的方面。在中国评价领导行为,有必要考虑个人品德因素。因而,在原有的 PM 量表的基础上,凌文辁等加入了 C 因素,以测定领导者的个人品质(Character and Moral)。CPM 量表表现出了较高的信度和较好的内部一致性结构。

在 CPM 理论中,P 是完成团体目标的职能,包括计划性和压力等因素。为了完成团体目标,不仅要求领导者有周密可行的计划和组织能力,而且要求对下级严格规定完成任务的期限,制定规章制度和各级职责范围,对执行情况进行检查等。M 因素是维系和强化团体的职能。职能所造成的压力会使下级产生紧张感,甚至引起上下级的对抗。M 因素就在于通过对下级的关怀体贴,消除人际关系中的不必要的紧张感,缓和工作中所产生的对立和抗争,对下级进行激励支持,给下级以发言和表达意见的机会,刺激自主性,增强成员之间的友好和相互依存性,满足部下的需求等,以维护组织的正常运营,保证组织目标的实现。C因素起着模范表率的作用。由于领导者的模范表率行为,一方面,可以使被领导者在工作中的不满得以解除,从而获得心理上的平衡和公平感;另一方面,领导者的模范表率行为,通过角色认同和内化作用,可以激发被领导者的内在工作动机,使其努力地去实现组织目标(李明、凌文辁,2018)。

二、家长式领导

继罗伯特·西林(Silin,1976)最早对中国台湾一家大型企业CEO的个案研究后,雷丁(S. G. Redding)也采用本土的研究途径开始探讨印尼、新加坡等华人家族企业中高层管理者的问题,并指出华人企业的领导具有清晰、鲜明的特色,将其称之为家长式领导(paternalistic leadership;Redding,1990)。

目前有关华人领导的研究中,最为深入和被广泛接受的是台湾大学郑伯埙等提出的家长式领导三元理论(郑伯埙等,2000)。郑伯埙特别强调了家长式领导与西方领导理论本质的区别。西方领导理论建立在上司与下属间地位平等的基础上,再找出彼此间权利与义务的工作关系;华人社会则自古就建立在明确的上下级关系与角色规范之上,家长式领导与成员的互动遵循贬低原则、干涉原则以及申辩原则,是不平等的上下级关系。

郑伯埙等(2000)将家长式领导界定为:在一种人治的氛围下,所表现出来的严明纪律与权威、父亲般的仁慈及道德廉洁性的领导方式。家长式领导包括三个重要的维度,即威权(authoritarianism)、仁慈(benevolence)和德行(moral)。其中威权领导是指领导者强调其权威是绝对而不容挑战的,对下属会进行严密的控制,要求下属毫无保留地服从;仁慈领导是指领导者对下属提供个别、全面而长久的关怀;德行领导则是指领导者必须表现出更高的个人操守、修养以及公私分明。家长式领导表现出威权领导、仁慈领导、德行领导行为,相对应的是下属表现出敬畏顺从、感恩图报以及认同效法(见图11-5)。这种对应关系体现了一个基本假设,即家长式领导的效能是建立在领导者、下属对自己角色的认同,以及下属的追随(followership)之上,否则将导致管理效能降低、人际和谐关系破坏,甚至公开的冲突(周浩、龙立荣,2005)。

目前,学界围绕着家长式领导的概念开展了诸多研究,研究结果都证实,家长式领导广泛存在于各种华人组织之中,而非仅仅为家族企业所独有,是中华文化下(当然不限于)组织的普遍特征,并且进一步证明了家长式领导对于组织或

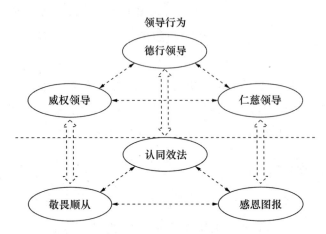

图 11-5　家长式领导与下属反应心理过程图

资料来源：郑伯壎，周丽芳，樊景立．（2000）．家长式领导量表：三元模式的建构与测量．本土心理学研究，(14)，3-64．

团队的效能不仅有独特的解释力，而且优于西方的领导理论（比如变革型领导、交易型领导、LMX）（周浩、龙立荣，2005）。聚焦于家长式领导的三个维度，研究发现，仁慈领导和德行领导与积极的员工工作结果（如组织公民行为）相关，而威权领导则有时与消极的工作结果（如反生产行为）相关（刘豆豆等，2021）。

第六节　新兴领导理论和进展

当前世界处于智能化时代，知识与信息的分享成为关键、各种观念快速变化、组织也格外关注变革，这些社会动态都呼唤新型领导方式。具体而言，传统工业时代的领导者，掌握着命令权，控制信息流动的特权，指引着方向，命令或规定下属做什么、不做什么。随着工业时代的终结和智能时代的开启，人们的领导方式和观念发生了革命性的变化。信息分享削弱了传统组织领导的权威，扁平化组织方式置换了领导的基础内涵。社会变革对领导者提出更高要求。企业所面临的经营环境越来越趋于全球化、智能化与多元化。数字科技的发展，知识型员工的涌现，使得领导者再也不能以独裁的方式来管理员工。因此出现了变革型领导（transformational leadership）、复杂领导（complexity leadership）、数字化领导（digital leadership）等。

一、变革型领导理论

伯恩斯（Burns，1978）最早把领导划分成两种类型：交易型领导（transactional leadership）和变革型领导。交易型领导者通过明确工作角色、任务，指导鼓励下属迈进既定目标，典型领导行为是奖赏承诺、维持组织高绩效。相反，变革型领导者以自身领袖魅力，关注员工需求，影响改变员工的工作态度、信念、价值观，鼓励员工将组织利益超越个人利益。

贝斯（B. M. Bass）在伯恩斯研究基础上，认为这两类领导类型各自独立，并且认为领导者魅力因素是变革型领导必要非全部因素（Bass，1985）。贝斯建立了涵盖两类领导类型的7项因素模型。其中变革型领导包含四个因素：领导者魅力、感召力、智力激发、个性化关怀；交易型领导则包含三个因素：不定时奖赏、例外管理、自由放任。贝斯随后编制了多元领导特质问卷（multifactor leadership questionnaire，MLQ），用于测量变革型领导。

波德萨科夫等（Podsakoff et al.，1990）研究发现，变革型领导会提升下属的信任进而提高下属绩效以及组织公民行为。此外，有研究者关注到，除了提高绩效，变革型领导还可以激发员工表现出更多的创新行为。在变革型领导的鼓励与支持下，员工会认同创新的价值，体验到自己在创新方面的能力，也更愿意与成员分享相关知识。这都为创新的出现提供了条件。然而，这种对创新的激励作用存在文化差异，在集体主义国家更可能出现（Bednall et al.，2018；Koh et al.，2019）。

李超平和时勘（2005）提出在中国语境下，变革型领导包含德行垂范、愿景激励、领导魅力与个性化关怀四个维度。进一步，他们利用14家企业744份调查问卷的结果，采用结构方程模型对变革型领导、心理授权、员工满意度、组织承诺之间的关系，进行了交叉验证分析（李超平等，2006）。他们将变革型领导和心理授权各分成四个维度进行研究，发现心理授权在变革型领导与员工工作态度之间起着中介作用，但心理授权中实际只有工作意义和自我效能两个维度起中介作用，且变革型领导中只有愿景激励和德行垂范两个维度是通过心理授权来影响员工工作态度的。

目前，变革型领导理论已经成为领导理论研究的最活跃的范式之一（Siangchokyoo et al.，2020），并被众多跨国企业用来指导企业的人才选拔、培训和培养。变革型领导理论解释了为什么某些领导者可以提升员工的动机、钦佩、尊重、信任、承诺、投入、忠诚和绩效。该理论强调象征性行为和在情感上有感染力的行为,比如愿景性的或预见性的、树立榜样的、超常的和支持性的行为,也包括一些认知导向的行为,比如适应性、灵活性、对环境的敏感性和智力激发等。但是变革型领导理论缺点在于,其主要来自高层次领导团队,蕴含了浓厚的精英主义色彩,推广效度较低(Alimo-Metcalfe,2013)。

二、复杂领导理论

当今时代,组织作为有机系统,其有效性并非取决于英雄式领导者个人,而是取决于内置有机系统的领导实践。组织内不同层级相互依存和交互,维持有机系统存在。领导作为一种关系性过程,是在不同层级上分散出现,被不同层级分担的,依靠社会互动关系和影响网络实现的(段锦云、周冉,2010)。

复杂领导理论利用复杂科学的一个基本分析单元——复杂自适应系统(complex adaptive system,CAS)对领导进行了新的解释(Marion & Uhl-Bien,2001)。复杂领导理论建立在中观模型框架下,同时关注个体/团体过程、组织过程等。领导不仅仅被看作正式职位或单个权威,还被看作一种动态的、自发性的、互动的过程。主体(agent)在网络动态中,以能产生新行为样式或运行模式的方式相互作用时,引发行动与变化的集体动力,领导将从复杂的相互影响中自发出现。该理论提醒人们,领导不仅是领导者对被领导者的影响,而且还作为CAS的一种功能,存在于CAS动态过程之中。

复杂领导理论框架包括:适应型领导(adaptive leadership)、管理型领导(administrative leadership)和赋能型领导(enabling leadership)三种类型,同时着重解释这三种领导角色的相互卷入(entanglement),特别是CAS与科层制之间的卷入(段锦云、周冉,2010)。适应型领导是一种非正式领导过程,在相互依存的主体间进行有意互动中产生,是组织产生适应性结果的主要力量,它提供了组织所需要的革新、适应、学习、改变等要素。管理型领导是一种正式领导,它是指在科层制组织中正式管理职位上计划和协调组织活动的个人和群体行为。赋能型领导作用于其他两种领导之间,授权并维持复杂互动动态,培养并塑造适应性领导,对"管理型—适应型""创新—组织"两个链接进行协同,并恰当处理适应型领导与管理型领导的相互卷入。这些领导角色在人员内部、行为内部以及人员与行为之间相互卷入。复杂领导理论关注在等级结构情境条件下,CAS中恰当互动动态是如何产生的,以及组织成员怎样与这种互动动态相互作用,以产生组织及其子单元的适应性结果,如创新、学习和适应的策略和行为。

复杂领导理论特别详细解释了适应型领导如何在依然存在科层制等级结构

的组织中产生并发挥作用,构建了适用性结果如何在组织中动态涌现的路径(Uhl-Bien & Marion,2009)。CAS是柔性网络形态,无数生态龛(ecological niche)存在其中,主体不均匀占据着生态龛,因而CAS具有局部优化倾向,在收到组织管理性限制时,会产生适应性张力(adaptive tension)。处在混沌状态的CAS组织充满冲突和复杂,在不需要外部主体干预下重组内部结构,主体相互竞争合作产生协同行为,引起组织的神经式网络动态中产生自下而上的非正式结果涌现。

世界的复杂性正在增加,学者们愈发认识到传统的"英雄"领导模式已经无法满足现代组织的需求。复杂领导的视角因而为越来越多研究者重视和采用(Tourish,2018)。施奈德等指出CAS中的领导,通过调整组织身份和社会运动这两个中介变量,可能间接影响组织(Schneider & Somers,2006)。普洛曼(D. A. Plowman)等通过案例研究,支持了复杂系统中的领导者只能影响未来而无法控制未来的观点,指出领导者作为促进者可以打破现有的行为模式,鼓励创新和为他人解读新兴事件的意义(Plowman et al.,2007)。博尔(K. B. Boal)等研究了CAS中的战略领导角色,提出领导者可以通过对话和讲故事塑造主体相互作用的演化,建构把组织过去、现在和将来连在一起的共同意义(Boal & Schultz,2007)。聚焦于新冠病毒感染疫情的背景,尤尔-比恩(Uhl-Bien,2021)强调只有能驾驭复杂性的领导才能够迅速地调整与适应,并有效地应对层出不穷的挑战。典型的案例包括,为应对新冠病毒感染疫情带来的诸多复杂压力,商业组织内迅速推行远程工作模式,酿酒厂将其设施转换为洗手液生产设备,医院通过3D打印来解决设备短缺问题等。这些适应性的解决方案均彰显了领导者应对复杂性的能力。而对于何种领导能够更好地驾驭复杂环境,艾哈迈迪等(Ahmadi et al.,2017)提出在高度复杂的组织情境中,具有促进焦点的领导者有更强的探索导向,愿意带领组织尝试更多的可能性。

三、负面领导行为:辱虐管理

在历史或影视作品中,往往不会缺少反派角色的身影。一些领导者以其不良行为而臭名昭著,他们习惯使用"非常手段"来管理下属。所谓的"非常手段"涵盖了一系列负面领导行为,往往对下属和/或组织造成伤害。学术界对负面领导行为的研究在近三四十年内逐渐兴起。研究者们试图走出领导的光明面,转而理解领导者如何利用"黑暗力量"影响下属。与这些负面领导行为相关的术语有很多,例如泰珀(Tepper)提出的辱虐管理(abusive supervision)、阿什福思

(Ashforth)提出的暴君行为(tyrannical behavior)、郑伯壎提出的威权领导等(Mackey et al.,2021),其中辱虐管理引起了最为广泛的关注。

辱虐管理指下属感知到领导的持续性且带有敌意的语言或非语言行为。该概念更多地涉及领导对下属的冷暴力,而不含更为恶劣的热暴力(如殴打和性骚扰)。换言之,辱虐管理并不涉及肢体的接触(Tepper,2000)。典型的辱虐管理行为包括:公开羞辱下属、不当地责备下属、漠视下属、莫名其妙地朝下属发火、给下属"穿小鞋"等。

在当代组织中,受到辱虐的员工的比例大约为10%。该比例在不同行业间可能存在差异,如大学生运动员受教练辱虐的比例要高得多(Tepper et al.,2017)。该比例还可能存在文化差异。例如,在中国社会中,权力距离较大,"君为臣纲"的领导—下属关系模式由来已久,这在一定程度上会助长辱虐管理。此外,泰珀(Tepper,2000)指出,下属对辱虐管理的评估具有主观色彩,这可能导致对辱虐管理频率的有偏估计。例如,对待同一位领导,有些下属可能会认为自己遭受了辱虐,而其他下属可能认为情况并非如此,相反,其可能会将领导辱虐解释为"爱之深,责之切"。

无论辱虐管理的存在比例如何,对其的关注始终具有重要价值。这是因为,即使是少量的辱虐管理也会带来不容忽视的危害。研究普遍揭示了,辱虐管理会导致下属在心理、态度和行为方面表现出一系列消极反应(Tepper et al.,2017)。而团队或组织的有效运作与每名员工的工作表现息息相关。更具体地说,辱虐管理本质上是领导对下属的不公正对待,破坏了下属对领导行为的积极预期,往往会导致领导与下属关系的紧张。这种情况下,个体将体验诸如失望和愤怒等消极情绪,认为自己是受害者,自然会无心工作。进而,下属的反生产行为和离职意愿会增加,绩效下降。这些工作结果可以被视为员工应对辱虐管理以及消解负面情绪的方式。通过增加消极工作行为、减少积极工作行为,员工与领导达成"平衡"的负向互惠关系(negative reciprocity)(Mitchell & Ambrose;2007;Tepper & Almeda,2012)。

除了影响工作行为,辱虐管理还会影响下属的心理健康。受辱虐的下属会感受到抑郁、出现自我调节障碍。这些症状与患有创伤后应激障碍的个体的症状有高度的重叠(Tepper et al.,2017)。此外,从工作领域扩展到个人生活领域,辱虐管理还会导致下属的酗酒行为增加(Bamberger & Bacharach,2006),下属也会对自己的家人表现出敌意行为(Tepper & Almeda,2012)。后者在心理学中被称为"踢猫效应"——无处宣泄愤怒情绪的员工只能将其转移给无辜的第三方。

四、数字化领导理论

近年来,数字经济的崛起具有前所未有的速度、范围和影响力。特别地,2020 年被视为全球数字化转型进程中一个"意外"的催化剂。新型冠状病毒的传播使得远程教育、远程办公和虚拟咨询等新型工作模式逐渐成为日常。与此同时,数字化技术也迎来了颠覆式发展。以 ChatGPT 为代表的大模型的问世推动了新一轮的技术革命。这一技术革命根本性地重塑了组织的业务活动与人际网络,人们的工作、思考与互动方式发生了巨大的变化。

不可否认,数智化转型成为当下众多组织的关键课题。企业正在探索如何通过改变内部的人员配置、分工和流程等,以更有效地融入当前的数字时代。然而,有效的数智化转型并非易事。即使是在数字时代,人力资源的质量仍然是组织革命的核心。其中,好的领导力尤为重要。数字化转型的挑战不仅在于技术更新,也在于组织管理尤其是领导力的重塑(Banks et al.,2022)。

顺应时代发展,学者开始探讨数字领导力的概念。数字领导力主要涉及在数字环境中的有效领导。具体来说,数字领导力是指在数字时代背景下,领导者通过:(1) 运用数字技术转变自身的行为模式、情感表达和思维方式;从而(2) 引导并影响下属的行为和思维转变;最终(3) 推动组织的数字化转型和绩效提升的关键能力(张志鑫、郑晓明,2023;Avolio et al.,2014)。这一概念包含三个重要方面的转变(领导者自身、下属和组织),同时强调了数字领导力的最终目的(推动组织的数智转型与绩效提升)。而在对数字领导力进行具体的维度划分时,罗曼等(Roman et al.,2019)将其划分为数字化沟通、数字化社交、数字化变革、数字化团队、数字化技术及数字化信任六个维度。这启示我们,数字领导力的内涵丰富而复杂。数字时代领导者不是简单的数字技术的掌握者,其更需要对数字化时代具有深刻的理解和适应能力,以及在推动组织变革中展现出创新和协调能力(Gilli et al.,2023)。只有这样,领导者才能引导 Z 世代的知识型员工,共同帮助组织有效应对时空边界的拓展,以及数字化转型带来的各种机会和挑战。

对比传统的领导力与数字化领导,某些核心的领导能力仍然重要,但数字时代的独特特征也对领导能力提出了新的要求(Tigre et al.,2023)。例如,数字时代领导者仍然需要与下属进行沟通,传达团队的共同目标,并在互动过程中建立信任,不断提升协作效率。即沟通、信任和目标设定等仍是领导活动的关键。然而,在数字化环境中,技术敏感性与数字素养、不确定性与风险成为核心主题,下属格外需要领导传达清晰与明确的数智愿景,领导也格外需要努力建立信任,以获得更多愿意为组织发展而付出、共担风险的成员。此外，数字世界日新月异、变化万千，为了在数字时代保持竞争力，快速的变革、创新和适应变得尤为重要。数字化领导力在推动组织创新与变革方面具有更突出的优势（Gilli et al., 2023）。数字时代领导者愿意拥抱新技术，也鼓励下属不断探索和尝试，这为创新的诞生提供了沃土。

本章小结

领导力是一种人际影响能力。领导技能是成为领导者的必要装备，当然，新的时代也要求我们要学会领导自己。

最初的领导特质理论以领导者自身为研究对象，随着理论的进一步发展，其后的领导行为理论从人际导向和工作导向等视角考察领导行为的有效性，它克服了特质理论的局限。再随后的权变式领导理论提倡根据具体情景和不断变化的实际情况，因势利导寻找最佳领导方式，它更能适用复杂环境，因而也更具有生态和现实意义。

领导诞生于特定文化背景之中，在中国文化背景下，诸如CPM理论、家长式领导理论在理论和实践界也产生了重要影响。

在数字化时代，领导理论面临新的挑战，新近发展出了变革型领导、复杂领导、数字化领导等一系列新的领导理论，以期挖掘新时代更富意义的领导哲学，寻求更有适应力的领导内涵，探索更有成效的领导方式。

本章思考题

1. 什么是领导？领导和管理的异同是什么？
2. 简述并评价领导特质理论。
3. 试述俄亥俄州立大学领导模型和密西根大学领导模型。
4. 领导权变理论包括哪些内容？
5. 为什么以往领导理论不能很好适用于当前数字时代？

推荐阅读

1. 理查德·L.达夫特.（2005）.领导学：原理与实践.杨斌，译.北京：机械工业出版社.
2. 约翰·安东纳基斯，大卫·V.戴.（2021）.领导力的本质.尹俊，朱桂兰，编译.北京：清华大学出版社.

第十二章　权力与政治

开篇案例　乐天的继承人之争

乐天创始人辛格浩1948年在日本东京成立了乐天食品制造公司。1967年，在日韩邦交正常化之后，辛格浩回到韩国成立了韩国乐天集团。但在股权关系上，乐天日本控股乐天韩国。随着岁数的增大，辛格浩逐渐退出公司管理的一线，将两家公司的管理权分别给了两个儿子。长子辛东主经营日本乐天，次子辛东彬经营韩国乐天集团。到了2004年，韩国乐天销售额从23万亿韩元跃至83万亿韩元；而日本乐天销售额仅为5.7万亿韩元。辛东彬的业绩领先辛东主13倍，两兄弟的经营才能的差异显而易见。

在管理思维上，辛东彬比较重视职业经理人，他排斥家族化经营模式，不少亲戚因此被撤掉集团内重要职务。而辛东主的管理风格更像老派的辛格浩，喜欢用个人"旨意"和家族势力进行强权管理。但是，辛东彬的管理才能并没有为他的接班加分，反而遭到父兄排挤。作为深受传统儒家文化熏陶的老人，辛格浩对于嫡长子继承家业有着顽固的坚持。于是，在辛格浩、辛东主策划下，日本乐天试图通过收购韩国乐天集团及其80家关联企业中的核心公司股权控制辛东彬。

这个企图很快遭到辛东彬的激烈抵抗，他开始绝地反击。在以职业经理人团队为主的管理层和外部股东的支持下，辛东彬成功将辛东主排挤出日本乐天，相当于韩国乐天集团吞并了母公司。此举不但得罪了父兄，也得罪了整个辛氏家族。家族认为辛东彬联合外人来对付家族内部人，他的行为严重挑战了韩国人根深蒂固的嫡长子继承制理念。

辛东主被"废"后，带着父亲辛格浩飞往东京，当场用手指着辛东彬说"你走吧"，同时宣布解除日本乐天公司6名董事的职务。辛东彬视这份解职令为"政变"，他联合董事会共同抵抗辛格浩的命令。第二天，辛东彬召集日本乐天紧急董事会，反过来解除了辛格浩会长的职务，授予他"名誉会长"头衔。这在辛格浩看来更是大逆不道。两兄弟生母重光初子得知大儿子对小儿子的攻击后,非常愤怒,她开始调动一切资源和势力帮助小儿子对抗大儿子和丈夫。在母亲的支持下,辛东彬下定决心与父兄"背水一战"。

最终,次子辛东彬成功使父亲辛格浩"退位",并将哥哥辛东主从"太子"的宝座上拉下,自己当上了乐天集团的掌门人。此后,辛东主多次向弟弟辛东彬逼宫,试图重掌集团经营大权,均未成功。

资料来源:杨舒怡. 乐天父子上演继承者之争 日韩民众抨击企业家族模式.(2015-8-7)[2024-3-21]. http://finance.people.com.cn/n/2015/0807/c1004-27424667.html.

第一节 权 力

一、权力的定义

权力(power)指个体 A(群体 A)对个体 B(群体 B)的行为发生影响的能力(Bass,1990),影响的目的通常在于达到 A 所希望的结果。这种影响通常是通过个体或群体掌握"稀缺且重要"的资源加以实现。从定义来看,权力是人与人之间的相互作用,涉及人们之间的相互影响。邓巴(Dunbar,2004)也认为,组织中的权力是在交互中产生的,它着重于双方甚至多方的关系。组织中的权力通常都是实质性的权力,即高权力者实际拥有着权力,能够对组织成员及组织进行影响和控制。

依赖性是权力产生的关键。权力是依赖性的函数,对依赖的了解是理解权力的核心。某人被依赖的程度越高,这个人的权力就越大(Mintzberg,1973)。如果 A 掌握了某些稀缺资源(包括工作、资本、技术、升迁、解雇、知识、信息等)并且是这些资源的唯一掌控者,而这些资源对于 B 来讲十分重要,那么 B 对 A 就会产生依赖,进而 A 对 B 就拥有了权力(Emerson,1962)。设想一下你是某公司的一名新员工,在三个月的试用期内,该公司的某主管全权负责你的工作考核和决定去留问题,那么这名主管就拥有了对你的权力。

依赖性产生的关键在于所掌握资源的重要性、稀缺性和不可替代性。如果你掌握的资源是非常重要的,而且组织成员意识到资源的重要性,人们对你的依赖性就会增加。我们都知道,组织总是力图避免不确定事件的发生(Cyert,1963),所以那些能够减少组织不确定性的个人或群体,就拥有了一定的权力。

有研究表明,即使是一开始被领导辱虐的员工,也可能通过掌握资源、获得更多的权力,从而抑制领导的侮辱行为(Wee et al., 2017)。

综合来看,权力有两个特点:首先,权力是一种能够影响他人或其他群体的能力或者潜力,这种影响是通过依赖关系来实现的;其次,权力可以表现出来,也可以不表现出来,而以一种潜在的形式存在。

上述说的更多是结构权力(structural power),即基于组织授受的。除此之外,在社会心理学和管理心理学研究中还经常探讨心理权力(psychological power,也叫权力感),它是人的一种影响力或控制力效能感受,并不一定依托于组织。

二、权力、领导、权利的概念辨析

领导是指确定目标和战略,与他人沟通,影响他人实现预定的目标(House, 1997; Kotter, 1990)。这种影响的来源可能是正式的,如通过正式任命的方式产生,也可能是非正式的,如从群体中自发涌现。通过对领导的阐述,我们可以发现,领导同权力在概念上有一定的交织。领导者使用权力作为实现目标的手段。领导的目的在于达成目标,而权力是实现目标的手段。

权力与领导的差异在于:首先,两者的目标相容性不同。权力的关键是产生依赖性,构成权力关系的依赖双方在目标上不一定一致;而领导则强调目标的一致性,通过领导实现双方在目标上的统一。其次,领导者一般都拥有权力,但权力的拥有者未必都是领导者。某些权力拥有者可能通过权力来实现个人目标而非组织目标。最后,影响方向不同。领导侧重的是自上而下的影响,这点同权威的影响方向类似。权力的影响方向可以是自上而下,也可以是自下而上,或是横向的。

权力(power)和权利(right)在日常生活中有可能被混用,但在概念上却有着显著区别。在法学研究中,权力为公共部门所拥有;而权利则是指公民的法律权益。在其他学科中,权力可能并不具有那么强的公共属性,但是它一般都具有控制、强制和依赖的属性;而权利一般都是默认某些主体所享有的利益、自由等属性。

三、权力的来源

对依赖性的理解为探讨权力的来源提供了根据。弗伦奇和瑞文(French & Raven, 1959)提出了一种分类,这个分类中有五种不同类型的权力(见表12-1)。

这五种分类极大地影响了对权力的研究,但同时也忽略了一些特别重要的权力来源,如对信息的控制(Yukl & Falbe,1991)。

表 12-1 弗伦奇和瑞文的权力分类

奖励权力:目标者顺从以获得掌权者所控制的奖励
威胁权力:目标者顺从以避免掌权者所控制的惩罚
合法权力:目标者顺从因为相信,掌权者有权作出请求,目标者有义务顺从
专业权力:目标者顺从因为相信,掌权者有以最佳方式去做某事的专业知识
参考权力:目标者顺从因为羡慕或认同掌权者,希望获得掌权者背书

资料来源:French, J. R. P., & Raven, B. H. (1959). The bases of social power. In Cartwright, D. (ed.), Studies in Social Power. Institute for Social Research.

另一个广为接受的权力来源概念是"职位权力"与"个人权力"的两分法(Bass,1960;Etzioni,1961)。尤克尔和法尔贝(Yukl & Falbe,1991)揭示职位权力与个人权力是相互独立的,每个权力包括几个不同但又有部分联系的因素(见表12-2)。

职位权力很大程度上是由组织政策和程序所规定的,主要包括:来自合法性权威的潜在影响,对资源和奖励的控制,对惩罚的控制,对信息的控制以及对工作环境的控制。个人权力更多的是基于个体的特殊知识和人格特征,主要包括:来自工作专长的潜在影响,以及基于友谊和忠诚的潜在影响。

表 12-2 职位权力与个人权力分类

职位权力
合法权力:从组织的正式职位获得的权威
奖励权力:控制奖励的能力
威胁权力:实施惩罚的能力
信息权力:对信息的获得与控制能力
个人权力
参考权力:起源于个体对拥有理想资源或人格特质的人的认同
专业权力:源于专长、技能和知识所带来的权力

资料来源:Yukl, G., & Falbe, C. M. (1991). Importance of different power sources in downward and lateral relations. Journal of Applied Psychology, 76(3), 416-423.

(一)职位权力

为了建立影响组织成员的途径,组织会根据组织中的不同职位分配权力,因此职位权力是以个体在组织中所处的职位为基础的。处于某种职位的人有权力指导某种行为,并对这些行为进行奖励、惩罚等。

(1) 合法权力(legitimate power)来自与组织职位相关的权威,它代表了控制和使用组织资源的正式职权。如果一个人成为组织某部门经理,那么该部门的其他人就会明白应该在工作中遵守他的指令。下属之所以接受这种权力是因为他们认为这是合法的,是组织职位所赋予的。因此他们会接受领导者设定的目标、制定的决策,特别是对于那些对组织拥有很高认同感和忠诚度的员工,更可能顺从合法性权力。值得注意的是,并非只有领导者拥有合法性权力,普通员工同样可以在自己的工作职责范围内行使权力。

(2) 奖励权力(reward power)来自给他人提供奖励的权利和能力。组织成员之所以服从另一个人的愿望或指示,是因为这种服从能够给他们带来收益。这种收益可能是金钱的,如加薪、奖金;也可能是非金钱的,如对工作的认可、升职、有利的工作条件,等等。

奖励权力更多地发生在上下级之间,因为上级控制了某些稀缺资源。同级之间的奖励则更多表现为任务中的社会交换的形式。而下级对上级的奖励权力在大多数组织中是非常有限的,但下属的工作表现对上级的加薪、升职等也有一定的间接影响。对于那些从组织正式权威系统以外获取资源的下属,他们也拥有了对上级的奖励权力。

(3) 威胁权力(coercive power)又称为强制权力,来自于实施惩罚或提供惩罚建议的能力,与奖励权力是一对相互对应的概念。如果组织成员意识到不服从上级的指示可能会产生消极的后果,出于对消极后果的惧怕,组织成员会选择服从。威胁权力的形式包括批评、停职、降级、解雇、分配不好的任务等。在当代组织系统中,明确的惩罚并不多见,多以隐形方式出现,比如持续的批评打击、漠视等。这些惩罚对组织绩效会产生很大的负面影响。除非绝对需要,否则最好避免使用威胁权力。

(4) 信息权力(information power)来自对信息的获得与控制。在组织中,对于那些拥有组织成员所需要的知识、资料或信息的人来讲,他们就拥有了信息权力。而组织中某些重大决策需要大量信息时,对信息有控制权的部门或个人同样拥有了极大的信息权力,这种权力足以对决策产生重要影响。

通常,领导者掌握外部事件重要信息的流动,因此就可以利用这些信息影响下属的态度和行为。比如,一些经理人将自己控制的信息,作为加强自身专业权力和增加下属依赖性的一种方式。当然,这种信息的控制会使下属缺乏对事件的了解,并且可能使领导者掩盖自己的错误或失败。

（二）个人权力

（1）参考权力（referent power，也译作参照权力）来源于对拥有理想资源或个人特质的人的认同。参考权力主要通过"个人认同"的影响过程表现出来。人们更可能答应自己非常尊敬的人的请求，有时会刻意去模仿所尊敬的人的态度和行为。参考权力可以解释"名人效应"，为什么很多组织愿意投入数百万美元请名人为产品做广告，因为这源自消费群体对名人的崇拜或渴望自己成为那样的人。

参考权力主要取决于个体的品质和真诚，而非个体的职位。个体表现出对他人需要和感情的关心，信任与尊重，公平待人，公正处世，其参考权力都会增加。参考权力发挥作用则更多是通过"榜样角色"加以实现。通过自身的榜样作用，影响他人模仿自己的行为模式等。

由于人所处社会环境的复杂性，参考权力可能并不仅仅存在高/低权力两个极端，还存在一种中等权力（middle power）的模糊态。在中等权力状态中，个体需要经常在有权力和没有权力的状态下来回切换，这可能导致个体产生很强的角色冲突感，带来许多行为抑制等后果。比如，中等权力者会感到焦虑，关注不确定带来的威胁感等（Anicich & Hirsh, 2017）。

（2）专业权力（expert power）来自与任务有关的专长、知识和技能。随着经济的发展，分工的细化，专业化越来越强，由此导致专门的知识和技能（如 AI）成为权力的一种主要来源。当组织任务的达成需要借助某些专业知识或技能时，掌握知识或技能的个体就拥有了专业权力。相较于领导者，某些一线员工或基层下属比他们更了解技能、专业知识，因而可能拥有较大的专业权力。

在组织中，拥有专业权力的员工实际上拥有很大的话语权，但是也要注意专业权力的使用方式。避免一味地提供个人的专业建议，忽略他人感受和意见，以免引起他人的阻抗心理甚至憎恶。

四、权力的相关理论

（一）权力的获得与失去理论

权力不是固定的，随着组织环境和某些条件的变化，权力会随着时间变化而变化。描述权力如何获取或失去的两个理论是社会交换理论和战略权变理论。两种理论关注不同层次的权力过程，但都强调专业知识对权力的重要性。

1. 社会交换理论

社会交换最基本的形式是利益的交换,不仅包括物质利益,也包括精神利益,诸如认同、尊敬等。霍兰德(Hollander,1979)和雅各布斯(Jacobs,1970)关于社会交换的研究明确涉及了组织中的权力的交换与授予。

一个人在组织中拥有的权力受到个人忠诚和表现出的才能的影响。团体评价个人的贡献时,个人的地位和权力是至关重要的,特别是在高权力距离国家更是如此。贡献涉及控制稀缺资源、处理重要任务的能力,以及为达成团体目标提供建议的能力。当权力拥有者表现出上述行为时,团体对其的信任增加,个人的权力就得到了强化。相反,如果因为权力拥有者的决策导致了失败,而且失败不是由于超出其控制的环境因素引起的,那么权力拥有者可能就面临着失去团体信任,进而面临失去权力的危险。

权威和职位权力来自上级任命,这使得权力拥有者很少依赖下属对他们能力的评价,但如果经常表现出无能,那么最终会破坏他的权威,失去对下属的权力。

2. 战略权变理论

个体或下属单位在处理组织面对的战略问题上也能获得权力,如决定组织的竞争战略、在下属单位与活动之间分配资源等。战略权变理论假定,下属单位或个体的权力依赖于三个因素:处理重要问题的专长、在工作流程中处于中心位置、专长是独一无二的。

成功解决对组织十分关键的问题是下属单位或个体获取专业权力的来源之一,特别是那些对组织生存和发展具有重要作用的战略问题。比如,对于一个高新技术公司(如芯片公司),其成功与否取决于能否开发出新产品。对于公司战略来讲,用以开发新产品的知识和专长就极为重要,研发部门就具有很大的权力。另外,如果个体或下属单位处于整个工作流程的核心,没有他们,其他单位或个人就不能执行自己的任务,他们也就获取了很大的权力。

通过确定组织的战略权变因素,然后控制它们,这样个体或下属单位就可能获得权力。可以看出,战略权变权力同样来自于依赖性。

(二)权力的行为理论

1. 权力的接近—抑制理论

凯尔特纳等(Keltner et al.,2003)提出的权力的接近—抑制理论(approach-avoidance theory)得到广泛的关注。该理论分别从情感、认知和行为三个方面解释了权力的接近和抑制效应。在情感层面,权力(感)会增加个体积极的情绪体验以及情感表达,提高个体对奖励的敏感度,使其更关注他人,从而帮助自己实现目标。在认知层面,权力将促进个体自动化的社会认知,使得高权力者更多地从特质的角度来对他人行为进行归因。同时,权力将自动激活与奖惩相关的接近—抑制行为系统。在行为层面,权力的提升将增加与进逼相关的行为,使得个体的行为表现与其个性特质更加一致,其行为表现不太容易被外界限制;而权力的降低将增加与抑制相关的行为,其行为表现容易被外界限制。有很多实证研究可以支持权力的接近—抑制理论,如安德森和贝尔达尔(Anderson & Berdahl, 2002)发现,高权力者在工作中能更多地体验到积极的情绪,并且更多地注意到奖励而无视惩罚。还有研究表明,权力的获得会促使个体表现出更多的冒险行为(Anderson & Galinsky, 2006),以及追求积极的结果,如奖励和升职机会。

2. 权力的情境聚焦理论

根据权力的情境聚焦理论(situated focus theory; Guinote, 2017),当个体处于某一特定环境中,个体相关的活动、目标将自动被环境激活。权力会增加个体认知、行为的灵活性,使其可以在不同情境中更灵活有效地加工与初始因素(包括需要、期望、目标)相关的信息并适应这一加工过程,因而增加了与情境需要一致的执行控制能力。在组织决策的过程中,高权力者更容易聚焦于有效线索,并较少受到他人的影响(Galinsky et al., 2006),同时对自己作出的决策更具满意度和控制感。段锦云和黄彩云(2013)的研究也发现,员工的权力感会通过情境聚焦机制促进向上进谏行为。

3. 权力的社会距离理论

马吉和史密斯(Magee & Smith, 2013)将解释水平理论与权力效应结合起来,提出了权力的"社会距离理论"(social distance theory)。该理论认为:(1)高权力者比低权力者更少依赖对方,这种不对称的依赖关系让高权力者感知到更大的社会距离,从而使高低权力者有不同的表现;(2)由于高权力者比低权力者感知到更大的社会距离,所以高权力者的解释水平更高,心理表征更加抽象,行为也会发生变化。权力的社会距离理论得到了很多支持,有研究发现,高权力者更喜欢单独工作而非团队工作,原因在于高权力者倾向于与他人保持较远的社会距离(Lammers et al., 2012)。另外,在发布组织命令时,高权力者倾向于使用更加抽象的言语(Magee et al., 2010)。

表 12-3 权力的行为影响

维度	具体影响
情绪	低权力者:恐惧、悲伤、愤世嫉俗等
	中等权力者:焦虑、情绪抑制等
	高权力者:积极情绪、情绪促进等
注意	低权力者:更加关注具体和直接威胁
	中等权力者:更加关注分散和不确定的威胁,行为抑制系统激活
	高权力者:更加关注奖赏,行为促进系统激活
认知	低权力者:自动化认知,害怕与回避动机
	中等权力者:系统化、控制化的认知,焦虑地处理问题
	高权力者:自动化认知,行为促进认知
行为	低权力者:在高权力者未注意时,偏离社会规范
	中等权力者:接纳社会规范以清晰自我决策
	高权力者:去抑制,接近定向行为

资料来源:作者根据相关研究整理。

五、权力的运用策略

权力的运用策略,是指权力拥有者会通过某些手段或方式来运用他们的权力影响他人,获取理想结果。权力的运用需要一定的技巧和意愿,大量的研究表明,权力拥有者为了获取自己想要的东西,通常会采用一些标准化的做法。基普尼斯(Kipnis,1976)通过调查研究发现,权力拥有者在运用权力时通常使用以下七种策略:

(1) 理性说服。这是权力拥有者最常使用的策略。通过事实、数据或逻辑争论去说服他人接受自己的提议和想法,让他人感觉这是完成任务或达成目标的最好方法。不管是管理者影响上级,还是管理者影响自己的下属,理性说服都是使用频率最高的策略,并且效果非常有效。特别是权力拥有者具备相应的知识和技能(专家权力)时,理性说服最为有效。

(2) 取得成员喜爱。提出请求之前,表现出足够的尊重与信任,待人友好,关心他人,这种友情似的策略取得的效果也是非常显著的。因为人们通常不会拒绝自己喜欢或尊重的人的请求。在一些重视人际关系的国家,采用这种策略更容易达成自己的目标。此外,人们都喜欢能给自己带来良好感觉的人,因此,适当的表扬是不可缺少的。

（3）结盟。结盟是指针对某一件事，建立一个非正式的群体联系，以获得积极的效果。通过结盟方式将个体的资源加以整合，从而提高各自的权力和收益。对于那些认为自己不能够获取足够权力以完成目标的个人来说，结盟是扩大自己权力的重要途径。工会就是结盟的一个典型例子，单个工人是非常容易被替换的，而替换全部的罢工工人则是非常困难的，因此，很多工人加入工会以此提高自己个人无法获取的权利和利益。

（4）交换。个体 A 所提供的某种东西是个体 B 想要得到的，作为交换，B 必须做出 A 想要的行为。在交换中，双方都付出了他们认为自己能够付出的东西，并且获得了各自想要的东西。交换策略要想起作用，一方提供的东西必须是另一方想要的，并且与另一方的付出和努力相当。交换策略短期内效果非常明显，但随着时间增长，效果会逐渐下降。交换策略的权力基础多是职位权力和资源权力。

（5）硬性指示。即直接采用强制、威胁的方法，要求个体服从，遵照命令指示。组织中发脾气的老板就是采用硬性指示作为自己的影响手段。硬性指示策略在短期效果较好，但长此以往将对组织产生巨大的破坏力。因此，这种权力运用策略除非成为最后的选择，否则不应该常用。

（6）高层权威。从组织更上一级领导那里获取支持，以强化自己的要求。通过从上级获取的支持来加强自己的权力，这也是权力拥有者经常采用的策略之一。特别在一些高权力距离的国家，权力拥有者经常采用各种方式拉近与上级领导的距离，借助上级的权威增加自己的权力，扩大自己的影响力。

（7）使用规范和程序。权力拥有者充分运用组织制定的规范和程序增强自己的权威。在组织中，多数权力拥有者都是通过组织规范和程序来施加影响力的。在功能性组织中，专家能够通过一系列的规则和程序来表达他们的意愿。如果有足够的权力来源作为保障，那么对规则和程序的使用就是一种很有效的权力策略。

在实际运用权力策略时，有五种因素通常会影响到策略选择及其有效性。它们分别是：管理者相对权力大小；影响他人的目的；对他人服从可能性的预期；组织文化；跨文化差异。因此，权力拥有者在运用策略时，应该考虑到上述五个影响因素，选择合适的影响策略。

第二节　组织政治行为

长期以来,西方管理学界对组织权力的来源、构成以及运用方面进行了非常系统的研究。许多学者注意到,管理者并非完全按照组织已制定的程序或规则来获取或行使手中的权力,即管理者并非完全将组织利益放在首要位置,可能通过掌握的权力来满足自己的个人利益。据此,有些学者开始提出组织政治行为(political behavior in organization)这一概念。从20世纪70年代以来,随着对该问题研究的深入,西方理论界专门形成了一个新的研究领域——组织政治学(organizational politics；Allen,1979；Pfeffer,1978),该领域已经成为组织行为学、组织结构理论的重点研究对象。

一、组织政治行为的定义

关于组织政治行为的定义有很多,但多数研究者认为,组织政治行为是指个体、团队或部门采取未经组织认同的行动来影响他人,以实现自身目标的行为的总称。该定义的核心主要表现在三个方面:首先,组织政治是一种自利行为(Ferris,1996),组织成员试图改变或影响他人的行为或态度,从而增强或保护个人利益；其次,行为目标一般与组织目标相反(Mayes & Allen,1977)；最后,组织政治常常会引起冲突(Ferris et al.,1989)。

组织政治行为的定义依道德取向不同,有两种截然不同的观点。一种观点认为组织政治行为是消极的,是一种自利性行为,代表了组织生活的黑暗面(Woodman,1985；Wilson,1996)。因此,组织应当避免出现政治行为。

另一种观点认为,组织政治是一个中性概念,既有积极作用,又有消极作用。组织政治行为作为一种自然程序,用于解决组织内部不同利益群体的分歧。普费弗(Pfeffer,1981)认为,组织政治是行为主体为获得、运用权力和其他资源而采取的各种行动,以便在意见不统一或情况不明时能够获得预期的结果。

麦迪逊等(Madison et al.,1980)则不同意将上述两种观点截然分开探讨,他们认为组织政治行为实际上是一个硬币的两面,是一把双刃剑。他们通过对三十个组织的管理者实证研究证明了这一点,认为管理者能够鉴别某种政治行为的影响是有害抑或有益,并较为详尽地罗列了有害和有益的具体内容。后来的实证研究也发现,在某些情况下,部分组织政治活动(如关系构建行为)确实能带来积极的组织结果(Munyon et al., 2015)。

二、组织政治存在的基础

在多数组织中,组织政治行为都非常普遍。普费弗(Pfeffer, 1981)在其著作《组织中的权力》中提出三种决策模式,即理性模式(rational model)、政治模式(political model)、混合模式(mixed model)。他认为,现实中很少有组织能满足理性模式或政治模式发生所需条件,组织常态则介于二者之间,即混合决策模式,该模式的提出旨在证明政治行为普遍存在组织当中。

组织政治行为存在的一个原因在于资源的有限性。由于组织是由不同价值观、目标、兴趣的个体和群体组成,这就形成了对于资源分配方面的潜在冲突。而组织资源通常是十分有限的,不可能满足所有人的需求。有时一方获得资源可能是以另一方损失资源和利益为代价的。这样就导致了对有限资源的竞争,从而使潜在的冲突变为现实冲突(Roma, 1990)。为解决冲突,完成预定目标,人们往往会选择依赖于政治行为。

存在组织政治行为的另一重要原因在于权力竞争。通常组织中的职位权力是有限的,只有少数人掌握资源的控制和分配权。但是,专家权力和个人权力却都是人人能享有的。每个成员都可以提高自己的个人威信或专业能力,以此来扩大组织的总体权力和自己的个人权力。

封闭性竞争中一个集团权力的增长意味着另一个集团权力的减弱。如果竞争的规则比较模糊,那么这种权力竞争就会带来冲突,从而导致政治行为的产生。

最后,环境的不确定性同样会导致组织政治行为。在"乌卡"时代,多数组织决策是在不确定条件下作出的。决策所依赖的事实很少是完全客观的,这样对于决策的解释同样充满了多样性。组织成员会利用各自的权力和影响来对决策作出解释,以此来支持自己的目标和利益,最终产生了"出于个人利益的组织政治行为"。另外,组织制度不明确、各部门权力大致相当也会导致组织政治行为的产生。

三、组织政治行为的影响因素

尽管多数组织中,政治行为已经非常普遍,但是并非所有组织或群体的政治状况都是相同的。即使在同一组织中,各个部门之间表现出的组织政治行为也会有所不同。影响组织政治行为的因素有很多。

费里斯(Ferris, 1989)把影响组织政治知觉的因素分为三类:(1)组织影响,包括集权程度、组织规范化程度(如规章制度是否健全,是否严格按照制度办事等)、等级地位和管理幅度四个因素。(2)工作环境的影响,包括工作自主程度、工作多样程度、反馈、沟通和晋升与提拔的机会。(3)个人特征,包括年龄、性别、马基雅维利主义和受教育程度等。

瓦尔和佩雷韦(Valle & Perrewe,2000)把影响因素分成两类:(1)个人因素,包括权力需要、马基雅维利主义、控制点和自我监控能力等;(2)组织因素,包括模糊性、竞争程度和企业文化等(见表12-4)。

(1)个人因素。个体水平上,一些人格特质、个人需要等因素可能与组织政治行为有关,如高自我监控、内控型、高马基雅维利主义的员工更可能卷入组织政治行为(Biberman,1985;Ferris,1989;House,1988)。高自我监控者通常对组织环境更敏感,表现出更强的迎合倾向,更可能参与组织政治活动。内控型控制点的员工通常希望能够主动地控制环境,使其符合自己的愿望。而高马基雅维利主义者参与组织政治活动更多是因为高权力需要,渴望能够掌控一切以满足自我利益。

表12-4 影响组织政治行为的个人和组织因素

个人因素	
抑制	激发
• 低自我监控 • 低马基雅维利主义 • 外控型 • 对组织投入较少 • 可供选择机会较少 • 对成功的期望不高	• 高自我监控 • 高马基雅维利主义 • 内控型 • 对组织投入很大 • 可供选择机会较多 • 对成功抱有很高期望
组织因素	
抑制	激发
• 资源重新分配可能性不大 • 高度信任 • 晋升机会不多 • 角色清晰 • 明确的绩效评估系统 • 专制化决策 • 大公无私的管理层 • 绩效压力不大 • 双赢的报酬分配体系	• 很可能重新分配资源 • 缺乏信任 • 存在晋升机会 • 角色模糊 • 绩效评估系统不明确 • 民主化决策 • 自私自利的管理层 • 高绩效压力 • "零和"的报酬分配体系

另外,对组织的投入、可供选择的余地、成功的预期等都会影响到组织成员

卷入政治活动的程度。如果组织成员对组织投入较多,那么离开组织意味着要付出巨大代价,通常不会卷入组织政治活动,特别是一些不合法的政治活动。选择余地越多,越可能产生组织政治行为,因为拥有其他选择,那么成员就可以在组织中尽量争取自己的最大利益,即使失败,也可以重新作出选择。

(2) 组织因素。组织因素对组织政治行为的影响要远远大于个人因素。很多研究表明,组织特定情境和某些组织文化促进了组织政治行为的产生。

对资源的重新分配往往会催生大量的组织政治行为。这一点在组织变革的时候最为常见,因为组织变革意味着对原有资源重新洗牌,原来的利益格局会产生变化。这样,不想失去原有利益的个人或群体同其他想要扩大自己利益的群体和个人会产生冲突,促使组织政治行为的产生。

一般来讲,组织信任程度越高,组织政治行为发生的频率就会越低。高度的组织信任可以有效抑制组织政治行为。而员工角色模糊的组织,也会产生大量的组织政治行为。

不明确的绩效评估体系会极大地促使员工参与组织政治行为。特别是组织绩效评估缺乏客观的标准,单纯强调某一项指标、评估标准单纯由某领导评定,这些都会促使组织政治行为愈演愈烈。

民主化决策是现代组织中一种普遍的决策形式,它使员工可以提出自己的见解,同时决策者应尊重他人意见,更加依赖群体的力量。但是,这种民主化决策形式反而在一定程度上促进了组织政治行为的出现。领导者为获得更大的权力,下属成员为获得更多的话语权,都会不同程度地卷入组织政治行为。

自私自利的管理层会影响组织,成为滋生组织政治行为的温床。下层的组织成员会受到组织中管理层的行为方式的影响,特别是看到高层通过政治行为获取成功之后,整个组织就会形成一种支持政治行为的氛围,促使员工卷入政治行为。

零和的报酬分配体系强调竞争,是一种非输即赢的报酬体系。一个群体或个人的利益获取总是以其他群体或个体的利益损失为代价的。这样大多个体或群体就会受到鼓动去参与组织政治行为,以图扩大自己的利益,减少损失。

最后,对高绩效的压力同样会使员工卷入组织政治行为。如果要时刻保持高绩效,员工就会想尽一切办法来确保自己的绩效水平,其中就不乏政治行为。

四、组织政治技能

尽管研究者对组织政治的定义不尽相同,但其共同点是组织政治代表个体在组织中采取不被组织认可的自我服务行为(Witt，1998)。但是，为什么有的人的政治行为会取得成功而有的人会失败？普费弗(Pfeffer，1981)提出了政治技能(political skill)的概念，并认为个体要想在组织中获得成功必须具有政治技能，正是因为政治技能的差异导致了政治行为的结果的不同。

明茨伯格(Mintzberg，1985)认为，为了更有效地生存，个体必须劝说他人、影响他人和控制他人，并把这种能力称为"政治技能"。费里斯等(Ferris et al.，2002)把组织政治技能定义为：一种个人风格，包括社会知觉或社会敏锐度，在不同的环境或变化的情境中调节自己行为的能力，它通过引发信任、自信和诚恳，有效地控制和影响他人，以达到个人或组织的目标。

组织政治技能是一种综合的社会能力，包括认知、情感以及行为操作等。费里斯和罗德韦(Ferris & Roadway，2005)认为，组织政治技能包括四个维度：社会敏锐度(social astuteness)，指个体具有观察周围事物的敏锐性以及融入不同社交情境的能力；人际影响力(interpersonal influence)，指个体具有在人与人之间运用其机敏的思考力和应变力来让人信服或影响他人行动或决定的能力；关系网络能力(networking ability)，指个体善于与各类型的人发展出良好关系网络的能力；外显真诚性(apparent sincerity)，指个体在人际互动中给人以较高的可靠、诚实及真诚的感觉的能力。

拥有高政治技能的员工不仅具有良好的人际互动的能力，而且还具有建立关系网络和社会资本的能力——由于兼具人际互动风格和社交效能，政治技能会令个体在面对不同或变化的情境下自信地调整其行为，使他人受到影响与控制(Ferris et al.，2005)。这类员工往往具有很强的社交敏锐性、印象管理和人际影响能力，针对不同的情境和对象灵活地开展人际互动，使用合适的策略达成效果。

影响政治技能的主要因素有洞察力(perceptiveness)、控制(control)、亲和力(affability)、主动影响(active influence)及发展性经验(developmental experiences)，如图12-1所示。

(1) 洞察力代表一种觉察和理解社会情境的能力，体现为个体监控、调节自己的行为的能力。洞察力可以预测政治技能的社会机敏性和交际能力维度。

(2) 控制即个体多大程度上感觉能够控制自己及周围的环境，包括心理控制源和自我效能。心理控制源是个体对奖励和惩罚的普遍的预期，自我效能指个体在多大程度上相信自己有能力组织和执行某种行为以获得某种结果的信念。个体能够控制他人及环境的信念使得个体在影响活动中愿意投入更多的资

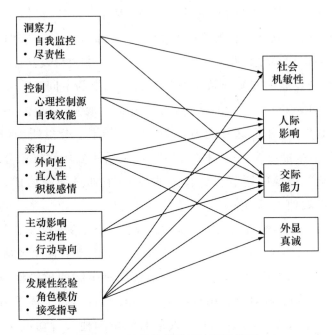

图 12-1　政治技能的影响因素模型

资料来源：Ferris, G. R., Treadway, D. C., Perrewé, P. L., et al. (2007). Political skill in organizations. Journal of Management, 33(3), 290-320.

源，因而会有益于人际影响的成功以及能力的提高。

（3）亲和力反映的是个体的一种对人友好的、令人喜爱的以及人际愉快的倾向性，亲和力体现在外向性、宜人性以及积极情感上。亲和力可以预测政治技能中的人际影响、交际能力以及外显真诚。

（4）主动影响代表个体的一种很强的行动导向的特性，这样的个体愿意主动地去采取行动、实现目标，包括主动性与行动导向。主动性和行动导向与政治技能中的人际影响与交际能力存在高度相关。

（5）发展性经验是指政治技能可以表现为一种可以发展的习得行为。个体可以通过特定的训练或相关的经验提高政治技能水平。例如，角色模仿和接受指导可以影响政治技能的四个维度。

组织政治技能对于员工的工作绩效有正向的预测作用。塞马达等（Semadar et al., 2006）比较了政治技能、自我监控、情绪智力与领导效能对管理工作的绩效的影响，发现政治技能是工作绩效最有力的预测因子。费里斯等（Ferris et al., 2007）研究表明，相比较于任务绩效，政治技能在预测关系绩效时更有效。科洛丁斯基等（Kolodinsky et al., 2004）研究发现，政治技能与工作满意感呈倒

U 形的曲线关系,与工作紧张感呈 U 形曲线关系,即政治技能处于中等水平时,个体的工作满意感最高、工作紧张最低,政治技能过高或过低均与较低的工作满意感及较高的工作紧张相联系。

元分析研究发现,即使控制了大五人格和一般认知能力后,政治技能也能继续预测工作绩效。但是,元分析只支持人际影响、交际能力和外显真诚对工作绩效的影响,而不支持社会机敏的作用(Munyon et al.,2015)。

组织政治技能除了作为直接影响员工绩效的自变量外,还能作为通过调节一些变量与绩效间关系间接影响绩效的调节变量而存在。霍赫瓦特等(Hochwarter et al.,2007)研究发现,政治技能可以调节工作紧张与工作绩效之间的关系,表明政治技能可以减少由紧张带来的对工作绩效的消极影响。布鲁兰等(Breland et al.,2007)发现,政治技能可以调节领导关系(LMX)与感知的个人职业生涯成功之间的关系。特雷德韦等(Treadway et al.,2007)关于逢迎行为(ingratiation behavior)的研究也证明了政治技能的调节作用。

五、组织政治认知

明茨伯格(Mintzberg,1985)曾指出组织是"政治竞技场",只要有组织,便会有政治活动。由于组织政治行为通常是隐秘和象征性的,因此,面对相同的政治行为,不同的人会产生不同的知觉(Ferris,1989)。相同的行为,有的员工会认为是组织政治行为,而有的员工可能认为并不是组织政治行为,这取决于员工对组织政治的主观感知。

组织政治认知(perception of organizational politics,POP)是指组织员工对工作环境中自利行为发生程度的主观评估,其中包含了个体对这种自利行为的归因(Ferris et al.,2000)。这一定义包含三层含义:组织政治认知是个体对组织内其他人行为意图的归因;行为的目的是自利;组织政治认知是对组织内政治行为的主观感受。

影响员工组织政治认知的因素主要有三个方面:组织因素、工作环境因素和个人因素。(1)组织因素,主要包括集权、正式化、控制范围、确定性四个要素。艾森哈特等(Eisenhardt et al.,1988)发现,集权化提高时,组织政治认知也相应提高。普恩(Poon,2003)的研究表明集权化与组织政治认知呈显著正相关,而正式化与组织政治认知呈显著负相关。范特(Fandt,1990)认为,当工作环境存在高度不确定性和模糊性时,组织政治行为最可能产生,员工的组织政治认知也较高。组织正式化程度较高时,员工认为不会产生大量的政治行为。当控制范围增大时,给予每个员工的关注会减少,并可能导致组织不确定性的增加,从而产生组织政治行为。(2) 工作环境因素,主要包括工作自主性和工作多样性。工作自主性和多样性可减少工作环境中的不确定性和模糊性,进而降低组织政治认知(Vall & Perrew,2000)。此外,同事间关系也会影响到员工的组织政治认知,如果同事间关系较好,组织政治认知就较低。(3) 个人因素,主要是个性特征。奥康纳和莫里森(O'Connor & Morrison,2001)研究表明,高马基雅维利主义和控制点(内控)能够有效预测个体的组织政治认知。关于性别和年龄在组织政治认知上的差异,不同的研究者得出了不同的结论,在此就不赘述。

员工的组织政治认知对组织和个人都具有很大的影响。频繁的政治行为往往损害组织成员的利益,因此组织政治认知通常与员工的消极态度和行为相联系。费里斯(Ferris,1998)研究发现,组织政治认知与工作满意度呈负相关。卡奇玛(Kacmar,2000)使用结构方程技术也得出了同样的结论。克罗潘扎诺等(Cropanzano et al.,1997)的研究表明组织政治认知同工作压力呈显著相关。大量研究表明组织政治认知同工作绩效、组织承诺之间呈显著负相关(Kacmar,1999;Vigoda,2000)。另外,组织政治认知也会影响员工的心理应激水平(Cropanzano et al.,1997)和组织间信任(Poon,2003)。元分析研究也证明,感知组织政治对工作绩效、组织公民行为、组织信任等关键因变量具有较为稳定的负面影响(Hochwarter et al.,2020)。

六、权力和组织政治的道德问题

权力和组织政治行为的使用可能对组织有利,也可能同组织目标相违背。这涉及两者是否符合道德规范。如果权力与政治行为同组织目标、团体利益和个人权利相一致,那么它就是符合道德规范的。而不符合道德规范的权力与组织政治行为主要表现在:职场性骚扰、个人与组织目标间的冲突和辱虐管理。

(1) 职场性骚扰(sexual harassment)是不道德地使用权力的典型表现之一。性骚扰已经成为组织越来越关注的问题,但是对于性骚扰的具体内容尚未达成一致意见。克利夫兰等(Cleveland et al.,1993)的研究表明:权力是理解性骚扰的核心。上级与下属在权力上存在不平等关系。正式权力使得上级能够对下属进行奖励和惩罚。下属在工作场所特别依赖领导者,以此来获取资源。当获取资源依赖于提供性或忍受性胁迫时,处于依赖地位的个体就可能受到侵犯,而不管领导者事实上是否真正地控制资源。

此外,同事之间同样存在性骚扰现象。尽管同事之间不存在法定性权力,但是他们可以借助某些手段以此为资本来骚扰其他同事。同事最常使用的手段包括控制信息、拒绝合作等。在讲究团队合作的今天,这种现象尤为常见。性骚扰不仅仅是不道德的,更是违法的,它常常是权力滥用的典型表现。

(2) 个人与组织目标间的冲突。个体将组织政治行为作为达成目标的手段。当个体通过组织政治行为或权力吸引其他组织成员完成组织目标时,这种行为无疑是有利于组织的。但是当个人目标和组织目标发生冲突时,如果组织政治行为仅仅为了达到个人的利益,而不考虑这种行为是否符合组织目标,那就是不道德的。但是在组织中,权力拥有者经常将服务自我的行为解释为为了组织的利益。因此,组织需要弄清楚权力拥有者采取政治行为的真正目的。另外,使用政治行为时是否尊重他人的权利、是否符合公平公正原则等,也是判断组织政治行为是否符合道德准则的依据。

(3) 辱虐管理(abusive supervision)是指员工知觉到的管理者所持续表现出的怀有敌意的言语和非言语行为,其中不包括身体接触行为(Tepper,2000)。具体表现主要有:嘲笑或贬低下属、漠视下属、粗鲁无礼地对待下属等。辱虐管理在当今的组织里并非一个罕见现象(Schat et al.,2006)。一般来说,当领导者拥有权力和政治动机,具有过于自我、缺乏同理心等心理特质时,就容易滥用职权,从而表现出辱虐行为(Kiazad et al.,2010；Nevicka et al.,2018；Waldman et al.,2018)。为了应对辱虐管理,员工或者下属可能会产生许多负面行为应对,比如攻击、愤怒、回避、报复他人等。因此,组织应当采取多种方法来抑制领导者的辱虐行为。

本章小结

拥有权力能够帮助个体在组织中获取成功。权力意味着他人对于自己的依赖,同时自己能够通过权力去影响他人的态度和行为。权力产生的关键在于依赖性,增加他人对自己的依赖性就增加了自己的权力。权力不同于权威和领导。权威是以组织中正式职位为基础的,权力则是以影响力和控制力为基础的。权力和领导在目标相容性、影响方向等方面都存在差异。

权力主要来源于两个方面:根据组织中的正式岗位所产生的影响称为"职位权力",包括合法性权力、奖励权力、威胁权力、信息权力;来自于个人人格特质或知识技能方面的潜在影响称为"个人权力",包括专业权力和参考权力。

在行为上,高权力感会系统性影响个体的认知、情绪和行为逻辑,比如带来行为促进,提高其情境聚焦能力,以及带来更高的社会距离。

权力的获取与失去主要有两种理论解释：社会交换理论和战略权变理论。这两种理论都强调专业知识对获取权力的重要性。权力拥有者为达成个人或组织目标会采用不同的策略。这些策略主要包括：理性说服、取得成员喜爱、结盟、交换、硬性指示、高层权威、使用规范和程序。其中，理性说服是权力拥有者使用最多的策略。权力策略的使用会受到某些权变因素的限制，其效果也各不相同。

组织政治行为在现代组织中十分常见，有效的管理者会接受组织的政治本质。组织政治行为的产生受到个人和组织两方面的影响，个人方面包括自我监控、马基雅维利主义、控制点、组织投入、可供选择机会、对成功的期望；组织方面则包括资源重新分配可能性、信任度、晋升机会、角色清晰与否、绩效评估系统、决策方式、管理层风格、绩效压力、报酬分配体系。

政治行为结果取决于个体的组织政治技能。组织政治技能会影响员工的工作绩效。那些具有政治敏锐性，能够合理利用自己的关系网络和人际影响力的员工，其绩效评估结果会更高，薪水提高更快，晋升机会更多。相反，那些政治技能有限或政治敏感度不高的员工，工作满意度往往不高，并且容易产生焦虑和离职。

组织政治认知是对组织中政治行为的知觉，主要受到组织因素、工作环境因素和个人因素的影响。组织政治认知对员工的工作绩效产生负性影响，并影响组织的效能。

不恰当使用权力的行为包括职场性骚扰、辱虐管理等。性骚扰使组织不能够合理地使用人力资源，对组织有极大的负面影响。辱虐管理则可能带来员工绩效的降低和离职。当个人目标与组织目标产生冲突时，将会出现道德挑战。判断组织政治行为是否符合道德准则，主要依据政治行为是否同组织目标相一致，是否尊重了他人权利，是否公平公正。

本章思考题

1. 什么是权力？权力的关键是什么？如何获得权力？
2. 权力与领导、权利有哪些区别与联系？
3. 在权力来源中，哪些来源于个人？哪些来源于组织？
4. 为达成目标，权力拥有者一般会采取哪些运用权力的策略？
5. 请给组织政治行为下个定义，关于政治活动在组织中已经成为普遍现象，谈谈你的看法。
6. 影响组织政治行为的因素主要有哪些？

7. 什么是政治技能？影响政治技能的因素有哪些？
8. 我们应该如何抑制组织政治活动的负面作用？

> **推荐阅读**

1. 理查德·L.哈格斯，罗伯特·C.吉纳特，戈登·J.柯菲.（2016）.领导学：在实践中提升领导力（第8版）.朱舟，译.北京：机械工业出版社.

2. Clegg, S. R., Courpasson, D., & Phillips, N. (2006). Power and Organizations. Sage Publications.

第十三章 冲突与谈判

开篇案例 中兴通讯与中美贸易摩擦

2018年4月16日,美国商务部发布公告称,美国政府在未来7年内禁止中兴通讯向美国企业购买敏感产品,有关中兴通讯的所有代理及关联企业、相关企业人员和雇员均被划分在管制范围。此举不仅勒紧了中兴的咽喉,也对国内通信行业造成了冲击,敲响了半导体自主研发的警钟。中兴被推上了中美贸易摩擦冲突的风口浪尖,成为中美贸易谈判的核心问题。

整个事件需追溯至2012年,美国商务部怀疑中兴通讯通过其他途径采购美国产品然后销往伊朗,违反了对伊朗的出口禁令,随即展开调查。2016年3月7日,美国商务部对中兴通讯采取了限制出口措施,称中兴通讯在美国的五大禁运国中均存在贸易项目,且这些项目在一定程度上依赖着美国供应链。中兴通讯曾给美国带来巨大利益,这一制裁之举无疑是"伤敌一千,自损八百"。世上虽无永久的合作却有永久的利益,这为中兴通讯与美国的和解谈判带来希望。

2016年3月21日,制裁事件迎来转机,美国与中兴通讯达成临时协议,并宣布暂时解除三个月的出口限制。随后,中兴通讯高层大换血,涉及违规行为的高管全部辞退。赵先明临危受命,担任董事长兼CEO,并表态"中兴通讯承认违反美国出口管制相关法律法规,愿意承担相应责任"。2017年3月7日,中兴通讯与美国政府达成和解,暂以中兴通讯承担8.92亿美元罚款以及3亿美元监管罚款的结局落下帷幕。

2018年5月4日,中美贸易磋商第一回合结束。当晚,一封内部邮件被传送至中兴员工的邮箱中,表明了中兴通讯坚守合规的立场,以及与祖国风雨同舟、双线作战的决心。5月9日,中兴通讯对外公告表明美国的禁令对其经营造成严重打击,已经无法进行主要经营活动,中兴问题的解决刻不容缓。跟随中美谈判的进度,咬在中兴通讯乃至国内通信企业的虎口终于开始松动。6月6日,中兴通讯舍身家博生存,与美国政府签署一项原则性协议,缴纳10亿美元罚金并改组董事会，由此美国开始逐渐解除对中兴通讯的出口禁令。

2018年7月14日，中兴通讯总部的LED屏幕上出现的标语引发轰动："解禁了！痛定思痛！再踏征程！"虽代价惨重，但中兴通讯终于虎口脱险，找回生路。几经波折，危机事件渐渐平息，面对曾经的光彩与风浪，中兴通讯痛定思痛，虽依然受制于美国的长臂监管之下，但已决心踏上新的征程，加强自身建设，走在国际贸易的钢丝绳上，更需要削减身上的负担，实现稳健的经营。中兴通讯该如何走好未来之路？时间会给我们答案。

资料来源：蒋大兴．(2020)．贸易管制/贸易报复与跨国界的公司治理——中兴通讯案如何扭曲了公司治理的演绎路径．东岳论丛，41(2)，113-126．ZTC中兴．中兴通讯与美国政府达成和解．(2017-3-7)[2024-3-22]．https://www.zte.com.cn/china/about/news/2017030113.html．李灵．(2020)．中兴事件分析及提高核心竞争力．现代企业，(7)，86-87．高攀．美国商务部与中兴公司达成新和解协议．(2018-6-8)[2024-3-22]．https://cn.chinadaily.com.cn/2018-06/08/content_36351684.htm．

人们常把"天时、地利、人和"作为成功必备的三要素。放在组织的场域，一个组织的有效运行与发展，需要所有组织成员彼此之间相互沟通、协同合作，组织中的人际关系应是合作性的和愉悦和谐的。但事实往往并非如此。组织是一个复杂的系统，其中存在的许多问题都没有一个完美的答案，组织中会不断产生某种程度的冲突。有效的管理者会花费不少时间来调和下属中协作与竞争间的冲突，帮助下属认识到冲突在工作及生活中不可避免。既然冲突在工作或生活中无法避免，那么了解冲突及冲突管理，将为管理者的实际工作提供重要的指导。

第一节 冲 突 概 述

一、冲突的概念

冲突（conflict）是管理心理学中一个重要概念和研究领域。有关冲突的概念实在太多，国内外学者的定义主要有以下几种：

(1) 冲突是两方或者多方间的不相容性或差异，一方（个体或团体）感觉自己的利益受到另一方的反对或消极影响。这一定义指的是个体或团体之间的利益不相一致，同时这一定义也包括了一系列的冲突问题和事件。

(2) 冲突是一个过程，当一方感觉另一方对自己关心的事情产生了不利影响或将要产生不利影响时,这一过程就开始了。这是一个广义的定义,它阐述了从相互作用变成相互冲突时所进行的各种活动。它包含了在组织中人们经历的各种各样的冲突。另外,这一定义也涵盖了所有的冲突水平。

也有学者从过程视角出发,给出了其他定义。例如,冲突是人们对重要问题意见不一致而在各方之间形成摩擦的过程,即由于目标和价值理念的不同而产生对立或争议的过程(王重鸣,2001);冲突是一方通过胜利寻求变革和增加收益,而另一方捍卫现状并预防损失和失败的过程(De Dreu & Gross, 2019)。

其一,冲突是不同主体或主体的不同取向对特定客体处置方式的分歧,而产生的心理上的、行为上的对立或矛盾的相互作用状态。前者主要表现为行为主体内部的心理矛盾状态,后者主要表现为主体之间的行为对立状态。

其二,组织冲突是行为层面的人际冲突与意识层面的心理冲突的复合。客观存在的人际冲突必须经由人们的主观感知和内心体验,当人们真正意识到不同主体之间的内在冲突、内心矛盾后,才能知觉到冲突。因此,冲突是否存在不仅是一个客观性问题,也是一个主观的知觉问题。

其三,冲突的主体可以是组织、群体或个人;冲突的客体可以是利益、权力、资源、目标、方法、意见、价值观、感情、程序、信息、关系等。

其四,冲突是一个过程,它从人与人、人与群体、人与组织、群体与群体、组织与组织之间的相互关系和相互作用过程中发展而来,反映了冲突主体之间交往的状况、背景和历史。冲突是在人与人之间的互动中所感知、所经历的。

其五,冲突的各方既存在相互对立的关系,又存在相互依赖的关系,任何冲突事件都是这两种关系的对立统一状态。人们对于冲突的管理,是以冲突各方的相互依赖关系为基础、以其相互对立关系状况的转化或诊治为重点,力图寻找矛盾冲突的正面效应并制约其负面效应,调整彼此的对立统一关系。

二、冲突的层面

根据冲突主体及其相互作用对象的不同,可将冲突分为三个层次:个体、群体和组织层次。

其中,个体层面包括个体内部与个体之间;群体层面包括群体内部与群体之间;组织层面又包括组织内部与组织之间。如图13-1所示,这些不同结构层次的冲突构成了现代冲突管理研究的对象。

(1) 个体内部冲突是指个体行为将导致互不相容结果时,发生在个体内部的冲突,且通常牵涉到目标、认知或情感形式的冲突。个体内部冲突常导致自身

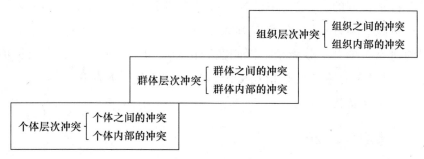

图 13-1 冲突的层次

的紧张和挫折感。个体内部目标冲突包含三种基本类型,而个体的一个决策往往会导致其中的一种或多种:接近—接近冲突意味着个体必须在两个或更多的选项中作出选择,每个选项都会有一个积极的结果(如在两个看起来都很吸引人的工作中进行选择);规避—规避冲突指的是个体必须在两个或更多的选项中作出选择,且每个选项都将带来一个消极结果(如薪酬过低或出差过多);接近—规避冲突指的是个体必须决定是否去做一件同时具有积极和消极两种结果的事(如接受一个小公司的高薪酬工作)(王重鸣,2001)。

个体间冲突又被称作人际冲突,当两个或更多个体感觉到他们的态度、行为或偏好的目标是对立的时候,就会产生人际冲突。托马斯(Thomas,1992)认为组织中的人际冲突包含四要素:行为模式的倾向(即冲突各方的处事风格)、社会压力、刺激性结构,以及规则和步骤。所以,组织中的人际冲突产生于个体行为受到某种压力或限制的情况下,最终导致形成对抗状态,而组织中每个个体基于各自的目标和理由,都有可能推动个体间冲突的升级和发展(诸彦含等,2016)。

(2)群体内部冲突指的是组织内部成员之间的争执,这些争执常影响群体的发展和有效运转。群体内部冲突在家族企业中尤为普遍和严重。当一位创始人即将退休、已经退休或去世时,这种冲突将更为严重。

群体间冲突是指组织内部不同群体、部门,由于对工作任务、资源和信息等方面的处理方式有所不同,从而产生的群体间冲突。这种冲突有时是同事之间的"水平式冲突",有时则是上下级之间的"垂直式冲突"。

(3)组织内部冲突是指同一组织内,由于资源分配、信息共享等原因造成的冲突,它可能包含个体间、群体间冲突。

组织间冲突是指不同组织由于追求自身利益最大化所造成的冲突,如保时捷与大众的竞争,最后导致一方被另一方收购,以及收购过程中和收购之后的一系列问题等。

需要特别强调的是，现实中的冲突往往并非传统理论所描述的由两方主体所构成的单纯类型，而是会涉及三方或多方主体，但如果就此划分冲突类型，冲突管理的研究对象会十分庞杂。因此在简化冲突分类的同时，必须始终明确：不同类型、不同层次的冲突具有相互交织、相互作用的互动关系，并且能在一定的条件下实现相互转化。

三、冲突观念的变迁

关于冲突在群体和组织中所起到的作用，不同学者的观点也在相互冲突中发展变迁。有学者认为必须避免冲突，因为冲突意味着群体内功能失调，这被称作传统观点；也有学者认为冲突是任何组织与生俱来且不可避免的，且冲突不一定是坏事，它具有对组织绩效产生积极影响的潜在可能性，这一观点被称作人际关系观点；还有一种观点代表着当今主流思想，它认为冲突不仅可以成为组织的积极动力，某些冲突甚至对于组织有效性是必不可少的，这被称作相互作用观点。

（一）传统观点

冲突的早期观点认为，冲突都是消极、不良的，并且常常与破坏和非理性相联系。这时，冲突是有害的、必须避免的。

人们认为导致冲突的原因主要有以下方面：沟通不畅；人与人之间缺乏坦诚和信任；管理者对员工的需要缺乏敏感性，等等。

传统观点使得人们对待冲突的对策较为简单粗暴。为避免冲突，提高组织工作绩效，我们必须了解冲突发生的原因并纠正这些功能失调。

（二）人际关系观点

这种观点认为，就所有组织而言，冲突是与生俱来的。正因冲突不可避免，才更要强调接纳冲突。冲突不仅不可能被彻底消除，而且在某些时候还会对组织的绩效有益，如火花碰撞会点燃创新一样，适度的冲突能够支持群体目标，帮助组织进步。

（三）相互作用观点

人际关系观点接纳冲突，相互作用观点甚至鼓励冲突。该理论认为，融洽安宁的组织环境容易变得静止冷漠，并对组织的变革反应迟钝。因此，必须鼓励管理者维持一种冲突的最低水平，从而使组织保持旺盛的生命力，能够自我批评和推陈出新。

简单地评论冲突是好是坏的看法不合适,也不成熟。我们认为,冲突是好是坏有赖于冲突类型。冲突除了可以按照不同的主体和层次进行划分,还可以按照不同的关注点划分为关系冲突(relationship conflict)和任务冲突(task conflict):前者"对人不对事",旨在向对方发起攻击,会不利于组织团结和绩效提升;后者则是"对事不对人",旨在针对现存问题探寻解决方案,有助于支持团队目标和增进团队绩效,是良性的建设性的冲突(McShane & Von Glinow, 2018)。

第二节　冲突的原因及过程

一、冲突的来源

有关冲突的来源,主要有两种思路。一种思路认为,冲突是资源的稀缺性所致,对于达成目标和自主的渴望是冲突的来源;另一种思路认为冲突来源于活动不相容,一种活动以一定方式阻碍了另一种活动进行,从而引发了冲突。

事实上,引发冲突产生的因素是多种多样的,有些因素是表面的、显而易见的,而有些因素则是不可见的深层心理因素。因此,我们在分析冲突时,应力求做到周全、谨慎和深入。尽管影响冲突产生的因素是复杂的,但我们可以先从宏观和微观两个方面进行分析。

(一)宏观方面

首先,组织制度层面。由于组织制度不完善,权责分配不清,规章不健全,造成部分工作没人做,部分工作抢着做;出了问题,互相推诿、指责;有了成果,相互竞争邀功。这样会造成人际关系紧张,如果长期得不到改善,必然引发冲突。

其次,利益资源层面。个体、群体与组织的发展始终离不开资源的支撑和利益的驱动,然而资源是有限的,个体、群体与组织为维护各自的利益,势必会对有限的资源展开激烈的争夺,在争夺的过程中必然引起个体、群体与组织内部以及相互之间的冲突。

最后,环境氛围层面。这主要是指组织变革以及组织文化对冲突的影响。组织在变革期间的变化,如发展战略的调整、人员结构的变动、组织规模的变化、管理模式的调整等,使得原有的平衡状态被打破,极易引发冲突。例如,当人员结构发生变动且需要大量裁员时,可能会造成员工之间相互猜疑、相互攻击,最终产生冲突;同时,这也容易导致员工不能正确认识管理者的决策、认为管理者的决策不合理,而管理者却认为决策符合实际,于是冲突产生了。

此外,组织文化也对冲突的引发产生着重要的影响。组织文化是组织内成员共同认可的,可以通过符号手段来沟通的一套价值观体系。如果一个组织成员共同认可公平待人、公开沟通、鼓励合作、尊重和信任他人这样一套价值观体系,并按其指导行事,那么在这种组织文化氛围的感染下,组织内的冲突也会减少。

(二) 微观方面

首先,冲突的产生受角色差异的影响。角色是其他人期望某人在工作和学习中所担当的角色的总和。中心人物接受来自角色指派人的角色信息和角色压力,对这些角色信息和角色压力作出反应并力图努力完成角色。但当中心人物察觉到不调和的信息、感受到来自角色指派人的压力时,角色冲突就会发生(黑尔里格尔等,2001)。例如,一位职业女性既需要全力以赴地从事工作,又要同时承担着好妈妈、好太太的角色,而当这些角色之间处理不当、产生不可调和的矛盾时,角色冲突就发生了。

其次,冲突的产生受个性差异的影响。世界上不存在两个完全相同的人,每个人都与众不同,独具风格,这种独特性是各自在先天遗传基础与后天生活经历的相互影响、相互作用下形成的。人们的不同个性致使人们对于相同的问题也会表现出不同的态度、采用不同的解决办法,而这些不同的态度和处理方法,恰恰容易引起冲突。

最后,冲突的产生还受个体社会经历的影响。人具有社会性,每个人成长的过程就是其社会化的过程,然而个体的社会生活又具有多样性,不同的生活环境、教育程度、文化传统、风俗习惯、社会实践会造成人们的理想、信念、态度、价值观的不同,进而导致人们对人与事物的是非、善恶和重要性的看法及评价存在差异,正是这种差异的存在可能引起冲突的产生。例如,某人认为其他民族的人比自己低一等,对其表现出轻蔑的态度,就极易造成双方关系紧张,最终引发冲突(杨连生、王金萍,2003)。

冲突的来源还可以分成任务特征因素(如任务依存程度、任务期限等),心理特征因素(如不同的性格、价值观、工作期望等),组织特征因素(如政策规章、组织体制等)和群体过程因素(如沟通不良、群体决策、部门协调等)。影响因素不同,则应对策略也不同,但应对的总目标是,弱化或转变"非功能冲突"(如人际冲突),利用和引导"功能性冲突"(如任务冲突)。

二、冲突的过程

冲突是一个动态过程,在此过程中,冲突双方的认知、情绪、关系等都会发生变化。冲突可分为五个阶段,分别为:潜在对立阶段、认知介入阶段、冲突意向阶段、冲突行为阶段以及冲突后果阶段(Pondy,1967;Robbins,2001)。图13-2描绘了这一过程。

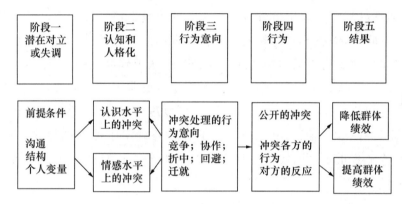

图13-2 冲突的过程

资料来源:斯蒂芬·P.罗宾斯.(2005).组织行为学.孙健敏,李原,译.北京:中国人民大学出版社,85.

（一）潜在对立或失调

冲突过程的第一个环节表明了可能引发冲突的条件。这些条件并不一定导致冲突,但它们是引发冲突的必要条件。为了简化起见,我们常常将此类冲突源概括为三类:沟通、结构和个人变量。

（1）沟通。词汇含义的差异、使用专业术语、信息交流不充分及沟通通道中的噪声等因素构成了沟通障碍,并成为冲突的潜在条件。研究表明,教育背景差异、选择性知觉等会造成语义理解困难。当沟通到达一定程度时效果最佳,继续增加则会过度。另外,沟通通道也会影响冲突产生(Peterson & Behfar,2003)。

（2）结构。结构概念包括群体规模、群体成员任务的具体化程度、管辖范围的清晰度、领导风格及群体间相互依赖程度。研究表明,群体规模和任务的具体化程度可能成为激发冲突的动力;任职时间和冲突呈负相关;管辖范围的模糊性也增加了群体间冲突的可能性;封闭型领导风格会增加冲突的可能性。

（3）个人变量。每个个体都拥有自己的价值系统和人格特征,它们构成了一个与众不同的风格。研究表明,某些人格类型确实更有可能导致冲突,如不合群、神经质或低自我监控等(Glomb & Liao,2003;Van Kleef et al.,2004)。另外,个体间价值观的差异也是导致冲突的重要因素。

在冲突潜伏期做好预防措施有利于减少冲突,当不断出现微弱且有关于冲突的信号时,就可以提高关注度或采取管理行动,所谓"防微杜渐""凡事预则立不预则废",这时的干预成本往往最低。

(二)认知和人格化

前一阶段提到,一方如果对另一方关心的事情造成某种程度的消极影响,那么在这一阶段中,潜在的对立和失调就会显现出来。有关冲突的定义已经提及,冲突的主体必须要能知觉到冲突的存在,然而,认识到冲突的存在并不意味着将其人格化。当个体产生情感卷入后,才会产生情感水平上的冲突,此时各方都会体验到焦虑、紧张、挫折或敌对。本阶段之所以重要,是因为此时冲突问题凸显。在这一过程中,双方认识到了先前条件的存在并确定了冲突的性质。情绪对于知觉的影响十分重要。消极情绪使个体更易对外界信息作出负面解释,而积极情绪则相反。

(三)行为意向

行为意向介于个体认知、情感与外在行为之间,指的是以某种特定方式从事活动的决策。为明确自己如何对他人行为作出回应,个体必须首先推断他人的行为意向。很多冲突之所以不断升级,主要原因就在于一方错误推断另一方的行为意向。由于个人偏好不同,采取的行为意向也各不相同,但由于偏好具有一定稳定性,因而行为意向也呈现一定的稳定性。如果把个体的智力特点和人格特点结合起来,则可以很有效地预测到人们的行为意向。

(四)行为

行为阶段包括双方进行的声明、活动和态度。冲突行为通常是冲突各方实施行为意向的公开尝试。采取这些行为的目的通常是为了阻止别人达成目的或预防他人损害自己的利益,但与前一阶段不同的是,这些行为带有刺激性。由于判断失误或欠缺实施过程的经验,有时外在行为会偏离原本的行为意向。如甲对乙提出要求,乙对此提出争议,于是甲威胁乙,乙反过来予以还击,如此继续下去。

(五)结果

冲突双方的行为互动最终会导致一定结果。这些结果可能功能失调(如阻碍群体工作绩效),也可能功能正常(如提高群体工作绩效)。

(1)功能失调的结果。冲突对于组织绩效的破坏性结果已广为人知,可以将其概括为,对立与冲突的失控带来不满,导致共同纽带的破裂,最终使群体消亡。比较明显的不良结果有群体凝聚力下降、沟通迟滞、群体成员间的明争暗斗导致群体目标被忽视等。如果情况极端,冲突甚至会导致组织功能彻底丧失,进而威胁到组织的存亡。

(2)功能正常的结果。大量事实使我们认识到,中低水平的冲突可以提高群体的有效性。如果冲突能够提高决策质量;激发革新与创造;调动群体成员的兴趣,并提供一种渠道使问题公开化、解除紧张,鼓励自我评估和变革的环境,那么这类冲突就具有建设性。请注意,我们强调的是任务或过程,而不是人际关系。

第三节 冲突的处理和应对

一、冲突的处理方式

数年来,学者们提出了若干种有关冲突处理方式的理论,大多数理论惊人的相似。福莱特(Follet,1940)最早提出冲突处理方式的模型。该模型认为处理冲突的方式有三种:支配(domination)、妥协(compromise)和整合(integration),以及两种附加方式:回避(avoidance)和抑制(suppression)。

布莱克和穆顿(Blake & Mouton,1964)首先提出区分人与人之间冲突方式的二维方格论。他们同样列出五种处理冲突的方式:强迫(forcing)、退缩(withdrawing)、安抚(smoothing)、妥协(compromising)和对抗(confrontation)。他们认为这五种处理方式来自两个维度:关注工作和关注人。

根据前人的经典理论,我们依照独断性(即高度关注自我)和合作性(即高度关注他人)两个维度,将五种冲突处理方式总结如下(见图13-3):

(1)整合(integrating)。这种方式具有相当大的独断性和合作性,因为它同时包括对他人和自我的高度关注。在这里,冲突被当作一个问题来解决,解决方式同时考虑双方的需求和想法,遇到冲突时,倾向于与他人合作以获得双赢。

(2)忍让(obliging)。这种处理方式具有相当的非独断性及合作性,因为在冲突中它涉及对自我的低关注和对他人的高关注,忍让的一方总试图去满足他人的需求,而忽略自身需求,常常表现为心有不甘但选择隐忍不发,或基于共同目标而选择让步(马鹏、蔡双立,2020)。

(3) 支配(dominating)。这种处理方式具有极大的独断性和非合作性。因为在冲突中它表现为对自我的高关注和对他人的低关注。采用这种方式的一方往往把冲突视为只存在胜利者和失败者的竞争,所以努力去控制对方,强迫对方接受自己的解决方法。

(4) 逃避(avoiding)。这种处理方式极具非独断性和非合作性。在冲突中它体现为对自我和他人的低关注。逃避的一方常逃离冲突环境,躲避冲突的对方。他们认为为解决冲突所付出的所有努力都是徒劳的。

(5) 妥协(compromising)。这种处理方式处于独断性和合作性的中点。因为在冲突中它体现为对他人和自我的适度关注。这种方式与"有得必有失"原则相联系。也就是说,冲突双方都要作出一定让步。

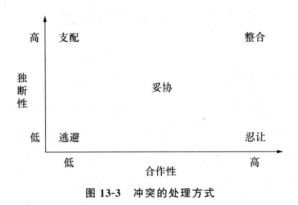

图 13-3 冲突的处理方式

二、跨文化冲突

随着组织经营的全球化,组织间的伙伴关系网不断扩大。研究表明,有些跨国经营往往达不到预期效果,其主要原因就在于跨文化冲突的影响。跨文化冲突是指两个或以上具有相互依赖关系的主体,由于文化异质性所造成的不和谐的心理状态和行为过程(Orr & Scott, 2008)。文化差异在个体对冲突内容的认知、对他人行为的反应模式、冲突处理方式及对他人采用策略的推理等方面,都起着至关重要的作用。组织成员的文化背景不同,可能采用不同的冲突处理策略。

(一) 跨文化冲突的原因

不同形态的文化或文化要素之间相互对立和排斥,造成跨国企业在他国经营时因为与东道国文化观念不同而发生冲突。跨文化冲突产生的主要原因包括：信息理解、沟通形式、管理风格、法律政策、民族性格和思维方式等方面的差异。

（二）跨文化冲突的融合对策

既然跨文化冲突不可避免，那么作为跨国公司管理者，就必须思考如何有效解决甚至利用这一冲突，为企业发展做出贡献。跨文化的融合通常包括以下对策：

（1）文化支配。在一个跨国企业中，一个组织与其他组织相比处于强势，这个组织就会起支配控制作用，并且在通常情况下会继续按他们文化背景中的规矩行事。这意味着组织内的决策及行为均受这种文化支配。但这有个前提，即企业生产效率不受此影响。

（2）文化顺应。这种方式与之前的策略相反。管理者试图运用这种仿效东道主的文化，并将两者合二为一。例如，管理者学习当地语言、采用当地货币形式等。文化顺应策略鼓励管理者进行本地化管理，如人员本地化管理，即充分利用当地人才为公司服务。

（3）文化妥协。当两个团队的实力相当时，只有双方都作出一定让步，才能使工作继续进行，此时应采用的策略就是文化妥协。如中美合资企业中，中国员工的清明节和美国员工的万圣节都按规定放假。

第四节　谈　判

作为人们分配稀缺资源的基本方式之一，谈判已成为个人和组织生活的重要组成部分，它体现在商务、融资、商品买卖、劳资协调、国际政治等领域中，日常生活中也处处存在谈判（段锦云、徐烨，2009）。有一些谈判十分明显，如雇佣双方的谈判；另一些谈判则稍显含蓄，如上下级之间的谈判、客户与售后服务人员之间的谈判。在经济全球化和组织扁平化的今天，组织的运行越发以团队为基础，组织成员发现自己与同事之间没有直接的权力关系，他们甚至可能不向同一上司负责。此时，谈判技能就变得更为关键。

谈判是一个社会交流的过程（Jang & Bottom，2022），通常发生在混合动机的情境之中，即双方或多方拥有竞争动机的同时又需要通过合作来实现目标（Walton & McKersie，1991）。

谈判是两个或更多的个体或团体就共同或冲突的目标，以讨论的形式来达成协议或解决争端的过程，这一过程中包括合作、折中甚至强迫等。

一、谈判的类型

谈判有四种基本类型：赢—输式（distributive）、双赢式（integrative）、态度建构式（attitudinal structuring）和组织内部式（intraorganizational）。

（1）赢—输式谈判。也称分配性谈判或零和式谈判，这种谈判的特征是传统的赢—输、固定数额的情境，这种情境下，一方受益且另一方受损，如同分蛋糕，双方利益此消彼长。赢—输式谈判一般涉及经济问题，其相互作用模式包括谨慎沟通、有限地表达信任、使用威胁及其他特殊的声明和需求。此时，当事人之间易发生紧张、充满情绪的冲突。在此类谈判中，最主要的处理方式是折中和强迫。

（2）双赢式谈判。共同解决问题以使双方都受益的结果被称为双赢式谈判，也称整合性谈判。当事方发现共同的问题，形成评估备选方案，向对方表达意见，然后找到双方都可以接受的解决办法。一般看来，这个解决办法很少是双方都完全满意的，但它对双方达成一致的确是有利的。双方都被强烈地激励着去解决问题，表现出灵活性和信任。合作和折中是这种谈判主要的处理方式。

对比两种谈判类型，赢—输式谈判的双方具有竞争性谈判风格，认为谈判是一种博弈；而双赢式谈判的双方具有合作式谈判风格，将谈判视为需要解决的问题，认为这是一个共同决策的过程。

（3）态度建构式谈判。在谈判中，各方都会表现出一定的态度，这种态度会影响各方之间的相互作用，是竞争还是合作、是敌意还是友善。态度建构就是指谈判各方寻求建立所期望的态度和关系的过程。

（4）组织内部式谈判。谈判各方通常情况下是通过各自的代表进行谈判。然而，谈判代表在谈判达成一致前，必须与各自所代表的团体意见一致。如工会代表在与雇主代表谈判之前，会在工会内部协商出一致的观念、态度，这个一致的意见对于之后谈判是必要的。

二、谈判的策略

谈判最直接的目的是达成各方满意的协议。在谈判中，双方既有为争取自身利益最大化的对抗关系，又存在着重要的合作关系。因而，谈判中易出现僵局，即因谈判的一方或双方不认同协议而停止交流（Schweinsberg et al.，2022）。

所以,要恰当运用谈判策略,才能避免冲突,使谈判陷入僵局。

(1) 刚柔相济。在谈判中,谈判各方的态度既不能过分强硬,也不可过于软弱,过分强硬容易刺伤对方,导致双方关系破裂,过于软弱则容易受制于人,而采取"刚柔相济"的策略比较奏效。谈判中有人充当"红脸"角色,持强硬立场,有人扮演"白脸"角色,取温和态度。

(2) 拖延回旋。在商务谈判中,对态度强硬、咄咄逼人的对手,可采取拖延交战、虚与周旋的策略,通过多回合的拉锯战,使趾高气扬的谈判者逐渐丧失锐气。

(3) 留有余地。在谈判中,如果对方向你提出很多要求,即使你能全部满足,也不必马上做出答复,而是先答应其部分要求,留有余地,以备讨价还价之用。

(4) 以退为进。让对方先发表意见,表明所有的要求,己方耐心听完后,抓住其破绽,再发起"进攻","迫其就范"。有时在局部问题上可首先作出让步,以换取对方在重大问题上的让步。

(5) 相互体谅。谈判中最忌索取无度,漫天要价或胡乱杀价,使谈判充满火药味和敌对态势。各方应互相体谅、将心比心,使谈判顺利进行并取得各自满意结果。

(6) 合理情绪表达。在谈判中表达愤怒可以促使对方作出让步(Van Kleef et al., 2004),但根据张等(Jang et al., 2022)的研究,在谈判中表达愤怒的风险较高,在大多数情况下容易降低双方信任,损害交易。尽管战术性愤怒在某些时候可作为谈判策略之一,但还是需要基于不同的文化和社交背景而论,在谈判中应谨慎使用。例如,在西方国家,适当表达愤怒,可以让对方觉察到已经触及底线,从而做出一些让步。而在东亚文化国家,愤怒常带有挑衅的意味,可能会带来不好的结果。

三、谈判的过程

通常而言,谈判过程会涉及两个或两个以上的谈判方,而且各方感觉到的目标不一致。他们为了满足各自的利益,设法通过彼此的交易达成谈判协议。正如前文所说,这些谈判可能是赢—输式或双赢式,也可能是态度建构式或组织内部式。但无论是何种类型,谈判一般都是一个分阶段的过程。

谈判包括五个阶段:准备与计划、界定基本规则、阐述与辩论、讨价还价与问题解决、结束与实施。图 13-4 提供了谈判过程的模型。

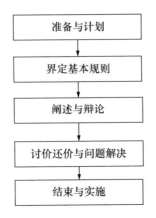

图 13-4 谈判过程

资料来源:斯蒂芬·P. 罗宾斯.(2005).组织行为学.孙健敏,李原,译. 北京:中国人民大学出版社,85.

(1) 准备与计划。在谈判之前需要做一些必要的准备工作。需要明确自己想从谈判中得到什么?目标是什么?以下做法会对你有所帮助:把你的目标写下来,找到自己所能接受的范围,并把精力集中在这上面。你需要评估一下,对方对自己的谈判目标有何想法、可能会提出什么要求、坚守立场的程度、有哪些隐含的重要利益、希望达成怎样的协议等。你还要明确各方达成协议的最低接受方案。己方的最低接受方案决定了可接受的最低水平,只要得到的报价不低于此水平,谈判就不会陷入僵局。同样,如果己方报价低于对方的最低接受方案,就别指望谈判能成功(Larrick & Wu, 2007)。

(2) 界定基本规则。制订出计划和策略之后,就可以和对方就谈判本身的规则和程序进行协商:如谁将参与谈判、在哪里进行、谈判期限、谈判陷入僵局后遵循怎样的程序等。在本阶段,谈判各方将交流最初报价及基本要求。

(3) 阐述与辩论。各方交换了最初意见后,就可以开始就己方的提议进行解释、阐明、澄清、论证及辩论了。本阶段不一定是对抗性的,它可以成为各方就一些问题交换信息的机会,如为什么某些问题较重要、怎样让各方达成最终协议等。在本阶段,各方将交换支持本方观点的材料,为下一阶段做准备。

(4) 讨价还价与问题解决。谈判就其实质而言,就是一个为达成协议而相互让步、妥协的过程,在本阶段中,除了据理力争就是如何有目的有计划地让步,以期在达成协议的前提下,使己方利益最大化。

(5) 结束与实施。在讨价还价并达成协议之后,各方就需要将达成的协议规范化,并为实施和监控制定出所有必要的程序。在本阶段中,需要在订立正式协议的同时敲定各项细节,为协议的执行完成所有需要的准备工作。

四、关于谈判的一些行为研究

有时候谈判比你想象中顺利,但大多数时候,你会面临之前不曾预料的问题。

(一) 谈判中的文化差异

文化背景与谈判风格有一定联系。民族文化不同,谈判风格就有差异。如法国人喜欢冲突,喜欢通过反驳他人观点来获得承认。因而,与法国人谈判往往需要更长的时间。中国人也会拖延谈判时间,当你认为一切都已谈妥,中国经营者很可能会重新开始谈判,原因在于他们相信通过谈判发展相互间长期协作关系与达成协议都很重要。所以,有一些问题需要我们注意:谈判更注重达成协议还是建立伙伴关系,谈判对象的文化背景不同则谈判策略也不同。

(二) 第三方仲裁

有时,谈判会陷入僵局,且谈判各方无法通过谈判来解决分歧。此时,就需要第三方的介入以寻求解决方案。谈判的第三方主要扮演四种角色:调停人、和解人、仲裁人及顾问(Wall & Blum,1991)。

(1) 调停人(mediator)是中立的,一般使用劝说、提建议、讲道理等方法来促成各方达成协议。一般来说,决定调停是否成功的关键因素是情境,即各方都愿意通过调停来解决问题。冲突水平处于中等且调停人被各方认为是中立的情况下,调停效果最佳。

(2) 和解人(conciliator)必须受到谈判各方信任,能为谈判各方提供非正式的沟通渠道。事实上,和解人更多时候是扮演一种沟通渠道,同时也进行信息的搜集和解释,并力争使各方达成协议。

(3) 仲裁人(arbitrator)在谈判各方面前须具有权威地位,仲裁可以自愿申请,也可根据法律或合同强制介入。谈判引入仲裁常常能解决问题,但需注意的是,仲裁结果若使一方感到彻底失利将引来不满,进而不接受仲裁结果,这将无益于问题的解决。

(4) 顾问(consultant)处于中立地位且具备专业技术,一般通过沟通与分析,借助自身在冲突管理方面的技能敦促问题的解决。顾问不是用来解决问题,而是增进谈判各方的关系,并使各方最终自己达成协议。可见,引入顾问的做法有利于谈判各方对冲突建立积极的认知,更注重长期协作伙伴关系的建立。

(三) 谈判者的两难困境

谈判各方能认识到双赢的意义,但是,他们都想通过赢—输式策略将价值最大化。谈判者的困境意味着自我收益倾向和创造更多双方收益的行动相互排斥。最理想的情况是,双方公开地讨论问题、尊重对方的独立存在及关系需求、创造性地寻找双赢方案。然而,这类情况并不经常发生。

以双赢为出发点的谈判者往往担心对方使用赢—输策略,这种怀疑导致谈判各方不敢使用双赢策略。而且以双赢为出发点的谈判者在与使用赢—输策略的谈判者过招之后,自我收益的倾向会不自觉地增强,双赢策略也就变为赢—输策略。如果谈判各方都使用赢—输策略,那么追求双赢就只能是美好愿望。

(四) 自我中心和固定馅饼偏见

谈判者对"什么是公平"的判断并不是完全客观的,谈判各方都倾向于过分重视对自己有利的观点,从而导致了谈判者在谈判过程中所产生的动机偏向,这种动机偏向就被称为自我中心(egocentrism)。研究发现,谈判者往往都是自我中心的,并且,谈判各方越是自我中心,就越难达成一致意见。这种自我服务倾向在不同谈判情境的研究中都一再得到证实(Gelfand et al.,2002)。

研究还发现,提供更多的中性信息会增加自我中心倾向。那些接受这种额外的中性信息的被试,倾向于对公平结果作出更为极端的估计。另外,被试也表现出自我服务回忆偏向(self-serving recall bias),即能更多地回忆起那些对他们自己有利的事实。

与自我中心偏向类似,谈判一方常常会错误地认为谈判收益是固定不变的,即固定馅饼偏见(fixed-pie bias)。很多时候,谈判一方把对方看作竞争对手,潜意识地认为谈判过程是一个零和游戏,尽管零和式谈判是一种常见的谈判类型,但他们忘记了谈判很多时候其实是双赢的(Liu et al.,2016)。

(五) 主场优势

我们知道很多体育竞赛,比如足球、篮球、游泳、射击等,都存在主场优势(home field advantage),即在自己的场地举行的比赛通常比到对方的场地发挥得更好。同样地,谈判也存在着主场优势(Brown & Baer,2011)。所以,我们经常看到,国际政治谈判常常选择在第三方国家举行。商务谈判也是如此,常常也选择在非主和客的第三地举行。

为什么会存在主场优势?布朗和贝尔(Brown & Baer,2011)研究发现,主要原因是人们在主场会有更高的信心和效能感,对场地也更为熟悉,从而更能掌控大局。相反,在客场,无论是谈判还是体育比赛,我们都需要对陌生的环境进行探索以寻求安全感,而这一过程需要花费认知资源,干扰我们的注意力,从而降低谈判或比赛绩效。可以想象,主场环境对主办方一定更友好。无论是旁观者和看台球迷,还是周围熟悉的环境,都有助于主场一方获得安全感和支持感,促进谈判或比赛的更好发挥。

本章小结

组织中的冲突发生在三个不同的层面:个体、群体和组织。个体层面又包括个体内部和个体之间两方面;群体层面和组织层面同样如此。

冲突的早期观点认为,冲突都是消极、不良的,并且常常与破坏和非理性相联系,因而必须避免;人际关系观点认为在组织中,冲突是与生俱来的,正由于冲突不可避免,才更要强调接纳冲突;相互作用观点甚至鼓励冲突,融洽安宁的组织环境容易变得静止冷漠,并对组织的变革反应迟钝。因此,必须鼓励管理者维持一种冲突的最低水平,从而使组织保持旺盛的生命力,能够自我批评和推陈出新。尤其是,"对事不对人"的任务解决冲突,对问题的解决是有帮助的。

冲突是组织活动的一部分。组织制度不健全、利益资源分配不均、环境氛围不和谐等宏观层面因素,以及角色、个性差异及个体社会经历等微观因素都会成为冲突的来源。任务特征因素(如任务依存程度、任务期限等),心理特征因素(如不同的性格、价值观、工作期望等),组织特征因素(如政策规章、组织体制等)和群体过程因素(如沟通不良、群体决策、部门协调等)都可能成为冲突的影响因素。冲突过程可能按照五个阶段逐步升级:潜在对立或失调、认知和人格化、行为意向、行为、结果。

五种处理冲突的方式按关注工作和关注人两个维度,可分为强迫、退缩、安抚、妥协和对抗。个体对冲突的处理方式可能有一定的偏好,但随着时间的变迁及情境的变化会有所不同。大量的冲突管理研究涉及跨文化冲突管理。组织成员的文化背景不同,可能采用不同的冲突处理策略。

谈判是冲突解决的一种方式。谈判包括赢—输式、双赢式等。谈判中要尤其注意刚柔相济、拖延回旋、留有余地、以退为进和相互体谅等策略,以及倾听、表达、提问及说服要领的运用。但我们常常有自我中心偏向及固定馅饼偏见,这会阻碍谈判进程,从而失去可能的双赢机会。

本章思考题

1. 什么是冲突？冲突可以划分为哪些类型？
2. 请阐述冲突的影响因素。
3. 冲突的处理方式有哪些？
4. 什么是跨文化冲突？跨国公司应对跨文化冲突的对策有哪些？
5. 请简述谈判的类型和过程。
6. 什么是谈判的自我中心偏向及固定馅饼偏见？

推荐阅读

1. 盖温·肯尼迪. (2022). 谈判：如何在博弈中获得更多. 陈蓉, 译. 北京：中信出版社.
2. 罗杰·费希尔, 威廉·尤里, 布鲁斯·巴顿. (2023). 谈判力：哈佛大学突破型谈判术. 王燕, 罗昕, 译. 北京：中信出版社.
3. 塞缪尔·亨廷顿. (2017). 文明的冲突. 周琪, 等译. 北京：新华出版社.

第四篇
组织篇

组织由个体及嵌套其中的群体或团队构成,它是目前世界上存在最为广泛的社会结构之一,不论是我们的工作还是生活都离不开它。组织水平(organizational level)研究是管理心理学所关注的宏(中)观层,也是作为市场主体的企业等各类组织发展的落脚点。研究组织可以更直接有效地帮助我们解决组织发展中所遇到的问题。本篇将介绍:组织结构;组织文化;组织变革与发展;数字时代的组织管理。组织结构凝塑了作为个体的员工和作为群体的部门在组织这个大机器中的"定位"或"节点";组织文化规范和延续着员工的行为,影响组织自身的传承惯性,也为组织营造了一种"氛围";组织文化还为组织变革和发展奠定了基调,而组织的变革和发展是组织寻求创新或突破的途径,比如,如何做好人—机协作和算法管理帮助组织实现数智化转型,已成为很多组织面临的变革难题。

第十四章 组织结构

开篇案例 海尔的人单合一和创客生态

海尔集团创立于1984年,多年来持续稳定,已发展成为在海内外享有较高美誉的大型国际化企业。海尔集团前首席执行官张瑞敏曾先后登上美国的哈佛大学、沃顿商学院和哥伦比亚大学讲台,纵论"海尔圣经"。张瑞敏认为,一个企业应建立一个有序的非平衡结构。在海尔的发展进程中,其组织结构就在不断地调整。

海尔最早的组织结构是直线职能式结构,即以总经理为首,下设各个职能部门,如生产、研发、销售等。这种组织结构有助于企业初期的稳定和发展,但随着企业规模的扩大,其弊端逐渐显现,限制了海尔对市场的反应速度。

为了适应企业规模的扩大和多元化发展,海尔在1991年将公司划分为冰箱、空调、洗衣机等多个事业部,各事业部独立经营、自负盈亏。这种组织结构增强了各业务部门的自主性和灵活性,但同时也存在一定的资源分散和管理难度的弊端。

为了更好地协调各事业部之间的资源和提高管理效率,海尔在1998年引入矩阵式组织结构,即在事业部制的基础上,设立跨部门项目组,实现资源的集中管理和高效利用。这种组织结构在一定程度上解决了事业部制的弊端,但同时也增加了组织的复杂性和协调难度。

随着互联网技术的发展和市场竞争的加剧,海尔从2005年开始推进网络化组织结构的变革,即通过信息化手段,将企业内部的各个部门和员工连接起来,实现信息的实时共享和快速响应。这一变革的核心就是"人单合一"和"创客"理念。"人单合一"是张瑞敏提出的一种创新型管理模式,这种模式的核心思想是将员工与用户紧密联系在一起,让员工直接面对市场,实现用户需求与企业发展的高度契合。在人单合一模式下,员工不再是企业的被动执行者,而是主动追求自我价值实现的创业者。通过人单合一模式,海尔实现了组织结构的扁平化,减少了中间管理层级,使决策更加高效、灵活。同时,员工的积极性和创造力得到了极大的激发,为企业带来了持续发展的动力。

"创客"是指具有创新意识和创业精神的人。在海尔的组织结构变革中,创客文化得到了广泛的推广。海尔鼓励员工成为创客,积极参与到企业的创新和发展中来。通过创客平台,员工可以充分发挥自己的创新能力,实现个人价值的同时,也为企业发展注入新的活力。海尔集团内部设立了多个创客中心,为员工提供创新项目的支持、培训和资源对接。在这里,员工可以自由地分享创意、探讨问题、寻求合作。创客文化的普及使海尔的创新能力得到了极大的提升,为企业带来了众多具有市场竞争力的新产品和新服务。

通过人单合一模式和创客文化,海尔实现了企业内部的高效协同和创新能力的提升。在市场竞争日益激烈的今天,海尔的组织结构变革使其具备了更强的竞争力。企业的发展不再仅仅依赖于传统的管理模式,而是依靠员工的主动性和创新创业精神。这种变革使海尔在全球市场上取得了骄人的成绩,成为行业的佼佼者。

资料来源:张文静.周云杰掌舵海尔963天:稳健与突破.(2024-6-25)[2024-6-30]. https://mp.weixin.qq.com/s/AYF7U5WazlxIYPbhRTpL1w.

第一节 组织概述

一、组织概述

(一) 为什么要研究组织

从历史视角来看,组织的出现比人类社会早了上亿年。自从地球上出现了生命,便有了组织。例如,菌落的定义就是由一种微生物组成的、具有固定形态特征的生物结构;蜜蜂和蚂蚁更是典型的群居社会性动物,在它们内部有着严密的组织结构和分工。有了人类社会后,人类更是延续了组织这一广泛且高度有效的形式,进行社会生产和开展社会活动。可以说,组织已经成为生物界和人类社会的主要组成部分。我们无法逃避组织,我们需要组织来提供生活物品和服务;同时,我们也身处组织之中,为他人和社会提供服务。

从现实视角来看,组织已经成为我们日常生活的一部分。回想一下,最近一周你接触过哪些组织？你是否也身处于某个组织之中，为社会或他人提供了某种社会性的服务？而当你极力地去搜索那些不是由组织提供的物品（服务），甚至回忆到出生之时，才发现答案是：没有！

比如，我们需要自来水公司为我们提供清洁的水，需要建筑公司为我们建造供我们居住和工作的房屋，需要医院为我们提供医疗卫生服务，需要学校提供教育服务，等等。我们在日常生活中接触到的一切物品都有其组织背景：公路、网络、书籍、服装、天然气……同时我们依赖的服务也是由组织提供的：邮政、餐饮、银行、保险……当然，我们也在组织中生存。由此可见，小至个人生活，大到整个社会变迁，无一不是在利用组织提供的各种产品和服务，而如果不深入地理解这些组织，我们就无法理解组织带来的一系列问题。

因此，从组织发展的历史和现实中可以了解到，组织的建立是为了完成某个有机体所无法单独完成的目标。我们需要组织为我们的日常生活和工作提供那些单独依靠我们自己的力量所得不到的物品和服务，我们在享受组织带给我们利益的同时，也在积极地利用组织优势，为他人和整个社会贡献自己的力量。

我们研究组织的目的就是更好地发挥组织的功能，带给我们更多、更好的效益。蜜蜂这种社会性动物经过上亿年的学习和进化形成了具有明确分工、结构严密的组织体系，这一正确的组织体系保证了它们的种族延续。而与生物界的被动演变不同，我们人类需要主动地去研究各种社会组织，最重要的原因在于与动物单一的社会关系以及组织形态不同，人类社会中复杂交织着各种利益关系，与之对应地存在着各种类型不同的组织，如私人组织、准公共组织和公共组织等。不同的组织适用于不同的环境之中，而与组织相关的结构、文化、人员、权力等要素时刻影响着组织绩效的发挥。

同时，组织的设计和运行是一个复杂的系统，组织所处的环境时刻变化着，组织中的主体——人，具有高度的意识和复杂的行为表现，组织功能的发挥也存在好坏两种结果，种种情形使我们不得不对组织进行细致研究，使组织最大限度地与环境、人员、资源等进行匹配，发挥组织最大的功能和最佳的结果。

（二）组织的定义

一直以来，我们对于"组织"的理解有三种：第一种是作为名词的"组织"，指的是作为实体（entity）本身的组织（organization），是指按照一定的宗旨和目标建立起来的集体，如企业、医院、各个层次的经济实体、学校、政府机关等。第二种也是作为名词的"组织"，所不同的是，它指的是作为实体组织的内部构成要素之间的关系,如社会生产的分工协作组织、企业内部的管理组织等。第三种是作为动词的"组织",指的是作为活动过程(process)的组织(organizating),属于管理中的一种职能,是指为了实现组织目标,对组织的资源进行有效配置,对其中的人进行编排而开展活动的过程。

从历史发展的角度来看,对组织的研究可以划分为三大组织理论。下面我们分别对三大理论中具有代表性的定义进行探讨:

1. 古典组织理论的组织定义

古典组织理论奠基人马克斯·韦伯(Max Weber)是第一个给组织下确切定义的人。韦伯认为,组织是组织成员在追逐共同的目标和从事特定的活动时,成员之间法定的相互作用的方式。具体说:(1)组织与社会关系有关,组织以某种形式的权力为基础。组织是根据合法程序制定的,并靠着一套完整的法规制度规范成员的行为,组织中的人员应有固定和正式的职责并依法行使职权。"秩序"的概念是定义的主要组成部分。(2)组织的活动是连续性的,且有其特定的目的。韦伯的这一定义成为后来很多组织定义的基础。

2. 现代组织理论的组织定义

现代组织理论中影响最为深远的系统组织理论创始人切斯特·巴纳德(Barnard,1968),将组织定义为两个以上的人有意识地协调其活动和力量的系统。与韦伯关注组织内成员的互动模式不同的是,巴纳德关注系统内的成员,他认为好的组织是一个协作系统,组织需要沟通,要求成员愿意为组织做贡献。总的来说,现代组织理论把组织作为现存事物,认为它是事物内部(外部)按照一定结构与功能关系构成的方式和体系。

3. 后现代组织理论的组织定义

前两种组织理论都把组织比喻成一架机器,其结构和功能是组织自己设定的,组织边界是明晰的、封闭的,组织作为一种社会工具而存在。与其不同的是,后现代组织理论认为组织是事物朝着空间、时间或功能上的有序组织结构方向演化的过程体系。这种演化的现象被称作组织化,最终的结果有自组织(self-organization)和被组织(to be organized)两种。我们所探讨的组织是一个不断与外部环境发生作用的自组织系统和自组织过程。组织及位于其中的个人有充分的自主性进行自我学习与更新。组织是动态的,与环境是作用与反作用的关系。组织应更多地关注流程,而不是专门化的环节(Joseph & Gaba, 2020)。

(三) 组织与个人

组织是以人为主体的,组织和位于其中的个人时刻处于相互作用之中,关于组织与个人的研究一直以来是组织行为学关注的重点领域。

1. 个人—组织匹配

个人—组织匹配(person-organization fit)主要探讨个人和组织之间的相容性(compatibility),以及实现这种相容性的前提和可能带来的结果。匹配形式有辅助性匹配(supplementary fit)和补偿性匹配(complementary fit)两种。前者是指组织与个人在价值观、文化、知识等基本特征方面具有相似之处;后者是指组织与员工都能彼此满足对方的需要,例如组织提供给员工所需要的物质、心理资源等,或者员工知识、技能等方面能符合组织的要求。个人—组织匹配研究在员工的组织社会化、工作态度、离职意向、工作压力、亲社会行为、工作绩效和组织文化培训等方面具有管理价值。

2. 组织公民行为

组织公民行为(organizational citizenship behavior,OCB)是指在组织的正式酬赏制度中没有得到直接承认,但整体而言有益于组织运行的各种行为。此类行为通常不在员工的角色要求或工作说明书中,员工可自行取舍。由于组织公民行为具有自愿合作性,这种行为能自觉维护整个组织的正常运行,减少维持组织正常运行而被占有的稀缺资源数量,有效地协调团队成员和工作群体之间的活动,增强组织吸引和留住优秀人才的能力。

3. 激励

激励(motivation)是组织通过设计适当的外部奖酬形式和工作环境,使用一定的行为规范和惩罚性措施,以满足组织成员的各种需要(外在性和内在性),达到组织与个人目标在客观上的统一。它的意义在于开发员工的潜在能力,促进员工充分发挥才智和创造性、留住优秀人才或吸引优秀人才到组织、造就良性竞争环境,最终达到提高组织绩效的目的。

二、组织的性质与类型

(一) 组织的性质

1. 复杂性

组织的复杂性主要体现在两个方面:(1)组织中主体的构成及其行为方式具有复杂性。例如,组织中的成员来源多样化,这就导致成员间的知识、文化、价值观等方面具有差异性。在此基础上所建立的组织成员的行为方式具有差异性,成员间关系处理具有多样性,这些多样性和差异性都使得组织管理变得复杂。(2)组织所处的环境具有复杂性。随着全球化、网络化和数字化的快速发展,组织面临内外部环境的巨大变化,需要协调处理好自身的复杂性去适应并利用环境的复杂性来增强自身的竞争力。

2. 模糊和不确定性

传统的组织理论认为组织是封闭的,有清晰的边界。然而,在当今动态变化的环境中,组织边界变得模糊。组织的生存和发展越来越依赖于那些与组织活动有关的、所有信息单元之间的互动关系及其所组织的 n 维向量空间(Kotusev & Kurnia, 2021)。无论是组织边界,还是影响组织发展的驱动因素及各因素之间的因果关系都在这种变化的环境中变得模糊。

同时由于不同类型、不同地区的组织之间的相互作用已构成了网络性的关联,导致单个组织是作为网络中的一个价值节点而存在,倘若一个节点的组织活动停止,将会影响整个网络中组织的价值创造(Panetto et al., 2012)。由此,身在网络中的组织变得越来越不可预测和控制,不确定性增加。

3. 智能性

模糊性和不确定性、复杂性之间是相互连接、互为因果的,它们将组织陷入如何与环境相处的困境之中。面对这种困境,有学者提出组织是智能的观点,认为组织是可以自组织和自我学习的,组织是作为一个复杂适应系统而存在的。这种新型的组织特性可以有效地利用不确定性和差异性去处理复杂的环境。

我们认为组织的智能性在未来组织的发展竞争中越来越重要,尤其是在知识经济时代,知识和信息成为最重要的资源。组织的智能性有助于更好地获取、处理和传递知识,提高组织的适应性。组织的智能性也有助于组织更快地吸收新技术,提高创新能力。

4. 开放动态性

组织的开放性特征是指组织与外部环境之间进行互动和交流的程度。组织是开放的,不断地与环境相互作用着。同时,组织总是处于变化、变革与调整之中,组织之间、组织与环境之间时刻动态地交换着信息与物质。一个具有开放性的组织能够更好地适应外部环境的变化,获取新的知识和资源,提高其创新能力和竞争力。

除此之外,组织还具有整体性、目的性等特点。

（二）组织的类型

关于组织类型的划分有很多标准，但是由于组织分类涉及了众多的变量，至今仍没有一个准确的分类标准，以致出现了专门的组织分类学。我们可以搜索一下组织的类型，发现在管理学网站中有多种组织的划分类型。例如，从规模上看，组织可以分为小、中、大型组织；按组织是否营利，可分为营利性组织和非营利性组织；从社会职能角度，可以分为文化性组织、经济性组织和政治性组织。按组织的正规程度，可分为正式组织和非正式组织等。

我们在这要提醒大家的是，这些划分无一例外都是按照组织的某一特征作为分类的基础，而这种分类方法的后果是"分出的类型可以无限增加，因为找到一个新的因素就标志着一个新类型的出现"（Katz & Kahn, 2015）。对于组织分类的详细介绍大家可以参考理查德·霍尔（Richard H. Hall）的《组织：结构、过程及结果》一书中关于组织类型一节，也可在线进行学术搜索。

三、组织的功能

组织的功能就是办事，通过办事达到组织的目的。然而，在组织办事的过程中必然产生一系列的结果和影响，这些结果有善恶之分，影响自然也有好的和坏的。例如，三鹿集团作为一个营利性的经济组织，为了进一步削减成本，谋取更多企业利润，在奶粉中违规添加三聚氰胺等化学物质，这一做法导致了29万余名婴幼儿出现泌尿系统异常，其中6人死亡，造成了恶劣的社会影响。

因此，我们必须意识到组织不是完美的，组织同样存在着很多的问题，甚至导致组织犯罪。当我们企图利用组织达成我们的目的时，必须严密控制其组织行为，使其在不产生恶的情况下产生善的结果。

第二节 组织结构

一、组织结构概述

（一）为什么要研究组织结构

上一节我们了解到，组织的产生是由于它可以完成单个人所无法完成的事情。然而这同时也引起了另外的问题，那就是我们需要通过一种怎样的方式来管理这个由若干人集合而成的组织，从而确保组织目标的实现。

我们在这里共同设想一下：当我们陷入这一困境时，所做的第一件事情便是如何进行工作分配（分工），即将目标任务分块、恰当地分配给组织成员（专业化）。分工这一行为产生了一系列复杂的后果：如组织成员是否负荷不足或过重；若任务过大，如何整合成员组成任务小组等。这里涉及了组织结构设计的两个核心要素：分工与整合。

在整个达成目标的过程中，我们需要解决各种由分工与整合产生的冲突。

（1）组织内部职权和责任范围的界定。这种界定主要是通过组织结构对组织内部层级数和管理跨度的规定所形成的正式报告关系（权责关系）实现。组织结构决定了组织内部的权责关系。

（2）分工与协作。即按照何种标准整合人员与任务。是通过组织结构决定岗位，还是按部门即组织的专业化分工与协作关系来实现。例如，是按产品、职能还是按照工作流程。

（3）沟通与协调。组织结构决定成员之间、部门之间、上下级之间的有效沟通、合作与整合的横向与纵向协作关系。主要通过政策、规则和信息流动来实现。

为了更好地让大家认识到组织结构涉及的因素，我们用图 14-1 进行表达：

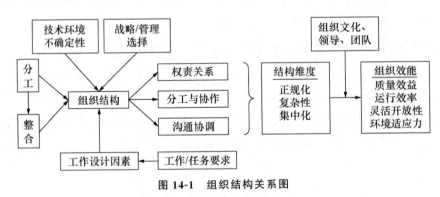

图 14-1 组织结构关系图

至此，我们了解到，组织结构涉及管理幅度、管理层次、机构的设置、管理权限和责任的分配方式、管理职能的划分、各层次以及各部门之间的联系沟通方式等问题。组织结构决定着组织的正式控制系统、沟通系统和工作关系，同时也对非正式组织、人际关系和组织成员态度和行为起着重要影响作用，最终影响组织的灵活性与开放程度、组织运行效率及其环境适应力。

我们研究组织结构的目的在于，如何架构一个适宜的组织结构使我们既可以把完成组织目标所需要的人和事（工作）编排成便于管理的单位，又可以将组织内各个部门、各个单位联结成为一个有机的整体,发挥出最大的组织效能。

(二)如何理解组织结构

1. 组织结构的定义

我们在对组织结构定义进行探讨时,发现针对不同的研究情境,学者们分别提出了适用于不同组织结构的定义,如知识型企业组织结构定义、项目型组织结构定义、政治部门组织结构定义、银行、学校等若干组织结构定义。但是无论何种定义,均围绕几个方面展开:分工、职责、信息流、控制跨度、沟通与协调等,这些便是组织结构定义中的核心要素。

(1)组织结构涉及对组织任务的正式分工。组织结构主要探讨对工作任务如何进行分工、分组和协调合作(罗宾斯,2021)。从组织结构的产生看,的确如此,组织结构就是伴随着对组织任务进行分工和整合时所产生的一系列冲突进行有效协调与控制的一种手段。

(2)组织结构是一种构成方式。组织结构也是一个组织内部的运行及其活动的正式排列,这种理解下的组织结构通常在设计思想与架构上吸收了系统论的观点。

(3)强调结构形成过程中人们的相互作用。存在着一种观点认为,结构是"在相互作用的过程中不断形成并得以重新创造,同时反过来影响相互作用的一种复杂的控制媒介;它由相互作用形成,同时也促进相互作用的变化"(Joseph & Gaba,2020)。即组织结构是形成的,而不是设计出来的。

有一个经典的比喻可以加深我们对它的理解:组织结构犹如人体的骨架。骨架在人体中起着支架、保护的作用,有了它,消化、呼吸、循环等系统才能发挥正常的生理功能。组织结构在这个组织管理系统中同样起"框架"作用,有了它,系统内的人流、物流、信息流等才能正常流通,保证组织目标的实现。

2. 组织结构的特征

(1)复杂性。复杂性是指组织分化的程度。具体表现为:组织结构受到环境、技术、资源、战略等多种因素的综合制约,每个组织均有一个适宜于自己情境的组织结构,并且这个结构随着内外环境的改变而改变;组织结构有水平分化与垂直分化,水平分化涉及管理跨度,垂直分化涉及管理层次,这两个因素都给组织提出了沟通、控制与协调的问题。组织活动具有地域分散性,如营销活动等,地域越广,组织结构越复杂,组织管理越困难。除此之外,组织结构的部门化划分复杂,可按职能、产品、客户、地域等进行划分。组织结构的复杂性使得无法存在某一种最佳的组织方法,它要求管理者有能力识别关键变量,评价它们对组织绩效的影响,并充分考虑到它们之间的相互关系,从而确定适宜自己的组织结构。

(2)正规化。组织结构正规化是指组织分工、部门设置、职责界定、信息沟通、任务分配等建立在正式授权基础之上,并且通过正式命令、政策、程序、规章制度等约束组织成员的行为、规定信息的正式流通渠道和正式的报告关系等。即组织内一切物质基础和成员之间、部门之间的正式交互都是在正式授权的合法性下依据规章制度进行。一个组织的规章条例越多,组织结构越正规化。组织总是处于冲突之中,正规化一方面可以激发个人的能力,因为正规化的程序可以协助人们完成工作;但另一方面,它具有压制性,因为人们被强迫服从组织的规定(Adler & Borys, 1996)。

(3)集权性。它是指决策制定权力的集中程度。决策权力的配置是在组织结构构建时被正式赋予的。一个组织结构的集权程度受组织规模、技术、环境等制约:规模与集权的关系是复杂的,规模的扩大在某些情况下会导致授权,但授权会发生在一定的规则框架之内,所以较大的规模通常与较高程度的集权相关(霍尔,2003)。技术主要指成员的专业化程度,工作常规化、不确定性与成员的专业化水平使得集权程度不同。竞争与不确定性是组织环境面临的重要特征,竞争、不确定环境下组织的集权程度低,相反稳定、确定环境下组织集权程度高。

二、组织结构的演进

这一部分我们将对组织结构的演进按历史的视角逐一介绍。我们需要注意的是,选用历史的视角仅是作为介绍组织结构的一条线索,而不是说,之前的组织结构已经不适用。事实上,组织结构没有好坏之分,没有过时之说,每一种组织结构都是特定环境下的产物,也只能适用于某种特定的环境之下。选用历史的视角进行介绍不仅可以帮助我们从宏观角度理解组织结构的发展过程,同时还有助于我们发现组织结构演变的原因。

按照组织结构的演变史,我们将其分为以下四个阶段:

(一)前组织时期

前组织时期的组织结构类型称为简单结构。它的特点是:部门化和正规化程度低,控制幅度宽,但集权程度高,经营权和所有权是同一个人。组织形式呈扁平状,只有 2—3 层垂直层级,通常为小型组织所采用,不过在危急时刻,大型公司也会在短期内启动这种结构。优势是简便易行、反应敏捷、成本较低、责任明确。缺点是高度集权导致上层信息负荷过重,难以适应组织扩展的需要;企业经营完全依赖一个人风险极高。适用于规模小(人员 10 人以下),业务单纯的组织,如经营销售业务。

(二)组织定型时期

这一时期的各种组织结构类型可以总称为官僚结构。它是一种对任务进行高度标准化操作的结构。特点是:由职务专门化建立非常正规的规章制度;以职能部门划分工作任务;中央集权,控制幅度窄;通过命令链进行决策。

官僚结构的主要优势在于,它能够高效地进行标准化活动。同时,这种组织结构对中低层管理者的要求较低,因此可以降低成本。不足是:工作专门化导致各部门之间相互冲突,职能部门目标有时会凌驾于组织的整体目标之上;过分关注于遵守规则。只有在员工们面临熟悉的问题,并且问题解决方法已有程序性规定时,这种组织结构的效力才能发挥出来。

1. 直线制组织结构

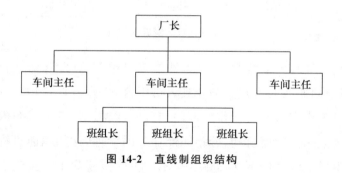

图 14-2 直线制组织结构

直线制组织结构是最简单的、早期的一种组织结构形式,是只有二三个纵向层次,决策权集中在一个人手中的"扁平"组织。直线制组织结构是工业化需求的产物。所谓的"直线"是指在这种组织结构下,职权直接从高层开始向下"流动"(传递、分解),经过若干个管理层次达到组织最底层。

直线制组织结构的形式如同一个金字塔,处于顶端的是一名绝对权威的老板,他将组织的总任务分成许多块以后分配给下一级负责,而这些下一级负责人员又将自己的任务进一步细分后分配给更下一级,这样沿着一根不间断的链条一直延伸到每一位雇员。

直线制组织结构具有四大特征:一条指挥的等级链;职能的专业化分工;权

利和责任的一贯性政策;工作标准化。具体为:组织中各种职务按垂直系统直线排列,上司负责管辖范围内所有雇员的行动,并且有权下达雇员无条件服从的命令,组织中的每一个人只能向一个直接上级报告;组织通过一贯性的书面规则和政策来管理,这些规则和政策由公司董事会和管理部门制定。优点是指挥系统清晰、权责关系明确、信息沟通迅速、内部协调容易、管理效率高。缺点是负责人需要通晓多种知识技能,亲自处理各种业务,在组织规模较大、业务负责和技术要求较高的情况下,难免会因知识能力有限而难以应对;同时,每个组织部门基本只关心本部门的工作,部门间协调较差。适用于企业规模不大,成员人数不多,生产和管理工作都比较简单的组织或现场作业管理。

2. 职能制组织结构

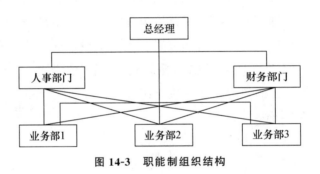

图 14-3 职能制组织结构

职能制组织又称为多线制,它是按职能来组织部门分工,即从企业高层到基层,均把承担相同职能的管理业务及其人员组合在一起,设置相应的管理部门和管理职务。以工作方法和技能作为部门划分的依据。特点是组织内除直线主管外还相应地设立一些职能机构,分担职能业务的管理,这些职能机构有权在自己的业务范围内对下级部门下达命令和指示。下级主管除了要接受上级直线主管的领导外,还必须接受上级各职能机构的领导和指示。当组织的外部环境相对稳定,组织内部不需跨越太多的职能部门进行协调时,这种组织结构对企业而言最有效,通常适用于只生产一种或少数几种产品的中小企业。

优点是管理分工较细,可解决主管人员对所有专业工作进行指挥的困难,发挥职能机构的专业优势。缺点是各个职能部门都拥有指挥权,导致下属要接受多头领导,妨碍组织的统一指挥;各职能机构往往从自身利益出发考虑工作,横向联系差、协调困难;强调专业化,使管理者忽视了本专业之外的知识。

3. 直线职能制组织结构

直线职能制又称为生产区域制。它吸收了以上两种组织结构形式的优点,既保留了直线制组织模式的集权特征,又吸收了职能制组织模式的职能部门化优点。直线职能制组织模式设置了两套系统:一套是按命令统一原则组织的指挥系统,另一套是按专业化原则组织的管理职能系统。这种组织模式适合于复杂但相对来说比较稳定的组织,尤其是规模较大的组织。因为它较好地适应了现代组织的要求,成为目前应用最广的组织形式之一。

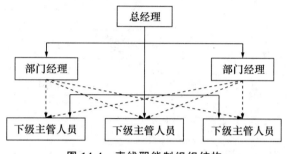

图 14-4 直线职能制组织结构

直线职能制组织结构是以直线为基础,按经营管理职能划分部门,并由最高经营者直接指挥各职能部门,实行的是职能的高度集中化。直线部门和人员在自己的职责范围内有决定权,对其所属下级的工作实行指挥和命令,并负全部责任;而职能部门(如财务、销售、计划等)和人员仅是直线主管的参谋,只能对下级机构提供建议和业务指导,没有指挥和命令的权力。在坚持指挥的前提下,直线主管在某些特殊的任务上也授予职能部门一定的权力。在这种结构下,下级机构既受上级部门的管理,又受同级职能管理部门的业务指导和监督。

直线职能制组织结构是一种按经营管理职能划分部门,并由最高经营者直接指挥各职能部门的体制。它的优点是集中领导,便于组织人力物力;职责分明,工作秩序井然;工作效率高,整个组织有较高的稳定性。缺点是下级部门的主动性和积极性的发挥受到限制;部门之间沟通少,当职能参谋部门和直线部门之间目标不一致时,易产生矛盾;难以从组织内部培养熟悉全面情况的管理人才;权力过于集中,对环境变化适应性差。

(三)组织转型时期

1. 事业部制组织结构

首创于 20 世纪 20 年代的美国通用汽车公司,是一种高度集权下的分权管理体制。适用于规模庞大,品种繁多,技术复杂的大型企业。它的突出特点是"集中政策、分散经营;独立经营,单独核算"。即总公司下设多个事业部,各事业部有独立的产品和市场,相对独立的自主权,实行独立核算,是总公司控制下的利润中心。事业部经理按照董事会领导下的总经理的指示进行工作,同时他/她又统一领导自己主管的事业部及其下设的生产、人资、销售、财务等职能部门和辅助部门,还可以利用本公司的参谋部门。公司各参谋部门负责建立和调整全公司的政策和工作程序,对有关重大事项展开讨论并建议。总经理对董事会负责,并根据董事会决议制订全公司的计划,对有关事项作出最终决定,对事业部经理实行监督。

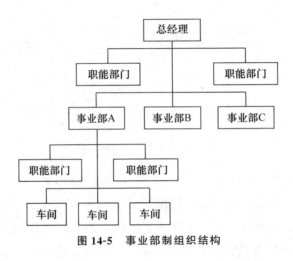

图 14-5　事业部制组织结构

在具体运作中,事业部制可以根据企业组织在构造事业部时所依据的基础的不同,分为产品事业部制、地区事业部制等类型,通过这种组织结构可以针对某个单一产品、服务、产品组合、项目、地理分布、商务或利润中心来组织事业部。

事业部制组织结构的优点是权力下放,最高管理层摆脱具体的日常管理事务,有利于集中精力做好战略管理;各事业部经营责任和权限明确,物质利益与经营状况紧密挂钩,有助于加强事业部管理者的责任感,发挥其主动性和创造性。缺点是容易造成组织机构重叠、管理人员膨胀;各事业部独立性强,考虑问题易忽视整体利益。

2. 超事业部制组织结构

20 世纪 70 年代,随着大企业的迅速扩张,事业部越来越多,组织的协调成本增加,为解决这一问题出现了事业部制的变种——超事业部制,又称"执行部制",指在事业部制组织结构的基础上,在组织最高管理层和各个事业部之间增加了一级管理机构,负责管辖和协调所属各个事业部的活动,使领导方式在分权的基础上有适当的集中。这样做的好处是可以集中几个事业部的力量共同研究和开发新产品,可以更好地协调各事业部的活动,从而能够增强组织活动的灵活性。

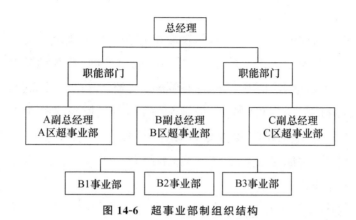

图 14-6　超事业部制组织结构

3. 矩阵式组织结构

又称规划—目标结构,是由按职能划分的部门和为完成某一临时任务而组建的项目小组结合起来组成的一个矩阵,其实质是在直线职能制垂直形态组织系统的基础上,再增加一种横向的领导系统。它的高级形态是全球性矩阵组织结构,目前这一组织结构模式已在全球性大企业如 ABB、杜邦、雀巢等组织中运作。

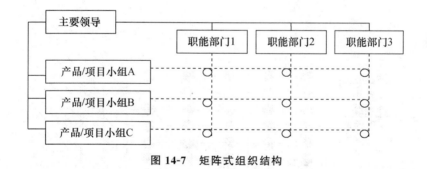

图 14-7　矩阵式组织结构

矩阵式组织结构最大的特点是突破了统一指挥的框架。它具有双套命令系统:一套是横向职能系统,另一套是纵向项目系统。横向系统的组织是指职能部门经理领导下的各职能或技术科室,其派出的人员在参加项目的有关规划任务时,接受项目负责人的领导;纵向系统的组织一般是围绕产品、工程或服务项目专门成立的项目小组或委员会,项目小组的总负责人全面负责项目方案的综合工作。为了完成某一特别任务,在设计、研究和产品等不同阶段,各有关职能部门不断派遣有关专业人员参加工作。任务完成后,部门派出人员就回到原单位再去执行别的任务。同一名员工既同原职能部门保持组织与业务上的联系,又参加产品或项目小组的工作。

矩阵式组织结构的优点是加强了各职能部门的横向联系,较好地解决组织结构稳定和管理任务变化之间的矛盾,使一些临时性的、跨部门的工作任务执行不再困难;有利于增进各部门人员之间的接触交流,增加学习机会,把具有优势的人力资源针对特定任务项目进行最佳配置,实现规模经济优势。缺点是这种组织形式实现纵向、横向的双重领导,使组织增加争权夺利的可能,员工不安全感和压力较大。同时如果关系处理不当,部门和员工间会由于意见分歧而在工作中相互推卸责任。

4. 多维立体组织结构

多维立体组织结构是矩阵式组织结构和事业部制组织结构的综合发展。实质是在矩阵式组织结构(即二维平面)基础上构建产品利润中心、地区利润中心和专业成本中心的三维立体结构,克服二维矩阵结构未能考虑组织活动所受到

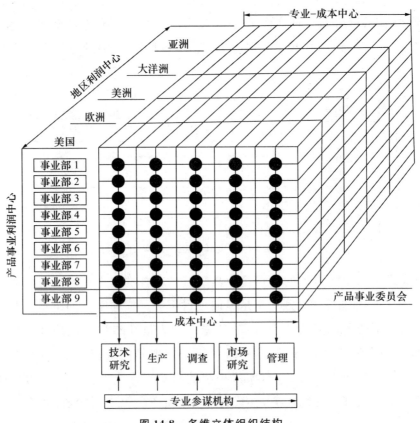

图 14-8 多维立体组织结构

的时间和区域性的限制。在这种组织结构形式下,每一系统都不能单独作出决定,而必须由三方代表,通过共同的协调才能采取行动。因此,多维立体型组织能够促使各部门从组织整体的角度来考虑问题,从而减少产品、职能和地区各部门之间的矛盾。即使三者间有摩擦,也比较容易统一和协调。最大特点是一方面可以使事业部和职能部门的工作有机地协调起来,另一方面又考虑了时间或地区的因素,能使公司在不同时间、不同地点及时而准确地开展各种业务活动。有利于形成群策群力、信息共享、共同决策的协作关系。缺点是机构庞大,开办费用和管理费用高,协调困难。这种组织结构形式适用于跨国公司或规模巨大的跨地区公司。

（四）后组织时期

1. 团队式组织结构

团队式组织结构是指使用团队作为协调工作活动的核心方式,也就是任务编组的组织结构,是当前组织活动中最流行的组织方式。特点是在团队内部打破部门界限与职位界限,管理者对团队实行放权,鼓励团队成员的自主管理、自主决策和相互合作。小型组织可完全采取团队结构,而在某些大型组织中,常在一定层次、一定范围内采取团队式结构,作为对整个官僚结构的补充。这种结构模式的显著优点是可快速适应时刻变化的环境,根据不同的需求,采用不同专长的团队在短时间内联结完成任务。

2. 虚拟组织结构

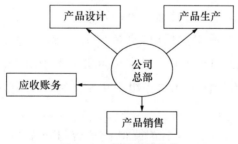

图 14-9　虚拟组织结构

虚拟组织是在数字技术发展和全球化市场形成的背景下,企业在面对多变、不确定的市场竞争环境中寻求生存和发展所形成的一种动态组织机制。它是指两个以上的独立实体,为迅速向市场提供产品和服务,在一定时间内结成的动态联盟。典型的虚拟组织是一种小型核心组织,主要的企业职能通过外包而来。从结构角度来讲,虚拟组织是开放式的、高度集权的。管理者的时间主要用于协调和控制外部关系。企业可以在拥有充分信息的条件下,从众多的组织中通过竞争招标或自由选择等方式精选出比自己做得更好或成本更低的合作伙伴,将自己的有关业务外包给它们,从而将精力集中在自己最擅长的业务上。通过这种方式,企业可以集中各专业领域中的独特优势,实现对外部资源的整合利用,增强运作结构成本优势和机动性,完成单个企业难以承担的市场功能,如产品开发、生产和销售等。

3. 无边界组织结构

无边界组织是有机组织的一种。它是指边界不由某种预先设定的结构所限定或定义的组织结构。无边界组织是相对于有边界组织而言的。边界通常有纵向、横向和外部边界三种:纵向边界是由组织层级所产生的;横向边界是由工作专门化和部门化所形成的;外部边界是组织与其顾客、供应商等之间形成的"隔墙"。通常组织保留边界是为了保证组织的稳定与秩序,但无边界组织并不是完全否定企业组织必要的控制手段,如工作分析、岗位定级、职责权力等。它同样需要稳定:在纵向边界上,管理层通过取消组织的垂直界限从而使组织层级更加扁平化,个人地位和头衔降至最低水平;横向边界以交叉功能团队取代职能型部门,根据工作流程来组织活动;取消外部边界的活动包括经营全球化、公司间的战略联盟、客户与组织间的固定联系及远程办公等。化解了与外部支持者(政府、供应商)之间由于地域活动带来的障碍。

无边界组织强调各个单位、部门和岗位角色,在履行自己所专负的相应职责的基础上,还要对整个组织目标的实现承担不同程度的职责,包括协助支持其他单位、部门和岗位角色履行他们感到有困难的职责,甚至当其他单位、部门和岗位角色不能及时有效地承担责任时,直接顶上以保证组织目标的实现。无边界组织的出现与发展,是伴随企业发展主导资源的变化而发生的一种企业组织变化,互联网和数字技术是保证无边界组织正常运行的一个共同技术条件。

4. 学习型组织结构

学习型组织的概念是美国学者彼得·圣吉(Peter M. Senge)在《第五项修炼》(The Fifth Discipline)一书中提出的。他认为企业应建立学习型组织,在面临变化剧烈的外在环境时,应力求精简、扁平化、弹性应对、终生学习和不断自我组织再造,以维持竞争力。

学习型组织具有五种特征:(1)建立共同愿景。(2)改变心智模式。摒弃原有的思考方式,以及解决问题或执行工作的标准规程。(3)系统思考。把组织的过程、活动、功能及其与环境的交互作用看成是一个相互联系的系统整体的一部分。(4) 团队学习。打破横向或纵向的界限,公开交流。(5) 自我超越。升华其个人利益和牺牲部门的利益,以服从组织的整体目标。

学习型组织不存在单一的模型,它是关于组织的概念和雇员作用的一种态度或理念。在学习型组织中,每个人都要参与识别和解决问题,使组织能够进行不断的尝试,改善和提高它的能力。它的支持者将它看成是解决传统组织所固有的分工、竞争和反应性等三个基本问题的良药。通常我们进行"单环学习",即利用过去的规则和当前的政策来改正错误,而学习型组织采用"双环学习",即通过修改组织目标、政策和常规程序来改正错误,使组织获得突破性的进展。

5. 女性化组织结构

1980年代初,一些组织理论学家开始探索女性的价值观与组织结构之间的关系,他们最主要的发现是,女性偏爱那些重视人际关系和人际交往的组织。组织社会学家乔伊斯·露丝查德(Joyce Rothschild)对女性化组织的有关研究进行了归纳和发展,建立了具有六个特征的女性化组织结构:(1) 以人本主义观点对待员工,重视组织成员的个人价值;(2) 非投机性;(3) 通过服务于他人来界定事业是否成功;(4) 重视员工的成长;(5) 创造一种相互关心的社区氛围;(6) 权力分享。露丝查德认为,在由女性加以管理并为女性服务的组织中,女性化组织结构运作效果通常会很好。

6. 平台型组织结构

平台型组织(platform organization)是一种以平台为基础的组织结构(如阿里巴巴、美团、滴滴),它通过连接不同的用户群体,提供一个交互和交易的环境,从而创造价值(Kretschmer et al., 2022)。这种组织结构的特点是高度灵活、创新和用户中心化,能够快速响应市场变化,提高资源利用效率和创新能力。

平台型组织主要包括以下几个特征:(1) 平台核心团队。平台核心团队是平台型组织的核心,负责制定平台的战略、规划和运营。这个团队通常由公司的创始人或高级管理人员组成,他们对平台的愿景和使命有深刻的理解,并能够协调各个利益相关者之间的关系。(2) 技术基础设施。技术基础设施是平台型组织的基础,包括硬件、软件和网络等技术资源。这些资源为平台的运行提供了支持,使得用户能够方便地在平台上进行交互和交易。(3) 用户群体。用户群体是平台型组织的价值来源,包括需求方和供给方。需求方是指在平台上寻求产品或服务的用户,供给方是指在平台上提供产品或服务的用户。平台通过连接需求方和供给方,创造了一个价值网络,从而实现价值的创造和传递。(4) 合作伙伴网络。合作伙伴网络是平台型组织的重要支持,包括与平台有合作关系的企业、组织和个人。这些合作伙伴为平台提供了各种资源,如资金、技术、产品和服务等,从而丰富了平台的功能和价值。(5)社区治理机制。社区治理机制是平台型组织的管理方式,包括规则、标准和程序等。这些治理机制旨在维护平台的秩序,保护用户和合作伙伴的权益,促进平台的健康发展。

平台型组织结构具有高度的灵活性和创新性,能够快速响应市场变化,提高资源利用效率和创新能力。这种组织结构适用于互联网、电子商务、金融科技等领域的企业,以及向数字化转型过程中的传统企业。

除按历史线索了解组织结构发展外,还存在一种广泛的组织结构分类法:U型、H型、M型组织结构。U型包括直线制、职能制和直线职能制三种组织结构形式;H型是指控股公司或股份制公司;M型是指事业部制组织结构形式。

三、组织结构的决定因素

本部分我们试图对造成组织结构差异的原因作出解释,其中也涉及在对组织结构进行设计时应考虑的因素。为了更好地进行分析,我们首先抽离出两个极端模型:机械模型和有机模型,其他的组织结构均位于这两个端点之间的某个位置上。

一个极端模型是机械模型。机械模型的同义词是官僚结构。它的特点是广泛的部门化、高度的正规化、有限的信息网络(主要是自上而下式的沟通)和基层员工几乎不参与决策。另一个极端模型是有机模型,它看起来像无边界组织,结构扁平化,更多运用跨等级、交叉职能的团队进行工作,正规化程度低,拥有全面完整的信息网络(不仅有自上而下的沟通,还使用水平沟通以及自下而上的沟通),员工高度参与决策过程。

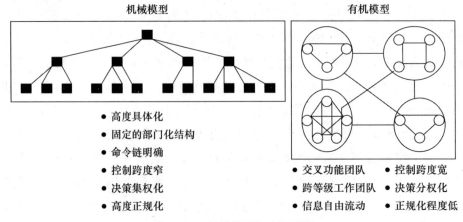

图 14-10 机械模型与有机模型

(一)战略与目标

组织结构是帮助组织实现其目标的一种手段。由于组织目标是由组织的总体战略决定的,因此,组织结构应该服从组织战略。大多数组织战略集中在创新、成本最小化和模仿。相应地在进行组织设计时也出现了三种形式:创新战略,着重开发新产品和新服务,在意义性与独特性上寻求创新;成本最小化战略,实现严格的成本控制,限制不必要的革新和营销费用,压低销售基本价格;模仿战略,试图利用上述两种战略优势,寻求风险最小化而利润最大化,运用机械结构可以实现严密地控制并降低当前活动的成本。表14-1描述了与每种组织战略相对应的最佳组织结构选择。

表 14-1 战略—结构关系

组织战略	组织结构	特点
创新	有机结构	分权化、结构松散、工作专门化、正规化程度低
成本最小化	机械结构	高度集权化、控制严密、工作专门化、正规化程度高
模仿	有机—机械结构	松紧搭配、对目前活动控制严,对创新活动控制松

战略与目标通常是联系在一起的,战略中目标的数量和复杂性都会影响到组织结构。例如,当组织目标较少、不太复杂时,多采用集权式结构;而当组织目标太多、不确定甚至相互冲突时,宜采用分散式组织结构。

(二)规模与成立时间

组织的规模与成立时间影响其结构的形态与性质。在调整职责与关系时要考虑到成长(或衰落)的因素,否则就会出现问题。一个小型企业组织的结构通常很简单,而且是非正式的结构安排。但是随着时间的流逝,组织逐步成长,效率与纪律的压力使结构越来越正式、越来越复杂(Bolman & Deal, 2017)。规模与结构之间并非简单的线性关系,相反,随着组织的扩大,规模的影响呈递减的趋势。通常,大型组织(雇员在2000人以上的组织)比小型组织更为工作专业化、部门化,有更多的垂直层次和规章制度。

(三)技术

每个组织都至少拥有一种把人、财、物等资源转化为产品或服务的技术。对技术进行区分的常用标准之一是常规化程度,就是指技术是一种常规化的活动还是非常规化的活动。前者以自动化和标准化的操作为特点,后者则是根据客户要求专门定制的活动,它包括了不同的操作,如人员培训等。

例如，AI技术的不断发展和普及正在深刻地影响和改变着组织结构的选择。技术差异体现在AI的应用程度、类型和创新程度等方面，这些差异会导致组织结构的选择差异。首先，AI的应用程度会影响集中式与分布式结构的选择。在高度依赖AI技术的组织中，由于数据和算法的重要性，组织可能倾向于采用更为集中的结构，以便更好地管理和控制资源。其次，AI的类型和创新程度也会对矩阵式组织结构产生影响。例如，在需要跨部门协作和多项目并行的情况下，矩阵式结构可能更为合适。这种结构可以充分利用AI在数据处理和分析方面的优势，实现资源的优化配置和高效利用。再次，在某些传统行业和组织中，AI的应用可能主要集中在顶层管理层，以辅助决策和战略规划。这种情况下，金字塔式结构可能仍然适用，但AI技术的应用会使得信息传递和决策过程更加高效。此外，在新兴行业和创新型组织中，AI技术可能被广泛应用于各个层级，以提高工作效率和创新能力。在这种情况下，扁平化结构可能更受欢迎，因为这种结构可以减少层级之间的沟通障碍，促进信息的快速传播和创新的产生。

总之，技术差异会对组织结构的选择产生影响，组织需要根据自身特点和行业环境，选择合适的组织结构，以充分发挥技术的优势。

（四）信息

信息与组织结构密切相关，从上一部分组织结构的历史演进中，我们可以了解到，从简单结构到直线职能制是通过改变组织结构进而提高信息传递效率、最终提高组织效率，其主要机制是减少组织内部协调的复杂性；而从事业部制开始，通过组织结构演变提高信息传递效率，其主要途径是通过改善激励机制，提高信息保真程度，最终提高组织效率（Csaszar, 2013）。由此可见，理解这一部分对于我们深刻认识组织结构的功能、演变的过程和结构设计具有重要意义。

在组织中，我们所说的信息泛指情报、消息、指令、数据、信号等关于周围环境的知识，这些信息通过声音、图像、文字等媒介进行传递。组织结构与信息的关系是，组织结构不仅决定着信息传导的方向，同时影响着信息传递的效率。

（1）组织结构决定信息传导方向。信息在传递过程中必然遵循着一定的方向与次序，我们将其称作信息通道。信息通道分为两类：第一类是指挥信息通道，以传递命令和指示为主，方向为自上而下；第二类是协调信息通道，以传递请求、支援和配合为主，方向为平行或自下而上（Csaszar, 2013）。无论是哪一种信息通道，都是依据组织结构所设定的包含管理层次、管理幅度和机构的路线进行。

(2) 组织结构决定信息传递效率。信息失真分为两类：一类是自然失真，它是由人们的可知觉范围、心智能力和接受信息时的环境等因素决定，在层级传递或人员逐一传导中信息自然失真最为显著，我们无法消除自然失真，但是可以通过简化信息传递层级减少自然失真带来的误差大小；另一类是人为失真，是指出于信息发送者或接收者的主观目的、自我利益等因素使得信息指挥通道或协调通道中传递的信息被人为歪曲，屈服于自我需要(Csaszar, 2013)。

切斯特·巴纳德意义上的组织，其有效运行依赖三个基本要素：共同目标、协作意愿和信息联系。在组织管理中，信息是决定沟通与协调能否起作用的核心要素，沟通就是彼此交换信息，协调就是利用沟通得到的信息。因此，保证组织结构中各个方向的信息流动畅通且不失真，对于确保沟通与协调机制的正常发挥、组织绩效的正增长都具有重要意义。

当然，我们也必须意识到，随着网络技术和 AI 技术的应用，信息沟通较之前有了很大的改变，人们不必再通过逐一传达信息的方式，而是可以在同一时间接收到第一信息，但是，基于组织结构建设起的信息通道仍然发挥着作用。

(五) 环境

组织中的环境包括在组织外部可能对组织绩效产生影响的各种机构或力量，其中典型的有供应商、客户、竞争者、政府管理机构和公众压力群体等。环境之所以能对组织结构产生影响，是由于环境是变化的、不确定的。组织环境存在三个关键维度（见图 14-11），它们对结构的影响各异（罗宾斯，2021）。

(1) 环境容量。是指环境中可以支持组织成长和发展的程度。丰富和不断成长的环境可带来丰富的资源，使组织面临资源短缺时有缓冲的余地。丰富的容量为组织提供了纠错的机会，而容量短缺的组织就做不到这一点。例如，软件公司的环境容量相对丰富，而依靠提供全方位服务的经纪人事业面临的容量就较小。

(2) 易变性。易变性维度反映了环境的不稳定程度。当环境中不可预测的变化太多时，环境处于动态中，管理层很难准确预测各种决策意见的未来结果。与此相对的另一个极端是稳定的环境，但现在越来越少。

(3) 复杂性。指环境要素的异质性和集中化状况。简单的环境是同质的和集中的。相反，异质性强、分散程度较高的环境被称为复杂环境。例如，网络公司几乎每天都有新的竞争对手出现。

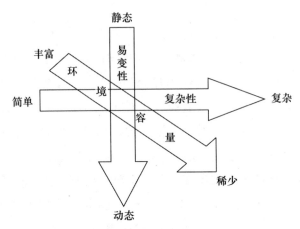

图 14-11　组织环境的维度模型

事实表明,环境的不确定性与组织结构有关。在稀少、动态、复杂环境中,运作的组织面临的不确定性最大。因为组织面临的环境因素不可预测性较强,环境制约因素多,容易失误,需要密切关注大量环境因素的变化。环境的稀缺性、动态性和复杂性越强,就越应该采用有机型结构;环境的丰富性、静态性和简单性越强,就越可以考虑实行机械型结构。

对于组织结构的形成及差异化的原因探讨,应采用多元综合的解释方法。组织结构是在一定的环境下形成的,但它的形成并不是自动的。组织结构是动态的,在规模上是变化的;它采纳新的技术,面临变化不定的环境,为了顺应某种目的,采用新的或寻求旧有的战略,并根据本行业内其他组织的情况进行调整。

第三节　组织设计

一、概述

(一) 组织设计的定义

广义的组织设计除了以人与事的协调为主的组织结构设计外,还包括组织中的议事规则、办事程序、规章制度、人员配置、人与物关系等内容的设计与协调活动。广义的组织设计内容主要包括三部分:一是组织结构的设计;二是组织关系——组织运行管理机制的设计;三是人员配置或人力资源管理的设计。通俗说来,就是要把"组织的事"合理地分解成"部门的事""岗位的事";把"合适的人放到适当的岗位上",让各部门、各岗位的人结成最合理的工作关系,按照最有效的规则从事工作和活动(Hanelt et al., 2021)。

狭义来讲,组织设计就是指组织结构设计,是指对组织内的层次、部门和职权进行合理的划分。即把实现组织目标而需要完成的工作,划分为若干性质不同的业务工作,然后再把这些工作"组合"成若干部门,并确定各部门的职责与职权。

(二)组织设计共性元素

任何组织设计都缺少不了6个共性元素,它们是工作专门化、部门化、命令链、控制幅度、集权与分权、正规化(见表14-2)。

表14-2 组织设计共性元素

关键问题	共性元素
1. 任务分解为独立的工作应细化到什么程度?	工作专门化
2. 工作分类的基础是什么?	部门化
3. 员工个人和群体向谁汇报工作?	命令链
4. 一位管理者可以有效地指导多少员工?	控制幅度
5. 决策权应该放在哪一级?	集权与分权
6. 应在多大程度上利用规章制度指导员工和管理者的行为?	正规化

由于组织的各种活动总是要受到组织内外各种因素的影响,因此,不同的组织具有不同的结构形式。也就是说,组织结构的确定和变化都受到很多因素的影响,我们可以将它们称之为"权变"因素,即权宜应变的意思。权变理论认为,不存在一个适合于所有情况的唯一的"理想"组织设计,理想的组织设计取决于各种权变因素。

(三)组织设计的任务

组织设计的任务是设计清晰的组织结构、规划以及设计组织中各部门的职能和职权,确定组织中职能职权、参谋职权、直线职权的活动范围并编制职务说明书。

1. 组织结构设计

组织结构设计包括三种情况:(1)新建的组织需要组织结构设计;(2)原有的组织结构出现较大的问题或组织目标发生变化时,原有组织结构需要重新评价和设计;(3)组织结构需要进行局部的调整和完善。

2. 组织结构设计的结果

组织结构设计的结果表现为组织图、职位说明书和组织手册。

(1) 组织图。组织图,又称组织树,是用图形的方式表示组织内的职权关系和主要职能。组织图的垂直形态表示权力和责任的纵向指挥关联关系,水平形态表示分工与部门化的分组协作关系。组织图能以简明标准易懂的图形语言,显示复杂抽象的组织结构和组织关系,因此组织和组织结构设计的成果多以组织图的形式来表达,有些大型组织需要运用多张组织结构图,才能表示出所有职位。

(2) 职位说明书。包括工作的名称、主要职能、职责、执行此责任的职权和此职位与组织其他职位以及与外界人员的关系等。

(3) 组织手册。通常是职位说明书与组织图的结合。它表示直线部门的职权与职责,每一职位的主要职能及其职权、职责,以及主要职位之间的相互关系等组织基本事务的文件汇编。它是促进组织成员了解、熟悉组织,明确职责,遵守组织制度,处理相互关系和加强自身组织化的重要工具,同时为进一步研究组织问题,改进和完善组织提供了重要依据。

不同组织的组织手册在格式、内容上可能不尽相同,但一般都包括了组织宗旨、组织目标、组织结构图、组织管理规则、部门职责范围、定编定岗数据、职务说明书和职务规范等方面资料。

二、组织设计的程序和内容

(一) 组织设计一般程序

组织设计是一个复杂的系统过程,组织结构设计是其最主要的部分,组织设计一般程序如图 14-12 所示。

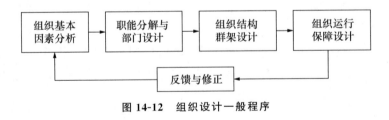

图 14-12 组织设计一般程序

(二) 组织结构设计内容

组织结构设计内容可以分三个方面来展开:一是组织格局、规模和形态;二是组织的运作特征、任务分配、规章程序、决策;三是组织内的责任和职权(王重鸣，2021)。

1. 结构格局

结构格局是指组织结构的布局和形态，主要由劳动分工和任务协调要求所决定。结构通常可以通过组织结构图来描述。

(1) 劳动分工。又称为工作分工，是指把组织的工作划分成不同任务并由不同人员承担的程度。劳动分工的实质是，一个人无法完成整个工作，需要将其分解成若干步骤，每一个个体完成其中的一个步骤。劳动分工的核心就是，每个人专门从事工作活动的一部分，而不是全部活动。明茨伯格将劳动分工作为组织结构七项基本特征之一。

在大型组织中，劳动分工尤为重要，其长处是能够提高工作效率，减少培训成本，增强标准化程度，提升技能专长。但同样有不少弊端，容易形成惯例性、重复单调的工作，降低工作满意感，减弱员工投入和承诺，分工过细有可能导致人—机不匹配。因此，需要把劳动分工与组织设计和工作丰富化措施结合在一起。

(2) 任务协调。组织通常通过三种机制来协调工作任务的分工：一是部门化；二是管理幅度；三是管理层次。这三种机制对于组合任务、创设群体、建立上下级报告关系，具有重要的意义。

① 部门化。是指在对工作分解后，按照相同的任务对分解的工作任务整合从而对其进行协调，这种对工作单元进行合并的基础就是部门化。部门化程度决定了工作任务的组合和群体构建。

常见的部门划分标准方法有：按人数划分(如军队中的师、团、营)；按职能划分(如生产、市场、财务、人力资源等)；按地区划分(主要用于销售或营销部门)；按产品或服务划分(如根据新产品或组成自主性工作团队)；按客户类型划分(即以市场特点确定客户定位和分部门)等。目前在部门化中有两个倾向较为普遍：以顾客为基础进行部门化越来越受青睐；坚固的职能部门被跨越传统部门界限的矩阵组织或工作团队所取代。组织在部门化过程中通常结合使用几种途径，并且随着组织的发展而改变部门化的格局。

② 管理幅度。又称"管理跨度"，是指一名管理者能够有效地直接指导下属的数量。有关管理幅度以多大为好，已有许多研究，也提出一些计算公式。总体来说，最佳的管理幅度或部门(群体)规模取决于要求协调的程度，需要考虑的因素有：任务专门化程度，任务熟悉度与相似性，所需任务信息类型，成员对于自主性的需求，以及任务中需要得到主管指导的程度等。一般来说，任务专门化程度

越低,工作任务越相似、越熟悉;员工越是经验多、责任感强、工作能力高,自主性需求越大;需要主管指导的程度越低,就越是能够加大管理幅度,减少管理层次。

③ 管理层次。管理层次是指组织中设置的管理级别,是组织中从最底层到最高管理层的任务报告系统。管理层次一般决定了组织的纵向结构,而管理幅度决定着横向结构。管理幅度与管理层次成反比,主管人员通过委派工作给下一级主管人员而减轻自身负担,如此便形成了管理层次。如果主管人员超过了管理幅度就必须增加一个管理层次,较大的幅度意味着较少的层次,较小的幅度意味着较多的层次。按照管理幅度的大小和管理层次的多少,可以形成两种结构:管理层次少而管理幅度大的扁平结构和管理层次多而管理幅度小的高耸结构。

高耸的组织结构下,管理层次较多,管理幅度小。这种模式组织严密,分工明确;其缺点是费用增加,信息沟通时间较长,员工工作满意感和创造性易受影响。而在较扁平的组织结构下,管理层次少,管理幅度大,沟通渠道少,管理费用低,信息交流速度快,员工有较大的自主性,工作满意感增加;其缺点是难以严密监督下级的工作,上下级关系协调较差。

2. 结构运作

结构运作主要指管理体制政策对于组织运营方式和员工活动方式的影响。结构运作基本上有两个方面:决策集中化程度和规章程序正规化程度。

(1) 决策集中化程度。决策集中化程度是指决策权在多大程度上集中在行政层次的高层管理部门。相关的概念指决策分散化程度,即决策是否在组织各个层次都进行。决策集中化程度与管理人员的决策参与程度密切相关。如果员工很少有机会参与,则组织呈集中化结构,反之为分散化组织结构。

(2) 规章程序正规化程度。规章程序正规化程度是指规章与程序是否对于员工工作任务具有指导与约束作用,并以此预测和控制员工的工作行为。这里所说的规章程序可以是来自职务分析和职位描述,也可以是不成文的规定。组织正规化的程度可以用受规章程序支配的职务比例以及规章程序执行的严格程度来评价。研究表明,组织正规化程度越高,受规章程序约束的职务比例越大,对违反规章程序的容忍度越低;组织正规化程度的提高,会在很大幅度上影响整个组织的工作设计、员工积极性和群体互动方式与程度。实施组织正规化的新途径是设法平衡员工独特性和组织统一要求,使规章程序的构建与实行更具有适应性。

3. 责任与职权

责任是指组织完成工作取得成效的义务。责任受到所有制的影响，在组织任命后，形成了自上而下的下行责任链。责任链的分布成为组织结构的重要特征。

职权是指职务范围内的管理权限，是组织中的法定权力体系，也与所有制有紧密关系。职权与责任相互联系，经理需要对资源有足够的职权，才能充分实现其管理责任。不同之处在于，责任一般不能授予下属，而职权可以加以授权。我们常常听见员工抱怨说责任太多而职权不足，说明责任与职权并不一致，因而工作绩效降低。在企业管理中，人们往往担心授权的对象和效果，充分的授权已经被看作一种十分关键的管理技能。

三、组织结构设计的典型问题

（一）组织结构与员工行为

组织结构与员工绩效、工作满意度之间存在密切关系。工作专门化会导致更高的员工生产率，但它以工作满意感降低为代价；分权的组织中，员工参与决策的程度较高，而员工参与程度与工作满意感之间存在正相关等。但是，无论是哪一种组织结构设计，都要受到员工个体差异和文化规范的调节。即为了使员工工作绩效和工作满意感最大，在组织结构设计时应当同时考虑员工的经历、人格特点、工作任务和组织文化等因素。

（二）组织结构困境

新建一个组织结构和对原有的组织结构进行调整充满着很多风险，最坏的结果是当我们企图对组织结构进行构建，从而取得更高的组织绩效时，最终得到的结果既不能持久也毫无益处。在我们对组织进行构建时，会遇到几种结构困境(Bolman & Deal, 2017)，这是一个普遍的难题，我们面对的总是这些长期存在、需要进行艰难的权衡和选择的、永远无法给出简单明确答案的问题。

1. 分工与整合

分工与整合之间存在典型的两难选择。职责结构（许多人做许多不同的工作）越复杂，维持一个集中的、紧密结合的企业就越困难。同时，随着复杂性的增加，组织也需要更复杂的协调系统，成本也随之升高。

2. 职责空白与重叠

如果责任划分不清楚，就无法完成一些重要的任务。相反，职责与活动也可能发生重叠,造成冲突、浪费精力并产生非故意的冗员。

3. 负荷不足与负荷过重

如果员工的工作量太少,一方面造成人员的浪费,成本的增加;另一方面,员工也会对工作产生厌烦感,还会妨碍别人的工作。

4. 缺乏明确性与创造性

如果员工不清楚组织需要他们干什么,他们承担职责时往往围绕个人利益而不是组织目标。但是,如果责任定义过细,执行者就会教条遵循已经定义好的职责,按照职责描述来工作,而不管究竟会耗费多少产品与劳务。

5. 过度自主与过度依赖

如果个人或团队的工作过度自主,人们常常会感到孤独无助。相反,如果单位与成员之间联系过紧,人们的注意力又总是被分散,并且在一些不必要的协调上浪费时间。

6. 过松与过紧

结构设计的关键之一,是如何在不使组织倒退的前提下而把人凝聚在一起。如果结构过于松散,人们几乎很少知道别人在干什么,他们只管自己做自己的事,甚至有时会迷失方向;过紧的结构又会妨碍灵活性,使人们花很多的时间来打破这个体制。

本章小结

组织是个人和群体(团队)的结构化配置和安排,不论我们的生活还是工作都离不开它。研究组织可以帮助我们理解和解决组织发展中所遇到的问题。作为组织的"骨架",组织结构从分工、权责和沟通等方面对组织绩效产生影响。正是由于组织结构涉及的影响要素众多,使得组织结构及其设计变得异常复杂。在组织结构设计中我们通常无法使得所有的要素发挥的绩效水平达到最大化。

由于环境和技术的变化,组织结构经常处于变化之中,进而才能适应环境与组织发展的需要。我们之所以研究组织结构,是因为组织结构对组织内部的各个成员与组织所处的整个环境都会产生重要的影响。只有在组织结构之内,权力配置、领导、冲突、沟通、决策和变革等过程才可能完成。

本章思考题

1. 组织结构涉及哪些要素?这些要素之间的相互关系是怎样的?它们是如何影响组织绩效的?

2. 简述组织结构的演变过程,试着用所学的知识解释组织结构如何演进。

3. 影响组织结构的因素有哪些?

4. 组织结构设计包括哪些内容?

推荐阅读

1. 理查德·H. 霍尔.(2003). 组织:结构、过程和结果. 张友星,刘五一,沈勇,译. 上海:上海财经大学出版社.

2. Bolman, L. G., & Deal, T. E. (2017). Reframing Organizations: Artistry, Choice, and Leadership. John Wiley & Sons.

第十五章 组织文化

开篇案例　固锝的"幸福企业"和方太的"文化试验"

苏州固锝创立于1990年,从一个校办工厂成长为全国第一、世界著名的二极管龙头上市公司。苏州固锝从创业之初就把员工的幸福作为核心要务,并以此确立了公司核心价值观:企业的价值在于员工的幸福和客户的感动。

董事长吴念博提出了"建设幸福企业"的概念,即要把企业当作"家"来爱护和经营。在他看来,企业是家,董事长是大家长,董事长像父母一样关心公司高管,爱护每一位员工。管理层也会学习效仿,这就是上行下效,兄友弟恭。管理层关怀员工,员工之间也会彼此关心,像兄弟姐妹一样。员工之间就是兄弟姐妹,彼此关心彼此爱护彼此协助。正如一位员工的感言,这里是一个幸福的家,是我们成长受教育的地方。

苏州固锝提出用中国传统的"家文化"构建幸福企业典范的尝试,并探索出幸福企业八大模块:人文关怀、人文教育、绿色环保、健康促进、慈善公益、志工拓展、人文记录、敦伦尽分。同时,在苏州固锝的组织架构中,有一个特殊的部门"企业幸福工作部",全面推广实施幸福企业八大模块工作。

苏州固锝自我定位、自我要求、自己摸索、自己实践、自成体系,立志打造中国的幸福企业典范。在苏州固锝官方网站上有这样一则公告:任何有需要的企业和社会团体,苏州固锝都欢迎大家的参观和学习,幸福企业典范创建的数据也毫无保留地无偿提供给需要的企业团体、个人以及学术研究机构。

——资料来源:马松有.(2015).老HRD手把手教你做企业文化.中国法制出版社,313.

在方太,员工每天上班的第一件事不是处理邮件、制订工作计划,而是诵读经典,这也形成了方太特色的早晨"读经一刻"(每天早晨8:15—8:30的经典朗读)惯例……这样的文化熏陶,是为了让员工修身养性,明白生命以及工作的意义。

2018年8月,方太文化研究院正式成立。作为中国首个企业级中华企业文化研究与推广平台,方太的目标是,依托于方太集团已经形成的独特企业文化和管理实践,去探寻更适合中国本土企业的文化体系,帮助更多的中国企业通过学习、实践优秀的中华传统文化,实现更稳健、更快速的发展。

方太提出,一家完全以赚钱为目标的公司,是不太可能成为受人尊敬的公司的,也很难获得员工的认同。而方太自始至终都是一家由使命、愿景和核心价值观驱动的独特企业,自2008年开始将中华优秀传统文化导入现代企业管理中,矢志践行多年,形成了独特的方太文化体系。

然而,中华优秀传统文化如何与现代企业管理有效融合?中华优秀传统文化如何更好地解决中国企业的实际问题?经过多年探索,方太总结出了一套适合自己的十大基本法则,分别是心本经营、以道御术、德法管理、品德领导、组织修炼、智慧思维、行于中道、美善创新、精益品质、无为而治。

在实践层面上,很多企业制定制度的思路是把员工放在对立面,出发点是"管",实质是"控",如"三不准""五严惩"等。这种制度不符合儒家的仁义思想。方太认为,员工都有向善之心,制度不应仅仅是约束,更要引导。因此,方太制定制度的思路是替员工着想,了解员工存在的问题和错误,以及怎样防微杜渐。

面对市场竞争,方太同样遵循儒家所讲的"修己安人",主张"把自己修炼好,并真正从仁爱之心出发为消费者着想,让消费者安心"。通过"不争而争",方太反而赢得了市场主动权。

在产品层面,方太把仁爱之心贯穿研发、制造和售后的每一个环节。方太将吸油烟机研发方向从关注量化指标调整为关注"最佳吸油烟效果"和"不跑烟"等定性指标,致力于把油烟伤害降到更低,以期带给消费者更加健康、环保、有品位的厨房生活体验。方太通过QCC、提案改善、工匠文化节、六西格玛俱乐部、精益生产等措施,在全体员工和供应商中树立了牢固的"零缺陷"品质理念。

——根据方太官网(www.fotile.com)信息及相关报道整理。

第一节　组织文化概述

一、组织文化的概念

相对于国家文化、民族文化、社会文化而言,组织文化(organizational culture)是一种微观文化。社会上存在的任何一个由人组成的具有特定目标和结构的集合体,都有自己的组织文化。组织文化影响着组织成员的行为方式、决策过程以及组织对外的互动模式。

对于组织文化的定义,学者们分别从各个角度给出了不同的界定。例如,员工在组织中的做事方式;我们共有的心理程序;由一些象征性的方法(如故事、虚构人物、传说、口号、逸事等)传达的一些主导的核心的价值观;群体在适应外部环境及内部整合的过程中创造或发展形成的基本假设模式,等等。

乔治等(Giorgi et al.,2015)认为在组织研究中,文化体现为以下五种方式:(1)价值观——就像组织的信条和原则,指导员工的行为和决策;(2)故事——组织内部流传的故事,比如创始故事或转折点事件,这些故事在组织中用于传达愿景、构建身份和传达合法性;(3)框架——员工用来理解工作和组织事件的视角或思维模式,影响他们如何看待和解释周围发生的事情;(4)工具包——文化被理解为一组"工具包",人们可以利用这些工具包来构建策略和行动;(5)类别——组织用来分类和定义事物(如员工角色、工作类型)的方式,类别在文化中起到简化认知加工、提供身份认同和合法性判定的作用。这些文化的理论化方式可以组织成一个框架,其中价值观和工具包作为锚点。价值观提供了文化的核心指导原则,而工具包则提供了实现这些价值观的具体手段和策略。故事、框架和类别则作为文化的具体表现。该框架强调了文化是一个多层次、动态的系统,其中不同的元素相互作用,共同影响组织和个体的行为(见图 15-1)。

对于组织文化的结构,众多学者也提出各种各样的模型,如五因素说、三层次说、两种文化说、精神文化说等。其中,查特曼和奥莱利(Chatman & O'Reilly,2016)将组织文化视为一组规范,这些规范如果被广泛共享和强烈持有,将作为一种社会控制系统来塑造成员的态度和行为。为了实现这一目标,规范可以被分解为三个不同的维度:内容(即被认为是重要的事物,如团队合作、问责制、创新)、共识(即规范在人们之间被广泛持有的程度)和强度(即人们对规范

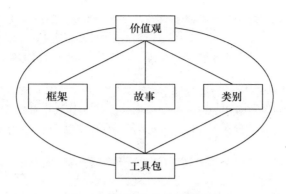

图 15-1 组织文化的整合框架

资料来源:Giorgi, S., Lockwood, C., & Glynn, M. A. (2015). The many faces of culture: Making sense of 30 years of research on culture in organization studies. The Academy of Management Annals, 9(1), 1-54.

重要性的感受强度,如人们是否愿意对违反规范的行为进行制裁)。

麻省理工学院教授沙因在多年从事组织文化研究的基础上将组织文化划分为三个层次,包括表面层、应然层和涌现层。表面层是一个组织明显的物理品质,如语言、艺术成果和小组的技术输出等;应然层位于表层以下,主要是指价值观,可以从人们对情境、行动和事件的依附关系加以观察;涌现层是最深层的,它是一个组织用以应付环境的一些基础假设,其在解决问题过程中被反复验证后就会变成理所当然的。文化就像一座冰山,组织的外来者只能看见冰山露出水面显性的一小部分,冰山以下的深层次内容是不能够被观察到的。

凯曼(Kilmann)将组织文化分为三个层次,即物质文化、制度文化和精神文化。物质文化即为企业组织中厂房、机器设备、产品等外显的,物质形态的东西;制度文化是指组织的规章制度、公约、纪律等制度形态的东西;精神文化是组织的价值观念、信念、理想等精神形态的东西。

借鉴组织文化的三层次模型,同时考虑到一个组织的文化是由成千上万的具体细节组成的行为系统,在现代许多组织文化研究和组织文化的定义中,都提及组织文化的行为文化层面。本书认为组织文化主要包含物质文化、制度文化、行为文化和精神文化四个方面,其中精神文化是组织文化的核心成分。

综上所述,本书对组织文化的定义为:组织文化是在一定社会历史条件下,组织在长期的发展过程中所形成的、以价值观为核心的,得到企业成员普遍认可和遵循的核心价值观、制度规范、行为模式和外部形象的综合体系。

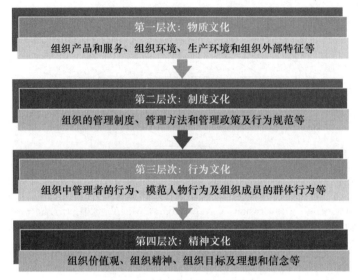

图 15-2　组织文化四层次结构

组织文化有别于组织氛围(organizational climate),组织氛围是员工对组织环境的主观知觉。作为两个高度相关的概念,二者存在一定的差异。在概念起源上,组织文化源自人类学,关注共享价值观,而组织氛围源自社会学,关注员工感知。在研究方法上,组织文化多用定性方法,组织氛围则多采用定量研究。在概念属性上,组织文化更偏向于客观的组织属性,组织氛围的属性存在主观与客观的争议。同时,两者之间也存在着不可分割的联系,组织文化的期望和规范是组织氛围形成的基础,组织氛围亦会影响组织文化的其他结果(段锦云等,2014)。

二、组织文化的分类

由于组织外部环境和内部条件存在着不同,其组织文化的类型也就不同。从管理心理学角度来看,组织文化存在以下几种分类:

(一) 主文化和亚文化

主文化(dominant culture)是某一组织在一定时期内所形成的占主导地位的组织文化,主要集中体现于核心价值观。亚文化(subculture)是主文化的一个较小组成部分,由于部门的不同或地理区域的划分而形成的不同文化。

应当指出,一个组织的主文化与亚文化不是完全分开的,而是相互关联相互补充的。首先,组织的主文化是核心部分,指引着各部门亚文化的形成,才可以保证主文化与本部门特有价值观的正确结合。其次,亚文化是对于主文化的补充。虽然主文化被组织中大多数人所认可,但还存在着许多正式的和非正式的子系统,它们存在着性质上的不同,因而形成符合自己部门特有的文化结构(亚文化)。

(二)强文化和弱文化

从组织文化的影响力来看,可以将组织文化分为强文化和弱文化。强文化指一个组织强烈拥有并广泛共享的基本价值观,有着强烈的影响力。弱文化则表现为一个组织对什么重要和什么不重要不能达成共识,对基本价值观认识模糊。

由于组织员工对强文化有着强烈的认同感,所以强文化在组织中有着重要作用。例如,强文化可以控制和约束员工的行为,促使其按照最为适当的方式来开展工作。另外,有研究表明强文化可以有效地降低离职率,员工对于组织价值观有着高度认同,并且会产生高度的组织凝聚力及归属感。此外,强文化可以作为正式规章制度的补充,共同地来控制员工的行为。

(三)霍夫斯泰德的著名文化分类

吉尔特·霍夫斯泰德(Geert Hofstede)在《动机、领导和组织——美国的理论可以在国外应用吗》中深入探讨了跨文化研究。他采用问卷的方式,通过对IBM公司在40个国家/地区的11.6万名员工进行分析调查,得出了文化的四个维度:个体/集体主义、权力距离、不确定规避、男性/女性化,后来又补充了第五个维度:长期/短期导向(见表15-1)。后来,霍夫斯泰德又加入了第六个维度:放纵/节制。放纵代表对满足基本需求和欲望的积极追求,以及享乐主义行为;而节制则是指抑制需求满足的态度及倾向于克制和遵从规范的行为。这一维度进一步丰富了对文化差异的理解,特别是在幸福感、生活方式选择和对待享乐的态度等方面,为管理者在全球化环境中适应不同文化提供了更全面的指导和参考。

这些维度既是国家层面的文化差异,也是个体层面的特质倾向差异。这些文化维度影响着组织的管理风格、决策过程、沟通方式以及对待员工和客户的态度。霍夫斯泰德的研究为理解不同文化背景下的组织行为提供了一个框架,并帮助管理者在全球化的商业环境中更有效地进行跨文化交流提供了参考。

表 15-1 霍夫斯泰德文化维度

文化的维度	界定	表现形式
个体主义与集体主义	衡量社会总体是关注个人的利益还是集体的利益	在集体主义文化中,人们倾向于关心大家庭和族群的利益,而在个人主义文化中,人们更注重个人和小家庭的利益
权力距离	社会成员对于权力分配不平等的接受程度	在高权力距离的文化中,下属通常依赖于领导者,而在低权力距离的文化中,管理者与下属之间的权力差距较小
不确定规避	反映社会对不确定性的容忍度	高不确定性规避的文化倾向于建立更多的规则和条例来减少不确定性,而低不确定性规避的文化则对异常行为和意见更为宽容
男性化与女性化	衡量社会代表男性的品质(如竞争性、独断性)与代表女性的品质(如谦虚、关爱他人)的相对重要性	男性化文化中,社会性别角色是明确划分的;男性应占统治地位,钱和物质是重要的。女性化文化则表现为如下特征:社会中的性别角色不是固定的,两性间应该平等
长期导向与短期导向	衡量社会对长期目标的追求与短期行为的偏好	长期导向文化倾向于从事并探求正确的行为,而短期导向文化则更倾向于发扬平等的关系并强调个人主义

资料来源:Hofstede, G., & Bond, M. H. (1988). The Confucius connection:From cultural roots to economic growth. Organizational dynamics, 16(4), 5-21.

(四) 权力型、角色型、任务型和个性型

罗杰·哈里森(Harrison,1972)依据注重个人或团队、强调灵活或规则的标准,将组织文化分为权力型文化、角色型文化、任务型文化和个性型文化四种类型。

(1) 权力型:强调以权力为中心,强调个人的力量,突出个人决策而非集体决策。

(2) 角色型:注重组织中的官阶和等级。突出刻板的教条和程序,高效和标准化的客户服务,对角色的要求十分明确。

(3) 任务型:突出团队合作,有很大程度上的灵活性和自主权,其工作环境有利于发挥创造力。

(4) 个性型:追求成员个体的个性发展,往往适用于培养个人的能力、加速个人的成长和满足个人的需要。

(五) 学院型、俱乐部型、棒球队型和堡垒型

杰弗里·索南菲尔德(Sonnenfeld,1991)依据的标准是强调冒险或稳重、注重适应性或专业性,并具体提出了四种组织文化类型。

(1) 学院型:最适合于那些想全面掌握每一种新工作的人,在这样的组织中

他们能不断成长。

（2）俱乐部型：俱乐部型组织非常重视适应、忠诚感和承诺。在俱乐部型组织中，资历是关键因素，年龄和经验都至关重要。

（3）棒球队型：这种组织从不同年龄和经验的人中寻求有才能的人。组织根据员工产出状况付给他们报酬。在会计、法律、金融、咨询、广告、生物研究等领域，这种组织文化比较普遍。

（4）堡垒型：索南菲尔德认为，通常堡垒型组织包括传统的大型零售店、林业产品公司等。

（六）肯尼迪和迪尔的四种类型说

阿伦·肯尼迪（Allen Kennedy）和特伦斯·迪尔（Terrence Deal）在《企业文化：现代企业的精神支柱》一书中提出了组织文化的四种类型说，主要是依据风险程度高低和反馈速度快慢划分的（见图15-3）。

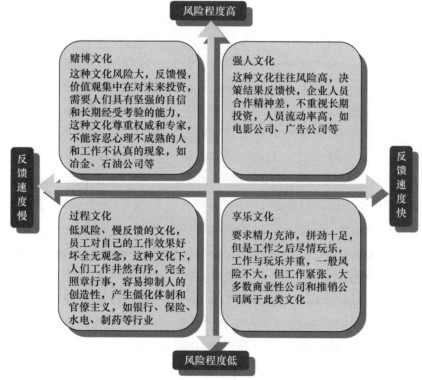

图 15-3　组织文化的四种类型说

（七）强力型、策略合理型和灵活适应型

美国哈佛大学的约翰·科特（John Kotter）与詹姆斯·赫斯克特（James

Heskett)在实证研究的基础上,从经营绩效与组织文化的关系视角将组织文化划分为强力型、策略合理型和灵活适应型。第一,强力型组织文化就是一致性和牢固性都很高的企业文化,其价值观念和经营方法被固化在全体职工的思想和行为上,如著名的 IBM 公司就是典型的强力型文化的代表。第二,策略合理型组织文化认为与企业环境、企业经营策略相适应的组织文化才能支撑企业经营业绩,如瑞士航空公司等。第三,灵活适应型组织文化的基本观点是:只有能够与市场经营环境变化相适应,并能够在适应过程中优于其他企业的组织文化才能保证企业的业绩,典型的代表有 3M 公司等。

尽管众多学者对组织文化进行了各种分类,而且各种类别中对组织文化类型的命名也不尽相同。但是,我们可以发现以上大多数分类在一定程度上具有相似性,体现了组织文化的多样性和复杂性。以上的分类是从七种不同角度切入,说明了在不同时期和阶段依据不同标准组织具有不同类型的组织文化。某一组织可能属于其中的某一典型类型,也可能是多种类型的结合体。

三、组织文化的功能

在形成之后,组织文化便会渗透到组织的各个环境中,尤其是经营与管理模式、生产和员工行为。组织文化可谓是两面性兼备,适合组织的组织文化可以提高成员行为的一致性和可预测性,减少模糊性。有效的组织文化较之硬性规章制度更具有渗透力,可以使成员自觉约束行为,有助于提高组织承诺、树立形象。反之,与组织发展相悖的组织文化会导致生产经营不顺,员工行为混乱等,所以在重视发挥组织文化的正面作用之时,不可以忽视组织文化的负面作用。

(一) 组织文化的积极作用

(1) 导向。组织文化遵循宏观的社会文化的要求,按照本组织的行为准则,不仅对组织成员的心理、行为和思想起着引导作用,还对组织整体的价值取向起引导作用,增强组织整体价值取向和成员行为一贯性。

(2) 凝聚。组织文化能对组织成员的思想、性格和行为起潜移默化的作用,给不同的组织成员提供共有的言行举止的标准,将组织内成员黏合起来,从而把个人融合到集体中,而使成员产生强烈的"认同感",增强凝聚力。

(3) 激励。组织成员对于组织文化有着强烈的认同感,并产生奋发进取的精神,激发员工的积极性和创新精神。

(4) 约束。组织文化区别于制度条例的约束方式,而是作用一种"软"约束来对组织员工的思想、心理和行为进行约束和规范。组织文化可以产生强大的群体压力和动力,使组织成员产生心理共鸣,从而达到约束的目的。

（5）区分。每个组织所拥有的文化不同，不同的部门结构和组织文化结合，势必会形成与其他部门不同的亚文化，造成同一组织的各部门文化也有差别。因此，组织文化可将组织与组织区别开来，起到一个分界线的作用。

（二）组织文化的消极作用

组织文化也有着双面性，即组织文化在一定程度上仍存在着潜在的负面影响，这种影响尤其在社会经济转型时期，表现极为明显。

（1）变革与创新的障碍。组织文化往往是组织精神经过多年的沉淀，经过多年的建设缓慢形成的。当组织面对稳定环境时，对组织发展、生存极为有利。而当社会发生了变革需要其转型、进一步提高效率时，原有的文化难以适应环境，就会束缚组织发展，成为变革的阻力。

（2）多样性的障碍。组织文化多样性的障碍主要表现为：其一，强力文化抹杀了不同背景、不同特色的员工所带给组织的独特优势，组织文化就成了文化多样化的巨大障碍。其二，强组织文化的成员容易被塑造成同一的、失去个人优势的统一体，不利于组织集思广益和在决策上创造优势，容易使组织失去活力。

（3）兼并与收购的障碍。组织在进行兼并和收购时应考虑文化的相容性，它可以使兼并后的组织成员更好地服从管理，建立良好的职业道德。反之，被兼并后的组织成员难以适应新文化的约束，容易产生心理挫折，削弱组织内部凝聚力，甚至会拖垮兼并者。例如，国内并购史上的并购整合失败案例——汇源和德隆的分手，究其深层原因就在于双方的组织文化存在着巨大差异：严谨、纪律性强、强调忠诚是汇源的核心组织文化，而德隆则是以散漫的、自由的、自控式的文化见长，该案例体现了组织文化在组织兼并与收购中可能存在的负面作用。

第二节　组织文化测量

组织文化研究兴起的背景是20世纪六七十年代日本企业的迅速崛起，日本企业在许多领域都成为美国企业的强大竞争对手。美国管理学界在研究日本企业的成功原因时，发现美日企业之间存在不同的文化模式，由此引发了组织文化的研究热潮。在这种背景的推动下，组织文化测量成为这一研究领域的关注热点。组织文化研究的两个主要理论基础是：(1)人类学基础：其特点是认为组织本身就是文化；(2)社会学基础：其特点是认为组织具有文化。而根据不同的理论基础，组织文化研究又可分为两个不同的研究途径：(1)功能主义途径：其特点是认为组织文化由集体的行为表现出来；(2)符号学途径：其特点是认为组织文化存在于个体的解释和认知过程中。组织文化的量化研究采用了社会学功能主义学派的观点，这一学派认为组织文化是组织的属性，可通过测量和其他组织现象区别开来，能够用来预测组织或员工的有效性。

奎恩（Quinn，1999）最早认为组织文化可以通过一定的特征和不同的维度进行研究，并有说服力地提出了一些组织文化模型，用来对组织文化进行测量、评估和诊断，进而开发出一系列量表，对企业文化进行可操作化的、定量化的深入研究。就定量分析来说，关于企业文化测量的工具与方法也呈现多元化的格局，其中比较有影响力的量表包括：金·卡梅伦（Kim S. Cameron）和奎恩开发的组织文化评价量表（organizational culture assessment instrument，OCAI）、珍妮弗·查特曼（Jennifer A. Chatman）开发的组织文化剖面图（organizational culture profile，OCP）、丹尼尔·丹尼森（Daniel Denison）等开发的组织文化问卷（organizational culture questionnaire，OCQ）、霍夫斯泰德开发的测量量表，以及我国关于组织文化测量中，郑伯壎开发的组织文化价值观量表（values in organizational culture scale，VOCS）（见表 15-2）。另外，大多数量表含有四个基本维度。首先，"以人为本"，反映组织成员之间盛行并可观察到的支持、合作、相互尊重和体谅。其次，"创新"维度，显示了拥护改革、倡导实验以及勇于冒险的程度。再次，"控制"是另一个重要的组成部分，它的重点是工作的正规化水平、规则和程序的掌握，以及层次结构的重要性。最后，"结果/结果导向"是另一个核心的层面，是衡量生产力或组织内部预期的性能水平。

表 15-2 组织文化测量工具

量表	OCAI	OCP	OCQ	霍夫斯泰德量表	VOCS
维度	6 维度	7 维度	4 维度	6 维度	9 维度
题量	24 题	54 题	60 题	118 题	77 题
各维度内容	主导特征	稳定性	适应性	对安全的需要	顾客取向
	领导风格	创新	使命	以工作为中心	社会责任
	员工管理	结果导向	一致性	对权威的需要	敦亲睦邻
	凝聚力	进攻性	投入	过程导向—结果导向	科学求真
	战略重点	关注细节		员工导向—工作导向	卓越创新
	成功准则	团队导向		本地化—专业化	表现绩效
		尊重员工		开放—封闭	正直诚实
				控制松散—控制严格	团队精神
				规范化—实用化	甘苦与共

一、卡梅伦和奎恩的组织文化评价量表

卡梅伦和奎恩（Cameron & Quinn，1999）提出了"竞争性价值观结构"（competing values framework，CVF），并通过对企业价值观的研究发现，影响企业经营的价值观主要包括两个对立的核心价值观，即外部导向—内部导向、灵活自由—稳定控制。这两个维度区分出四个象限，分别代表着四种不同的组织文化类型，它们是层级型（hierarchy）、宗族型（clan）、活力型（adhocracy）和市场型（market），四种组织文化类型都具有各自的特点。

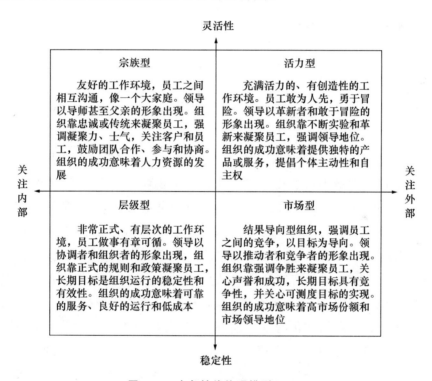

图 15-4　竞争性价值观模型(CVF)

资料来源：Cameron, K. S., & Quinn, R. E. (1999). Diagnosing and Changing Organizational Culture: Based on The Competing Values Framework. Addison-Wesley.

OCAI 量表是以 CVF 模型为基础形成的，使用主导特征、领导风格、员工管理、组织凝聚力、战略重点和成功准则 6 个维度来评价组织文化。对于某一特定组织来说，它在某一时点上的组织文化是四种类型文化的混合体，通过 OCAI 测量后形成一个剖面图，可以直观地用一个四边形表示。

奎恩和普利泽（Quinn & Spreitzer，1991）以 86 个公共事业公司的 796 名

管理人员为样本,考察了OCAI的内部一致性系数(α系数)以及会聚和区分效度。结果显示,四个文化类型的内部一致性系数(α系数)都在0.70—0.80,而区分和会聚效度也良好。卡梅伦和弗里曼以美国334所大学的3406名工作人员为样本进行了测量,结果发现不同文化类型的大学其组织有效性差异显著。不同文化类型的大学对应着相应的有效性指标。例如,宗族型大学在员工满意度、内部沟通和支持度上的有效性指标显著较高。该项研究同时发现不同文化类型的大学有着不同类型的组织战略、决策过程和结构。他们的这些研究结果为OCAI的效标关联效度提供了较有力的证据。

二、查特曼组织文化剖面图

美国加州大学的查特曼认为,组织文化就是组织成员共享的价值观体系。他为了从契合度(fit)的视角来研究成员—组织契合和个体结果变量(如组织承诺和离职)之间的关系,通过广泛回顾学术和实务性文献,开发了组织价值观的OCP量表。

OCP量表采用Q分类的计分方式,受访者被要求将测量题项按最期望到最不期望或最符合到最不符合的顺序分成9类,每类所包括的条目数按2-4-6-9-12-9-6-4-2分布,实际上是一种自比式(ipsative)分类方法,是少数提供了关于可靠性和有效性细节的测量工具之一。OCP量表的使用有一个完整的描述:步骤一:描述组织价值。确定一整套可用来描述个人和组织的价值观念。步骤二:评估公司特点。选择一些具有广泛经验的调查对象,并要求他们根据各自的特点和他们的组织文化把54个项目分类,以获得公司的文化概况。步骤三:评估个人偏好。为了评估组织文化的个人偏好,受访者被要求通过回答问题的方式将54个项目都分别归入9类。步骤四:计算个人与组织的契合度。通过将个人参数量表与个人所工作的企业量表进行相互比照,可以为每一个个体计算出个人与企业的契合度。为了验证人与组织契合度是否与其工作成果相互关联的一般假设,还有很多其他的变量,如人—组织契合度、组织承诺、工作满意度、离职倾向、营业额和控制变量等也可以进行测量。

查特曼和奥莱利的研究证明了OCP量表在不同样本中(会计公司、服务业、MBA和政府机构等)都表现出了稳定的7维度因子结构。奥莱利等报告了OCP量表在初步发展阶段具有良好的内部一致性系数(α系数)、重测信度和区分效度。但是,效度问题仍需考虑,并且OCP量表是否根据他们的核心价值体系对于个人和组织进行区分以及个体文化契合度的测量是否具有预测效度之类的问题也仍然引人关注。另外,该研究还通过不同的样本,对用 OCP 度量的个体偏好价值观和组织价值观进行了因子分析,结果表明两者基本上具有同样的维度结构,可以进行对比,从而为契合度研究奠定了基础。另外,詹姆斯·萨罗斯等(Sarros et al.,2005)对 OCP 测量方法进行了改进,将自比式计分方法改进为更利于使用者的李克特计分形式。

三、丹尼森等组织文化问卷

丹尼森等开发了一个能够描述有效组织的文化特质模型。该模型认为有四种文化特质与组织有效性显著相关,即适应性、使命、一致性和投入,其中每种文化特质对应着三个子维度,在此基础上设计出 OCQ 量表。在丹尼森的文化特质模型中,适应性和投入反映组织的灵活性,使命和一致性反映组织的稳定性;从另一个角度看,适应性和使命反映组织对外部的关注,而投入和一致性反映组织的内部管理。代表稳定性的两个特质能比较客观地预测组织利润增长趋势;代表灵活性的两个特质能很好地预测组织的创新能力;而代表外部导向的两个特质能很好地预测组织的销售增长状况。

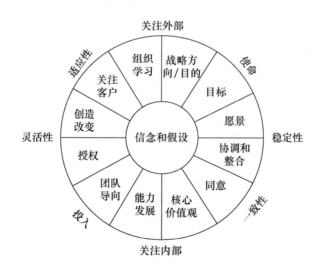

图 15-5 丹尼森组织文化特质模型

资料来源:Denison, D. R. (1990). Corporate Culture and Organizational. Wiley.

赵(Cho,2010)使用丹尼森系列研究的数据库(N=36542),考察了 OCQ 的信度和效度指标。研究发现:(1) 12 个子维度的一致性系数(α 系数)都不低于 0.7 的水平,四个文化特质的一致性系数(α 系数)则均在 0.8 以上。(2) 因子分析表明，各个文化特质的测量项目基本上能与子维度对应。法伊和丹尼森（Fey & Denison，2000）以179家设在俄罗斯的外资公司为对象，考察了组织文化和组织有效性之间的关系。该研究的结果基本上证明，丹尼森组织文化特质模型适合用来研究俄罗斯企业文化。但是，四项个案研究的结果表明在俄罗斯OCQ中的文化特质概念可能具有不同的含义。另外，OCQ量表在实践中的运用在很大程度上依赖其保密的商业数据库，这显然限制了它的效用。

四、霍夫斯泰德构建的测量量表

荷兰学者霍夫斯泰德等（Hofstede et al.，1990）在对IBM公司跨文化研究的基础上对组织文化测量进行了详细的研究。首先，他们将高层管理者（及其秘书）和从不同部门不同层次中挑选的180名访谈者分为男、女两组，运用开放式问卷进行2—3小时的访谈；其次，根据访谈结果和前期对跨文化研究所得出的成果而编制出一份标准化问卷，总共包括135个问题；最后，在个人面谈中收集了包括经理、专家和其他员工在内的1295份问卷，通过对这些结果的分析，霍夫斯泰德等构建了组织文化模型。

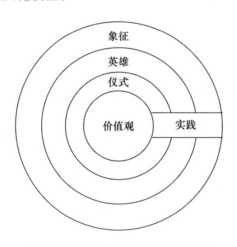

图15-6　霍夫斯泰德组织文化模型

资料来源：Hofstede, G., Neuijen, B., Ohayv, D. D., et al. (1990). Measuring organizational cultures: A qualitative and quantitative study across twenty cases. Administrative Science Quarterly, 35, 286-316.

他认为组织文化由价值观（value）和实践（practice）两个部分组成，其中价值观是核心，而实践由表及里又可以分为象征（symbol）、英雄（hero）和仪式（ritual）等。其中，价值观部分由三个彼此独立的维度组成，包括对安全的需要、以工作为中心和对权威的需要,用57个项目测量;而实践部分则由六个独立的成对维度组成,包括过程导向—结果导向、员工导向—工作导向、本地化—专业化、开放—封闭、控制松散—控制严格、规范化—实用化,用61个项目测量。每个维度都可以用0到100来表示,如0代表典型的过程导向文化,而100则是典型的结果导向文化。

通过实证分析,霍夫斯泰德强调了在实际应用中组织文化实践部分六维度度量模型的重要性。另外,霍夫斯泰德划分的维度已被广泛运用于组织文化测量中,有研究表明(杨宜音,1998),霍夫斯泰德在复杂的文化变量中提炼出了一个简便、清晰、统一和可以进行实证研究的分析框架,它有可能将文化的维度与心理现象联系起来,将不易操作化的文化变量变得可操作化。也有研究表明,该问卷忽略了组织文化对外部环境的适应。

五、郑伯壎组织文化价值观量表

我国台湾大学郑伯壎教授认为,组织文化是一种内化性规范信念,可用来引导组织成员的行为。他认为以往个体层面上的组织文化测量研究缺乏相应的理论构架。他在沙因的组织文化研究成果的基础上构建了VOCS量表,包括9个维度。这9个维度可划分为两方面:外部适应价值,即包括社会责任、敦亲睦邻、顾客取向和科学求真;内部整合价值,即包括正直诚信、表现绩效、卓越创新、甘苦与共和团队精神。

郑伯壎构建VOCS的报告由三项相关研究组成。其中,第一项研究在组织文化五维度基础上设计问题进行访谈,收集测量项目并进行初步筛选;第二项研究通过对我国台湾地区5家电子公司267名员工的调查,表明VOCS各维度的α系数在0.70—0.89;第三项研究以我国台湾地区4家电子公司的775名员工为样本,分析量表的效度,分析结果表明:除了敦亲睦邻的价值观之外,在其余八大维度上组织之间均有显著差异,说明VOCS具有区分效度。

上述组织文化测量工具为推动企业文化理论的发展起到了巨大作用,在诊断企业文化实践、指导企业文化建设方面的作用更是不可估量。但这些工具同样存在着自评问卷的通病,首先,这些测量工具为自主评定,可能会受到社会赞许、个人情绪等影响;其次,这些测量工具设计的组织文化维度都与国家大文化有关,其中某些具体维度的普遍适用性较差;最后,有些量表的子维度在概念上比较接近,且有些子维度并不能称作统一结构层下的相互独立的部分,如任务型特质之下的战略方向和意愿与组织目标,一致型特质下的一致意见与协调性和融合性。

第三节 组织文化的塑造、维系、传承和变革

对世界500强企业的调查研究表明,这些企业出类拔萃的关键是有优秀的企业文化,而它们令人瞩目的技术创新、体制创新和管理创新则根植于其优秀而独特的企业文化,这是它们位列世界500强而闻名于世的根本原因。

随着市场的饱和,产品日趋同质化,迫使今天企业的竞争升华到更高的层面,尤其是竞争的国际化趋势加剧,更使建立高绩效的企业文化成为每一个寻求不断发展的企业亟待解决的问题。既然强大的组织文化对企业绩效产生积极影响,由此引申出一个值得关注的问题:组织文化是如何形成的?企业家和管理者通过哪些途径来建立强大的组织文化?这些企业又是如何维系和传承自己的优秀组织文化?如何进行必要的变革来保持组织的精神动力呢?本节将重点讨论以上问题。

组织文化建设过程包括组织文化的塑造、维系、传承、变革四个过程。组织文化的塑造过程通常是在企业创建时期或变革时期由少数人倡导和实践,主要是企业创始人或高层管理者,经过较长时间的摸索、传播和规范管理而逐步形成的;一旦组织文化创建形成,组织文化的维系就是企业管理者需要重点考虑的问题,需要把已形成的组织文化融入到整个组织中,尤其要让员工主动接受组织文化,组织文化的维系是一个长期的过程;此后,就需要借助某些有效的组织文化传承手段,如故事、语言、仪式等,将组织优秀文化传承下去;最后,当一个组织以前的组织文化和价值观不能适应当时的内外环境变化时,就需要变革并创造新的组织文化,以适应新的内外环境及其变化。以上四个子过程并不是独立的,而是相互关联的,为方便向大家介绍组织文化的建设过程,下面将其分为组织文化的塑造、组织文化的维系和传承、组织文化的变革三个方面来进行阐述。

一、组织文化的塑造

沙因(Schein,1985)指出,一个组织的文化塑造过程,是其应对外部适应性挑战、生存挑战和内部融合挑战的过程。他还指出文化的形成有三个过程:第一,创始人仅仅聘用和留住那些与自己的想法和感受一致的人员;第二,他们对于员工的思维方式和感受方式进行灌输和社会化;第三,创始人把自己的行为作为角色榜样,鼓励员工认同这些价值观和假设,并进一步内化为自己的想法和感

受。在这种模式的指导下,许多学者和企业经理人对组织文化塑造过程也进行了长期的研究,总结了众多研究者的研究成果及企业经验,可以发现组织文化的形成是有一定的普遍模式的。

图 15-7　组织文化塑造的一般模式
资料来源:石伟.(2004)组织文化.上海:复旦大学出版社,186-205.

（一）创始人或高层管理者

沙因(Schein,1985)和奥莱利(O'Reilly,1989)的组织文化形成模型都强调了组织创始人和领导者对组织文化的影响。企业家文化作为一种独特的企业文化现象,是企业家的个性、创新精神、事业心、责任感等品质及其所信奉的管理观念的集中表现。另外,萨什金(Sashkin,2004)提出领导者在建立组织的过程中,需要建立价值导向的组织期望和哲学,创立和使用政策来表达这些价值观,并采用一些个人的实践和行为来示范他们所倡导的价值观和组织文化。

海尔集团前 CEO 张瑞敏对"海尔文化"的影响就说明了这一道理。张瑞敏认为做企业应该"永远战战兢兢,永远如履薄冰"。正是企业文化中对未来的危机意识,使得海尔在发展中能够时刻保持清醒的头脑,做到"得意不忘形,失意不失态",对市场变化始终存有危机感,不断挑战和更新自我,增强了企业竞争力和创造力。

当今,组织创始人或高层管理者对于组织文化的塑造的重要地位已经是不容置疑的,那么这些领导者的哪些方面会对组织文化的形成产生较大影响呢?

首先,特里塞和拜尔(Trice & Beyer,1991)对组织文化与领导之间的关系作了长期深入的研究。他们发现,领导者的个人特质和个人行为对于组织文化的塑造有着重要影响。其一,领导者的行为应该包括有效的角色模型、表现出自己的能力、清晰表达思想上的目标、对下属设立高的期望值、信任下属、激励他人等。其二,创始人或组织管理者应该具备魅力型领导的特质,即高度自信、有支配他人的倾向和对自己的信念坚定不移,这些特质会帮助领导者支撑自己的信念,同时吸引和保留追随者。乔治等(George et al.,1999)认为领导者的行为应该包括向员工沟通期望中的组织文化。除此之外,特里塞和拜尔(Trice & Beyer,1991)还认为领导者还应该是善于表达和具有表现力的,这些特质帮助他们将自己的信念和期望传递给潜在追随者并且激励这些下属追求组织的目标和使命。其次,许多研究者对新型领导风格对组织文化的影响进行了大量的研究,其中布洛克(Block,2003)研究发现变革型领导风格对组织文化的内容和强弱都产生影响。而且,变革型领导通过使下属意识到任务结果的价值和重要性,激发下属高层次的需要,激发他们超越自私自利的思想而为组织目的服务。

（二）制度化

在制度化过程中,主要是将创始人或高层管理者倡导的组织文化雏形进行具体化、书面化和可操作化,是将组织文化由理念状态转变为现实的管理制度的过程。制度化主要体现于经营制度、各部门管理制度和规章等方面,且企业制度在组织文化塑造过程中有两个非常重要的作用：其一,企业制度作为企业文化的一种具体表现形式,是把组织文化由理念状态转变为有形的企业制度,其内容中渗透着企业文化的精神,这样一种强制性的规则和约束,有助于文化在企业中的推广普及；其二,由于制度是企业文化的一种形式,而企业文化是得到了全体员工认同的一种文化,所以会有助于员工更好地理解和遵守企业的各种规章制度。

仍以"海尔文化"为例,张瑞敏总是以"永远战战兢兢,永远如履薄冰"的思想来提醒自己和每一个员工,这样的文化也就要求海尔这样的综合性、高科技的公司必须要不断地创新,不断追求产品的卓越品质。在这样文化的指导下,海尔的研发部门有一套完善合理的激励机制,正是有这些行之有效的激励制度作为支撑,大大激发了科研人员进行技术创新的活力,支持着他们大胆进行科学研究,为满足市场需求研究出一款又一款的创新产品。

（三）组织化

制度化的组织文化虽然具有物质的框架,如果其不被员工接受并执行,那么组织文化仍处于萌芽状态,而无法在公司中得到长足的发展,也无法为公司的成长提供精神动力。所以,组织化过程关键就在于让组织文化经历"理念"到"制度",再到"理念",前一个"理念"是创始人或高层管理者对于组织全面的思考和对环境深入调查之后而形成的组织文化理念,而后一个"理念"就是得到员工的理解与认同的,并转化到员工的日常工作行为和习惯中的组织文化理念。

海尔总裁张瑞敏曾经这样形容自己的角色:"第一是设计师,在企业发展中使组织结构适应企业发展;第二是牧师,不断地布道,使员工接受组织文化,把员工自身价值的体现和企业目标的实现结合起来。"可以发现,创始人不仅是组织文化的主要源泉,更是组织文化的传播者,同时也体现只有被员工接受并内化的组织文化才是真正可以为企业提供动力的文化。

(四)评估调整

这一阶段的宗旨就是对组织文化实施愿景和实际效果进行测量、检查和评估,了解在组织文化实践中有哪些问题需要解决。主要工作内容为:建立评估的指标体系和参照系;全面收集相关信息,把握真实状况;比较规划与现实的差异,分析原因,确定调整对象;有针对性地拟定调查措施并付诸实施。

二、组织文化的维系和传承

(一)组织文化的维系

继华特·迪士尼在美国加州安纳海姆建成首个迪士尼乐园后,美国奥兰多、日本东京、法国巴黎、中国香港和中国上海也相继建成了迪士尼乐园。所有的迪士尼乐园中都有米老鼠、唐老鸭等卡通人物,并且还有真人秀。在这些乐园中,你可以感受到深厚的迪士尼乐园文化,那么迪士尼乐园管理人员是怎样维系"迪士尼乐园文化"的呢?

首先是员工甄选,迪士尼对求职者的形象有比较高的标准——身高、体重、身材等。其次,当一位新员工进入到乐园后,迪士尼会对新员工进行正规化程度较高、集体性、连续性的入门社会化过程。例如,他们要接受 8 小时岗前定向培训,然后在乐园中接受大约 40 小时的学徒培训。迪士尼岗前定向培训的关键之处在于学习公司语言,如顾客叫作"客人",制服则是"演出服"……另外,迪士尼为所有员工提供员工排球、垒球俱乐部,办公室野餐会,员工乐园之夜,海滩宴会等,迪士尼乐园文化渗透在这些活动中。这样的培训效果显著,许多员工在培训后的日常工作中很容易投入到应当扮演的角色中。

迪士尼管理者采用一些行之有效的方法来维系公司的组织文化,在维系组织文化的过程中体现了人员甄选和社会化的重要作用。除此之外,高层管理者是一个组织的方向标,他们的行为会告诉或暗示组织成员什么是可接受的,什么是不可接受的,把活的行为准则渗透进组织,因此高层管理者对于组织文化的维系起着重要作用。

可以发现,组织文化最初来源于组织创始人的经营理念、思想和战略,在成功塑造了组织文化之后,他们会运用严格的甄选过程来选择"适合"的管理者和员工,通过社会化过程促使员工学习组织文化、接受组织文化,让他们完全适应组织文化的要求,并维系组织文化。

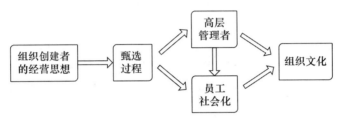

图 15-8 组织文化维系过程

1. 甄选过程

组织文化维系过程中的甄选过程不仅包括了对员工知识、技能和能力等方面的审查,还包括确认高层管理者和员工是否能够接受组织的核心价值观。甄选过程主要有两个作用:一是为企业寻求知识能力等方面符合其工作要求的员工,为企业发展提供良好动力;二是在甄选过程中,可以达到新员工价值观和组织价值观相匹配程度的最优化。

2. 高层管理者

迪尔和肯尼迪(Deal & Kennedy,1982)曾经戏言,"美国公司的董事会比好莱坞的票房更需要英雄人物",这一句话充分体现了创始人或高层管理者在企业文化建设的整个过程中都具有非常重要的作用。因此,高层管理者要成为企业文化建设的忠实追随者、布道者和传播者,他们的言行举止对组织文化产生重要影响。

图 15-9 社会化过程

3. 员工社会化

新成员学习群体角色、规则和规范的过程就是社会化(socialization)的过程。此过程是组织文化维系中最为重要的过程,主要包括职前状态、冲突阶段和认同阶段三个过程(见图15-9)。当员工社会化有效时,新来者就会理解并接受组织的价值观和规范,保证了包括中心文化在内的组织文化的存留,为员工提供了一种背景知识,以此解释工作中发生的事情并对此作出反应,从而保证了员工对组织共同的理解。员工社会化的有效合理进行对于员工的工作态度和行为有着持续的影响,如高工作满意度、组织认同、员工绩效、规则革新和较低的离职率;有效的员工社会化有持久和正面的效应,如加强人—职匹配、人—组织匹配、工作满意度和员工绩效。

(1) 职前状态是指一个在进入组织初期所表现出的个人价值观、态度、期望和观念等,也包括个人对将要从事的工作和将要服务的组织的态度和期望等。

(2) 冲突阶段主要是由员工价值观和组织文化存在不同程度的差异而导致的。这一阶段管理者可以运用许多社会化策略来帮助员工将组织的价值观和个人价值观相结合。

(3) 认同阶段就是员工经过有效社会化后产生的质变表现,主要表现在新员工学习了工作职责、建立新的人际关系、澄清个人在组织中的角色和评估个人在组织中的发展,最主要的还是新成员认同组织的目标、自觉遵守组织的正式规章和非正式习惯,也主动接受了组织价值观并表现在日常的工作行为中。

(二) 组织文化的传承

组织文化维系是一个动态的过程,强调维系的过程;而组织文化的传承更强调一个组织采用哪些具体的方法来将公司的优秀文化传承下去,从而保证组织永久立于不败之地。在传承过程中主要采用一些潜移默化的方式来向全体成员灌输组织文化,主要有故事、仪式、物质象征和语言等形式。

1. 故事

哈佛大学的霍华德·加德纳(Howard Gardner)认为,讲故事是最简单的、最有凝聚力的工具。"讲故事"是推广企业文化的一种有效形式,也是企业内部、企业与外界进行沟通和知识传播的基本途径。通过"讲故事"可以提高企业文化的内聚力和传播力。

凤凰卫视中文台是由凤凰卫视有限公司开办的全球性华语卫星电视台,也是香港唯一一家全部用普通话24小时昼夜播出的电视台。由于凤凰卫视营造了独特的、能发挥潜能空间的企业文化,并通过"讲故事"的方式展现、诠释和宣扬组织价值观,使企业文化和品牌影响力得到了最大化的扩张,最终成为全球性的媒介品牌。

关于凤凰卫视和凤凰人,流传着许多鲜活、感人的故事,这些故事主题鲜明,价值取向明确,内容丰富多彩,构成了凤凰卫视独特的企业文化故事。例如"画饼"的故事。1996年,在凤凰卫视成立后的第一次员工大会上,凤凰卫视董事局主席兼行政总裁刘长乐宣布"三年实现收支平衡,力争第四年上市,并成为除CCTV外最具影响力的华语电视台"时,在场的凤凰管理层人士听后都笑了。这种笑不是会心的笑、赞同的笑,而是一种说不出来的笑,都说刘长乐是在"墙上画大饼"。当时的情景令刘长乐十分尴尬。但事实是,凤凰卫视开播三年,入选中国最知名的20个企业品牌;开播四年,在香港联交所创业板成功上市;开播五年,推出第一个覆盖海峡两岸暨香港、澳门的24小时中文新闻频道;开播十年,年收入超过12亿元港币,在全球拥有近千名员工,电视观众数量超过两亿。[①]

故事的形式易于接受,传播速度快,受众面广,用讲故事的形式来推广企业文化,在感染力、趣味性、直观性等方面具有其他形式不可具备的优势。凤凰卫视的企业文化包含丰富的故事素材,并通过著书立说的形式来有意识地传播自己的故事,形成了凤凰卫视企业文化传播的一大亮点。

2. 仪式

仪式为什么可以传承组织文化呢?原因就在于在每一个仪式背后都有一个体现文化的某种信念的虚构故事,如果没有这些联系,仪式只不过是一些习惯,除了给人们以某种虚假的安全感和稳定感之外别无用处。在仪式中可以充分体现出组织最重要的价值观、最重要的目标和最重要的人物等。组织文化传承的仪式主要有交际和社会仪式、工作仪式、管理仪式和表彰仪式等。

玫琳凯(MARYKAY)公司由玫琳凯·艾施女士创办于1963年,总部位于美国得克萨斯州达拉斯市,是全球护肤品和彩妆品直销企业之一。玫琳凯公司的组织文化仪式可以用"狂欢的派对"来形容,因为玫琳凯会挥霍数百万美元来举办一系列的"宣讲班"。其中一个仪式上,玫琳凯公司会用超过13个小时的表演来为那些不平凡的人授奖,一个夜晚灯光集中于已授予文化英雄称号的推销组长和未来的推销主任身上,她们穿着鲜红的外套排列在舞台上,用响亮的声音

---

① 郑学勤. 为什么大品牌都有好故事?(2016-10-7)[2024-5-24]. https://mp.weixin.qq.com/s/hJOjsi-IOAhEAJZC37g7bQw.

清楚地讲述着自己如何像玫琳凯本人一样取得成功的故事。在另一个加冕仪式上,玫琳凯公司用粉红色的别克汽车和凯迪拉克汽车来奖励最佳销售人员。在盛大的晚会上,利用别开生面的手法将汽车展现出来,引起了观众的轰动。在典礼上最为主要的当属为各类别的销售主任和超级女推销员长达5个小时的加冕仪式。这些仪式极大鼓舞了其他员工,同时也非常充分地宣传了组织价值观,促进了组织文化的传承。

3. 物质象征

在组织文化传承中有形的物质象征是必不可少的,如企业的设备、环境绿化、文化标志等,都体现了企业的核心价值观和组织文化。

1989年,海尔集团时任总裁张瑞敏在借鉴泰勒科学管理及日本TQC管理等基础上,独创OEC(overall every control and clear)管理模式。所谓的OEC管理是全方位地对每个人每一天所做的每一件事进行控制和清理。它包含三个体系:目标体系、日清体系和激励体系。此后,公司又发明出"6S大脚印"这一物品类符号,作为贯彻落实OEC文化的重要物质象征。在海尔车间入口处和作业区显眼的地方,有一块60厘米见方的图案,上面印着特别显眼的绿色大印。站在6S脚印上往前方看,员工视线正对着高悬的一块大牌子,上面写着"整理、整顿、清扫、清洁、素养、安全"几个大字。绩效优秀的员工会被邀请站在"6S大脚印"上,把自己的体会与大家分享,这种仪式在很大程度上强化员工对于组织所倡导的行为的理解和执行。由于海尔公司成功实施了OEC管理体系,并结合了形象化的手段,其营业额成倍增长。所以,仅以一个"6S大脚印"将组织的文化物质化、形象化,为海尔文化的传承做出相当大的贡献,也体现了物质象征在组织文化传承中的重要作用。

4. 语言

在组织文化传承方式中,除了故事、仪式和物质象征外,还有一个重要传承方式——语言,也是组织中采用比较多的传承方式之一。这类语言是区别于其他任何一个组织语言且适应该组织核心价值观的语言,其作用就在于让员工主动接受组织文化,而且也有助于维护和传承这种文化。

值得强调的是,首先,创始人或高层管理者在组织文化建设的整个过程中都有着非常重要的作用,他们的意识、行为、风格等都具有极强的示范作用,在组织文化维系和传承中彰显了重要地位。其次,以上四种组织文化传承方式并不是独立的,而是相互联系和促进的,如仪式和物质象征的结合可以促使海尔的OEC管理体系顺利地实施,从而为公司创造巨大的财富。再次,企业组织文化的维系和传承也需要建立在一定的见习、考核、晋升年度等基础之上,而不仅是"空中楼阁"。最后,组织文化维系和传承过程中要充分利用好各种传播媒介,可以起到事半功倍的效果,如网络、企业报刊、广告、文件与简报、企业简介小册子、商标和产品包装、电视台、会议、展销会、员工服饰、企业宣传栏或黑板报以及赞助等。

三、组织文化的变革

每个组织都是一个开放系统,其面临诸多的内部和外部环境因素的影响,这些环境因素都会推动新的组织学习和适应过程,因此组织文化时常面临着变革和发展的压力,外部社会环境变动和外部文化的影响、内部未完全社会化的新员工等都是组织文化的变革和发展的重要驱动力。沙因(Schein,1999)指出组织文化变革实质上就是组织文化的扬弃和重新学习的过程,人们不仅需要扬弃以前的信仰、态度、价值观和假设,还要学习一套新的组织文化。

(一)组织文化的变革条件

那么,公司在什么时候需要进行组织文化变革呢?是应该随机应变,还是以不变应万变呢?迪尔和肯尼迪(Deal & Kennedy,1982)总结了以下五种情况时,公司需要进行必要的文化变革:

(1)当公司一贯以价值观为动力,而环境正在发生根本变化的时候,此时就应该"随机应变"了。

(2)当本行业的竞争激烈而环境迅速变化之际,需要变革原有的组织文化,以争取在行业竞争中处于有利地位,这一特征在IT行业表现尤为如此。

(3)当公司业绩平平或每况愈下之际。

(4)当公司确定就要成为一家大型公司集团之际,即完成创业的首次冲刺而转向稳定和成功的大多数公司,都应该深入检验它们的组织文化,进行必要的变革。

(5)当公司十分迅速地成长之际,特别是在高技术公司中成长来得十分迅速,有必要对组织文化进行实时监控并及时调整,为公司发展提供良好动力。

(二)变革团队与变革过程

组织文化变革过程是一个寻求由现在状态向理想未来状态转变的动态过程,需要一个推进主体来保证变革的顺利,即变革团队,他们的工作就是负责组织文化变革的目标、方案的制定、具体实施与控制等工作。贝克哈德和哈里斯

(Beckhard & Harris，1987)提出了组织文化变革团队如何进行变革的过程，沙因(Schein，1999)在他们的基础上也提出了组织文化变革过程。

(1) 理想状态。首先，变革的需要及程度是文化变革考虑的第一要素，应该从必要性和可行性两个角度来分析是否需要进行组织文化变革。定义变革目标，即理想的未来状态。变革团队要详细说明最终需要改变的行为，否则不可能检验出文化与变革的相关性。让理想状态含糊不清只意味着发现无法实现目标时为时已晚，需要对新的思维和工作方式进行非常具体的说明。

(2) 现在的状态是组织文化变革的起点，它与理想的未来状态之间存在着不同程度的差距，而这些差距就是变革团队需要准确诊断与评估的。

(3) 具体的变革目标。在寻找到变革的起点和终点后，就应该为变革工作设定长期和短期的具体的、难度适中的、可行的目标。整个过程由一系列按部就班的步骤组成，在执行过程中当然还会遇到许多没想到的问题，经过反馈和调整可以及时变更近期目标。甚至，由于组织的内外环境不断变化，开始阶段制定的总目标经过一段时间的实践之后不符合预期愿景了。此时，变革团队可以通过周期性的评定来对近期和长期目标进行评估，以保证组织文化变革方向的正确性。

(4) 过渡状态的管理。目标的实施是一项艰难而长期的变革过程，变革团队需要利用自己设计的模型和干预技巧，或引入流程顾问对下一步进行设计。变革过程不仅仅是变革团队独立经营的，还需要启动其他团队和管理者流程来推动项目进展。在整个变革过程中，不要试图走捷径。

(三) 组织文化变革的新挑战

数字化浪潮和绿色经济的蓬勃发展，也为组织文化变革提供了新的机遇和挑战。数字化转型正在根本性地改变组织的架构、流程以及人们的互动方式。AI和信息技术的飞速发展使得数字化渗透至组织运营的各个层面，包括沟通方式、业务模式以及员工的工作和协作方式。这种转变对组织文化产生了深远的影响，因为组织文化既包括共享的价值观、信仰和行为规范，也包括组织成员如何理解和应对技术变革。正如格罗弗等(Grover et al.，2022)所指出的，数字化已经不单单是技术层面的变革，更是文化和社会层面的深刻转变。

在这样的背景下，组织文化的适应性和灵活性显得尤为重要。研究显示，创新型组织文化能够显著促进内部和外部开放式创新的发生。这种文化鼓励在不确定环境中的适应性、灵活性和创造力，与等级型组织文化形成对比，后者由于强调规则和控制,可能会抑制开放创新(Scaliza et al. , 2022)。

同时,绿色文化作为一种非正式制度优势,也在推动企业向低碳和可持续协调发展转型(白福萍等,2024)。企业绿色文化的建设不仅有助于形成对环境友好的生产方式,还能够通过其独特的文化氛围和价值观引导组织成员的行为和决策,从而促进组织乃至社会的可持续发展。

综上所述,数字化和绿色经济的兴起为组织文化变革提供了新的契机,这要求组织在结构、流程和文化层面进行适应和创新。管理者应当把握这些趋势,通过培养适应性强、灵活和创新的组织文化,以及推动绿色文化的实践,来提高组织的创新能力和可持续发展能力。

本章小结

创始人或领导者在组织文化塑造和导入过程中发挥着重要作用,而文化能否成功导入则是组织文化建设的关键环节。在这样的过程中,管理者通过如下因素可以塑造文化:(1) 领导者经常关注和要求的事情;(2) 领导者对紧急事件和组织危机作出的反应;(3) 领导者分配稀有资源所遵从的标准;(4) 领导者深思熟虑地塑造行为榜样的事件;(5) 领导者分配报酬和地位所遵从的标准;(6) 领导者招募、遴选、提升、辞退及开除组织成员所遵从的标准。另外,组织设计和构建、组织中的系统和程序、礼仪和礼节、物质象征、故事和传奇等都会对组织文化塑造和导入产生影响。而这些机制中最重要的是领导者自身的行为和作出决定的标准,领导者必须要"以行践言"来带动员工认同组织文化。

组织文化在管理中的重要作用就是它与甄选有关,并对员工工作满意度、组织认同、员工绩效和员工离职都存在着不同程度的影响。当个人价值观与组织文化相吻合时,可以有效地改变员工行为及其对组织的看法,激发工作积极性,还可以提高员工工作满意感,有效地塑造组织认同,提升员工绩效,并降低员工离职率。另外,当员工社会化有效时,新来者就会理解并接受组织的价值观和规范,保证了包括核心价值观在内的组织文化的存留,为员工提供了一种背景知识,以此解释工作中发生的事情并对此作出反应,从而保证了员工对组织共同的理解。

组织文化的建设包括塑造、维系、传承、变革四个过程。创始人或高层管理者是组织文化塑造的主要推动者,文化的核心价值观和理念需要由他们建立、表达和示范;文化的塑造还涉及制度化、组织化和评估调整等环节,以确保价值观和理念的落地和内化。组织文化的维系要求管理者通过各种机制和活动来持续强化和传播文化,包括通过甄选确保新员工与文化的契合,通过高层管理者的示范来引领文化,及通过组织社会化来促进新成员对文化的理解和接受。此外,文化的传承通过故事、仪式、象征物和语言等方式,将文化的核心价值观和理念传递给每一位员工,确保连续性和稳定性。组织文化的变革由内外的环境变化所驱动,当组织面临新的挑战或机遇时,可能需要对现有的文化进行调整;变革需要明确的目标、团队领导以及系统的变革过程,在这个过程中,领导者的引导和参与至关重要,他们需要通过自己的行为来展示对变革的承诺,并激励员工参与。

本章思考题

1. 什么是组织文化?霍夫斯泰德提出的组织文化维度有哪些?
2. 如何塑造组织文化?创始人和员工在其中各扮演什么角色?
3. 什么是员工社会化,其策略有哪些?
4. 假设你是变革团队的领导者,你如何进行组织文化变革?
5. 查阅相关资料,分析文中提及的组织文化量表在我国组织文化研究中的作用和有效性?并参照相关方法,编制一份问卷来评估你的大学高校文化。

推荐阅读

1. 安妮·玛丽·弗朗西斯科,巴里·艾伦·戈尔德.(2014).国际组织行为学:理论、案例、操练.顾宝炎,等译.上海:格致出版社.
2. 埃德加·H.沙因.(2004).企业文化生存指南.郝继涛,译.北京:机械工业出版社.

第十六章　组织变革与发展

开篇案例　阿里巴巴：唯有自我变革，才能开创未来

2023年3月28日晚，阿里巴巴董事会主席兼首席执行官张勇宣布了阿里巴巴成立24年来最重要的组织变革决定：构建"1＋6＋N"的组织结构，即在集团之下，设立阿里云智能、淘宝天猫商业、本地生活、国际数字商业、菜鸟、大文娱等六大业务集团和多家业务公司，实行各业务集团和业务公司董事会领导下的CEO负责制。这意味着阿里巴巴各个业务集团将以更敏捷的姿态独立面对市场竞争，未来具备条件的业务集团和公司，都将保留独立融资和上市的可能性。

近年来，张勇在集团内部力倡"敏捷组织"。他多次强调，今天的阿里已成长为多业务、多业态的超大型组织，这些业务特质不同，面临的市场环境不同、客户不同、发展阶段也不同。这也意味着，它们需要拥有更独立的经营策略，能够根据变幻的市场需求快速作出适合自身的判断和选择。

张勇曾说过，商业设计和组织设计是作为企业一号位不可推卸的两大责任。其中，组织设计总结起来四个字是：纵、横、分、合。"你要跑得快，就要分，你就变成纵向；你要沉淀经验、沉淀知识积累，就要合，你就变成横向。"

"自我变革永远是保持初心、开创未来的最好选择。阿里巴巴从1999年成立伊始，就不断在创新和变革中演进和迭代，始终用生产关系的先进性来驱动先进生产力的释放、创造价值、引领发展。"张勇在致全员信中这样写道。

回顾阿里巴巴24年的历史，"唯一不变的是变化"，是这家公司的真实写照。

2004年，支付宝从淘宝剥离，成为一家独立公司，经过18年的发展，蚂蚁集团已成为世界领先的互联网开放平台。

2011年6月，淘宝一拆为三，分别设立一淘网、淘宝网和淘宝商城。2012年1月，淘宝商城正式更名为"天猫"，随之诞生的"天猫双11"，从无到有地创造了全新的消费生态。

2012年7月23日，阿里巴巴宣布将从原有的子公司制调整为事业群制，形

成淘宝、一淘、天猫、聚划算、阿里国际业务、阿里小企业业务和阿里云等7个事业群,被称为"七剑下天山"。2013年,7个事业群进一步分成25个事业部,各个事业部拥有自主经营权,独立制定发展战略,更好形成在各自领域的核心竞争力,并由此开始了一段业务快速突进的旅程。

2014年,阿里巴巴集团成功登陆纽交所,创下当时世界上最大规模的IPO纪录。

2015年,为了持续满足各业务高速发展的需求,阿里巴巴正式启动中台战略,为前端业务灵活发展、快速升级提供有力的保障和支撑。2017年,阿里巴巴市值突破3000亿美元大关。

在此期间,敏捷组织、多元化治理在集团内推进,到2020年,阿里巴巴市值最高点一度逼近9000亿美元。

2021年7月,在组织架构调整全员信中,张勇说:"面对不确定的未来,我们必须大胆假设,小心求证,有计划、分步骤地进行全方位的变革,让组织更敏捷,让文化更简单。"

受到一系列不确定因素影响,现在阿里巴巴市值回调到2000亿美元左右,并在多个业务赛道中面临激烈的市场竞争。已经"小心求证"多年的多元化治理结构下的经营责任制,到了在集团层面按下开关的时刻。2023年6月"老将"蔡崇信接下接力棒,新的组织变革或将重启,阿里将开启新的征程。

资料来源:为了这次组织变革,阿里已经准备了好几年.(2023-3-28)[2024-5-20]. https://mp.weixin.qq.com/s/cpp7JvdmBnnPMPVxy_qdoQ.

第一节 组织变革的概念

组织变革(organizational change)是指组织从技术、结构和心理等方面对自己进行系统调整和变化,从而提高组织效率,帮助组织适应市场环境及生产任务要求的复杂和动态过程。在此过程中,组织通过有计划的系统性努力,有效适应内外部环境变化,提高组织生产力。

组织是一个不断适应新环境的开放性系统。组织变革就是运用管理心理学的理论,根据组织内外部环境的变化特点,对组织系统进行有计划的变革,特别是使组织成员的行为以及组织成员之间的人际关系发生变革,从而保持和提升组织的活力和效率。通常当组织面临下列情况时就必须进行变革：(1)组织决策非常缓慢，以致不能及时把握市场机会或造成组织损失；(2)组织内部的沟通渠道不畅，上下级之间经常因为信息沟通不畅而导致组织内部协调不良；(3)组织效率低下，如不能按计划完成任务或产品质量下降；(4)缺乏创新精神，不能有效开发新产品、新市场，组织发展停滞不前。

第二节　组织变革能力

组织所面临的挑战是不断变化的。为了在高度动态的环境中保持竞争力，组织必须培养和提升自身的变革能力。组织变革能力(organizational change capabilities，OCC)是组织中嵌入的所有其他动态能力的通用总称，它代表了广泛的、动态的组织能力，允许组织调整其已有能力以应对威胁和把握新机会，从而创建新能力(Judge & Elenkov，2005)。具有较高变革能力的组织能够成功应对快速变化的环境，而变革能力较低的组织则可能受到环境变化的负面影响。

组织变革能力涵盖了个人和组织层面上的四个关键能力维度，即人力能力(human capability)、学习能力(learning capability)、流程能力(process capability)、环境能力(context capability)(Supriharyanti & Sukoco，2023)。

在个人层面上，人力能力是指员工制定和执行一套分层细化的变革计划的能力与承诺。这一概念采用了自下而上的方法，从微观基础的角度考察变革能力。贾奇和叶连科夫(Judge & Elenkov，2005)强调考虑个人层面的重要性，发现高层管理者、中层管理者和一线员工对变革能力的认知差距负向影响了公司的环境绩效。未来的研究应该更全面地关注所有员工的行为和活动，而非仅限于高层管理者或组织层面。

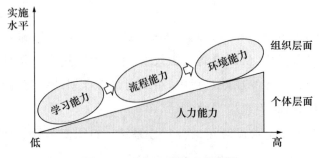

图 16-1　组织变革能力的维度

在组织层面上,组织变革能力的维度包括组织学习能力、变革流程能力和变革环境能力,这与动态能力的核心活动——感知、抓住和转化——是一致的。首先,组织学习能力是指组织吸收和转化新知识并在变革过程中应用这些知识的能力。这一维度关乎组织的内省能力,并在构建变革能力的各个组成部分中起到核心作用。流程能力和环境能力是建立在学习能力的基础之上的。换言之,学习能力是构建组织变革能力的初始能力。贾奇和叶连科夫(Judge & Elenkov,2005)将这一能力与人力资源或组织成员的能力联系起来。其次,流程能力是指组织建立结构、系统、流程或变革原则以有效实施变革的能力。领导者在变革流程中扮演着至关重要的角色,因为他们具有象征性身份,能够通过自己的言行举止影响和激励员工,建立起员工对变革的信任和支持。最后,环境能力是指形成非正式的组织文化以促进持续变革实施的能力。这种能力以组织成员所持有的基本价值观的形式存在。强大的环境能力能够鼓励员工在不确定性和复杂性中寻找机会,同时也支持他们在面对挑战时保持韧性和适应性。

第三节 组织变革的动力与阻力

勒温(Lewin,1951)提出,任何一项组织变革方案都必定存在两方面的力量。一方面是动力,这种力量有利于组织变革的实施,能够促进变革的产生与持

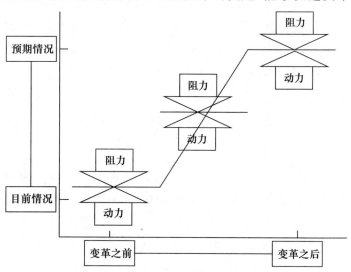

图 16-2 勒温的力场分析模型

资料来源:Lewin, K. (1951). Field Theory in Social Science. Harper & Row.

续;另一方面则是阻力,它会阻碍变革的发生,或者限制变革持续进行。在本节接下来的内容当中,我们将详细探讨组织变革的动力和阻力以及克服阻力的策略。

一、组织变革的动力

商业环境总是充斥着变化,组织为了适应这些变化就不得不持续进行变革。"变则通"已经得到了当今众多组织的共同认可。当前商业环境所包括的变化主要有以下六类:

(一)劳动力性质的变化

现在越来越多不同类型的群体,包括女性、少数民族人士、农业人口甚至外国人进入我国的商业领域。那么,应该如何照料怀孕的女员工、如何在组织中促进民族团结、如何帮助农民工适应工业化生活、如何帮助外国人适应中国文化等,都是劳动力性质变化所带来的重大问题。为了适应劳动力的多元化,几乎每个组织都需要进行变革。另外,随着老龄化问题的日渐突出,组织当中的人力资源管理工作也迫切需要进行调整。

(二)生产技术的变化

随着信息技术、生物技术以及新材料技术的突飞猛进,组织的生产运作方式也发生了翻天覆地的变化。越来越多的组织开始利用虚拟团队的形式开展工作。这样既能避免员工驱车劳顿之苦,又能大大节省交通费用,然而也势必会给组织传统的沟通方式、管理流程带来很大的挑战。为了有效应对这些挑战,就势必进行变革。另外,由于电子技术的发展,传统的卡式磁带已经被CD所彻底替代,而CD又被MP3替代。基因技术的进步在为医药组织带来前所未有的机遇的同时,也使得医生们不得不面临异常困难的伦理抉择。

(三)经济走势的变化

21世纪初我国加入WTO,经济发展时刻受到全球经济的影响。而全球经济又显著处于一个非连续的时代。石油价格、美元汇率甚至黄金价格都可以在一天之内发生非常大的变化。金融危机更是可能会让很多企业在一夜之间关门,让无数人下岗。互联网企业更是屡屡上演一夜暴富又一夜暴穷的人间悲喜剧。组织为了应对这种非连续的经济走势,就只有进行变革。

(四)竞争区域的变化

以往的企业竞争往往是区域性竞争。随着全球化程度的进一步加深,企业已经不可能再找到所谓的"避风港"。全球任何一个地方的企业都不得不面对日益激烈的全球范围的竞争,这几年兴起的"企业出海"就是其中的典型。为了有效地从区域竞争模式转入全球竞争模式,企业也就得进行变革。

(五)经济改革的深化

随着我国改革开放的发展,国家的经济体制也在进一步深化。同时,我国还将进一步开放更多市场。这就意味着这些市场当中的国有企业一方面可以放手一搏,另一方面也意味着将失去国家的特别照顾,需要在同一平台上与民营企业、外资企业等非国有企业公平竞争。这样一来,国有企业为了有效地进行竞争,民营企业等为了抓住这难得的机遇,都需要对自己以往的经营模式、经营理念进行变革。

(六)民营企业的发展

伴随着改革开放的进行,我国民营企业得到了长足发展。在创业之初,这些民营企业往往采取的是家族企业的管理模式。随着企业的壮大,以往的家族式管理已经制约了企业的发展,到了不得不变的时候了。另外,目前不少民营企业都面临接班问题。新的接班人往往和父辈不同,他们受过良好的教育。然而,企业本身由于父辈的影响,留下了父辈的深深烙印,一下子很难适应接班人的这些新理念、新做法。那么,接班人应该如何推进企业变革呢?这就是他们不得不考虑的重要议题。

二、组织变革的阻力

组织成员对于变革具有天生的阻力。这种阻力一方面有利于组织的稳定,使得组织行为具有稳定性;另一方面却可能会阻碍组织的适应。组织变革的阻力可以是显性的,也可以是隐性的。显性的变革阻力主要体现为某些成员的直接公开抵触,如抱怨、罢工等。隐性的变革阻力则不那么容易为变革者所察觉,常常表现为组织成员在组织忠诚感、工作积极性以及工作效率等方面的降低。常见的组织变革阻力有以下五种:

第一种是来源于个体习惯的阻力。由于组织成员已经适应组织的当前状态,习惯了以往的工作方式,组织变革势必会改变他们以往的工作方式,让他们感觉到不确定性,进而抵制变革。

第二种是来自于领导观念的阻力。我国文化自古以来就强调稳定、惧怕混乱。组织变革难免会引起一定时期的混乱。所以,组织的高层领导往往会为了追求稳定而抵制组织变革。

第三种是来自于既得利益者的阻力。组织变革意味着原有制度和原有结构的变化,这也就意味着权力和资源的重新分配,从而使一些既得利益者的利益受到损害。因此,这些既得利益者就会竭力抵制组织变革的顺利实施。同时,由于既得利益者往往在组织当中具有较高的地位和较大的权势,所以来自他们的阻力就可能非常巨大。

第四种是来自于组织结构惰性的阻力。组织具有一些确保稳定的内在机制,比如组织对新成员的甄选程序与薪酬策略。当组织进行变革时,这些结构惰性就会产生阻力,努力维持组织的当前状态。

第五种是来自于群体惰性的阻力。个体行为会在很大程度上受到所属群体的影响。惯行的群体规范可能会阻碍组织变革的进行。

三、克服阻力的策略

为了克服组织变革的上述阻力,变革推动者可以考虑以下七种策略(Kotter & Schlesinger,1989):

(一)充分沟通

在组织变革开始之前积极地对组织相关成员做好思想工作,向他们详细地宣传组织变革的有关工作。通过与这些成员的深入沟通,使其了解和认同组织变革的基本目标与方法,从而为组织变革做好充分的心理准备。这样做可以从两个方面减少变革的阻力:一方面可以减少由于沟通不畅而造成的成员对变革的误解;另一方面可以促使相关成员更加深刻地认识到变革的必要性。

(二)邀请参与

让组织成员充分地参与变革的计划制订与具体实施,让他们感觉到自己对变革过程具有可控性和发言权。这样既可以减少他们由于组织变革而产生的不确定感,又能促使他们对变革方案产生更多的心理承诺;同时,还能够实现集思广益,从而提高变革方案的有效性和可行性。

(三)组织支持

组织变革会在心理和能力上对组织成员产生较大的挑战。如果组织能够帮助成员有效地应对这些挑战,就能有效地克服由于这些挑战而产生的阻力。因此,在组织变革的每个阶段,组织都应该对组织成员进行个性化的咨询、交流和培训,或提供员工帮助计划(employee assistance program,EAP),从而帮助他们尽快适应组织的新局面,推进组织变革健康有序地进行。

（四）进行谈判

为了克服变革阻力,变革推进者有时不得不考虑与一些既得利益者进行谈判,通过给予他们一些利益来换取他们对变革的支持。这种策略往往适用于个别既得利益者在组织当中拥有非常大的影响力,而又非常抵触变革的情况。值得注意的是,这种推进策略存在着比较大的成本,也就是说,稍有不慎变革推进者就可能会被这些既得利益者牵制,从而不断地向既得利益者作出让步。

（五）操纵和交易

操纵是指暗地里施加影响,比如封锁不利消息使组织成员接受变革。交易是一种同时包括操纵和参与的策略,它通过邀请变革抵制派的领导者参与到变革的决策当中来,并使他们在变革决策过程中担任比较重要的角色,从而获取他们及其所属派别对变革的支持。操纵和交易相对谈判来讲具有较低的成本,但也同样具有风险。当变革抵制派意识到自己被欺骗、被利用之后,他们所属的派系可能会对变革进行变本加厉的抵制。

（六）人事选拔

人们的能力和人格特征能够在一定程度上预测其对待变革的态度。那些具有积极自我概念、愿意承担风险的人,更能够接受组织变革。因此,组织可以通过选拔具有这些特征的人来推进变革,让他们在组织当中承担较重要的职责,从而为组织变革的有效实施铺平道路。

（七）实施奖惩

变革推进者可以通过奖励先进、惩罚后进的方法来推进变革。通过对先进部门、先进个人的及时奖励,对那些阻碍变革的部门和个人进行批评和调整,能够切实地强化变革行为,同时也能让所有的组织成员都意识到变革推进者的决心与力量。这种策略实质上是在对变革抵制者进行直接的威胁,所以可能存在的弊端就是激起他们的逆反心理,从而增加变革阻力。

第四节　组织变革的步骤

一、勒温的三步模型

勒温(Lewin,1951)认为,成功的组织变革可以按照三个步骤来加以实施:解冻、转换、再冻结。这个模型特别强调人们在组织变革过程当中的心理机制,因而模型当中的三个步骤也主要是针对组织成员的态度和行为提出来的。

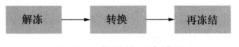

图16-3　勒温的三步模型

资料来源:Lewin, K. (1951). Field Theory in Social Science. Harper & Row.

(1)解冻。该步骤强调充分激发组织成员对组织变革的需要。在这个步骤当中,组织一方面不再需要对组织成员的旧态度、旧行为方式进行强化,另一方面还需要让组织成员感受到变革的急迫性。通过这两方面工作,就能够让组织成员意识到,旧的方法已经不能使自身和组织获得希望的结果了,而是需要接受新事物。这样一来,就为组织变革扫除了组织成员的心理障碍,使得他们不会过分惧怕变革,感到自己和组织都需要进行变革,也能够有效地推进变革。

(2)转换。这一步的关键在于改变组织成员的既定态度和行为方式,形成新的态度和行为方式。在这一阶段,我们需要密切关注组织成员的模仿学习。在组织变革过程当中,组织成员往往首先观察那些积极变革者是如何行动的,然后以这些积极变革者的态度和行为作为自己的榜样。同时,在模仿学习的过程中还需要注意,由于不同成员的工作内容存在差异,从积极变革者那里学来的态度和行为并不能生硬地照搬,需要从客观实际出发,选择恰当的行为方式。

(3)再冻结。通过一系列的强化措施,使新态度、新行为在组织当中固定下来。通过再冻结,组织能够有效地避免刚刚学会新态度、新行为的组织成员,一回到自己的工作岗位或者培训一结束,就马上把自己原来的老态度、老行为重新捡起来。为了进行有效的再冻结,组织首先要让组织成员有机会检验新态度、新行为是否符合自己工作的实际情况,同时对组织成员所表现出来的、零星的新态度、新行为迅速予以奖励。千万不能因为变革之初,组织成员的态度和行为变化得非常缓慢而失去耐心。其次,组织还应该给成员充分的机会去检验自己身边的人是否接受和认同这些新态度、新行为，从而使得这些新态度、新行为获得群体支持。对此，勒温也特别指出，组织变革不仅要关注组织成员个体，同时还应该关注组织成员所属的群体。群体成员之间的互动能够很好地强化新态度和行为，有利于组织成员持久地保持自己学来的新态度、新行为。

值得注意的是，这三步是密切联系的：解冻使得组织成员树立起了必须变革的决心，这样才可能在转换过程中学到适当的态度和行为方式，最后也才可能成功地实施再冻结。

二、沙因的适应循环模型

沙因（Schein，1980）的适应循环模型包括以下六个步骤（见图16-4）：第一步，洞悉内外部环境所发生的变化；第二步，向组织的相关部门提供关于变化的确切信息；第三步，根据确切信息调整组织内部的生产过程；第四步，减少或控制组织变革的不良反应；第五步，输出组织变革的新成果；第六步，通过反馈，进一步了解内外部环境的一致性程度，评价组织变革的成果。

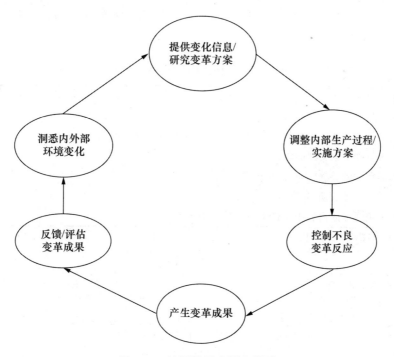

图16-4 沙因的适应循环模型

资料来源：Schein，E. H. (1980). Organizational Psychology(3rd ed.). Prentice-Hall.

在这六个步骤的实施过程当中,组织往往会遇到一些困难。沙因针对这些困难提出了一些实施建议:第一,组织可以通过市场调查和组织成员的意见调查等方法,来对组织内外部环境的变化进行准确诊断。第二,为了帮助组织的相关部门确切地掌握关于变化的信息,组织应该要求主管部门提高对变革的认识,疏通组织内部信息的流通渠道。第三,为了确保组织变革的切实推进,组织负责人不能简单地采取命令式的方式要求转变,而应该通过引导和教育的方式,协助各单位了解组织变革的意义,让各单位参与到变革决策过程当中来,从而让它们切身感受到组织变革的目的在于推进组织生产力,而不是针对个别人、个别单位的利益。这样就能够有效地降低组织成员对组织变革的抵制。第四,组织是一个有机系统。一个部分的变革可能会对组织其他部分产生影响,因此,为了将组织变革有效地固定下来,任何一项变革都应该考虑到其对组织其他部门的连锁反应。

三、科特的计划模型

科特(Kotter,1996)在以往变革模型的基础上提出了一个更为详细的模型。他针对管理人员在发动组织变革时最常见的七种障碍(见表 16-1)提出了八步骤的变革模型(见图 16-5)。

表 16-1 组织变革的七种常见障碍

1. 不能使组织成员感觉到变革已经迫在眉睫
2. 不能建立起支持变革的联盟
3. 不能提出清晰的关于变革的愿景,并把该愿景和组织成员进行有效沟通
4. 没有有效清除愿景实现的障碍
5. 没有提供短期的、能够实现的目标
6. 过早地宣布变革成功
7. 没能把组织变革的内容固定到组织文化当中去

资料来源:Kotter, J. P. (1996). Leading Change. Harvard Business School Press.

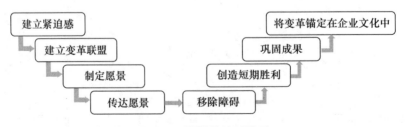

图 16-5 科特的计划模型

资料来源:Kotter, J. P. (1996). Leading Change. Harvard Business School Press.

第一,建立紧迫感。围绕变革的需求建立一种紧迫感,有助于激发推动变革的初始动力,从而启动变革进程。为此,管理者可以采取以下措施:深入分析组织所处的市场环境和竞争态势,识别并公开讨论现实危机、潜在风险或重大机遇,并在组织内部持续强化对这些问题的意识;同时,积极寻求客户、外部利益相关者和行业专家的支持,以此来增强自己观点的说服力。

第二,建立变革联盟。要使变革成为共识,通常需要组织内部关键人物的领导和支持。为此,管理者可以采取以下措施:识别组织中具有影响力的变革领导者,他们的影响力可能来自各种方面,如职位、地位、专业知识和政治;将这些有影响力的人聚集在一起,形成一个联盟或团队;这个"变革联盟"一旦成立,就需要作为一个团队来开展工作,继续围绕变革的需求建立紧迫感和动力。

第三,制定愿景。一个清晰且引人入胜的愿景能够为每个人指明方向,使他们理解变革的目的和意义。为此,管理者可以采取以下措施:构建一个全新的组织愿景,激励组织成员朝着共同的目标努力;设计实现这一愿景的具体战略,确保每一步都朝着愿景的实现迈进。

第四,传达愿景。在确立愿景之后,如何传达这一愿景将直接影响变革的成败。为此,管理者可以采取以下措施:利用各种可能的媒介和渠道,与组织成员广泛沟通新的愿景和战略;此外,"行胜于言",通过"变革联盟"成员的模范行为来推广、实践新的组织目标和行为。

第五,移除障碍。在实施组织范围的变革时,可能会经常出现障碍。持续识别并移除可能的障碍至关重要。为此,管理者可以采取以下措施:清楚地了解组织内变革实施的障碍;确保组织的流程、结构、政策和奖励制度等与新的变革愿景保持一致;鼓励创新,支持非传统的观点、活动和行为;授权组织成员实施组织制定的愿景。

第六,创造短期胜利。在变革早期,成功的体验对于激发员工士气和保持他们对变革的支持至关重要。为此,管理者可以采取以下措施:设定短期目标,并确保这些目标能够按计划实现,因为早期的失败可能会让团队气馁;对于那些在实现短期目标中做出显著贡献的团队成员给予及时的认可和奖励,以激励其他员工积极参与变革进程。

第七,巩固成果。真正的变革是深入的,快速胜利只是实现长期变革所需做的工作的开始。这一阶段,管理者可以采取以下措施:每次胜利后,分析哪些是有效的、哪些是需要改进的;巩固已取得的短期成果,并继续努力在整个组织内实施更大的变革;识别并彻底改变与愿景不适应的结构、制度及文化。

第八,将变革锚定在企业文化中。为了确保变革的持久性,必须让变革成为组织文化的核心组成部分。为此,管理者可以采取以下措施:通过指出新变化带来的好处来强化变革的重要性;明确并实施能够加强变革的规范和价值观;在招聘新员工或提拔现有员工时,纳入这些新的规范和价值观;制订新的培训和发展计划,帮助员工发展与新变化相关的技能;改进或消除与新文化不一致的流程。

四、组织变革公式

理查德·贝克哈德(Richard Beckhard)和鲁本·T. 哈里斯(Reuben T. Harris)二人在戴维·格莱彻(David Gleicher)的研究基础上于1987年共同提出了一个组织变革公式,来描述组织变革何以发生,以及变革如何开始。

$$对现状的不满 * 愿景 * 第一步行动 > 变革阻力$$
$$(Dissatisfaction * Vision * First step > Resistance\ to\ change)$$

这一公式融合了变革的动力分析框架。此外,它还强调了愿景和第一步行动对于变革的重要性,从行动和操作性的视角告诉我们为什么会变革,以及如何开始变革。变革充满了不确定性和未知性,但当人们看到目标、愿景,以及可以如何着手的时候,心理上的阻力就会小很多,也即"解冻",这对开启变革具有十分重要的借鉴意义。

第五节 组 织 发 展

组织发展是所有计划性变革干预措施的总和,也是一种常规或例行性组织微变革,它致力于增进组织效率和员工的主观幸福感(Farias & Johnson, 2000)。组织发展强调组织成员积极地进行探索,鼓励相互之间的合作和参与,希望最终实现成员与组织的共同成长。下面我们就简单介绍八种最为常见的组织发展方法。

一、敏感性训练

敏感性训练(sensitivity training),又被称为"T群体训练"和"交友群体训练"。这种方法首先是由美国心理学家利兰·布雷德福(Leland Bradford)在1947年提出并实施的。这种方法的核心就是通过无结构的小组互动来改变成员的行为。这种方法的有效性是建立在参训者的个体经验之上的。它不直接告诉受训者所需学习的内容，而是让学员们自己在群体互动过程中去体会和总结。这种方法能有效提高受训者的共情能力、倾听能力以及沟通能力，帮助他们对自己的行为以及别人如何对自己进行评价更加敏感，使他们对别人的行为更敏感，能够更准确地理解小组的活动过程。

敏感性训练的具体实施通常是由训练者组织短期培训班，把受训者变成数个小组，每组包括8—15个成员。培训周期通常在10—40个小时之间。培训过程可以是持续进行的，也可以是断断续续地一直持续一周甚至半年。这种训练方法的最大特点在于没有固定的课程和教材，也不规定训练的具体进程，只是规定受训者不得中途离开。在整个训练过程当中，训练者并不公开自己的身份，而是混在受训者当中，暗中发挥促进作用。训练小组拿到讨论议题之后（讨论议题通常是当时的一些现实问题），就不会再得到训练组织方的任何安排。因此，在训练刚开始的时候，现场往往会出现受训者不知所措的局面。受训者可能会不耐烦，可能会充满疑虑，也可能会进行思考。此时，就有可能会有人提议选择一个支持人，但应该由谁制定、如何制定等问题，可能就需要受训者们进行讨论。在这些讨论过程当中，受训者之间就进行了相互认识与了解，同时也就提高了大家在共情、倾听以及沟通等方面的能力。

二、调查反馈

调查反馈（survey feedback）是评估组织成员所持态度、识别和消除成员间认知差异的一种重要方法。这种方法要求领导和下属共同参与。首先请参与者提出值得大家共同讨论的议题（可以是任何与组织有关的议题，如部门之间的关系以及领导方式等），然后共同制作出关于这些议题的问卷，请各个成员进行问卷填写。问卷收集回来之后，把整理后的问卷数据反馈给领导及其对应的下属。这些数据信息就能够帮助组织成员确定当前的问题所在。然后再邀请所有参与者就问卷反馈信息展开对事不对人的建设性讨论，从而帮助大家进一步认识和理解问卷反馈信息的意义，以及切实提出各种可行措施来解决当前的问题。

三、相互作用分析

相互作用分析（又称"PAC人际交往理论"）是一种聚焦于促进组织成员互动的组织发展方法。这种方法认为，人们在人际交往时通常会表现出三种心理状态：父母、成人和儿童。当人们处于父母状态时，他们会表现出更多的权威感和优越感,倾向于控制和训斥他人;当人们处于成人状态时,就会比较客观和理智;当人们处于儿童状态时,就会表现得比较任性、感情容易冲动。按照相互作用分析理论来讲,最理想的相互作用状态应该是成人状态,也就是说"成人"与"成人"之间的交往是最优的。

相互作用分析理论同时还指出,人们之间的相互作用可能是平行的,如"父母对父母""成人对成人""儿童对儿童"。此时,相互作用双方的交往就能够持续地进行下去。但是,也可能会出现交叉的相互作用模式,如"父母对成人""成人对儿童"等。此时,相互作用双方的交往就将很难持续。

相互作用分析的具体操作通常是请受训者观看一些人际交往成分较多的影片,然后让他们用相互作用分析理论来分析影片当中各个主要角色所处的心理状态是父母、成人还是儿童,他们之间的交往是平行的还是交叉的,然后再请他们评价影片中各主要角色的人际互动效果,从而使他们自己受到启发,最终帮助受训者在人际互动中更好地确定自己的心理状态,提高他们的互动质量。

四、过程咨询

任何组织的管理者都会发现自己所处的组织或多或少地存在着一些不足,但是常常苦于找不到弥补这些不足的方法。过程咨询(process consultation)就是应对这种情况较好的办法,它假设过程方面的顾问能有效地帮助管理者识别和解决组织所面临的重大问题。这些问题可以包括沟通、工作流程以及各部门成员之间的关系问题等(Schein,1999)。

过程咨询的主要步骤包括:

(1)初次接触:委托人与顾问交换意见,并向其介绍组织当前存在的问题。

(2)确定关系:签订合同,就双方期望的结果达成共识。

(3)选择具体的咨询方法。

(4)收集资料,诊断问题:顾问通过问卷、观察以及访谈等多种方法收集组织的相关信息,对组织问题进行初步诊断。

(5)咨询干预:制定咨询程序,确定指导、反馈信息的方式。

(6)结束咨询:达成预期目标,结束过程咨询。

过程咨询可以解决组织面临的很多重要的人际问题或群体间问题,也能够帮助组织管理者提高自己识别和应对组织问题的能力,但是这种方法的最大局限在于一般时间跨度较大,需要的费用也比较高。

五、团队建设

在现代组织当中,越来越多的工作需要团队成员密切配合才能完成。团队可以是一个班组,也可以是组织的一个具体部门。团队建设(team building)的主要目的就是利用团队成员之间的互动来提高成员之间的信任和开放程度(Farias & Johnson,2000)。团队建设鼓励成员在一种开诚布公的氛围当中合作,提高团队效能,同时它能增进团队成员的相互信任,改善大家的沟通和人际交往能力。

一种团队建设形式是:首先让团队成员就组织目前存在的问题展开一两天讨论,从而帮助大家做好接受变革的心理准备。然后对所有一线管理者进行调研,了解有关组织氛围和工作内容等方面的情况。最后由顾问对调研信息进行分析,并与各团队进行讨论,真诚地分析问题,提出和实施变革方案。这要花费数月的时间。在这期间,外来的顾问发挥着重要的促进作用。

六、价值探索

大多数组织发展策略都是围绕着组织问题来开展的。也就是说,它们都是在试图解决组织所存在的某些问题。价值探索(appreciative inquiry)与这些策略不同,它关注的不是组织的不足而是组织的独特优势。它试图把组织的这些独特优势转化为进一步提升组织绩效的基础。

那些关注解决问题的组织发展策略,往往需要组织成员回忆以往的失败,却很少致力于构建新的愿景目标。它们往往容易激发起组织成员的防御机制,而使得组织变革难以实施。价值探索则关注提炼和提升组织已经存在的优势,有利于构建起积极变革的氛围。

价值探索的实施主要包括四个步骤:(1)发现一些大家公认的组织优势,比如请组织成员讲述他们认为组织最辉煌的时期,以及他们认为组织最为成功的方面;(2)在发现优势的基础上,思考组织的未来蓝图,比如请大家展望组织在五年后的状况,并阐明五年后的状况和当前组织状况的关键差异在哪里;(3)基于蓝图设计,组织成员构建出一个共同的愿景;(4)组织成员共同讨论决定组织应该如何行动,从而实现上述共同愿景。

七、私董会

私董会即私人董事会(private advisory board),是一种新兴的企业家学习交流模式。私董会将高管教练、行动学习、促动技术以及深度社交相结合,汇集来自不同行业的企业家智慧,通过集体讨论和交流,深入探讨并解决企业经营和管理中的复杂问题。

私董会的运作遵循六大原则:第一,企业一把手原则。私董会只向企业一把手开放。这是因为私董会旨在处理企业所面临的最全面、最核心和最复杂的问题。第二,非利益冲突原则。为减少潜在的利益冲突,私董会的成员应当来自不同行业,但应具有相似的行业地位和发展阶段。第三,保密原则。所有成员必须签订保密协议,保证不利用讨论中的商业秘密为个人或第三方谋取利益。第四,平等原则,私董会所有成员之间地位平等,在会议中应遵循公认的议事规则,以确保意见的广泛交流和高效率的决策。第五,教练原则。私董会的运作需要一名资深的专业人士担任教练角色,承担引导成员交流、思考、学习和解决问题的责任。第六,实用原则。私董会关注的是实践当中的问题,以及如何解决实际当中的问题。①

一场私董会一般需要三个角色:案主,即本次私董会需要解决的问题的主人;幕僚,即帮助案主解决问题的伙伴;私董官,即主持人,负责把控整体流程。私董会的运行流程大致如下:(1)在场的每一位成员均需进行简单的自我介绍。(2)保密宣誓,保证会上的所有信息不得以任何形式对外公开和泄露。(3)确定案主,若有多位成员都想在会上提出问题,那么需要通过投票来决定本场的案主。(4)案主阐述自己的问题。(5)幕僚轮流针对案主的问题进行提问,案主对问题进行回答。此处提问是为了收集和确认与案主问题相关的背景信息,而不是提建议或下判断。(6)幕僚反馈,幕僚们轮流发表自己对这个案子的感受,剖析案子最底层需要解决的根本问题,或者分享一个自己经历的故事。(7)案主思考与总结。(8)幕僚总结。在私董会"多维度""和而不同""弱关系强社交"的理念下,参与者能够共享智慧、共享资源、共享信息,相互支持与合作。

八、行动学习

行动学习(action learning)是由英国雷格·瑞文斯(Reg Revans)教授于1940年提出的概念。行动学习强调的是"在干中学",即学习者以小组为单位,共同解决一个实际问题,在这一过程中学习和反思,从而提升自身的能力和知识。

---

① 私董会流程,一张思维导图全解析.(2023-01-16)[2024-4-17]. https://mp.weixin.qq.com/s/XSU1UD3tFkAndSWOn3mRKQ.

瑞文斯关于行动学习的基本思想体现在一个公式中：

L（Learning）＝P（Programmed Knowledge）＋Q（Questioning Insight）

在行动学习中，学习是通过结合已有的结构化知识（P）和对问题的深刻洞察（Q）来实现的。P代表"结构化知识"，也就是那些可以通过书本、课程、讲座等传统教育方式获得的知识。这有助于学习者在特定领域内建立扎实的基础。但是，随着社会和技术的快速发展，单纯依赖结构化知识已不足以应对复杂的现实挑战。在这种背景下，对问题的深刻洞察（Q）变得尤为重要。Q强调的是学习者在面对未知和不确定性时，能够主动探索新领域，挑战既有假设，提出有洞察力的问题，并从实践中获得新的理解和认识。瑞文斯认为，真正的学习不仅仅发生在教室里，而是在解决实际问题的过程中。通过提问和反思，学习者能够将已有的"结构化知识"与新的挑战结合起来，从而产生更深层次的理解和新的解决方案。[①]

第六节 组织数智化变革

进入21世纪以来，一场以物联网、大数据、云计算、移动互联网、人工智能、区块链等新技术为标志的数字技术革命，在宏观上改变了产业结构和经济结构，极大地提升了社会生产力，在微观上改变了企业的管理模式，显著地提升了组织运行的效率。在当今快速演变的商业环境中，技术进步的步伐、不断变化的客户期望以及激烈的市场竞争，使得数智化变革已成为推动企业持续增长和保持竞争力的关键动力。数智化变革不仅是技术的简单应用，更是一种全新的思维方式和管理理念。

一、数智化的含义解读

从技术革命的视角来看，人类社会大致经历过三次显著的整体性技术范式变迁。第一次工业革命中，以蒸汽机技术为代表的机械化生产方式，使得传统农业社会中的手工作坊演变为工业经济时代下以机械化为动力系统的工厂组织，推动人类社会从传统农业社会逐步迈入工业社会。第二次工业革命中，以发电机、内燃机、电动机为代表的技术载体为大规模流水线生产奠定了技术基础，推

[①] 行动学习与传统培训到底有何不同？（2023-07-19）[2024-4-17]. https://mp.weixin.qq.com/s/UD_aiyGFFD8P9TyBojr3oQ.

动人类由"蒸汽时代"向"电气时代"转变。自20世纪后期,尤其是步入21世纪以来,以计算机、移动互联网、大数据、区块链与人工智能等数字信息与智能技术为基础的新一轮技术变革,使人类从传统的农业社会和工业社会迈入"数智社会(数字社会+智能社会)"(阳镇、陈劲,2020)。

数智化是对数字化和智能化的融合。数字化是指使用数字(技术、工具、流程、解决方案)来产生更大的运营影响,以实现组织内部变革的过程。智能化是在数字化和网络化基础上产生的生产力高级形态,随着移动互联网和大数据的普及应运而生(戚聿东等,2022)。数智化在数字化的基础上,以数据为核心生产要素,充分利用"数据(物联网、传感器与大数据等)+算力(云计算与边缘计算等)+算法(流程模型与人工智能等)"的数智技术,为生产和管理赋能,逐渐培育出企业的数智化能力,以应对动态变化的环境(王秉,2023;戚聿东等,2022)。

与数字化相比,数智化的主要不同在于三个方面:一是数智化更加注重人工智能与深度学习等智能技术的应用,强调数据的智能化分析与处理;二是数智化更加注重数据的应用(即数字化是技术概念,而数智化属于数据技术的应用),以期让数据反馈经济社会,并赋能经济社会发展和转型进步;三是数智化在数字化基础上实现了决策自优化、执行自动化与自我学习提升。概括而言,数智化时代具有六大主要特征:以数据为核心生产要素、以万物互联构筑数据基础、以数智技术变革生产工具、以系统集成形成数智社会、以数据智能驱动价值中枢,以及以数字网络和内容重构社会结构(王秉,2023)。

二、组织数智化变革的驱动因素[①]

(1)复杂多变的商业环境。首先,用户需求越来越多元化、个性化,并且重视体验。他们对新事物(如24小时在线)的接受程度远超出企业想象。因此,企业需要敏锐地洞察用户需求的变化,并实时满足这些需求,以增强在数智化时代的竞争力。其次,现在的竞争格局并不是非此即彼的竞争关系,更多是生态竞合关系。企业不再是单打独斗的局面,而是要和产业的上下游,包括跨界生态伙伴协同共生。最后,产业环境正在发生深刻变革。经过高速发展,我国现在的目标是实现高质量发展,同时呈现出从劳动密集型逐渐转变为技术密集型的产业升级;数字技术和数据要素不断渗入我国产业体系的全链条,全产业链数字化融合

---

① 谢婷敏. 解析数智化敏捷组织建设:重构、升级和进化.(2022-07-15)[2024-4-17]. http://news.sohu.com/a/567817290_114819.

已成为必然趋势。

(2) 势在必行的管理变革,包括组织管理、商业模式和创新模式都在变化。在组织管理方面,随着90后、00后逐渐成为职场主力军,他们的独特意识和个性特点驱使组织的管理模式、组织架构、领导模式都在向更加灵活、开放和适应性强的方式转变。在商业模式方面,平台赋能生态共赢成为企业转型的核心战略之一。通过构建开放的平台生态系统,企业能够整合各方资源、拓展多元化渠道、提升服务水平,与生态伙伴共同创造价值。在创新模式方面,随着科技和市场的发展,传统的创新模式已经不再适用于当前的商业环境。全企业全员创新、产业链协同创新和用户参与创新等策略正在逐渐成为组织创新的重要趋势。

(3) 日新月异的技术发展。驱动底层变化的根本原因是技术的发展和创新。在技术架构方面,云原生数智化架构、"云边端"(云计算、边缘计算和终端设备)一体化成为主要趋势,使得企业能够更加灵活地构建、部署和管理应用程序,实现数智化变革的加速和深化。在技术开发方面,开源、低代码开放为企业提供了更为便捷、高效的开发工具和平台,加速了创新的推进和产品的上线。在技术应用方面,以"协同+数据"驱动、智能决策为代表的新技术趋势正逐渐成为企业发展的关键驱动力。此外,数智化基础设施的发展也为企业提供了更为稳定、安全、高效的数据处理和存储能力,为创新应用提供了可靠的技术支持。总之,技术的不断发展和应用,产生了更多新的商业模式,驱使着组织在不断变化的内外部环境中进行自我革新和升级。

三、组织数智化变革的顶层设计

顶层设计是一个战略性的概念,是企业在数智化转型过程中对整体战略方向、组织结构、技术架构等的全局性规划和设计,从而确保组织能够保持方向性、一致性和协同性。《2021数智化转型升级的企业组织变革白皮书》提出了一个框架,即"一大变革、四大升级",为组织数智化转型提供了重要的参考。

(1) 思想变革。数智化转型不仅是技术层面的革新,更是一场企业内部深刻的思想变革。这一过程要求领导者具备前瞻性的战略眼光,从顶层推动数智化转型的实施。这意味着,核心管理层必须首先拥抱数字化思维,并将这种思维贯穿于企业文化和日常运营中。其次,企业需要培养一支既懂得数字化技术,又能引领变革的领导团队,同时确保人才供应链的充足和高质量,以支撑企业的数智化转型。

(2) 组织文化升级。在数智化转型过程中,企业经营文化应该由传统的经验决策转变为数据驱动决策。从内部视角来看,"让数据说话"的文化鼓励企业利用数据分析来指导业务发展,优化决策过程,提升运营效率;从外部视角来看,企业能够更好地理解市场动态,快速响应客户需求,从而实现持续的创新和改进。最后,这种文化升级要求企业在价值观、行为准则、激励机制等方面进行调整,以确保每个员工都能够在数据驱动的环境中发挥最大潜力。

(3) 组织形态升级。传统的科层制组织结构犹如"绿皮火车",往往僵化且响应缓慢;相比之下,敏捷组织则如"和谐号"列车,每个部门不仅能够独立运作,还能够高效协同,共同推动企业前进。敏捷组织强调灵活性、自适应能力和快速迭代,能够迅速调整战略和运营模式,以应对不断变化的外部挑战。面对高频竞争带来的业务复杂度激增,以及不确定性增多的外部环境,企业亟须打破传统的层级结构,建立跨部门协作平台,促进信息流通和资源共享,实现向敏捷组织的转变。

(4) 组织治理升级。随着组织形态从传统的层级结构向敏捷组织转变,企业的治理结构也必须随之演进。这涉及岗位设计、薪酬体系、绩效管理、职业发展和企业文化等多个方面的调整。组织治理升级的目标是确保各个方面能够相互协调,共同支持企业的战略目标和核心能力。这要求企业建立更加开放和透明的决策流程,以及更加公平和激励性的人力资源政策,从而激发员工的创造力和积极性。

(5) 技术基建升级。技术是数智化转型的基石。企业需要建立一个全链路的数据工具和流程保障体系,以支持数据分析、业务流程自动化和客户体验优化等关键活动。技术基建升级包括构建云基础设施、实施先进的数据分析平台、开发灵活的应用程序编程接口(API)以及确保数据安全和合规性。通过这些技术升级,企业能够实现数据的高效利用,提升运营效率,加速创新步伐。

总的来说,组织数智化转型是一个系统性的概念。它不仅仅依赖于新兴技术的整合和应用,还需要对组织架构进行设置和调整,关注组织构成的基本单位——"岗位",推进组织有效发挥职能的抓手——"绩效",为组织运行提供激励与保障的催化剂——"薪酬",支撑组织长久运作的动能——"职业发展",以及驱动组织真正变革升级的内核——"企业文化"。对于系统中的每个要素,企业都需要不断地评估、调整和优化,以确保整个系统能够高效运转,从而实现组织数智化转型的最终目标。

四、组织数智化变革的关键领域

人工智能（AI）作为数智化变革的核心驱动力，正在重塑组织的运营方式、决策过程和客户互动。布罗克和冯·瓦根海姆（Brock & Von Wangenheim, 2019）基于案例研究和两次全球高管人员调查，研究了 AI 在组织数字化转型中的应用，以及数字化转型领先企业和落后企业在组织特征方面的差异。他们提出了一个名为"DIGITAL"的 AI 成功实施框架，旨在指导组织如何有效地实施 AI 技术以促进数智化变革。这个框架的每个字母代表一个关键领域，包括数据（Data）、智能（Intelligence）、务实（Grounded）、整合（Integral）、团队合作（Teaming）、敏捷性（Agile）和领导力（Leadership）。

（1）数据。AI 成功应用的根本基础是数据。缺乏可用于训练的数据，AI 就无法为企业创造价值；同样的，若缺乏获取、管理和分析数据的能力，AI 也难以产生有价值且可执行的洞察。那些具备强大数据能力的公司，更有可能从 AI 技术中获得更多价值。对数字化转型领先企业的分析表明，集成的数据管理实践和数字化流程显著地将领先者与落后者区分开来。因此，企业必须重视数据资产的积累与优化，确保在 AI 的驱动下，能够实现数据的最大化利用，从而推动组织向数智化变革的深入发展。

（2）智能。面对 AI 实施中的最大挑战——缺乏熟练员工和数字技术知识，管理者必须致力于在组织内部培育一种适应时代要求的数字智能。这种智能超越了数据科学技能，还包括与战略、技术和安全相关的能力。那么，管理者应该如何培育这种智能呢？

第一，管理者要认识到，AI 的成功应用不仅仅依赖于数据科学、新兴数字技术和网络安全等技术技能，更在于战略层面的管理技能。这些管理技能的核心是意识和理解，即意识到 AI 和相关新兴数字技术的可能性和要求，并了解如何在公司特定环境中最大化地利用这些技术。例如，管理者需要思考："AI 如何帮助捍卫、发展或改变我们的业务？"

第二，对于 AI 技能的获取，管理者面临着内部开发或外部引进这两种选择。布罗克和冯·瓦根海姆（Brock & Von Wangenheim, 2019）建议采用双管齐下的策略，即在开发现有内部技能的同时引进外部人才，以构建坚实的技术基础，确保 AI 技术的有效应用。

第三，对于 AI 项目，管理者需要保持足够的耐心和长远的视角。AI 项目通常需要经历一个漫长且充满不确定性的过程。特别是在初次尝试时，管理者应该鼓励团队进行探索性试验,并为他们提供一个宽容的时间框架和充足的资源来实现目标。这包括建立一种容许失败的文化。数字化转型领先企业正是擅长从失败中学习,从而得以在 AI 项目中取得更为显著的成效。

(3) 务实。管理者在推动 AI 项目时,不应该追求高远的"空中馅饼"项目,而应该"从小做起",并将项目建立在现有的核心业务基础上。根据布罗克和冯·瓦根海姆(Brock & Von Wangenheim, 2019)基于全球 7000 多个项目的洞察,公司普遍倾向于应用新兴的数字技术来改善现有的业务。这一发现强调了 AI 应用于解决切实业务问题的必要性,而非一开始就将其视为激进的创新和商业模式的颠覆。正如成功采纳其他新技术的经验所示,AI 的应用也应该遵循"小步快跑"的策略——从小处开始,通过不断的测试和学习,逐步扩大应用范围,以实现技术的最大化利用和业务的持续增长。

(4) 整合。在全公司范围内成功实施 AI 需要采取一个整体的方法,整合战略、流程、数据管理、技术一致性、员工参与和文化。第一,一旦 AI 被应用于实际的商业环境中,管理者必须确保 AI 嵌入并支持公司的数字战略。公司的数字战略,不仅详细阐述了公司如何利用数字技术实现战略目标,而且为其活动提供了明确的方向和目的。第二,实施数字化战略涉及将公司的核心流程"数字化",即从采购流程到内部运营再到客户管理都要数字化。第三,随着公司业务的数字化,会产生大量的数据。数据的价值在于其能够相互联系,而不是孤立存在。因此,采用一种集成的数据管理方法变得尤为关键。企业需要确保所有数据都能够相互连接和整合,以便最大限度地获取价值和创造知识。第四,集成数据管理依赖于技术一致性。技术一致性涉及将 AI 等新兴数字技术与公司现有技术进行有效整合,确保新旧技术能够在数据层面上相互兼容和理解。第五,整合还意味着管理者需要确保员工的积极参与和建立一种支持性的文化。通过培养员工的参与感和归属感,组织可以更好地推动 AI 项目的实施,并最终实现数智化变革的目标。

(5) 团队合作。在 AI 项目实施过程中,单打独斗的企业往往不太可能成功。因此,管理者应当将 AI 视为一个契机,用以构建合作伙伴关系并发展出一个强大的业务生态系统。首先,数字化转型领先企业强调技术合作伙伴的支持是 AI 成功的关键因素。与技术合作伙伴携手合作,能够为公司带来两大显著优势:早期接触新兴技术的机会,以及利用这些公司积累的项目经验和技术专长。其次,这种合作的价值不仅限于与技术合作伙伴的互动,更扩展到了整个公司业务生态系统的建立,涵盖了供应商、竞争对手、客户和来自跨行业的联盟伙伴。

最后，建立开放的创新生态系统，已成为数字化转型领先企业区别于落后企业的一个组织特征。这样的生态系统不仅促进了知识和资源的共享，还加速了创新的进程，为企业在 AI 领域的探索和应用提供了肥沃的土壤。

（6）敏捷性。管理者如何培育组织的敏捷性呢？相关研究表明，企业感知变化并通过重新配置其资源、流程和战略而迅速作出反应的能力是组织敏捷性的核心。在 AI 项目的实施过程中，这一点尤为重要，因为 AI 项目通常需要在不断变化的环境中灵活应对，而不是遵循一成不变的既定路径。这意味着管理者在项目规划和执行的每一个阶段都需要保持高度的灵活性和适应性。

（7）领导力。管理者应当亲自领导并全力以赴地支持公司的 AI 项目，而不是仅仅将领导职责委派给项目管理团队。在布罗克和冯·瓦根海姆（Brock & Von Wangenheim, 2019）的研究当中，领导者的支持被确认为项目成功的一个关键因素，相对地，缺乏领导支持则成为一个关键的障碍。在数字化转型领先企业中，一个显著的特征是 CEO 将数字化工作，包括 AI 和其他先进的数字技术，置于公司战略的优先位置。

本章小结

随着经济全球化的日渐深化，变革已经成为商业社会当中唯一不变的重要属性。为了帮助组织有效地实施变革，本章系统介绍了组织变革能力、组织变革的主要动力和阻力、组织变革的实施步骤、组织发展的常用策略以及组织数智化变革的顶层设计和关键领域。

组织变革能力代表了广泛的、动态的组织能力。具有较高变革能力的组织能够成功应对快速变化的环境，而变革能力较低的组织则可能受到环境变化的负面影响。组织变革的动力主要来自劳动力性质的变化、生产技术的变化、经济走势的变化、竞争区域的变化、经济改革的深化以及民营企业的发展等六个方面。组织变革的阻力主要包括个体习惯、领导观念、既得利益者、组织结构惰性和群体惰性。领导者可以通过充分沟通、邀请参与、组织支持、进行谈判、操纵和交易、人事选拔和实施奖惩等七种方法来克服上述阻力。

关于组织变革的步骤现在主要的理论包括勒温的三步模型、沙因的适应循环模型以及科特的计划模型。组织发展是实施组织变革的有效途径，其常用策略包括：敏感性训练、调查反馈、相互作用分析、过程咨询、团队建设、价值探索、私董会以及行动学习。

进入 21 世纪以来，数智化变革已成为推动企业持续增长和保持竞争力的关键动力。组织数智化变革的顶层设计可以概括为"一大变革、四大升级",即思想变革、组织文化升级、组织形态升级、组织治理升级和技术基建升级;关键领域包括数据、智能、务实、整合、团队合作、敏捷性和领导力。

本章思考题

1. 什么是组织变革?
2. 组织变革的阻力有哪些?
3. 勒温的组织变革模型主要包括哪几个步骤?
4. 相互作用分析理论的主要内容是什么?
5. 组织数智化变革的驱动因素有哪些?

推荐阅读

1. 温德尔·L. 弗伦奇. (2006). 组织发展与转型:有效的变革管理. 阎海峰,等译. 北京:机械工业出版社.
2. 奥托·夏莫,凯特琳·考费尔. (2014). U型变革:从自我到生态的系统革命. 陈秋佳,译. 杭州:浙江人民出版社.
3. 杨国安. (2021). 数智革新:中国企业的转型升级. 北京:中信出版社.

第十七章 数智化时代的组织管理

开篇案例 飞书助力线上协同办公

2020年全球新冠病毒感染疫情暴发,线上协同办公全面开花。短短几个月的时间,中国几千万企业主、上亿职场人、几亿学生,开始习惯于视频开会、在线文档协作、上网课……自此,远程办公、算法管理和数字化转型从点到面全面启动。

2021年5月19日,在"飞书未来无限大会"上,理想汽车创始人李想发表了以《从工业组织进化到智能组织》为主题的演讲。李想表示,互联网发展进入第三阶段后,物理世界逐渐实现全面数字化。这意味着生产力和生产关系发生了变化,企业组织需求和形式也必须随之改变,才能够更好地应对挑战。在使用飞书后,李想发朋友圈表达了感受:"飞书太好用了,实现了沟通、工作、认知共创,三合一的智能组织的管理和协作系统。"

飞书最初是字节跳动为满足自身对协作效率的需求而自研的办公工具。2016年,Lark(飞书的前身)的雏形在字节跳动内部诞生。2017年7月,飞书1.0版正式开发完成。同年11月,字节跳动全面使用飞书作为其办公软件,支持了今日头条、抖音、火山小视频、西瓜视频等爆款产品的协同工作。接着,飞书扩大了使用范围并且进行了团队扩张。2018年,飞书开始邀请部分合作伙伴使用,并加大了对飞书的投入。随后,飞书逐步上线国内市场并且扩大海外市场的影响力。2019年1月,飞书2.0版本发布。同年4月,字节跳动正式发布针对海外的企业协同办公产品Lark。经过半年的海外市场试水与打磨,Lark于同年9月以"飞书"的名字向国内市场开放。

随着企业对协同办公需求的增大,飞书进行了产品迭代。2020年11月,飞书发布了π版本,增强了协同能力,主打飞书文档,并将通信与文档、日历、会议、审批等功能打通。2021年5月,飞书推出了4.0版本,围绕"人、目标、信息"的组织三要素,新增了飞书知识库、飞书绩效、飞书招聘等产品。同年11月,飞书5.0

版本上线,增加了飞书合同、飞书审批、飞书人事等新功能,将提升效率的形式由协同转变为提升管理。

时任字节跳动副总裁的谢欣对协同工具的价值评价道:"在知识经济时代,我们希望雇用员工的大脑而非双手。员工需要的是被激发,而不是被管控,同时我们的工具也应该帮助大家实现这个目的。"

飞书更注重细节、高效协作,以及开放性、支持第三方应用接入。而更早启动的阿里巴巴的协同办公软件钉钉,其优势在于强大的管理功能,适合需要严格管理考勤、审批和团队协作的公司;腾讯的企业微信则主打安全性和可扩展性,与微信个人账号互通,适合大型企业,尤其是金融、科技和制造业等行业的企业,企业微信在功能上提供了丰富的即时通信、语音和视频通话、企业通讯录、审批流程等功能,支持开放的 API 接口,方便企业进行定制开发和集成其他应用。

资料来源:李想谈未来组织:像华为复制 IBM 一样,复制行业最佳实践经验.(2021-5-20)[2024-4-17]. http://ex.chinadaily.com.cn/exchange/partners/82/rss/channel/cn/columns/sz8srm/stories/WS60a5f645a3101e7ce975091b.html. 飞书的前世今生.(2020-2-21)[2024-4-17]. https://www.sohu.com/a/374885831_354120.

本章将探讨数字时代下的组织管理,包括远程办公、零工经济、人机交互等,它们的形式和特点是什么,以及组织应当采取哪些措施来应对这些数字化管理形式和数字化浪潮。

第一节 远程办公

一、远程办公的兴起

2020 年年初,一场突如其来的新冠疫情席卷全球,冲击着众多企业的生产和运营。得益于科技的进步,21 世纪的企业在面对这一危机时已经有了更多的"自救"方式,其中最重要的一个便是实行远程办公。在互联网等数字技术的加持下,员工足不出户便可完成工作,企业也能够通过远程办公形式在危机之中继续经营。而在后疫情时代,不少企业也愿意继续接纳远程办公。例如,2023 年10 月 10 日,去哪儿网首席运营官刘连春正式宣布将进行"混合办公试验",探索居家办公制度[1]，这不仅能为去哪儿网注入更多活力，也可以为员工提供更多的自由和便利。可以说，远程办公为企业和员工都带来了极大便利。而实际上，远程办公可以追溯到更久远的历史。

远程办公的实现离不开通信技术的发展。在20世纪下半叶，随着电话等远程通信技术的普及，远程办公便已初现雏形，因此在早期远程办公研究中也常常使用"telework"和"telecommunication"等术语。及至20世纪末，计算机和互联网技术的逐渐普及让远程办公有了新的实现途径，电子邮件、远程文件传输等成为人们新的远程办公方式。[2] 时至今日，诸如社交或在线办公App、视频会议、VR、AI等各种数字工具的飞速发展，更是极大地便利了人们的沟通和协作，人们甚至可以随时随地处理工作事务，而不必局限于正式的办公室场所和上班时间。

伴随着远程办公的发展，学界对其的探究也由来已久。尼尔斯（Nilles，1975）首次提出"远程办公"的概念，并将其定义为"员工在工作场所外进行工作"，但这一概念仅强调了工作地点的变化，而未强调工作方式的不同。之后，贝利和库尔兰（Bailey & Kurland，2002）给出的定义弥补了这一不足，将其更新为"员工通过电信或计算机技术与企业通信并在传统工作场所之外工作"。但近20年来，人们的通信技术和方式已经发生了翻天覆地的变化，霍伟伟等（2020）在结合在线远程办公内涵演变过程后，与时俱进地将其定义为：员工在常规工作时间运用现代信息通信技术如智能手机及电脑等，在工作场所之外的其他地方处理工作事务。

二、远程工作者的心理与行为

在近几十年内，学者们对于远程办公的探究主要关注其对于个体层面的影响，研究揭示了远程办公对员工心理和行为的双刃剑效应。一方面，远程办公灵活便利的突出优势能够为远程工作者带来积极作用；另一方面，员工也承受着远程办公的缺点所带来的消极影响。

（一）远程办公的积极影响

首先，远程办公最为直接和突出的优势是能够让员工随时随地开展工作，而

---

[1] 一周可居家办公3天，去哪儿灵活办公制度出炉！网友："快点让我的老板看到".（2023-10-30）[2024-4-17]. http://news.sohu.com/a/732385761_121124371.

[2] 中国远程办公行业：经营状况多元化.（2024-4-8）[2024-4-20]. http://news.sohu.com/a/769889668_120815556.

这极大地增强了员工的工作控制感、工作灵活度和工作自主性（Shao et al.，2021；Shockly et al.，2021）。其次，远程办公不仅可以让员工更自主合理地安排工作，还让员工能够投入更多时间和精力，由此能够提升员工的工作绩效并帮助其达成工作目标，进而提升其工作满意度。再次，远程办公为员工工作带来的积极效应，能够促进员工在家庭领域的增益，不必被束缚于办公室场所让员工能够顾及家庭事务，这不失为一种促进工作—家庭平衡问题的方案。最后，远程办公的灵活性、自主性等优势，尤其可以助力职场中弱势群体（如产后女性和残疾员工）的工作和就业。此外，研究也发现，居家办公也减少了高峰期的交通拥堵。

（二）远程办公的消极影响

其一，远程办公的灵活优势也会成为员工的负担，比如增加员工的工作时间和工作负荷，消耗个人资源并降低幸福感，甚至可能导致员工的职场偏差行为（比如工作"摸鱼"）并损害其绩效。其二，远程办公往往意味着员工居家办公时长占比更高，这会侵占员工本用于家庭生活的时间和精力，影响员工家庭职责的履行，可能引发工作—家庭冲突。其三，由于组织和组织成员之间缺乏亲密交流，远程办公会负向影响员工的人际关系和组织承诺，进而可能导致员工的缺勤率上升和离职意愿增加。其四，远程办公还可能会使员工混淆工作与非工作时间，导致其在非工作时间也无法实现心理脱离，进而会影响员工的身心健康，带来失眠、抑郁等不良后果。其五，针对新冠疫情期间被动远程办公的研究发现，远程视频会议还会增加成员的疲劳感，这一效应在女性员工和新入职员工群体中表现更为明显，这或许是由于他们对自身形象顾虑更高，而摄像头和麦克风等加剧了这一顾虑（霍伟伟等，2020；Shao et al.，2021；Shockly et al.，2021）。

三、管理策略：如何打造高效远程办公团队

尽管远程办公可能存在诸多不利影响，但鉴于其突出的灵活优势以及降低企业成本等优点，远程办公或结合远程办公的混合办公模式，终将成为部分员工的重要工作方式。新冠疫情为远程办公提供了充分的展现机遇，也推动了远程办公的进一步发展。可以预见，未来越来越多的工作团队中会包含一定数量的远程工作者，甚至完全由远程工作者在线组成，这便为领导者提出了更高的管理能力要求。目前，关于远程办公的研究已经为如何打造和领导远程办公团队提供了一定指导。

首先，在成员分散的情况下，远程办公团队更需要注重沟通的重要性。例

如,肖克利等(Shockley et al.,2021)研究发现,日常沟通质量与远程工作者的绩效呈正相关、与职业倦怠呈负相关。该研究还认为,在任务互依性较低的远程团队中,领导者的沟通期望(如沟通工具选择、回复时间期望等)可以帮助员工明确目标、建立惯例和应对压力,进而有助于员工绩效的提高。这就说明了,远程办公团队需要保证成员间较高的沟通质量,而团队领导也应在沟通上给予员工支持,帮助员工适应新的工作方式。

其次,领导者不应过分严格地控制远程办公员工,而应以信息共享等其他方式与之保持联系。此前有观点认为缺乏约束监管会让远程办公者效率低下,但劳奇等(Lautsch et al.,2009)则指出更多的控制(相较于对非远程办公者的控制)会损害远程办公的灵活性、自主性等优势,也会让远程办公者产生不公平感和不被信任感,反而不利于远程办公积极效果的发挥。因此,他们建议,管理者以平等的方式管理团队中的远程办公者和非远程办公者,并以增加信息共享、协助工作—家庭边界管理等方式加强与员工的积极联系。

最后,领导者还需要注意团队中非远程工作者的状态。在绝大多数员工进行远程办公的团队中,非远程办公者反而容易被忽视。然而,研究发现,远程办公的流行会给非远程办公者的工作满意度和离职倾向带来不利影响,其工作负担和压力也会加重。因此,团队领导在注重与远程员工联系的同时,也需要关注非远程工作者的状态,并及时给予支持。

第二节 零工工作

> 我父亲一生只做了一份工作,我的一生将做六份工作,而我的孩子将同时做六份工作。
>
> ——汽车共享公司 Zipcar 创始人罗宾·蔡斯(Robin Chase)[①]

一、零工经济和零工工作

几个世纪以来,受雇于单一组织的全职工作一直被认为是常态,但随着互联网技术的发展和普及,很大一部分劳动者并非处于这样的工作模式,而是转向了

---

① 商学院荐读|你有勇气和能力以打零工为生吗?(2017-12-25)[2024-4-17]. https://www.sohu.com/a/212633016_160373.

更加灵活的"零工工作"(gig work)。

"零工工作"和"零工工作者"在不同的工种和行业中都存在，零工工作的出现，使公司、政府、非营利机构等组织能够在需求高峰期扩大员工队伍，然后在工作量正常时恢复到更精简的工作团队。

零工经济是一种新型的按需服务的用工模式，"平台＋个体"是零工经济的基本形态。消费者通过互联网平台的信息和资源匹配购买服务，零工工作者在线接单，不再受到时间、空间、组织的限制。零工经济涵盖了广泛的行业，包括外卖、出行、电子商务等。据统计，2023年美国的零工经济预计达到4500亿美元。① 2023年中国灵活就业人数约2.16亿，其中到家服务近4000万人，网约车司机超3200万人，骑手超1100万人（外卖员超800万人，即时配送超300万人），货车司机超1000万人，活跃主播超270万人。② 这一庞大的群体和迅速发展的趋势为管理心理学的理论研究打开了新的窗口和提出了新的挑战。

克罗潘扎诺等（Cropanzano et al., 2023）通过整理文献中对零工工作的定义（见表17-1），总结出零工工作者具有的四个特点：(1) 成员身份。零工工作者与组织中的正式员工不同，他们是自由职业的独立承包人，不在某一特定组织内工作也不雇用其他人。(2) 时间。零工工作者在不同的工作中能够迅速切换，通常同时为多个组织工作并且同时承担多份任务。(3) 酬劳。零工工作者通常没有固定的工资，通常按项目或计件获得报酬。(4) 与雇主的联系方式。零工工作者直接向市场或其他中介机构（如人力中介）出售其劳动力、产品和服务。在此基础上，克罗潘扎诺等（Cropanzano et al., 2023）提出零工工作的定义：通过外部劳动力市场，向组织或个人客户提供的短期有偿劳动。

表 17-1　零工工作的不同界定

定义	出处
零工工作者是与组织签订合同或直接面向市场的短期独立自由职业者	Ashford et al., 2018
零工工作者的报酬与月度/年度发放的工资不同，零工工作者不签订持续工作的合同，并且工作过程中的工作时间和收入不稳定	Abraham et al., 2019
零工工作者的报酬通常不是按年或小时来计算，而是按照任务计算	Duhaime & Woessner, 2019

---

① 2023年美国零工经济发展现状：11项核心数据.(2023-10-26)[2024-4-17]. https://www.goldentec.com/report-detail-653a053769deff576579dbe0.html.

② 2023工猫预计灵活就业2.61亿人.(2024-2-29)[2024-4-17]. https://www.163.com/dy/article/IS4KU4CH05389TR9.html.

（续表）

定义	出处
零工工作者是独立承包人，从事数字化和受控的工作，报酬按件计算	Goods et al., 2019
零工工作者与组织（即平台）几乎没有任何物理层面的接触、与组织正式员工没有联系、对组织没有投资	Rockmann & Ballinger, 2017
零工工作者的工作时间不规律、自备工作设备、自行决定工作场所、计件获得报酬、由网络平台进行组织	Stewart & Stanford, 2017
零工工作者具备三个主要特征：基于项目的报酬、工作临时性、工作灵活性	Watson et al., 2021
零工平台的推广方式是通过App，零工工作者可获得灵活的时间安排、自我决定的工作场所和无限制的报酬	Ravenelle, 2019
零工工作的定义：(1)工作者与组织的独立和分离；(2)短期工作；(3)基于项目的报酬	Campion et al., 2020
"零工"（即项目或任务）也即组织外部的有偿工作，工作者无须组织的正式任命即可参与工作	Caza et al., 2022
零工工作是由独立承包人在短期内填补的临时职位，其特点是对组织的依赖度低、合同相对非正式、工作之间切换迅速	Doucette & Bradford, 2019
零工工作是一种通过技术平台将自我雇佣的工作者与客户直接联系起来的短期合同工作	Spreitzer et al., 2017

资料来源：作者根据克罗潘扎诺（Cropanzano et al., 2023）的研究整理。

二、零工工作者的心理与行为

零工经济属于技能经济，高技能型劳动者的技能优势让他们有机会获得高报酬、自主设计职业生涯，及对未来有更大的控制权。零工工作者的工作时间、地点和方式更加灵活自主，并且为不同组织工作能够丰富其工作体验，这极大地满足了工作者的从业需求，也吸引着越来越多的工作者从事零工工作。

尽管存在着若干益处，但零工工作者同时也面临着与具有稳定雇佣关系的员工所不同的挑战，根据卡扎等（Caza et al., 2022）的研究，可以将零工工作者面临的挑战分为工作层面和心理层面。

工作层面的挑战分为：(1)基本生存条件的自我满足；(2)独立完成工作的所有流程；(3)职业道路的不确定性。首先，零工工作者需要面对满足其生存条件的挑战。相较于具有稳定工作的员工而言，零工工作者必须谨慎地管理各个客户和雇主的项目，从而确保有持续的收入以满足其生存需要。实际上，尽管零工工作具有灵活性，但即便是高报酬的零工工作者也会在项目间断期间感到压力，从而通过承担额外的工作进行应对。其次，由于没有组织中其他专业部门的支持,零工工作者必须独自完成有关工作的整个流程以及后勤工作。比如,零工工作者需要管理财务、维护客户、推广自身技能等,而这些工作在组织中是由其他员工进行支持的。最后,职业道路的不确定性使得零工工作者无法预测未来的职业。职业道路的不确定性会影响身份认同、个人意义感和成长需要。组织往往会为员工提供职业规划,从而让员工对自己未来的职业发展有所了解。但对于零工工作者而言,其职业道路却难以预测甚至存在风险性。

心理层面的挑战分别是:(1)身份认同危机;(2)孤独感;(3)情绪的大起大落。首先,零工工作者可能会存在身份认同危机。由于零工工作者没有明确和稳定的组织角色,就无法获得在组织环境中明确定义和强化的身份,这种自我身份意识和认同感的缺乏,会使得零工工作者对生存的意义感产生怀疑。同时,由于零工工作者需要面对不同的雇主和客户,他们必须独立发展出多面且灵活的专业形象,从而满足不同的需求,这也可能加剧零工工作者的身份认同危机。其次,零工工作者独立于组织之外的特性,意味着他们缺乏与固定同事的互动和交流,以及常规的团队会议或团建活动。因此,相比于具有稳定组织关系的员工而言,零工工作者可能有着更强烈的孤独感。最后,由于零工工作者的工作存在不稳定性和不可预料性,他们的情绪可能会在不同的工作之间迅速切换,经历较大的起伏,这对零工工作者的自我调节能力提出了较高的要求。

三、管理策略:如何激发零工工作者的积极性

对于零工工作者面临的挑战,以及如何提高零工工作者的积极性,研究者也从不同视角进行了探索。

首先,零工经济的主要发展渠道是线上平台和算法管理,而算法管理对于零工工作者而言是机遇与束缚并存,这取决于零工工作者的自主性和平台独立性。当零工工作者可以自主选择工作和工作强度,并且自己设定收费标准时,其自主能动性较高;当零工工作者有其他工作,或对金钱的依赖程度较低时,他们对线上平台的依赖性变低。若零工工作者自主性较低而对平台的依赖性较高时,更有可能受到算法管理的控制。这时,零工工作者会更倾向于通过抵抗算法(如取消平台分配的任务)来增加其自主性,并削弱自身对平台的依赖(Caza et al.,2022)。因此,线上平台的任务设置和分配需要考虑是否威胁到零工工作者的自主性,需要有选择、有策略地派发任务,最小化零工工作者对算法的抵抗。

另外,在如何帮助零工工作者应对身份认同方面,研究发现,区分不同的工作角色或者在不同的工作角色之间建立联系,能够帮助零工工作者发展出更加

宏观的工作自我、建立真实感,并且缓解情绪耗竭(Cropanzano et al.,2023)。此外,当零工工作者将自己视为"创业者"时,他们能够更加适应零工工作,并且对工作有更高的积极性。

从组织层面而言,组织如能通过对零工工作进行战略性的分析和设计,将零工工作进行标准化、模块化设计,并将外围任务与核心任务区分开来,能够更加吸引零工工作者。同时,为了降低零工工作者的孤独感,组织需要为零工工作者提供与正式员工相似的支持,并且关注零工工作者与全职正式员工的团队合作,避免因身份不同而造成的摩擦(Moorman et al.,2024)。

除此之外,组织还可以从游戏化工作设计、专业化技能培训、情感化人际互动等方面来激励零工工作者,具体可见本书第六章第五节。

第三节 人机交互

一、员工对 AI 的心理与行为反应

以智能技术、人工智能、机器人及算法(smart technology, artificial intelligence, robot & algorithms; STARA)(Brougham & Haar, 2018)为代表,AI 被认为是"第四次工业革命"的核心,其显著特点是:将能动性和控制权从人转移到机器,从而改变以往对人类与技术的关系的理解。从更高的效率、更准确的结果,到流程上的精确准时,再到组织层面的优化决策,AI 已成为推动科技跨越发展、产业转型升级、生产力跃升的重要驱动力量。然而,员工对 AI 的态度仍相对保守,在不同情境下表现出趋近与规避的矛盾态度和行为。

(一)人们对 AI 的积极反应

AI 的高效率、大规模数据分析和决策支持能力,及其在优化人力资源、降低成本、创造新商机等方面表现出的巨大优势,能够帮助员工提升工作效率、改善工作和决策质量,因此得到员工青睐。

在工作量和稳定性方面,人类员工的记忆和加工能力有限,容易受到疲劳及重复劳动、信息过载、身心资源不足、认知偏差等因素的影响。而 AI 可以自动处理重复性、烦琐的工作,持续稳定运行且不疲劳,这可以将员工从烦琐、重复、复杂的任务中解脱出来,使员工能够将更多的精力集中于需要人类智慧或情感的工作中。在工作效率方面,员工使用生成式 AI 助力创造性产出、提升工作效率;

AI具有强大计算分析能力，能够处理巨量、复杂数据来辅助、优化决策。在AI辅助下，员工感知其工作效能感和胜任力得到提高，进而更接纳和欣赏AI。在决策支持方面，由于算法程序的跨时间一致性，且不会受到人类情感因素的影响，因此，相比人类决策者而言存在更少的决策偏见；在涉及客观任务时，员工认为AI的决策过程更加中立和系统，能够弥补人自身的偏见的影响，因而更愿意采纳AI的建议。一项通过量化和质性验证的研究发现，工作中应用AI可以增强领导的管理自我效能感，进而提高工作目标进展；应用AI可以提高员工基于组织的自尊，进而降低其离职意愿。

（二）人们对AI的消极反应

客观上，算法系统本身的技术特征潜藏着负面属性。首先，以大数据为基础、以机器学习为底层逻辑而发展起来的AI本身存在算法风险，使人们对AI抱有犹豫与怀疑的态度，导致对AI的低信任甚至厌恶算法（Anthony et al.，2023）。比如，算法服务过程中可能存在算法错误、隐私泄漏、数据偏差，算法决策时缺乏道德考量和人类伦理意识等（Basu et al.，2023）。其次，算法结果存在不可预测性和不可解释性，AI技术的透明度和可追溯性会影响员工对其接受和信任水平，算法黑箱问题是导致人们对AI不信任甚至厌恶的一个主要原因（Schmidt et al.，2020）。最后，AI技术在诸如情感理解、共情社交、创造性思维、创新能力和灵活性等与"人"相关的关键方面的表现不如人类，这也会导致人们回避AI算法，如AI在情感任务中的交互能力不足，导致人们在互动过程中无法获得与"人"互动的实感。此外，AI尚未达到完全理解和模拟人类情感的水平，可能无法理解情感和情绪背后的复杂性，无法较好地从事高社会情感相关的情境任务（Brougham & Haar，2018）。

主观上，与AI接触时产生的被监视感、不安全感、自我认同威胁感、角色定位不清、焦虑和压力感等心理特征是引起人们对AI持回避态度的重要原因。首先，算力超强、效率极高的人工智能在企业大规模运用会在员工心理层面产生工作被替代感、工作不安全感、过度竞争不安全感、薪酬晋升不安全感等心理威胁感（Einola et al.，2023；Kellogg et al.，2020）。其次，在知晓领导者利用AI来执行对自身的监控和管理后，员工会认为AI在工作中的跟踪和监视侵犯了他们的隐私，进而对AI产生厌恶、敌视等负面情绪。最后，算法技术的进步将使"弱AI"发展为具有自主独立学习和输出能力而不需要员工输入的"强AI"，并且随着拟人化AI、人形机器人等的精进发展，人与AI的界限开始变得模糊，这会导致员工对自身角色和 AI 角色的定位不清晰、威胁员工的自我身份认同(Tang et al.，2022，2023；Yam et al.，2023)。

(三) 产生积极反应或消极反应的条件

除了 AI 本身智能高效等技术特征外,员工对 AI 所产生的积极或消极态度还会受到任务特征、个体特征、群体环境特征等条件的影响(Anthony et al.，2023;Jarrahi，2018；Kellogg et al.，2020)。从任务特征来看,相比于需要主观判断、直觉、情感的任务,在处理有客观答案或标准流程的可量化任务时,借助 AI 分析的方法,个体可以有条不紊甚至于毫不费力地进行信息收集、整理和分析,因而对其接受度更高。但人们往往也认为,AI 共情缺乏和直觉能力不足,无法理解情感和情绪背后的复杂性,因此,在艺术创作和心理咨询等领域,AI 还未获得足够信任。从个体特征来看,员工对自我及 AI 的角色认知越清晰、动机和能力越强、更愿意尝试新事物,则对 AI 越信任,更愿意使用 AI。从群体环境特征分析,当个体认为使用新技术是一种被普遍接受的规范时,其对新技术的接受度便会增加。所在组织对 AI 持接受、开放和包容的态度将有助于员工对 AI 的接受、促进 AI 与员工的协作。同时,领导者对 AI 持包容接纳态度会促进组织实现智能化转型,而对数字化转型的支持也可以大大促进员工对 AI 技术的采用。研究还发现,东方人(中日韩)比西方人(欧美)更拥护 AI,这可能与大众传媒、文化和东西方的哲学传统有关。

综上所述,在工作场所中,人们对于人工智能的态度往往存在积极和消极的两面性。在与 AI 接触的过程中,员工因 AI 智能高效、系统稳定的优势属性而对 AI 持有欣赏态度;因 AI 黑箱性、低感受性、低灵活性等负面特征及由此带来的不良主观心理感受而对 AI 持有回避态度。在此基础上,任务特征、个体特征、群体环境特征等也交互影响人们对 AI 的态度。

二、算法管理的"赋能"与"控制"

算法通常被定义为能够基于一定规则自主将输入的数据转化为所期望的输出的计算程序(Kellogg et al.，2020；Parent-Rocheleau & Parker，2022)。在过去的几十年里,算法的使用深刻地改变了企业和社会的运作方式,尤其是近些年来人工智能算法的飞快发展更是给组织等提供了极大机遇。当前,人工智能算法不仅已经广泛嵌入企业的生产和运营,还正逐步参与到组织的决策和管理中,发挥"算法管理"的独特功能。算法管理是指算法以数据驱动和高度自动化的方式参与执行管理职能的管理实践(Lamers et al.，2024；刘善仕等，2022)。

算法管理的兴起得益于零工经济和数字管理平台的发展。李等(Lee et al.，2015)在关注Uber乘车平台算法使用的过程中，首次提出了"算法管理"的概念，而早期关于算法管理的研究也主要是集中于零工经济数字平台管理领域。但随着技术的发展和更深入的探索，算法管理逐渐突破了特定的组织类型，在更广泛的工作环境中得到了发展，被视为一种普遍的技术现象。例如，帕伦特-罗什洛和派克(Parent-Rocheleau & Parker，2022)总结指出，算法技术目前已被用于执行六种管理职能：监控、目标设定、绩效管理、调度、薪酬补偿和工作终止。

对于算法管理的看法也逐渐分化出"决策主义"和"控制主义"两大视角。决策主义强调算法管理是辅助组织成员决策的智能系统，通过大数据驱动的算法提供决策信息支持。控制主义则更加强调算法管理是一套控制系统，帮助组织和管理者对员工进行监管和约束。尽管学者们对于算法管理的看法各有千秋，但不同的定义都强调其三大主要特征：使用机器可读的数据作为输入、通过软件算法进行处理、以决策和执行作为输出。

（一）算法赋能组织决策

"决策主义"认为AI自主决策是算法管理的核心。得益于强大的信息处理能力和高度理性，算法能够读取和分析组织内外的各方面信息并提供最优建议，帮助组织及其管理层优化决策、推进资源配置和解决复杂问题，从而使组织资源得到充分利用并实现组织目标。正是由于这种对于组织决策的强大助力，越来越多的企业在实践中开始运用算法管理，进行数字化和智能化变革。普里克沙特等(Prikshat et al.，2023)总结和划分了人工智能算法助力的人力资源管理（也称HRM+AI）的宏观结果，将其分为运营、关系和变革三方面。

（1）运营结果(operational consequence)是指HRM+AI在效率和有效性方面的结果，包括节省时间和成本、加快流程、减小人员负担等。研究已证明，算法等技术的辅助能够有效提升人力资源管理的强度以及人力资源服务的效率和质量，而HRM+AI也已被证明可以提高生产率、降低成本、提高安全性和其他运营效率（如准确性、速度和资源利用）。总之，算法管理通过快速有效的决策推进了组织效率和整体绩效等运营后果。

（2）关系结果(relational consequence)是指HRM+AI对于组织各利益相关者之间关系的影响，主要包括人力资源授权、员工对人力资源部门的信任和内部关系社会资本培养。首先，HRM+AI能够切实推动人力资源授权实践，使部分人力资源活动(如招聘、考勤等)能够下放到各级管理人员甚至员工个人,让相应人员能够自己执行人力资源任务,从而减少响应时间、提高服务水平并改善各级人员之间的关系。其次,HRM+AI能够帮助员工更好地知悉和理解各项活动、政策和标准,从而提升员工对于管理层和管理部门的信任,也能够加强员工和人力资源部门的联系。最后,HRM+AI还可以推动组织内部对关系社会资本的积累、利用和促进,通过对管理职能的重新塑造,加强员工之间的协调,有利于员工之间形成基于共同规范、义务明确和相互认同的情感关系。

(3) 变革结果(transformational consequence)是指HRM+AI更具战略性的成效,包括改善人力资源管理的业务支持和战略导向,比如业务分析、战略参与和整体导向。首先,人工智能等算法强大的数据分析能力能够高速高质地加工大量多样化数据,从而获取大数据的经济效益,这无疑能够增强组织的人力资源分析能力。其次,HRM+AI能够让人力资源专业人员从基本的行政职能中得以解脱,并可以参与到组织的战略事务之中,因此有助于人力资源专业人员对组织事务的战略参与。最后,HRM+AI还可以通过跨单位或跨部门的人力资源流程的标准化,来改善组织的整体协调,帮助组织改进管理流程。

(二) 算法加强组织控制

不同于决策主义更加关注算法管理在决策制定、过程协调和效率提升等方面的好处,控制主义更多地将算法技术视为一种控制工具,认为算法管理的核心是协助组织监控员工的行为。凯洛格等(Kellogg et al., 2020)以"6R"揭示了算法控制的六种主要运作机制:通过限制(restricting)和推荐(recommending)来指导员工,通过记录(recording)和评级(rating)来评估员工,以及通过替换(replacing)和奖励(rewarding)来约束员工。

当前,组织和雇主正使用算法技术来指导员工,包括指定需要做的行为或动作、以什么顺序和时间进行,以及相应的精准度。与以往通过职位描述和规则清单进行指导的官僚控制不同,算法控制主要通过算法推荐和算法限制两种关键机制来指导员工行为。算法推荐是指组织通过算法向员工提供建议、指导员工决策,这些算法会根据预制程序规则和机器学习,向员工推荐问题解决方案,提高决策的准确性和客观性。算法限制则是指导员工的另一种机制,它使用算法向员工只呈现部分信息和允许特定行为,并阻止其他行为的发生。

管理者不仅要指导员工,还需要对员工进行评估(如审查员工活动和评估绩效等),而随着员工的任务过程和结果逐步转化为机器可读的数据,算法已经可以通过记录和评级两种机制来协助管理者对员工的评估。算法记录是指通过计算过程来实时准确地监控、汇总和报告员工的各种行为,如任务时长和频率、人员流动等,并可以向管理者和员工提供反馈。算法评级则是指管理人员可以使用计算技术来收集评级和排名,进而计算员工的绩效,甚至可以预测其未来表现。

除了指导和评估以外,通过奖惩来规范员工行为,同样是组织控制的重要形式。而在算法控制之下,对于员工的规范教育主要是通过算法替代和算法奖励进行的。算法替代是指算法能够以庞大的后备军随时准备接管不合格员工,它可以迅速甚至自动地将表现不佳的员工从组织中解雇,并代之以其他员工,从而能够保证员工的整体素质。算法奖励则是指使用算法交互式地、动态地奖励表现出色的员工,如提供更多机会和升职加薪。

(三)员工对算法管理的反应

作为组织重要的管理实践,算法管理不仅会在组织层面为组织决策和组织控制带来深刻变化,还会在个人层面对员工的心理和行为产生影响。

在员工心理层面,大部分研究主要揭示了算法管理对员工的消极反应。首先,算法管理的"数字泰勒主义"忽略了对员工的人文关怀,存在着将员工从"社会人"推向"系统人"的倾向,而算法对员工的控制和引导也大幅度破坏了个体判断的独立性,导致个体自主性降低。其次,算法固有的不透明性和偏见会让员工产生被剥夺感、无助感和不安全感,也会损害员工对算法管理公平性的感知,算法存在的偏见所导致的不公正还会降低员工的组织承诺。此外,算法权力的增加还会给员工带来更大的心理压力、负面情绪以及生理健康问题。然而,尽管已有研究主要集中于算法对个人心理的消极影响,仍有部分研究发现了算法管理对员工的积极意义,例如,由于算法控制更加关注结果,员工在工作过程中也会拥有更多的工作自主权,同时算法也能够在一定程度上提升个人工作绩效和工作能力。

在员工行为层面,研究关注了员工对于算法的应对策略。刘善仕等(2022)将平台工作者对算法管理的应对策略归为三类:(1)采取积极方式、以新的行为主动适应算法管理;(2)利用算法漏洞、拒绝与算法合作以消极逃避算法管理;(3)通过解码和利用算法的运行机制来操纵算法管理。凯洛格等(Kellogg et al.,2020)则观察到了员工对算法控制的抵制(包括个人形式和集体形式),并称为"算法行动主义"(algo-activism),其中个人抵制策略包括不合作、利用算法以及与客户进行个人谈判,集体抵制策略则主要是通过论坛和平台进行信息共享和集体反对。

三、管理策略:如何充分发挥人机交互效用

数字时代具有新的挑战,组织面临非线性、复杂甚至可能有些脆弱的经营环境,这对组织数字化、智能化和相应的管理能力提升的要求更加凸显。这些挑战包括如何吸引、甄选、培养和留住优秀人才,以及如何建立一个适应环境快速变化的人力资源管理体系,以应对数字化和智能化的浪潮。

首先,在将 AI 和算法引入工作场所前,需要考虑其潜在的社会性后果。比如,由算法分配的工作任务在员工看来是低级且简单的,进而低估从事该工作员工的社会地位。

由于决策顺序在后的一方往往意味着承担"拍板"角色,算法在人类之后进行决策会让员工认为算法的能力与其"拍板"权力不吻合,从而怀疑决策的过程性公正。研究也发现,在工作中的人机交互频率越高,越可能导致员工产生孤独感,引发下班后的酗酒、失眠等不良行为。因此,组织需要根据其独特的文化基因,综合考虑 AI 可能带来的社会性后果,有效设计人机交互的工作内容和数字化的管理方法,使人机协同和算法管理与组织文化和人才特质相结合,才能更好利用数字化赋能组织发展。

其次,AI 和算法的消极影响常常是由于其不透明性所导致的,而这种不透明性大部分出于三个原因:系统本身存在复杂性、使用者缺乏相关知识以及人为故意设置。因此,为了削弱 AI 和算法管理的消极影响,企业可以从以上三个方面入手增强其透明度。例如,通过提升算法设计的透明度和可解释性来削弱系统不透明性,通过培训来防止使用者缺乏相关知识,以及通过设立各项规范要求来减少不合理的故意设置。

再次,在人机交互过程中,还应明晰员工与 AI 的工作角色定位。当 AI 智能化程度提高、拟人化程度上升时,人类员工与 AI 员工之间的界限逐渐变得模糊。比如,由于 AI 不需要人工输入、指导即可输出有效结果,工作中使用 AI,反而会让尽责性强的员工产生角色模糊感,这会损害其工作绩效。管理者将 AI 视作"普通员工""同事与伙伴",这也模糊了人类员工与 AI 员工之间的界限。AI 功能的强大也让员工感到威胁,产生工作不安全感、职场物化等消极感受。因此,组织需要在工作职责和工作角色上对人类员工与 AI 进行明确定位,从而激活并提升员工的主人翁意识和组织忠诚度。

最后，逐步引导员工接受并拥抱AI。在AI应用呈井喷式增长的时代，员工对AI的态度矛盾且不清晰，甚至持有敌对、抵抗的态度。科尔约宁和陈（Koljonen & Chan, 2023）提出，为了应对AI普及趋势和员工自主性需要之间的冲突，可以将工作内容进一步细化，同时满足乐于应用AI的员工的技术性需求和抗拒AI的员工的自主性需求。此外，组织可以开展数字化技术使用（如ChatGPT、在线办公、云计算）培训，逐步引导员工对技术的了解与掌握，促进对AI的接受和应用，这也将使人机互动效用最大化。

本章小结

2020年年初暴发的新冠疫情让远程办公展现了其助力组织管理的强大作用。近几十年来，随着通信等数字技术的不断发展，远程办公的方式更加多样也日趋便利，员工甚至足不出户就可以完成组织的任务。但在工作、家庭、人际关系和身心健康等众多方面，员工不仅享受着远程办公所带来的好处，也经历着其所造成的附带作用。在可预料的未来，越来越多的远程办公形式会继续涌现，这也向团队领导者提出了更高的要求。

作为新型的按需服务的用工方式，零工经济依托数字化平台实现了供需关系的线上匹配，让零工工作者摆脱了组织、时间和空间的限制。零工工作者能够灵活安排工作的时间、地点和方式，自主设计职业生涯，并在不同的组织之中获得丰富的工作体验；但与此同时，他们也面临着来自工作和心理两方面的挑战。零工平台应注意到零工工作者所面临的机遇与束缚，通过帮助工作者建立身份认同、战略性设计零工工作和推动员工间合作来激发零工工作者的积极性。

作为"第四次工业革命"的核心，AI等功能强大的数字技术彻底改变了人类对人—技术关系的理解，人机交互也深刻影响着企业的生产和管理。一方面，AI等新技术已经进入各行各业，成为企业发展的重要推动力，更成为员工的新型"同事"，但员工在与AI协作的过程中却表现出趋近与规避的矛盾态度和行为。另一方面，算法凭借其强大的数据处理能力，也正逐步被运用于执行组织的管理职能，重新塑造了组织的决策和控制方式，更从管理层面影响着员工的心理和行为。为了充分发挥人机交互的效用，企业应该从技术、组织、员工等各方面着手采取措施，准备好迎接数字化时代的到来。

科技的发展正深刻地改变着组织的运营和管理，并给员工带来心理和行为方面的多重影响。无论是远程办公还是零工经济、人机协作还是算法管理，第四次工业革命的时代浪潮正推动着企业不断改变原有的生产方式和管理方式，而在这一过程中,科技的双刃剑效应正得到淋漓尽致的体现。但无论是对于组织还是对于员工,尽管科技的潜在危害难以忽视,我们终究不能因噎废食、拒绝数字技术,而要以全面的目光审视之、以积极的心态接纳之、以有效的措施防备之。

本章思考题

1. 什么是远程办公?远程办公对员工的积极影响和消极影响有哪些?
2. 领导者该如何打造高效的远程办公团队?
3. 什么是零工经济和零工工作?
4. 如何激发零工工作者的积极性?
5. 员工在人机协作中的积极和消极反应有哪些?
6. 算法管理如何赋能组织决策并强化组织控制?
7. 企业应该如何做好人机协作和算法管理?

推荐阅读

1. 罗伯特·格雷泽. (2021). 远程工作革命. 李莎, 译. 北京:中信出版社.
2. 莎拉·凯斯勒. (2019). 零工经济:传统职业的终结和工作的未来. 刘雁, 译. 北京:机械工业出版社.
3. 徐鹏, 徐向艺. (2020). 人工智能时代企业管理变革的逻辑与分析框架. 管理世界, 36(1), 122-129.
4. Kellogg, K. C., Valentine, M. A., & Christin, A. (2020). Algorithms at work: The new contested terrain of control. Academy of Management Annals, 14(1), 366-410.
5. Langer, M., & König, C. J. (2023). Introducing a multi-stakeholder perspective on opacity, transparency and strategies to reduce opacity in algorithm-based human resource management. Human Resource Management Review, 33(1), 100881.
6. Moorman, R. H., Lyons, B. D., Mercado, B. K., et al. (2024). Driving the extra mile in the gig economy: The motivational foundations of gig worker citizenship. Annual Review of Organizational Psychology and Organizational Behavior, 11(1), 363-391.